漳州年鉴

2022

中共漳州市委党史和地方志研究室 编

方志出版社
Publishing House of Local Records

图书在版编目（CIP）数据

漳州年鉴. 2022 / 中共漳州市委党史和地方志研究室编.—北京 : 方志出版社, 2022.12
ISBN 978-7-5144-5387-4

Ⅰ. ①漳… Ⅱ. ①中… Ⅲ. ①漳州－2022－年鉴Ⅳ. ①Z525.73

中国版本图书馆 CIP 数据核字（2022）第 244003 号

责任编辑：王娜
责任校对：刘玉霞
责任印制：梅中英
出 版 者：方志出版社
地　　址：北京市朝阳区潘家园东里 9 号（国家方志馆 4 层）
邮　　编：100021
网　　址：http://www.zgfzcb.cn
发　　行：方志出版社图书营销中心（010-67110500）
印　　刷：福建大通印业科技股份有限公司
开　　本：889 毫米 ×1194 毫米 1/16
印　　张：25.75 印张　插页：1.75 印张　地图：1 幅
字　　数：465 千字
版　　次：2022 年 12 月第 1 版
印　　次：2022 年 12 月第 1 次印刷
定　　价：280.00 元

《漳州年鉴》编纂委员会

《漳州年鉴》编辑部

编辑说明

一、《漳州年鉴》是由中国共产党漳州市委员会、漳州市人民政府主办的地方综合年鉴，于1999年公开出版，本卷为第21卷，由中共漳州市委党史和地方志研究室编纂。

二、《漳州年鉴（2022）》以马克思列宁主义、毛泽东思想、邓小平理论、“三个代表”重要思想、科学发展观、习近平新时代中国特色社会主义思想为指导，坚持辩证唯物主义和历史唯物主义的立场、观点和方法，力求全面、客观地记载2021年漳州市经济、政治、文化、社会和生态文明建设等方面的基本情况，反映各行各业新成就、新经验、新趋势。

三、《漳州年鉴（2022）》按分类法编辑，主体内容分为类目、分目、条目3个层次，个别分目下设有子目。全书框架结构结合漳州实际情况，在2021卷的基础上，对部分类目名称、排列顺序、所辖分目做了适当调整。

四、《漳州年鉴（2022）》主要数据由漳州市统计局提供，其余由漳州市有关部门、各承编单位提供并经过严格审核。文中数据比较除特别说明外，均为2021年与2020年对比，“上年”指2020年，其他年份之间数据的比较写明年份。因统计范围、统计口径的调整，部分数据与往年不具可比性，以统计部门公布的为准。

五、《漳州年鉴（2022）》中机构名称用全称或规范化简称。全市指漳州市。市直属各单位和相关单位名称根据有关文件规定使用规范化简称。因党政机构改革或机构调整前后名称不一致的，据文中具体时间使用实际名称。供稿单位署名按党政机构改革后确定的新名称。全书新型冠状病毒感染的肺炎疫情均简称为新冠肺炎疫情。

六、《漳州年鉴（2022）》由市直各委、办、局和各县（区）人民政府及有关单位参加编写并提供照片资料，所提供资料由编写单位领导审定。

编制单位：福建省地图出版社 审图号：漳S〔2022〕020 号

资料截至：2021年12月

城市名片

全国文明城市

全国双拥模范城市

全国科技进步先进市

全国绿化模范城市

全国海绵城市

全国综治工作优秀单位

国家历史文化名城

国家卫生城市

国家森林城市

国家级跨境电商综合试验区

国家节水型城市

国家现代农业示范区

国家一类开放口岸

台湾农民创业园

中国优秀旅游城市

中国特色魅力城市

中国十佳优质生活城市

中国钟表名城

中国温泉之城

中国食品名城

中国十大心仪城市

中国地级市百强城市

中国活力城市

中国水仙花之乡

中国女排娘家

世界食用菌罐头之都

海峡两岸农业合作实验区

海峡西岸石化产业基地

资料来源《漳州统计年鉴（2022）》

数字漳州 2021

行政区域面积	1.29 万平方千米
市区建成区面积	121.29 平方千米
陆地海岸线	715 千米
户籍人口	526.2 万人
常住人口	507 万人
森林覆盖率	64.65%
地区生产总值	5025.4 亿元
地方一般公共预算收入	246.18 亿元
港口吞吐量	5202.72 万吨
公路通车里程（含村道）	1.28 万千米
高速公路里程	673 千米

资料来源《漳州统计年鉴（2022）》

福海创 PX 项目（古雷开发区 供图）

◎党政纪事

2021年1月11—13日，政协第十三届漳州市委员会第五次会议在漳州宾馆召开。图为开幕式

（漳州市政协办 供图）

2021年1月12—14日，漳州市第十六届人民代表大会第五次会议在市人民剧场召开。图为开幕式

（林忠 摄）

2021年2月5日，中共漳州市纪委十一届六次全会在漳州宾馆召开　（漳州市纪委 供图）

2021年6月26日，漳州市"两优一先"表彰大会在漳州宾馆召开　（沈昊鹏 摄）

2021年10月6—7日，中国共产党漳州市第十二次代表大会在市人民剧场召开。图为开幕式（游斐渊 摄）

2021年12月 23日，中国共产党漳州市第十二届委员会第二次全体会议在漳州宾馆召开 （游斐渊 摄）

2021年3月29日，漳州市启动英烈事迹巡回展活动。图为参战功臣陈源海（前右）在漳州市实验小学同学生一起参观英烈事迹展览（戴伟国 摄）

2021年5月16日，庆祝中国共产党成立100周年暨花样漳州红色文化旅游系列宣传推广活动启动仪式在漳州古城北广场举行。图为启动仪式后的歌舞表演节目（黄俊鸿 摄）

2021年6月26日，漳州市“光荣在党50年”纪念章颁发仪式在漳州宾馆举行。图为市领导与部分“光荣在党50年”纪念章获得者代表合影

（沈昊鹏 摄）

2021年6月26日，漳州市党员领导干部在毛主席率领红军攻克漳州纪念馆举行重温入党誓词暨新党员代表入党宣誓活动

（沈昊鹏 摄）

2021年6月26日，“光辉历程 红色印记”—漳州市庆祝中国共产党成立100周年图片展在市档案馆新馆开展（郑文典 摄）

2021年6月28日，飘扬的旗帜——漳州市庆祝中国共产党成立100周年文艺晚会在市人民剧场举行。图为大合唱《没有共产党就没有新中国》（林忠 摄）

◎新冠疫情防控和复工复产

2021年1月23日，古雷海关关员对入境船舶开展卫生检疫工作
（张冬锋 摄）

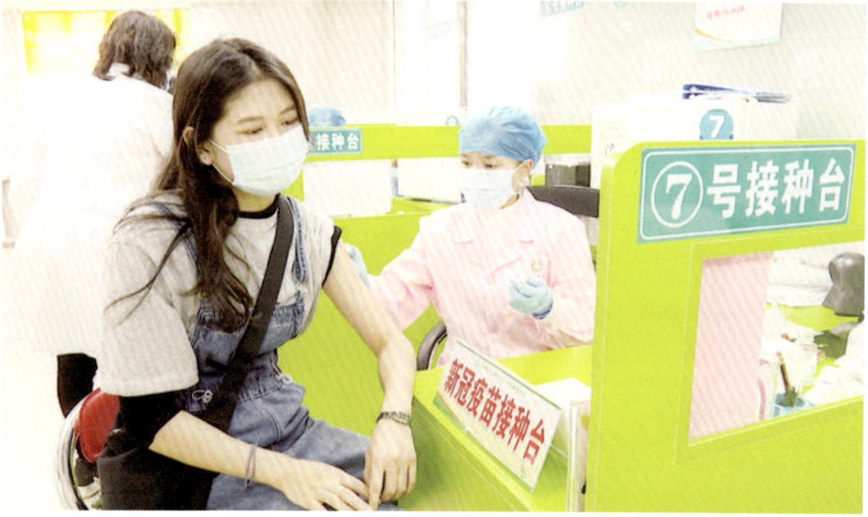

2021年3月24日，漳州市启动新冠疫苗大规模接种。图为市民接受新冠疫苗接种
（漳州市疾控中心 供图）

2021年5月21日，东山海关关员在东山港开展检疫工作
（郑川 摄）

2021年9月16日，漳州市市级方舱医院改造施工中

（徐朝文 摄）

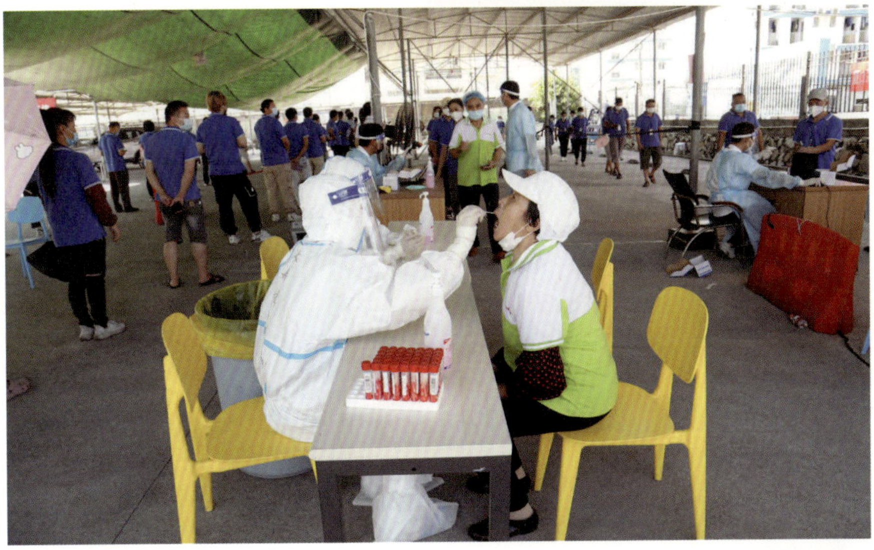

2021年9月28日，全市各县（区）800名核酸采样人员驰援漳州台商投资区完成第三轮全员核酸检测。图为采样现场

（吴超 摄）

2021年12月29日，漳州边检站开通绿色通道，救助受伤船员 （施旗扬 摄）

◎时代楷模“漳州110”

2021年1月4日，“漳州110”成员代表在“时代楷模”发布仪式上敬礼 （潘旭 摄）

2021年1月7日，在“漳州110”警务站，民警为迷路的民众提供帮助 （魏培全 摄）

2021年12月6日，“漳州110”民警在芗城区大同新村救助被困火场老人　　（漳州市公安局　供图）

2021年6月25日，“漳州110”民警护送考生到漳州一中参加中考。图为“漳州110”干警为考生加油　　（漳州市公安局　供图）

◎创建全国文明城市

2021年9月23日，东山县西埔城区原本一废旧停车场，经过改造后成为靓丽的“口袋公园”（漳州市委文明办 供图）

2021年10月23日，志愿者向小区居民发放创建全国文明城市倡议书（漳州市委文明办 供图）

2021年11月24日，芗城区通北街道金源社区新时代文明实践站志愿者捡拾通北中心小学周边路面、绿化带白色垃圾（芗城融媒 供图）

2021年4月19日，龙海区隆教乡LNG（液化天然气）接收站一期项目建设中

（龙海区委办 供图）

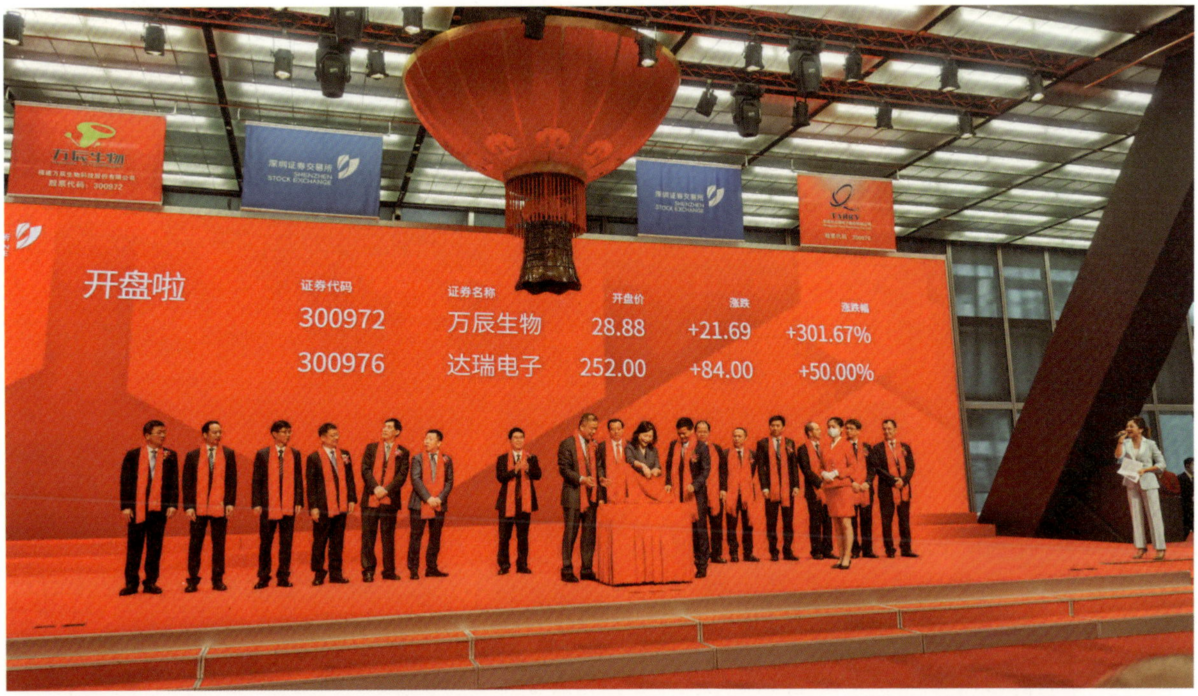

2021年4月19日，漳州企业万辰生物在深交所上市 （漳州市金融局 供图）

2021年4月23日，闽粤联网换流站工程在云霄县开工建设 （郑子墨 摄）

2021年6月7日，漳州抖音花卉绿植直播基地带货直播 （叶森香 摄）

2021年8月17日，古雷炼化一体化项目建成投产　　（古雷新闻中心 供图）

2021年10月27日，华龙一号批量化建设首台机组——中核集团漳州检电1号机组内穹顶吊装成功　　（漳核能源公司 供图）

◎社会事业

2021年5月1日，游客观赏市博物馆历史厅里的3D裸眼视频
（张旭 摄）

2021年5月24日，漳州市歌仔戏（芗剧）传承保护中心演出的芗剧现代戏《谷文昌》在福州市凤凰剧院演出。图为演出剧照
（漳州市文旅局 供图）

2021年7月15日，“传承红色基因 聆听红色故事”暑期主题红色故事会活动，在群裕社区启动。图为小朋友聆听老师讲故事
（郑文典 摄）

2021年7月31日，中国选手卢云秀在东京奥运会女子帆板RS：X级比赛获得金牌。图为卢云秀在比赛中　（新华社 发）

2021年10月15日，漳州“中国女排娘家”基地腾飞片区建设项目——中国女排精神展示馆通过竣工验收　(黄舒婷 摄)

2021年11月8日至12月30日，漳州市第十四届运动会在市区举办。图为在漳州卫生职业学院体育艺术中心举行的开幕式 （黄子君 摄）

2021年12月1日，漳州市社科联在华安县坪水村为畲乡村民发放社科普及读物 （漳州市社科联 供图）

2021年7月26日，平和县五寨乡高峰村通往邻村埔坪村公园栈道修建完成　　　　（平和县农业农村局 供图）

2021年7月16日，漳浦县果农采摘火龙果。图为中通快递员帮助果农收集火龙果　　　　（韩惠芬 摄）

2021年9月30日，云霄农村群众体验电商新业态，乐享美好新生活。图为祖孙3人体验电商直播

（谢勤杰 摄）

2021年3月25日，南靖坂场村种植户打理花田

（游斐渊 摄）

◎漳台融合

2021年6月20日，第九届“同名村·心连心”联谊活动暨“两岸好声音·共筑复兴梦”文艺晚会在漳州电视台举办。图为两岸“云”唱《辈序歌》节目　（张 旭 摄）

2021年11月26日，“两岸融合发展的福建实践”学术研讨会在闽南师范大学召开。图为研讨会现场

（漳州市委统战部 供图）

2021年12月16日，第五届海峡两岸（漳州）青年交流周系列活动在漳州启动。图为台湾青年代表在古城木偶展示馆参观了解木偶表演艺术　（张 旭 摄）

目 录

漳州市人民代表大会

漳州市人民政府

政协漳州市委员会

漳州市纪委监委

民主党派和工商联

群众团体

外事·侨务·台港澳事务

法治

军事

退役军人事务管理

应急管理

农业农村

工业

商贸服务业

经贸合作

财政·税务

金融业

交通·邮政·通信

口岸管理

开发区

城乡建设

环境·资源

科学技术

教 育

文化旅游

卫生·体育

人力资源

社会民生

县区概况

附录

索引

专 文

初心如磐向未来　向史而新再奋斗
——漳州高标准高质量开展党史学习教育综述

吴静芳

2021年，全市上下同频共振、同心同向，从机关单位到基层一线，从“线下”到“线上”，从课堂教室到田间地头，党员群众在哪里，党史学习教育就跟进到哪里、覆盖到哪里。学习的激情持续澎湃炽热，让龙江大地“暖意融融”。

党史学习教育开展以来，漳州市深入贯彻落实习近平总书记关于党史学习教育的重要论述、“七一”重要讲话精神和来闽考察重要讲话精神，认真学习贯彻党的十九届六中全会精神，按照党中央决策部署和省委、市委工作要求，紧紧围绕“学史明理、学史增信、学史崇德、学史力行”的总要求，将学党史、悟思想、办实事、开新局贯穿始终，紧密结合“再学习、再调研、再落实”活动、“我为群众办实事”实践活动，创造性融入漳州“五种精神”与“爱拼会赢”的闽南文化精髓，以高站位谋划、高标准推进、高质量落实推动党史学习教育取得显著成效，激励着广大党员干部群众从党的百年奋斗历程中汲取智慧和力量，以更加昂扬的姿态奋进加快建设现代化滨海城市新征程。

发挥“头雁效应”
以上率下一体推进

2021年3月，全市党史学习教育动员会召开，吹响了奋发前行的号角。闻令而动，一系列部署渐次展开、层层推进——

以上率下，深学细悟。市委坚决扛起主体责任，迅速成立由市委主要领导任组长的党史学习教育领导小组，多次召开领导小组会议、工作推进会等，推动党史学习教育全面铺开、有序开展。市委主要领导亲自指挥、亲自部署，带头研究方案、带头组织学习、带头加强指导。各级党委（党组）迅速跟进、步调一致，全部成立领导机构和工作机构，实现上下一盘棋部署、一标准推进。

2021年6月，市管领导干部学习贯彻习近平总书记来闽考察重要讲话精神专题研讨班暨市级领导班子党史学习教育专题读书班举行；7月，全市组织各级党员干部集中收听收看庆祝中国共产党成立100周年庆祝大会；8月、9月，市委理论学习中心组相继召开学习会，集中学习研讨采访实录《习近平在福建》等；10月，市委主要领导带领新一届市委班子集体到东山县开展学习谷文昌精神活动，中共漳州市委作出《关于深刻领会习近平总书记重要指示精神 在新征程上掀起新一轮学习弘扬谷文昌精神热潮的决定》；12月，市管干部学习贯彻党的十九届六中全会暨省第十一次党代会精神专题研讨班举行……

一个个时间节点，见证着市委常委班子积极发挥“头雁”效应，引领党史学习教育步步深入、高潮迭起。

开展党史学习教育首要在“学”。市委把悟思想作为学党史的关键环节和根本要求，市委常委班子通过潜心自学、集体研学、领导带学、典型导学、巡听评学等“五学”方式，召开15次理论学习中心组党史专题学习会，带动先学一步、学深一层。同时，组织开展主题党日、专题党课、重温入党誓词“三个一”活动，确保学有所思、学有所悟、学有所得。一级带一级、层层抓落实，形成了领导干部带动各级党组织学、各级党组织和党员干部带动群众学的良好氛围。

既有率先垂范，更有精准指导。党史学习教育省委第二巡回指导组深入漳州，把握方向、压实责任、真督实导，对漳州高起点精心谋划、高标准纵深推进党史学习教育提供了坚实保障。漳州派出8个市委巡回指导组对全市所有参学单位实现三轮巡回指导全覆盖。

深刻剖析，淬炼锤炼。漳州实现各基层党支部党史学习教育专题组织生活会按时完成。广大党员干部坚持将谈体会、找差距、明方向、强党性相贯通，刀刃向内、点真问题、真点问题，立行立改、即知即改，共同进行了一次深刻的精神洗礼、党性锤炼。党史学习教育专题组织生活会开出新气象好效果。

根植红色热土
守正创新出彩出新

漳州是福建省重要的革命苏区老区，开展党史学习教育拥有丰富的资源和独特的优势。赓续红色血脉，传承红色基因，漳州坚持守正创新，大力弘扬“五种精神”，因地制宜积极打造党史学习教育“生动教材”。2021年，“漳州110”被中宣部授予“时代楷模”称号，“女排精神”被纳入中国共产党人精神谱系的第一批伟大精神。

重大主题浓墨重彩。将党史学习教育与庆祝建党百年宣传工作贯通起来，广泛开展“永远跟党走”群众性主题宣传教育和“四史”宣传教育，主题文艺晚会、音乐影视作品展播、舞台剧展演、书法美术摄影作品展等精彩纷呈，让党史学习教育热在基层、热在群众。其中，原创MV《我是党的人》入选“百年百首”全国优秀新创歌曲；“战旗猎猎永飘扬”主题展被列入中宣部与国家文物局推介的“建党百年精品展项目”；芗剧现代戏《谷文昌》入选由中宣部、文旅部等共同主办的“庆祝中国共产党成立100周年优秀舞台艺术作品展演”；庆祝建党百年“七个一”系列文艺活动引发强烈共鸣；“奋进新时代 建设新漳州——庆祝中国共产党成立100周年漳州市经济社会发展成就图片展”深受好评。

宣传宣讲出新出彩。突出理论舆论、内宣外宣、网上网下相贯通，深入开展对象化、分众化、互动化宣讲。全市组建宣讲队伍1800多支，既有市委讲师团、“漳州110”先进事迹报告团等“官方队伍”，又有“土楼红妹子”“老兵宣讲团”等草根力量。在全市新闻战线开展“永远跟党走——百名记者讲党史”

活动，讲好漳州红色故事。各级各类媒体齐发力、竞出彩，H5作品“礼赞百年 向党祝福”等一大批有分量、接地气的融媒体精品频现。全市万屏联动“党史上的今天”，让全城洋溢“中国红”。

“红色地标”人气十足。利用谷文昌纪念馆等学习基地及乌山革命遗址等红色资源，打造各具特色的学习教育平台，推动党史学习教育富有本土特色。截至2022年1月5日，全市共推出参观学习线路68条、学习参访点116个，组织超1.4万批次、超40.5万人次开展现场教学。这些学习参访点成学习教育热门“打卡地”。

激发奋进之力
笃行实干奋力赶考

全市深入实施“产业发展项目建设年”活动和“六比一看”竞赛，实行“每月一调度一通报、每季一推进一点评、年终一总评一约谈”工作机制，营造担当作为、干事创业、比学赶超的浓厚氛围，更好地把学习教育成果转化为全方位推进高质量发展超越的强大动力。

笃行实干，体现在比学赶超中。凭能力用干部，以实绩论英雄。“六比一看”竞赛开展以来，全市各地各部门挖潜能、赶进度、提速度，以实实在在的奋斗交出了一份满意答卷。面对去年经济下行压力和疫情防控的冲击，漳州主要经济指标回升向好，经济运行回归合理区间。跻身全国城市GDP50强，2021年地区生产总值预计突破5000亿元大关，实现了“十四五”的良好开局。

笃行实干，体现在攻坚克难中。哪里最危险、哪里最艰苦、哪里最需要，哪里就有广大党员拼搏战斗的身影。2021年9月，漳州台商投资区出现新冠肺炎疫情以来，全市各级党组织迅速成立战“疫”一线临时党支部，组建“党员突击队”“党员先锋队”等，党员干部身先士卒、下沉战“疫”一线，为打赢疫情防控阻击战歼灭战提供坚强保障。

笃行实干，体现在担当作为中。大力开展“一把手”招商，全市新签约项目超1100个、总投资超4000亿元，同时全方位做好项目落地开工、投用投产要素保障，新开工市级重点项目281个、建成或部分建成249个，为经济发展提供了强劲支撑。全市建立党员先锋岗、责任区1714个，成立党员志愿服务队伍2339支，鲜红的党旗在基层一线、项目现场高高飘扬、格外醒目。

坚持人民至上
学史力行实干为民

“有困难随时能反映！”“道路变宽变美了”“老旧小区换新颜了”……不走过场，不做样子，各地各部门把群众反映的“问题清单”变成“履职清单”，让广大群众感受到党史学习教育带来的可喜变化。

“民之所忧，我必念之；民之所盼，我必行之。”学史力行，关键在实干为民。漳州坚持人民至上，聚焦民生靶向，坚持问题导向，围绕贯彻新发展理念、推进乡村振兴、提高生活品质、优化营商环境、服务台胞台企、数字赋能增效、生态环境建设和基层治理等八大重点领域，扎实推进“我为群众办实事”实践活动，用实践活动成果检验党史学习教育成效。截至2022年1月5日，全市共实施“我为群众办实事”项目20470个，全部落实完成。

——“妈妈式”服务护航企业。2021年6月以来，在全市深入开展“千名干部挂千企”帮扶活动，“不叫不到、随叫随到、服务周到、说到做到”，为企业提供“妈妈式”服务，帮助企业解决实际问题1475个，兑现各类惠企政策资金3.9亿元，新增减税降费14.3亿元。“妈妈式”服务得到广大企业的认可和点赞。

——在家门口“上好学”。通过腾笼换鸟、腾地建校、优质扩容，增加优质学位，优化城区教育布局，缓解城区义务教育阶段学位不足。在“双减”政策落地后，积极探索推进教育综合改革，推进城区中小学课后服务扩面提质，全市457所义务教育学校开展课后服务，参与学生数达40余万人。

——优化服务“快人一步”。深化“放管服”改革，在全国首创银行“秒预开户”；率先在全国出台《漳州市特殊类别工程建设管理暂行办法》；在全省首推不动产登记异地线下“全市通办”；推行“窗口无否决权”服务机制等一系列惠民惠企措施，让办事体验日益高效简捷。

为巩固成果促长效，漳州建立重点民生项目公示制度、项目清单库、周报月报制度等，加强跟踪督导，健全完善闭环推进机制、统筹协调机制、学习转化机制和评价反馈机制，确保件件有着落、事事见实效。与此同时，举办“我为群众办实事”专场新闻发布会，开展“我为群众办实事”典型案例评选，把成果晒出来，请群众来评价。其中，典型案例评选活动得到全市各级党政机关、企事业单位、社会团体和群众的积极参与，反响热烈。

心有所信，方能行远。一件件事关群众切身利益的“急难愁盼”问题得到了解决，一桩桩民生实事勾勒出“幸福漳州”的“温馨画卷”。

风好正是扬帆时，不待扬鞭自奋蹄。站在新征程新起点，漳州将朝着第二个百年奋斗目标，勇毅前行、奋力赶考，继续书写不负历史、不负时代、不负人民的漳州答卷，以优异成绩迎接党的二十大胜利召开。

（资料来自《闽南日报》2022年1月14日版）

从快从严从实从细　全力打赢疫情防控阻击战歼灭战

章正言

9 月 10 日，由德尔塔变异毒株引发的新冠肺炎确诊病例在莆田出现，之后疫情迅速向泉州、厦门和漳州市传播，漳州台商投资区于 9 月 16 日确诊首个病例，截至 9 月 17 日我市共报告确诊病例 3 例，为共同居住家庭成员，均转送厦门大学附属第一医院杏林分院治疗。在这次疫情防控中，我市深入学习贯彻习近平总书记关于疫情防控的重要指示精神，认真落实国务院孙春兰副总理、省委尹力书记、省政府王宁省长来漳调研指导的讲话精神，按照国务院联防联控机制综合组福建工作组和省委省政府部署要求，坚持人民至上、生命至上，把确保疫情不外溢、不扩散作为重要政治任务，突出快、严、实、细，有力有序有效落实各项防控工作，坚决打赢疫情防控阻击战、歼灭战，用 2 天时间就遏制住疫情蔓延势头，从 9 月 18 日起没有新增确诊病例，社会面保持“清零”状态。

坚持“快”字当先
用“快刀”斩断疫情传播链

漳州市突出以快打快、以快制快，与病毒赛跑、与时间赛跑，分秒必争抓早抓小，努力用最短时间、最低成本获得最大防控成效。

快速启动战时机制。在莆田通报疫情后，市委书记张国旺、市政府市长王进足立即作出批示指示，第一时间启动应急预案，迅速完成常态防控向应急响应切换，全面进入实战状态。9月16日台投区报告确诊病例后，市委即刻召开常委会会议暨市应对新冠肺炎疫情工作领导小组会议，果断作出部署，要求把疫情防控作为当前头等大事来抓。实施“统筹好全市、重点抓台投”的防控策略，提格成立了台投区战疫指挥部，实行集中办公，下设综合协调、封控、流调、核酸检测、隔离、转运、社区管控、保障、督查、舆情等10个专班，分别由市领导牵头负责，实现扁平高效、各级融合、协同作战的指挥调度。建立会商制度，张国旺书记每天主持召开碰头会，会商研判、解决问题，确保指令清晰、系统有序、条块畅达、执行有力。针对市管开发区抗疫力量薄弱的问题，按照就近原则，建立5个市管开发区与邻近县区结对互助工作机制，由龙海区与台投区、芗城区与高新区、长泰区与漳州开发区、漳浦县与古雷开发区、云霄县与常山开发区结对共建，通过大手拉小手，提高应对突发公共卫生事件的整体能力。

快速开展流调溯源。漳州市把握流调溯源这个及时发现密接者和次密接者、锁定风险点的关键，第一时间从公安、卫健、工信、数字办等部门抽调人员，组建30支市级流调队，支援台投区的流调工作，利用大数据手段和面对面方式，精准研判病例活动轨迹，快速查明密接者和次密接者，坚决做到逢“阳”必报、逢“阳”即报、接报必查、先管后筛，并对与之接触的人群赋黄码管理，为防扩散抢得了时间。同时，在全市范围组建了流行病学调查队91支493人，组建流行病学调查行动小组164组573人，并按照每个村居3—5人的规模，在1938个村居配备了6443名流调协查员，邀请国务院联防联控机制工作组专家开展流调工作培训，深入查找其他中高风险地区入漳的密接者和次密接者。截至目前，全市共流调发现密接者305人、次密接者2264人，均在第一时间落实“应隔尽隔、应转尽转”。

快速做好人员排查。漳州市把人员排查作为快速找准人、盯住人、管住人的重要手段，严格落实“四早”要求，根据各中高风险地区推送信息，由一名镇街干部、一名村居干部、一名医务人员、一名网格员、一名公安干警组成“五包一”工作组，第一时间深入开展地毯式、无死角摸排，逐一落地查人，不放过任何一个可疑点，限定2小时内排查完成，做到县不漏乡、乡不漏村、村不漏组、组不漏户、户不漏人。在疫情防控形势较为平稳后，深入开展“家家访”行动，通过“一封信、三询问、一告示”方式，挨家挨户查找大数据排查不到的从涉疫城市入漳人群，防止出现“漏网之鱼”。

快速推进核酸检测。漳州市把核酸检测作为精准找到感染者、科学定位传染源的重要任务来抓，在重点地区实行全员核酸检测的基础上，加密重点场所、重点机构、重点人群的检测频次。从9月13日开始，组织全市所有学校师生员工，开展第一轮核酸检测；厦门通报确诊病例后，立即主动排查，第二天启动临近厦门4个区的全员核酸检测，结果均为阴性。台投区发生疫情后，抽调980名医务人员火速增援，确保“采、送、检、报”各环节顺畅高效,目前，台投区已完成3轮全员核酸检测，结果均为阴性。

快速跟进宣传引导。漳州市注重把握“时、度、效”，加强信息发布、宣传报道和舆情引导，牢牢把握疫情防控舆论主导权。注重及时、准确、公开、透明做好涉疫信息发布，适时举办3场新闻发布会，通报疫情情况，主动回应关切，消除社会疑虑。针对各个时期的防控重点，市、县指挥部及时发布通告，引导群众积极配合各项防控措施。充分发挥主流媒体阵地作用，累计在《人民日报》、新华社等央媒刊播报道46篇（条），在《福建日报》等主流媒体刊播报道630多篇（条），在市内媒体刊播12206篇（条），报道防控举措，宣传抗疫事迹，普及防疫知识，最大限度凝聚起全民战疫力量。

坚持“严”字为重
严格果断落实各项防控措施

漳州市深刻认识到疫情防控决不能有半点的麻痹思想、侥幸心理，将严的纪律、严的标准、严的要求贯穿全过程各环节，牢牢守住各个关口、各条防线，坚决遏制疫情传入、扩散和溢出。

严格分区分级管控。漳州市坚持分区分级、精准施策、科学防治，在国务院联防联控机制工作组的指导下，综合研判确诊病例及其密接者、次密接者的活动轨迹，按照范围适当扩大、差别化圈层管理的思路，将确诊病例所在的福龙社区划为中风险地区，将其居住的万益学府花园小区划为封控区，将具有一定传播风险的台投区全域划为管控区，将邻近涉疫地区的龙海区、长泰区、龙文区、芗城区、漳浦县、华安县、漳州开发区、高新区等8个县（区）、开发区列为防范区。对中风险地区依法依规实行“只进不出”，严控人员流动；对封控区实行“区域封闭、足不出户、服务上门”，严格落实居家隔离措施，安排24小时巡逻值守，人员和车辆不进不出；对管控区实行“人不出区、严禁聚集”；对防范区强化社会面管控，严格限制人员聚集。通过圈层管理，精准划定“包围圈”，把风险控制起来，实施包围歼灭，实现疫情零外溢。

严格交通管制。漳州市把牢交通卡口第一道安全防线，严格落实“核心部位封控、重点区域管控、漳州全域防控”的三级路面管控要求，在省界、市界、动车站、高速路口以及国省道、乡村道路等重点部位设置69个交通查验站（点），逢车必查、逢人必检，落细落实各项查验措施，耐心细致做好劝返工作，减少人员流动，切断疫情传播的物理通道。截至目前，全市累计排查车辆88.4万车次、人员116.5万人，劝返车辆8.03万辆、人员9.7 万人。同时，紧盯“海上、渔港、岸线”三大领域，严格落实上岸渔民卫生防疫，加强闽粤交界及敏感海域等重点区域的执法巡查，严格执行进出港报告制度，严禁接触境外人、船、物，严厉打击偷私渡行为，防止疫情从海上输入；聚焦进口冷链食品“一线两重点”，严格落实集中监管和“三全”“四证”措施，严把“六道关口”，确保消毒到位、来源可追、去向可查，累计查验进口冷链食品1422批2.01万吨，防止疫情由物输入。

严格隔离管理。漳州市充分把握隔离这个切断疫情传播的最有效手段，严格做好集中隔离场所准备、人员转运和规范管理等工作。按照1个感染者备用100间、1万人不少于20间的规模储备隔离房间，落实“三区两通道”等要求，共设置集中隔离点51个、房间4051间，已使用1795间，其中，统筹调配龙文、龙海、漳浦、云霄、华安5个集中隔离点、904间房间，承接台投区部分密接和次密接人员的隔离任务，8小时之内全部隔离到位；此外，储备集中隔离点65个、房间5002间，台投区仅用10天时间完成

1000间隔离方舱建设。全市共配备转运车辆209部，专门用于病例和密接者、次密接者的“点对点”转运，严格规范流程，加强人员防护，确保转运过程安全有序。在隔离点管理上，由属地负总责，加派医护、公安、生态环境、住建、卫生保洁等人员，严格做好对外封闭管理、内部规范管理、人员培训、健康监测、清洁消毒和垃圾污水处理等工作，没有发生交叉感染和疫情扩散。

严格院感防控。漳州市深刻吸取外地聚集性院感事件的教训，对院内感染“零容忍”。严格落实首诊负责、预检分诊、探视陪护等管理制度，完善发热病人接诊、筛查、留观、转诊工作流程，优化发热门诊通道，严格执行“一人一诊一室”，积极引导患者错峰就诊。加强发热门诊管理，压实门诊“前哨”预警责任，药店暂停销售退烧药物，引导每位发热患者到发热门诊有序就诊，做到预检分诊“零漏诊”。建立属地派出所快速联动协防机制，加强发热门诊等重点部位警戒巡逻，确保第一时间处突到位、管控到位。同时，加强院感防控督查巡查，堵漏洞、补短板，加强医务人员培训和定期核酸检测，规范医疗垃圾处置，实现院感事件零发生。

坚持“实”字托底
构筑起疫情防控的强大合力

漳州市突出防控实效，狠抓责任落实，发动各方力量，以务实举措、扎实行动、实干劲头，落细落实各项防控措施，同心同力经受抗疫大考。

责任压实。我市坚持全市“一盘棋”，大力倡导“疫情面前没有旁观者，疫情防控没有局外人”，全面压紧压实属地、单位、部门、家庭、个人责任，将防控措施落实到每个岗位、环节和个人，让每个主体守土有责、守土负责、守土尽责，形成联防联控、群防群控、严防严控的牢固防线。同时，强化严督实查，市领导带队分赴挂钩县区开展检查指导，市疫情防控指挥部 8 个督导组深入一线抓督查抓推进，市纪委监委和组织部联合成立 8 个检查组跟进专项监督，对个别责任落实不到位、工作不作为慢作为的严肃追责问责，进一步倒逼责任落实。

基层夯实。漳州市坚持党的全面领导，强化党建引领，成立战疫一线临时党支部 457 个、“党员先锋岗”5790 个，充分发挥基层党组织的战斗堡垒和党员先锋模范作用，调动方方面面的力量投入战疫，让党旗在基层一线高高飘扬。注重发挥志愿者作用，发动各行各业志愿者 37 万多人次，投入社区物资配送、道路交通管制、核酸检测、社区测温扫码等服务工作。机关干部带头冲锋在前，先后抽调市直机关和县乡干部 18214 人、公安干警 10472 人，第一时间进驻社区，与广大医务工作者、社区工作者和人民群众一道，构建强大的联防联控“主力军”。

准备充实。漳州市坚持“宁可备而不用，不可用时无备”，做足做好防疫物资、队伍力量等准备工作。按照疫情高峰期的使用量，落实医疗机构储备保障 30 天、疾控机构储备保障 10 天，其中，市本级共储备口罩 885.5 万片、医用防护服 9306 套、民用隔离衣 8438 套、民用眼罩 6658 副、医用护目镜 3929 副、手套 12.5 万只、医用鞋套 6.11 万双，筑牢抗疫后勤保障防线。全市投入一线卫技人员 1621 名，其中医生 165 名、护士 1327 名、检验人员 129 名，保障流调溯源、核酸检测等工作高效开展，还派出 300 人的核酸采样队伍先后驰援莆田仙游和厦门同安、集美，派出 2 批次各 1000 名医护人员支援海沧区、湖里区核酸检测，服务全省抗疫大局。

坚持“细”字着力
以精细化工作赢得更大主动

漳州市突出精细而又人性化的防疫理念，从细微处着眼，从细小处入手，精准精细抓防疫，细心细致做服务，全力确保社会大局稳定。

防控流程做细。漳州市根据疫情防控形势，认真落实国务院《新型冠状病毒肺炎防控方案（第八版）》，及时组织修订《市应对新冠肺炎疫情应急预案（第 4 版）》，把防疫措施细化到每一个层级、环节和步骤。组织未涉疫县区加强应急演练，让写在纸上的预案在“实战”中接受检验。精心绘制“区域协查数据排查”“核酸检测阳性应急处置”等流程图，印发各地“按图索骥”“挂图作战”。按照“归口汇总、数据集成、闭环管理”原则，建立《全市疫情防控工作动态》每日两报工作机制，既避免多头统计、数出多门，又有效减轻基层负担。

疫苗接种落细。漳州市把疫苗接种作为常态化疫情防控的头号工程来抓，坚决扛起疫苗接种的政治责任。按照“属地管理、应接尽接、梯次推进、突出重点、保障安全”的原则，做细实施方案，一城一策、一村一策、一点一策，将任务细化落实到基层单位、到接种点、到具体人，全面细致抓好宣传发动。同时，做细便民服务，采取“定点接种 + 上门接种”“团队预约 + 个人预约”“临时接种点 + 常规接种门诊”等方式，方便群众错时、错峰、分流、分批接种，精心提供现场服务，积极稳妥推进疫苗接种扩面提速。目前，全市累计接种 757.53 万人次，其中第一剂次接种 401.36 万人，完成全程接种 381.17 万人，加快构筑群体免疫屏障。

群众工作精细。漳州市注重组织群众、服务群众、发动群众。统筹协调防控应急物资、市场保供稳价等重大问题，启动 44 家平价商店，建立应急加工企业 17 家、应急储运企业 23 家、应急配送中心 31 家和应急供应网点 218 家，服务覆盖各乡镇，确保“菜篮子”“米袋子”量足价稳。针对封控小区群众，落实“服务到家”，只要手机下单，超市人员就会配送到小区门口，志愿者帮忙送到家门口。针对隔离对象，在隔离政策执行中做了更多精细化的考量，做好人文关怀和心理疏导，特别是针对此次集中隔离幼童较多的特殊情况，安排孩子与一名家长共居一室，增加营养品、益智用品等配送，中秋节又送上礼物和问候，做到隔离不隔爱，赢得理解和配合。

当前，我市疫情防控虽然取得阶段性明显成效，但疫情存在不确定性，防控不可掉以轻心。下一步，漳州市将倍加珍惜这来之不易的局面，固化优化行之有效的经验做法，加快补齐防控短板，完善平急结合机制，确保防控不松懈、疫情不反弹、发展不停步，全力保障人民群众生命安全和身体健康，奋力夺取疫情防控和经济社会发展“双胜利”。

（资料来自《闽南日报》2021年9月30日2版）

永做人民的“110”

钟自炜

“有困难，找110”，如今耳熟能详的一句话，源自福建漳州。

1990年12月，漳州在110报警台基础上增加“服务”二字，在全国首创“110报警服务台”和快速反应机制，开启了维护治安与服务群众并重的先河，“110”这个号码就此为百姓所熟知。

“一心为民，永做人民的110”，30年来“漳州110”的庄严承诺不改，始终坚守为民情怀。

“人民的满意就是我们最大的心愿”

7个人、3支枪、一辆三轮摩托车……1990年，“漳州110”在这样简陋的条件中建立。当年10月23日，漳州芗城区一名孕妇报警求助，称其要分娩了，可丈夫外出，当地又举目无亲。“漳州110”接警后及时将其送入产房，孕妇顺利生产。

事情虽小，却引发了全队内部大讨论：“警察到底是干什么的？警察的职责是打击犯罪、维护治安。送孕妇之类的事，我们要不要管？”

几天后，那名被救助的孕妇刚出院，就抱着孩子，拿着鸡蛋、红糖来到队里。“‘漳州110’是我们全家的大恩人！”孕妇的一句话，让讨论有了答案。1990年12月，“漳州110”在原来110报警台的基础上增加“服务”二字，在全国首次发布“人民群众有困难，需要警察帮助的，均可拨打110电话”的公益广告。

“人民的困难就是我们的困难，人民的满意就是我们最大的心愿。从‘110报警台’到‘110报警服务台’，‘服务’两个字，开启了人民警察职责的新篇章。”漳州市副市长、公安局局长林晓东表示。

“‘漳州110’，还是一样好！”相隔11年，两次营救均赢得群众夸赞。2006年5月，超强台风“珍珠”来袭，地处低洼地的芗城区待御新村有数十名群众被积水围困。时任三中队中队长郑瑞钟带领队员逆水前行，“一个不落”将群众救出；2017年6月2日，漳州市3小时内降雨量达100毫米，待御新村再次被积水包围。六中队中队长游文明冒雨蹚水，从齐腰深的积水中，救出一名被困的残疾女孩，队员们连续作战，最终将所有受困群众转移至安全地带。

建队以来，“漳州110”总计112人次立功受奖，其中一级英模1人、二级英模5人次。42批次500余位民警无一人违纪违法。仅2016年以来，群众就给“漳州110”送来锦旗及感谢信947面（封）。

“一切都是为了更快一秒”

2020年12月24日8时23分，“漳州110”指挥中心接警，芗城区909医院内一辆电动车被盗。几分钟内，快速侦查启动，前端路面处民警及时调取周边监控传至后台。9时35分、9时45分，又接到两起电动车被盗案，经视频侦查，3起案件嫌疑人为同一人。11时07分，侦查发现嫌疑人通过呼叫货运小车转移电动车，后台随即进行车牌识别、联系货车司机，命令其将所拉电动车运回市区。11时43分，“漳州

110”顺利拦截货车，现场追缴4辆被盗电动车。此时，距离接到首通报警电话仅过去3小时20分钟。

“快，是我们的生命线。一切都是为了更快一秒。”“漳州110”大队长黄海强说，“更快更灵，就是要第一时间减少群众受到伤害，第一时间找到报警渠道，第一时间赶到事发现场，第一时间高效依法处置。”

更快更灵的“漳州110”如何炼成？30年来，改革创新的脚步从不停歇：1996年建立全天候巡防网络，变坐等接处警为就近接处警；2000年实施巡指分离，完善点对点、扁平化指挥；此后，又率先实行110、119、122“三台合一”，创新“海上110”，率先实现110指挥体系“海陆并网”。

“与传统的以派出所为驻点不同，我们‘永远在路上’。”黄海强介绍，漳州将市区划分为11个网格，同时在城区4个重点部位设置固定站勤点，派出警力在责任网格开展车巡、步巡，实现24小时全天候接处警和巡逻防控。“巡防模式下，一旦发生警情，警力可第一时间到场处置。”黄海强说，目前，“漳州110”5分钟内到场率86.04%，10分钟内到场率基本实现100%，“两抢”破案率达100%。

止于未发，是“漳州110”的又一特色：通过梳理重点区域、重点部位，主动调整警力部署，有效预防违法犯罪。黄海强介绍，如今漳州多发性侵财案件比2016年警务改革前下降46.2%。

今年1月1日，“漳州110”成立合成作战中心，整合刑侦、技侦等部门，推动从快接、快处到快侦、快破、快挽损的再升级。

“人人都是110”

2020年5月26日，芗城区岱山村网格员林伟雄接到“漳州110”的电话。原来，当天16时30分，芗城区发生一起手机被盗案，经摸排发现嫌疑人落脚在岱山村一带。

林伟雄通过排查很快锁定目标，27日22时，嫌疑人在林伟雄敦促下自首，被盗手机被成功追回。

这是一起“社区110”协助破案的典型案例。“社区110”是在“漳州110”基础上创新的城乡社区网格治理“2+*N*”模式，“2”是城乡社区农村的网格员和民警，“*N*”是治安巡防队、法律援助队、志愿服务队等若干支专门队伍。

“群众有需求，可以就近找我们，既减轻了民警接处警压力，又增强了群众获得感、幸福感、安全感。”林伟雄说。

“以‘漳州110’为抓手实现共治善治，我们希望人人都是110。”漳州市委书记邵玉龙表示，瞄准基层社会治理需求，“漳州110”辐射效应全面显现——设立“反诈110”，健全完善反诈骗智慧信息系统；成立“交通110”，与城管等部门联动，共同负担抢险救灾、应急增援等任务；建立“民生110”，推动64个市直部门联勤联动，2019年受理有效事项59038件，及时查阅率100%，按期办结率99.99%，满意率99.46%；创立“民间110”，研发推广“芗里芗亲”APP，汇聚4485支平安志愿者队伍29.4万人，设立10余项便民服务项目。

“以人民为中心、做人民的保护神，是‘漳州110’精神的核心内涵。”邵玉龙表示，“我们将以‘漳州110’为代表，不断提高政府职能部门的服务水平，持续探索保护人民和服务人民的创新路径。”

（资料来自《人民日报》 2021年1月10日4版）

大事记

1月

1月1日，漳州木偶艺术表演馆举行首场公益演出。

1月4日，福建省商务厅公布新认定的5个省级外贸转型升级基地名单，漳州市长泰县、台商区入选。

1月5日，福建省“决胜全面小康、决战脱贫攻坚”主题新闻发布会漳州专场在省广播影视中心举行。

1月5日，全市耕地保护监督工作部署会议召开。

1月6日，由中国中铁六局施工建设的福厦铁路漳州下行联络线跨越杭深铁路转体桥成功转体后精准对接。

1月6日，住房和城乡建设部、国家发展改革委发布《关于命名第十批（2020年度）国家节水型城市的公告》，全国共34个城市入选，漳州市榜上有名。

1月8日，漳州市全面推进农信系统普惠金融服务乡村振兴工作启动仪式举行。

1月8日，漳州市学习宣传贯彻党的十九届五中全会精神系列新闻发布会（第一场）举行。首场发布会内容为综合和经济板块。

1月8日，福建省农业农村厅、省财政厅联合公布2020年度福建省农民专业合作社示范社名单（156家），诏安县华强果蔬专业合作社、诏安县缘份农机专业合作社、龙海市清南果蔬专业合作社、龙海市闽隆农产品专业合作社、漳州市芗城区众晟水产养殖专业合作社、华安县尖山峰茶叶专业合作社、漳浦县合昌甲鱼养殖专业合作社、诏安县余彬果蔬专业合作社、漳州市芗城区誉丰苗木专业合作社等9家农民专业合作社榜上有名。

1月10日，“时代楷模”发布仪式在中央广播电视总台举行，现场宣读《中共中央宣传部关于授予福建省“漳州110”“时代楷模”称号的决定》，播放反映“漳州110”先进事迹的4个短片。中共中央宣传部副部长蒋建国为“漳州110”代表颁发“时代楷模”奖牌和证书。

1月10日，浙江大学医学院附属邵逸夫医院漳州医院签约揭牌仪式暨学术交流活动在漳州宾馆举行，漳州市医院加挂“浙江大学医学院附属邵逸夫医院漳州医院”牌子。

1月10日，2020年中国康养城市排行榜50强出炉，漳州位居第26位。

1月11—13日，政协第十三届漳州市委员会第五次会议在漳州宾馆召开。

1月12—14日，漳州市第十六届人民代表大会第五次会议在市人民剧场召开。

1月13日，《漳州市农贸市场管理办法》公布，于3月15日起正式实施。

1月15日，芗城区新时代文明实践中心揭牌，标志着新时代文明实践工作正式转入全面推进阶段。

1月15日，漳州市学习宣传贯彻中共十九届五中全会精神系列新闻发布会（第二场）在漳州宾馆举行。

1月18日，2021年全市安全生产工作暨第一季度防范重特大生产安全事故视频会召开。

1月19日，漳州市学习宣传贯彻中共十九届五中全会精神系列新闻发布会（第三场）在漳州宾馆举行。

1月21日，漳州市政府与华能集团签署战略合作框架协议。

1月22日，福建省农业农村厅公布2020年度福建省“百佳示范家庭农场”名单，龙海市紫泥绿丰家庭农场、东山县朝辉种养家庭农场等漳州市16个家庭农场榜上有名。

1月24日，省委书记尹力参加省十三届人大五次会议漳州代表团审议。

1月26日，2021年漳州市文化、科技、卫生“三下乡”集中示范活动正式启动。

1月27日，漳州市召开九龙江西溪流域水质提升治理专项行动动员会。

1月27日，省交通厅公布《福建省沿海港口布局规划（2020—2035年）》（以下简称《规划》）。漳州招银、后石、古雷三港区列入《规划》。

1月27日，南靖县与欧洲圣马力诺共和国圣马力诺市通过线上“云”交流模式，签署合作意向书。

1月28日，漳州市学习宣传贯彻中共十九届五中全会精神系列新闻发布会（第四场）在漳州宾馆举行。该场发布会聚焦文化、体育和旅游融合发展等。

1月29日，漳州市学习宣传贯彻中共十九届五中全会精神系列新闻发布会（第五场）在漳州宾馆举行。该场发布会聚焦民生福祉方面。

2月

2月1日，漳州市学习宣传贯彻中共十九届五中全会精神系列新闻发布会（第六场）在漳州宾馆举行。该场发布会聚焦平安漳州建设主题。

2月4日，漳州市安全生产工作视频会召开，研究部署2021年安全生产工作。

2月5日，中共漳州市纪委十一届六次全会召开。

2月17日，中国女排第47次到漳州，进行东京奥运会大赛之前封训备战，也是郎平当主教练以来第9次带队到漳州。

2月25日，全国脱贫攻坚总结表彰大会在北京人民大会堂举行。漳州市农业农村局扶贫开发科科长苏英顺，诏安县农业农村局局长、扶贫开发领导小组办公室主任许仲岚获评全国脱贫攻坚先进个人；平和县扶贫开发领导小组办公室、漳州市就业服务中心获评全国脱贫攻坚先进集体。

2月，漳州市唯一一所公办中等艺术教育学校——漳州艺术学校校址从东南花都迁往漳州高新区，新校区为原漳州工业学校旧址（九湖镇衍后村）。

3月

3月2日，福建省第一季度重大项目视频连线集中开工活动举行。漳州市列入第一季度全省集中开工重大项目21个，计划总投资97.1亿元，年度计划投资31.3亿元。

3月2日，漳州召开市级生态环境保护督查问题交办会。

3月3日，市管干部学习贯彻党的十九届五中全会精神研讨班开班。

3月4日，市委书记邵玉龙带领市各套班子等党员领导干部，到毛主席率领红军攻克漳州纪念馆，缅怀革命先烈，重温入党誓词，接受革命传统教育和党史教育。

3月4—5日，省人大常委会副主任袁毅带领省人大常委会调研组到漳州，围绕“传承弘扬习近平总书记在闽工作期间调研的重要理念和生动实践，加强和改进人大调研工作”和“提高代表议案建议质量，进一步发挥代表在议政履职中的作用”等主题开展专项调研。

3月4—5日，省关工委常务副主任、省政协原副主席陈荣春一行到漳州，就漳州市党建带关建落实情况开展专题调研。

3月7日，全国人大代表、市长刘远接受香港经济导报记者专访。

3月10日，市委书记邵玉龙在漳州宾馆与招商局集团党委书记、董事长缪建民一行座谈，就开创央地合作新局面深入交流。

3月10日，漳州市召开新时代文明实践中心建设暨移风易俗工作推进会。

3月11日，市各套班子在家领导到龙文区上美湖，与广大干部群众、青年志愿者等共同参加主题为“全民植绿四十载，美丽漳州谱新篇”的义务植树活动。

3月12日，全市政法队伍教育整顿动员部署会召开。

3月12日，漳州市学习弘扬“时代楷模”“漳州110”先进典型活动动员部署会召开。

3月15日，市委书记邵玉龙、市长刘远、市人大常委会主任陈汉夫、市政协主席张祯锦等市领导，在漳州宾馆会见在漳州集训的中国女排。

3月17日，漳州市东南部沿海地区九龙江调水工程“（北水南调”工程）项目合作协议签约仪式在漳州宾馆举行。

3月17—19日，省人大常委会党组书记、副主任雷春美带队到漳州，开展养老服务地方立法工作调研。

3月18日，漳州市城市和农村建设工作会议召开。

3月18—20日，首届“中国跨境电商交易会”在福州举行。漳州74家企业参加首届“跨交会”。

3月19日，漳州市推进行政区划调整工作动员大会召开。

3月22日，漳州市召开全市新冠病毒疫苗接种工作视频会议，部署推进疫苗接种工作。

3月23—26日，市长刘远带领市、县、村三级考察团到浙江嘉兴、湖州、绍兴和江苏南京等地考察学习，对接洽谈桐昆集团聚酯长丝项目和上海华昌集团漳州金山矿区生态治理——华昌大型综合体项目。

3月25日，全国政协副主席、全国工商联主席高云龙率全国政协专题调研组深入漳州，开展课题调研。省政协副主席、省工商联主席王光远等陪同调研。

3月29日，漳州中级人民法院获得“全国扫黑除恶专项斗争先进集体”荣誉称号，为漳州市唯一获此殊荣的单位。

3月30日，漳州市八尺门海域综合治理生态修复工程开工，向东渠八尺门渡槽异地迁移保护工程正式启动。

3月31日，漳州市召开全市粮储系统警示教育大会。

3月，省委宣传部公布第六批福建省爱国主义教育基地名单，漳州市“漳州110”事迹展览馆、平和暴动纪念馆、片仔癀博物馆榜上有名。

4月

4月1日，党史学习教育省委宣讲团宣讲报告会暨市委理论学习中心组（扩大）学习会在漳州宾馆举行。

4月2日，“大开放、大工业、大漳州”创业招商大会项目签约仪式在漳州宾馆举行。40个项目现场签约，计划总投资达659.3亿元。其中，央企国企项目6个，总投资224.4亿元；外企项目11个，总投资77亿元；民企项目23个，总投资357.9亿元。

4月2日，中国（漳州）跨境电子商务综合试验区专场推介会在漳州宾馆举行。

4月5日，漳州首个英雄烈士公益保护点在东山战斗烈士陵园保护中心揭牌。

4月7日，云霄县在全省率先揭牌成立首个县级乡村振兴研究促进会。

4月8日，省人大常委会党组副书记、副主任、省总工会主席梁建勇一行到漳州，就工会服务企业发展、产业工人队伍建设等情况开展调研。

4月8日，诏安县“老兵宣讲团”正式组建，系全省首支由退役军人组成的宣讲团。

4月9日，由漳州市关工委、市委文明办、市退役军人事务局、市教育局、市委党史和地方志研究室、市民政局联合主办“漳州市红军革命精神”宣讲活动暨“弘扬英烈图片展”启动仪式在漳州一中芝山校区礼堂举行。

4月12日，“中国女排娘家·漳州”主题LOGO征集活动颁奖仪式在漳州宾馆举行。

4月12日，第十四届市运会组委会第一次会议召开。

4月14日，全国人大常委会副委员长张春贤率全国人大常委会执法检查组到漳州开展中医药法执法检查。

4月15日，人力资源和社会保障部党组成员、副部长汤涛一行深入漳州开展职业能力建设调研工作。省人社厅厅长林卫宠陪同参加有关活动。

4月15日，闽西南协同发展区人大工作联席会议第三次会议在东山县召开。

4月17日，“健全合宪性审查机制”学术研讨会在闽南师范大学举行。

4月18日，海南省政协副主席李国梁、吴岩峻一行到古雷开发区考察调研。

4月19日，万辰生物科技股份有限公司正式在深交所创业板市场挂牌上市，为漳州第六家A股上市企业。

4月19日，在中华全国总工会全国先进女职工集体和个人表彰大会上，漳州市东山县东海岸保税仓储物流中心有限公司生产部被授予“全国五一巾帼标兵岗”荣誉称号；龙海第一医院党委副书记、工会主席黄育苹被授予“全国五一巾帼标兵”荣誉称号。

4月20日，漳州市召开打击治理电信网络新型违法犯罪工作电视电话会议。

4月21日，龙海、长泰撤县（市）设区授牌授印仪式分别在龙海、长泰举行。

4月22日，市十六届人大常委会举行第四十次会议。会议审议通过关于《漳州市人民代表大会常务委员会关于龙海市撤市设区、长泰县撤县设区有关漳州市第十六届人民代表大会代表的资格确认问题的决定》的议案，决定原龙海市、长泰县选举的漳州市第十六届人民代表大会代表的资格继续有效，任期到本届届满。

4月22日，国省干线联十一线漳州长泰段公路二期工程正式开工。

4月23日，国家“十四五”规划重大项目、计划总投资32亿元的闽粤联网工程开工仪式在云霄县举行。

4月23日，市长刘远在漳州宾馆会见由广东省梅州市市长张爱军率领的考察团一行，就推动两地合作进行座谈交流。

4月25日，省政府和国务院国资委共同在榕召开福建省与中央企业项目合作座谈会，福建省与央企现场签约37个项目。其中，漳州有古雷基地高端聚酰胺项目、漳州LNG（液化天然气）联络线工程等4个项目参与集中签约，计划总投资146.36亿元。

4月26日，市委书记邵玉龙、市长刘远在漳州宾馆会见到漳州考察的中国化学工程集团有限公司总经理刘家强一行，双方就进一步深化合作进行座谈交流。

4月26日，全省数字经济重大项目集中签约活动在福州举行，其中漳州3个项目参加集中签约，计划总投资35.5亿元。

4月27日，中国石化集团公司总经理马永生一行到漳州，考察调研古雷炼化一体化项目。

4月27日，太原卫星发射中心用长征六号运载火箭成功发射9颗卫星，其中的智能遥感卫星“航升一号”（又名“中安国通一号”）的顶部外壳，印有明显的“漳州高新区”标志。

4月28日，漳州市农业农村局与漳州职业技术学院签订战略合作框架协议，合作成立漳州市乡村振兴学院。

4月28日，漳州市第十四届运动会正式开赛。

4月28日，2021年全市未成年人思想道德建设联席会召开。

5月

5月6日，漳州市召开党史学习教育交流座谈会。党史学习教育省委第二巡回指导组组长林晓峰交流到漳州调研情况。

5月6日，2021年全市网络意识形态轮训工作开班式举行。

5月6—9日，党史学习教育省委第二巡回指导组一行深入漳州市长泰、华安、平和、漳浦、云霄、诏安、东山7个县（区）开展调研指导。

5月7日，台湾知名媒体人黄智贤到漳州台商投资区角美镇锦宅村寻根谒祖，拍摄专题片《黄廷将军与五恩宫的台湾情缘》。

5月7—8日，中国侨联党组成员、副主席隋军一行到漳州市，就党史学习教育、党建带侨建、基层侨联组织建设等内容开展调研。

5月12日，漳州市第10个防震减灾宣传月暨纪念“5·12”全国第13个防灾减灾日宣传活动在市区古城北广场举行。

5月14日，全省脱贫攻坚总结表彰大会在福州召开。漳州市农业农村局等22个集体获评福建省脱贫攻坚先进集体，漳州市委组织部“两新办”主任杨宏益等50人获评福建省脱贫攻坚先进个人。

5月14日，全市粮储系统专项巡察动员部署会召开。

5月18日，省农业科学院漳州分院揭牌仪式在省农科院亚热带农业研究所综合楼举行。

5月19日，应急管理部党委委员、副部长刘伟一行到古雷开发区调研督导危化品重点县专家指导服务及石化企业安全生产工作。

5月21日,漳州市老年大学军休所教学点在市军休所活动中心揭牌。该教学点是全省退役军人事务系统首个老年教育教学点，也是市老年大学首个校外教学点。

5月22日，漳州古城与闽台文化论坛在漳州古城向阳剧场开幕。

5月25日，漳州市第七次全国人口普查公报正式发布。根据市统计局和市第七次全国人口普查领导小组办公室公布的数据显示：截至2020年11月1日零时，全市常住人口为5054328人，与2010年第六次全国人口普查的4809983人相比，10年间漳州市增加244345人。

5月26日，第五届中国（蓝光杯·漳州）钟表设计大赛启动仪式在龙文区举行。

5月27日，芗城区“名校+”集团化办学培育工作正式启动。

5月28日，市委在市人民剧场举行“漳州110”先进事迹主场报告会。

5月28日，漳州市民企项目暨龙海区产业项目签约仪式在龙海食品博览园举行，现场签约漳州LNG冷能利用产业园等54个项目，计划总投资242.13亿元，其中工业项目39个，计划总投资222.26亿元。

5月28日，古雷炼化一体化项目主要装置顺利中交。

5月28日，市教育局公布2021年市直公民办义务教育学校同步招生摇号录取办法。

5月28日，漳州市中级人民法院被水利部评为全国全面推行河长制湖长制先进集体，为全国唯一一家上榜的法院。

5月29日，第三届中国食品名城（漳州）食品交易会暨第二届龙海国际休闲食品博览会开幕式在龙海食品博览园举行。

5月31日，由省闽南文化研究会指导，市教育局、市文旅局、市闽南文化研究会联合主办的漳州市“童心向党·传唱闽南红色童谣”优秀节目展演在市实验小学腾飞校区举行。

5月31日，中新社福建分社采访组到漳，开展庆祝中国共产党成立100周年主题采访活动。此次采访持续至6月5日，主要围绕“打造台胞台企登陆的第一家园”这一主题。

6月

6月1日，漳州市退役军人服务中心、市医疗保障中心联合印发的《漳州市自主择业军转干部缴费基数申报“跨部门一件事套餐服务”实施细则》生效。实行套餐服务模式后，办理该业务只需1个工作日，联合审批在法定时限20个工作日内完结。

6月2—4日，2021中国化工园区与产业发展论坛在山东烟台召开，会上发布中国化工园区30强等榜单，古雷开发区再次入选。

6月3—5日，以中共中央候补委员、全国人大常委会委员、全国台联党组书记、会长黄志贤为团长的台湾省第十三届全国人大代表一行，就深入贯彻“十四五”规划相关部署、探索海峡两岸融合发展新路的做法和经验以及落实各项惠台利民举措等内容到漳州开展调研。

6月5日，漳州市召开领导干部会议。省委常委、组织部部长杨贤金到会讲话，省委组织部分管日常工作的副部长杨国豪主持会议并宣读省委关于漳州市主要领导调整变动的决定。张国旺任中共漳州市委书记，王进足任中共漳州市委副书记。

6月5日，市委书记张国旺、市委副书记王进足带队深入市新冠肺炎疫情防控工作指挥部、市防汛抗旱指挥部，看望慰问干部职工，实地调研疫情防控和防汛防台风工作。

6月7日，市管领导干部学习贯彻习近平总书记来闽考察重要讲话精神专题研讨班暨市级领导班子党史学习教育专题读书班在市人民剧场开班。

6月7日，漳州市乡村振兴局正式挂牌成立。

6月8日，全市法院执行案款集中发放仪式举行。芗城法院和云霄法院分别设立发放现场，其余法院也同步开展活动。

6月8日“南靖县行政审批局”审批专用章正式启用，也是全省县级行政审批局盖出的首枚行政审批专用章。

6月9日，省委常委、秘书长、常务副省长郑新聪与省直有关部门负责同志到芗城区、龙文区、台商投资区调研并现场逐项协调解决有关问题。

6月9日，中共漳州市委十一届十四次全会召开。会议审议通过《关于召开中国共产党漳州市第十二次代表大会的决议》，拟定于2021年9月下旬在芗城区召开中共漳州市第十二次代表大会。

6月7—9日，漳州市的市管领导干部学习贯彻习近平总书记来闽考察重要讲话精神专题研讨班暨市级领导班子党史学习教育专题读书班以视频会议的形式召开。

6月9日，漳州市“三个规定”集中宣讲暨党政领导干部公开承诺大会召开。

6月10日，由漳州市人民政府、中国可再生能源学会风能专业委员会、新华社中国经济信息社主办，明阳智慧能源集团股份公司、北京鉴衡认证中心协办的清洁能源海峡高峰论坛在漳州宾馆举行。漳州签下12份清洁能源合作协议。

6月10日，全省政法英模先进事迹报告会举行，漳州市先进集体“漳州110”、南靖县人民法院土楼人民法庭以及先进个人潘进格分别作先进事迹报告。

6月14日，由中共闽南师范大学委员会、中共漳州市委宣传部、漳州市九龙江集团联合主办的颂歌献给党——庆祝中国共产党成立100周年暨党史学习教育主题文艺晚会在漳州人民剧场举行。

6月15日，漳州军分区党委第一书记任职宣布大会召开，省委常委、省军区司令员吴喜铧宣读任职决定并颁发任职通知书。市委书记张国旺任漳州军分区党委委员、常委、第一书记。

6月15日，漳武高速（南靖段）天岭隧道左洞贯通。

6月16日，漳州市人民检察院古雷港经济开发区检察联络处揭牌仪式举行。

6月16日，漳州三宝集团与成大物产签订合同，率先完成福建省内首单再生钢铁原料进口业务。这是中国再生钢铁原料放开进口限制后，福建省内第一批进口再生钢铁原料正式通关。

6月17日，由市委文明办、市委教育工委、团市委、市妇联、市关工委联合举办的2021年漳州市“新时代好少年”事迹发布会在闽南师范大学附属中学隆重举行。

6月18日，第十九届中国·海峡创新项目成果交易会在福州海峡国际会展中心开幕。此次集中签约漳州共征集10个项目，计划总投资534.1亿元。

6月20日，第九届“同名村·心连心”联谊活动暨“两岸好声音·共筑复兴梦”文艺晚会在漳州上演。

6月21日，漳州市——昌都市对口支援工作交流会召开。

6月22日，全省民营企业发展大会在榕举行。会上，漳州一批企业家和企业受到表彰；6个项目参与现场签约，计划总投资363亿元。

6月22日，漳州市第三届网络文化季暨“网上会客厅”宣传活动在漳州宾馆启动。

6月23日，漳州抖音电商直播基地授牌开业仪式暨招商大会在漳州高新区举行。抖音电商与漳州青创供应链管理公司现场签订合作协议。

6月23日，漳州市芗城区人民法院巡回法庭、金峰经济开发区人民法庭“乡村振兴矛盾纠纷调解室”揭牌。这也是漳州首个成立的乡村振兴矛盾纠纷调解室。

6月25日零时起，全国铁路调整列车运行图。此次调图，漳州火车站继续实行日常线、周末线、高峰线和“一日一图”开行策略，首次开行至西安北、南宁东方向的动车组列车。

6月25日，漳州市政法系统“丹青歌盛世·翰墨颂党恩”——庆祝中国共产党成立100周年书画摄影作品展在市美术馆（新馆）开幕。

6月26日，漳州市党员领导同志重温入党誓词暨新党员代表入党宣誓活动在毛主席率领红军攻克漳州纪念馆举行。

6月26日，漳州市“光荣在党50年”纪念章颁发仪式在漳州宾馆举行。

6月26日，市各套班子领导到市档案馆新馆参观“光辉历程红色印迹”——漳州市庆祝中国共产党成立100周年图片展。

6月26日，防范新型毒品对青少年危害——2021年漳州市“6·26”国际禁毒日集中宣传活动在漳州古城北广场举行。

6月26日，全市“两优一先”表彰大会在漳州宾馆召开，市委隆重表彰一批优秀共产党员、优秀党务工作者和先进基层党组织。

6月26日至7月25日，“奋进新时代建设新漳州——庆祝中国共产党成立100周年漳州市经济社会发展成就图片展”在市艺术馆举行。

6月27日，中共漳州市委党校、谷文昌干部学院“合署办公、合址办学”揭牌暨谷文昌干部学院二期工程开工仪式在东山县举行。

6月28日，飘扬的旗帜——漳州市庆祝中国共产党成立100周年文艺晚会在市人民剧场举行。

6月28日，省委党史学习教育第二巡回指导组组长林晓峰以《学党史讲故事之漳州古城的红色记忆》为题，在市老年大学为指导组临时党支部上党史学习教育专题党课。

6月29日，市委书记张国旺、市长王进足在漳州宾馆会见国开行福建省分行行长张雪峰、福建中咨工程咨询有限公司总经理任群星一行。

6月，漳州出台开展“千名干部挂千企”帮扶活动工作方案。

7月

7月1日，全市首个以企业产品展示为核心，集新品发布、互动体验、招商推介、直播带货等于一体的综合性多功能服务平台——品质龙文展示中心，在龙文区闽南水乡正式揭牌开馆。

7月5日，中共漳州市委学习贯彻习近平总书记“七一”重要讲话精神座谈会召开。

7月6日，市委书记张国旺在漳州宾馆会见新加坡驻厦门总领事吴俊明一行。

7月6日，市委书记张国旺在漳州宾馆会见厦门银行董事长吴世群、厦门银行行长吴昕颢一行。

7月6日，漳台青少年沙画夏令营在龙文区永润文化艺术中心举行开营仪式。

7月7日，漳州召开全市“两优一先”代表庆祝中国共产党成立100周年座谈会。

7月7日，漳州市第六批选派党员干部驻村工作会召开。

7月8日，中共漳州市委十一届十五次全会召开，审议通过《中共漳州市委关于学习贯彻习近平总书记来闽考察重要讲话精神谱写富美新漳州现代化建设新篇章的决定》和《中国共产党漳州市第十一届委员会第十五次全体会议决议》。张国旺就《决定（讨论稿）》向全会作说明。

7月11日，首届“龙人杯”闽台大学生古琴文创设计大赛颁奖暨闽台古琴文化研修中心授牌仪式在长泰龙人书院举行。

7月15日，市委书记张国旺、市长王进足会见由福建港口集团董事长李兴湖、总经理陈志平率领的集团高管团队一行，深入交流增进合作事宜，并为漳州港务集团有限公司授牌。省国资委党委副书记修兴高参加会见。

7月15日，市委书记张国旺、市长王进足在漳州宾馆会见招商局集团副总经理李百安一行，共商进一步深化拓展合作事宜。

7月21日，由中共漳州市委宣传部、市委组织部、市委党校、市委党史和地方志研究室、市社科联等单位联合主办的漳州市庆祝中国共产党成立100周年理论研讨会在漳州宾馆召开。

7月21日，省委常委周联清带领省直有关部门负责人到漳州调研督导农村建房、疫情防控工作并召开座谈会。

7月21日，“九天览盛”大美漳州摄影作品展在漳州古城文艺交流中心（向阳剧场）举行。

7月22日，厦门市人大常委会读书班暨代表培训班一行到古雷开发区调研。

7月23日，“永远跟党走、启航新征程”漳州市党史学习教育暨学习贯彻习近平总书记“七一”重要讲话精神群众性主题宣传教育活动走进长泰坂里，以群众喜闻乐见的形式讲述党史故事，引导群众听党话、感党恩、跟党走。

7月24日，“龙文杯”第五届中国沙画艺术大赛在漳州万达嘉华酒店开幕。

7月26日，中共漳州市委和市政府工作检查总结会暨全市上半年经济会议召开。

7月26日，蓝田开发区在厦门举行“2021年漳州蓝田经济开发区（厦门）招商推介会”，现场与厦门漳州商会签订“双招双引”合作框架协议并进行授牌，现场签约5个项目，总投资达5亿元，涉及纳米光学制造、智能工业包装、物联网技术等多个领域，为园区产业发展“强筋壮骨”。

7月26—29日，中国共产党漳州市芗城区第九次代表大会召开。九届一次全会选举产生新一届区委常委，石振棋当选区委书记，何才成、洪维椿当选副书记。

7月26—29日，中国共产党漳州市龙文区第六次代表大会召开。六届一次全会选举产生新一届区委常委，朱真当选区委书记，林晓强、周绍斌当选副书记。

7月26—29日，中国共产党漳州市龙海区第一次代表大会召开。一届一次全会选举产生第一届区委常委，黄劲武当选区委书记，陈艺章、赵丰当选副书记。

7月26—29日，中国共产党平和县第十四次代表大会召开。十四届一次全会选举产生新一届县委常委，蔡绿璇当选县委书记，黄永健、郑炎山当选副书记。

7月26—29日，中国共产党南靖县第十四次代表大会召开。十四届一次全会选举产生新一届县委常委，李志勇当选县委书记，蔡铭泉、沈洪坤当选副书记。

7月27日，首场食品行业企业家座谈会在漳州宾馆举行。

7月28日，市委书记张国旺、市长王进足在漳州宾馆会见参加“知名台企漳州行”活动的企业家代表一行，与大家畅叙情谊、共谋发展。

7月28—30日，中国共产党漳州市长泰区第一次代表大会召开。一届一次全会选举产生新一届区委常委，胡滨当选为区委书记，尤宇川、孙可当选为区委副书记。

7月28—30日，中国共产党漳浦县第十四次代表大会召开。十四届一次全会选举产生中共漳浦县第十四届委员会常委，黄键鹏当选为县委书记，吴丁顺、李琳当选为县委副书记。

7月28—30日，中国共产党云霄县第十四次代表大会召开。十四届一次全会选举产生中共云霄县第十四届委员会常委，蓝良木当选为县委书记，沈顺来、方毅强当选为县委副书记。

7月28—30日，中国共产党诏安县第十四次代表大会召开。十四届一次全会选举产生中共诏安县第十四届委员会常委，李亚容当选为县委书记，黄庆华、远洋当选为县委副书记。

7月28—30日，中国共产党东山县第十四次代表大会召开。十四届一次全会选举产生中共东山县第十四届委员会常委，洪泰伟当选为县委书记，何霭、刘晖当选为县委副书记。

7月28—30日，中国共产党华安县第十四次代表大会召开。十四届一次全会选举产生中共华安县第十四届委员会常委，叶毓当选为县委书记，陈敏杰、何素平当选为县委副书记。

7月28—30日，2021年度华东“六省一市”记协协作会议暨党史学习教育主题采访活动在东山举行。

7月29日，全市政协反映社情民意信息工作会暨业务培训会议召开。

7月30日，2021年漳州市“八一”军政座谈会举行。

7月30日，漳州市乡村振兴促进会揭牌仪式暨一届三次会议举行。

7月，漳州市委、市政府出台方案，决定在全市开展“产业发展项目建设年”活动。活动以实施“六比一看”竞赛等为抓手，力促项目带动与产业支撑，确保经济运行回归合理区间、加快回升向好。“六比一看”竞赛即比征地拆迁与耕地保护、比项目招商、比项目开竣工、比园区标准化建设、比农村人居环境整治与农村建设品质提升、比新增规模以上（限额以上）企业，看高质量发展成效。

8月

8月2日，总重量157吨的“华龙一号”漳州核电厂2号机组核岛反应堆厂房钢衬里模块四吊装就位，全过程历时2小时50分钟。

8月3日，全市扫黑除恶专项斗争总结表扬大会召开。

8月4日，漳州市委、市政府召开会议，向老干部通报全市上半年经济社会发展情况及下一步发展思路。

8月4日，古雷能源科技有限公司举行揭牌仪式。

8月5日，2021年第九号台风“卢碧”登陆漳州东山。

8月6日，“大美漳州——全国中国画作品展”在漳州市美术馆（新馆）开展。本次作品展由中国美术家协会、福建省文学艺术界联合会、漳州市人民政府共同主办。

8月7日,中央广播电视总台新闻频道大型直播特别节目“走进乡村看小康”探访东山县陈城镇澳角村。

8月10日，全市政法队伍教育整顿总结大会召开。

8月10—11日，省委常委、统战部部长庄稼汉到漳州调研民营经济统战工作和宗教工作，并就《中国共产党统一战线工作条例》和《关于加强新时代民营经济统战工作的意见》贯彻落实情况开展调研指导。

8月11日，全市重大安全隐患房屋整治现场推进会在东山召开，通报全市房屋隐患整治进展情况，部署下阶段工作。

8月12日，漳州市金融服务古雷提速发展政银企对接会在古雷开发区召开。

8月13日，全市领导干部警示教育大会召开。

8月19日，全市村（社区）“两委”换届工作动员部署会议召开。

8月18日，海峡两岸最大石化产业合作项目——古雷炼化一体化项目正式建成投产，乙烯等主体生产装置打通全流程。

8月20日起，芗城区、龙文区及各开发区（投资区、高新区）的房屋交易合同网签备案流程将全部采用线上办理模式。

8月25日，省长王宁率省直有关部门负责人在漳州调研。

8月26日，市委书记张国旺、市长王进足在漳州宾馆会见上海华昌（企业）集团有限公司董事长蔡永康一行，就进一步推动华昌大型综合体项目提速提效，深化拓展产业合作进行深入交流。

8月26日，第十一届残疾人健身周活动在芗城区金冠社区举行。50余名残疾人朋友、助残志愿者和相关单位的干部职工参加活动。

8月27日，市委书记张国旺在漳州宾馆与华能能源交通产业控股有限公司党委书记、执行董事吴永钢，华能（福建）能源开发有限公司党委书记、董事长蔡永强一行座谈，就进一步加快华能漳州产业园等项目落地建设，深化拓展清洁能源产业合作进行深入交流。

8月28日，由省闽南文化研究会主办的“重温红色记忆弘扬闽南文化”文化沙龙，在漳州南山书院举办。

8月28日，省重点项目漳武高速公路南靖段A2标段4号大桥左幅合龙。

8月29日，全市疫情防控工作推进会议召开。

8月30日，漳州市108个乡镇团委全面完成换届任务。全市新一届乡镇团委委员共配备842名，平均年龄27.1周岁，大学本科以上学历占74%，中共党员占71%，女性占53%，行政编制人员占29%。此次乡镇团委换届是2018年新修订的《中国共产主义青年团章程》颁布后首次换届。

8月31日，全市市县乡人大换届选举工作部署会举行。

8月31日，全市精神文明建设先进命名暨深化全国文明城市创建工作会议召开。

9月

9月1日，漳州市开展2021年促进汽车消费补贴活动，对消费者在漳州市辖区内购买新车并上牌，给予每辆3000元补贴，单个消费者限申报1辆。

9月1日，市委书记张国旺、市长王进足在漳州宾馆与兴业银行总行党委委员、监事会主席一行座谈，就深化政银合作进行交流。

9月1日，漳州市召开《中国共产党统一战线工作条例》（以下简称《条例》宣讲会，推动学习宣传贯彻《条例》走深走实。

9月2—8日，庆祝中国共产党成立100周年女画家美术作品展在漳州古城文艺交流中心（向阳剧场）开展。

9月3日，毛主席率领红军攻克漳州纪念馆（中共福建临时省委旧址）“全国爱国主义教育示范基地”揭牌。

9月5日，市直机关党代表会议召开。会议通过无记名投票差额选举，产生54名市直机关出席漳州市第十二次党代会代表。

9月7日，全省农村建设品质提升第二次现场推进会在长泰召开，副省长康涛出席会议并讲话。

9月7日，全市平安建设暨市域社会治理工作推进会召开。

9月7日，市委党校、谷文昌干部学院2021年秋季学期开学典礼举行。

9月7日，漳州市人社局在全省首发职业技能电子培训券。

9月7日，芗城区行政服务

中心管委会通过“云视频”与山东、广东、江苏、安徽、浙江、湖南、内蒙古、宁夏、广西等17个省47县（市、区）签订省际联盟“跨省通办”合作协议，合作事项涵盖企业设立登记、医师护士注册、劳务派遣经营许可等144个高频政务服务事项。

9月8日，福建省重大项目签约暨“云上投洽会”平台升级启动仪式在厦门国际会展中心举行，36个项目现场签约，其中漳州市4个项目参加签约。

9月8日，中共漳州市委党校分校在长泰揭牌。与此同时，长泰区委党校，芗城、龙文、龙海区委党校分校也在此揭牌。

9月9日，漳州市召开庆祝2021年教师节大会。

9月9日，由漳州市政府、省发改委、省国资委共同主办的福建省央（国）企招商对接活动（漳州专场）在漳州宾馆举行。省委常委周联清出席，并会见参加活动的央（国）企代表。

9月9日，全国台湾同胞投资企业联谊会会长李政宏率台商企业代表到漳州交流考察。

9月9日，漳州姑娘卢云秀获第十四届全国运动会女子RS：X级帆板项目冠军。卢云秀是中国在帆板项目上第一个获得奥运冠军的运动员。

9月10日，市委党史学习教育领导小组办公室新闻发布会在漳州宾馆举行。该场发布会聚焦漳州市开展“我为群众办实事”实践活动情况和下阶段“我为群众办实事”实践活动举措。

9月13日，市人大常委会发出《关于号召全市各级人大代表积极参与新冠疫情防控的倡议书》。

9月14日，漳州市召开“百企帮百村”行动总结暨“万企兴万村”行动启动大会。会议以视频会议形式举行。

9月15日，漳州市第十二届中国统计开放日宣传展览在漳州古城北入口举行。

9月15日，通过“移动微法院”的审核后，台胞郑某在漳浦县法院立案庭法官的主持下，借助在线代理见证功能，运用视频连线的方式，上传起诉状、证据等诉讼材料，在线上委托见证下，仅用时五分钟完成无纸化跨境立案。这是在疫情防控期间，法官办理的全市微法院跨境立案+在线代理见证+无纸化立案的首例案件。

9月17日，市委书记张国旺主持召开全市疫情防控工作视频会。

9月17日，漳州市人民政府新闻办公室召开新闻发布会，通报漳州市台商投资区发现1例新冠肺炎确诊病例。

9月18日，漳州市人民政府新闻办公室召开漳州市疫情防控工作第二场新闻发布会，介绍漳州市疫情防控最新进展情况，并回答记者提问。

9月19日，市委书记张国旺、市长王进足深入漳州台商投资区督导检查疫情防控工作。

9月19日，“漳州通”APP上线“高危区域定位”查询功能，用户可根据自己的定位，一键查看确诊病例发病期间逗留过的小区或场所，提前做好防护。

9月20日，漳州市人民政府新闻办公室召开漳州市疫情防控工作第三场新闻发布会。

9月22日，漳州台商投资区集中隔离点项目完成首批100套隔离房间建设，从9月17日晚进场施工，到9月22日首批隔离房间建设完工，仅用5天时间。

9月24日，乡村振兴实绩考核暨农村建设品质提升专题会召开。

9月28日，漳州市政府与银行业金融机构座谈会在漳州宾馆举行。市长王进足出席并讲话。

9月29日，漳州市在漳州烈士陵园举行向烈士敬献花篮仪式。张国旺、王进足、陈汉夫、李东河、吴文团等市各套班子领导与全市各界代表参加。

9月，副省长李德金带领省政府办公厅、省交通运输厅负责人到漳州调研疫情防控应急支援工作。

9月，福建省委党史学习教育领导小组办公室面向社会推荐第三批党史学习教育参观学习点。其中，中共闽南地委旧址

（南靖树海）被列入推荐名单。至此，漳州市共有12处省级党史学习教育参观学习点。

10月

10月1日，市商务局联合阿里巴巴漳州“饿了么”平台在万达嘉华酒店启动“乐购漳州”线上促消费活动。

10月5—7日，中国共产党漳州市第十二次代表大会召开。大会选举产生漳州市第十二届市委委员、市委候补委员、市纪委委员和出席省第十一次党代会代表，通过关于十一届市委报告和市纪委工作报告的决议。

10月8日，中国共产党漳州市第十二届委员会第一次全体会议在漳州宾馆召开。张国旺主持会议。全会以无记名投票方式，选举产生中共漳州市第十二届委员会常委、书记、副书记。张国旺、王进足、黄水木、张慧德、蔡亚东、吴卫红、侯为东、陈文聪、廖卓文、胡栋良、李宣良当选市委常委。张国旺当选市委书记，王进足、黄水木当选市委副书记。全会通过中共漳州市第十二届纪律检查委员会第一次全体会议选举结果的报告。

10月8日，市委书记张国旺，市委副书记、市长王进足带领新一届市委班子集体到东山县开展学习谷文昌先进典型活动。市委常委，市委委员、候补委员，市纪委委员等参加。

10月8日，中共漳州市第十二届纪律检查委员会召开第一次全体会议，选举产生新一届市纪委领导班子，陈文聪当选为中共漳州市第十二届纪律检查委员会书记。

10月12日，漳州“中国女排娘家”基地项目建设宣传推介工作汇报会召开。

10月14日，全市乡村振兴工作推进会召开。

10月15日，漳州市景区和非景区景点安全管理专项整治行动工作推进会议召开。

10月15日，漳州市召开创建全国文明城市工作推进会。

10月16日，漳州市大学生网络安全技能竞赛举行，吸引来自漳州职业技术学院、漳州城市职业学院、漳州卫生职业学院、漳州理工职业学院、漳州科技职业学院等5所高校的10支队伍参与比拼。

10月18日，漳州市林长办公室正式挂牌。

10月21日，漳州市人民政府与中国银行福建省分行在漳州宾馆签署战略合作框架协议。市委书记张国旺、中国银行福建省分行行长黄新斌等见证签约。

10月22日，漳州市中级人民法院在云霄县地理标志产业协会揭牌成立“国家地理标志司法保护巡回法庭”，系全国首个由中级人民法院设立的“国家地理标志司法保护巡回法庭”。

10月23日，2021首届诏商大会暨民营企业投资创业大会在诏安召开。此次大会以“凝心聚力 共赢未来”为主题，现场推介诏安投资发展优势，分享诏商投资创业故事，集中签约项目20个，计划总投资198.5亿元。

10月25日，南湖“双创”产业园指挥部第一次会议举行。

10月26日，市台联八届四次理事会暨纪念市台联成立四十周年座谈会召开。

10月27日，漳州市侨联九届四次全委会议召开。

10月27日，工信部公布第三批服务型制造示范名单，漳州科华技术有限责任公司入选国家级服务型制造示范企业。

10月28日，厦门市轨道交通6号线漳州角美延伸段工程文圃路站至角海路站区间左线贯通。

10月28—30日，市长王进足带队到浙江嘉兴和江苏苏州、南京等地，开展招商、项目对接和合作洽谈等活动。

10月29日，全国第十一届残运会暨第八届特奥会在陕西圆满落幕。在该届残特奥会比赛中，漳州市共有14名运动员代表福建省参加跆拳道、游泳、田径、篮球等项目的角逐，最终获得14枚金、9枚银10枚铜牌的好成绩，取得漳州市选送运动员参加历届全国残特奥会的最好成绩。

10月29日，漳州金融青年助力乡村振兴主题活动在长泰农信联社举行。活动期间，长泰区8家银行业机构分别为8家青年创业企业颁发授信牌，预授信金额超1亿元；漳州市乡村振兴金融教育示范基地揭牌。

10月，省委常委周联清率有关单位负责人，到漳州市和挂钩联系的平和县调研“再学习、再调研、再落实”活动开展情况。

11月

11月1日，2021年“人才漳州月”系列活动启动。漳州举行引才大使授聘仪式，启动“漳州人才卡”发放工作。

11月1日，漳州市海洋经济人才项目对接会在漳州宾馆召开。

11月1日，漳州市石化产业人才项目对接会在漳州宾馆召开。

11月1日，漳州市召开涉诈重点地区整治周推进会。

11月2日，市委书记张国旺在漳州宾馆会见福建省能源石化集团党委书记、董事长谢荣兴一行，双方就进一步深化合作进行座谈交流。

11月2日，漳州开放大学揭牌仪式举行，福建广播电视大学漳州分校（漳州电大）正式更名为漳州开放大学。

11月2日，2021年福建省全民终身学习活动周在漳州开幕。

11月3日，漳州市委党史学习教育领导小组第四次会议召开。

11月3日，漳州市政府能耗双控工作专题会召开。

11月4日，漳州市县区政协主席工作座谈会召开。

11月4—5日，省人大常委会副主任吴洪芹带队到漳州市调研职业教育法贯彻实施情况。部分在漳全国、省人大代表参加调研。

11月4—5日，省自然资源厅厅长叶敏带队到漳州调研自然资源要素保障、耕地保护等工作。

11月4—6日，市长王进足带领漳州代表团到上海参加第四届中国国际进口博览会，参加省团有关考察活动，开展“一把手”暨“小分队”招商。

11月5日，第八届全国道德模范座谈会在北京召开，并宣布表彰决定。漳州市彭松辉、汤金德被授予第八届全国道德模范提名奖。

11月6日，由漳州市歌仔戏（芗剧）传承保护中心和漳州市戏剧研究所创排的芗剧现代戏《李林》在漳州人民剧场首演。

11月6日，省委副书记、政法委书记罗东川带队到漳州市长泰区督导中央生态环保督察反馈问题整改工作。

11月8日，漳州市第十四届运动会在漳州卫生职业学院体育艺术中心开幕。市委书记张国旺出席并宣布市运会开幕，市长王进足致开幕词，省体育局副局长黄海峡致辞。

11月8日，市委书记张国旺、市长王进足在漳州宾馆与兴业银行党委书记、董事长吕家进一行座谈交流，共同见证市政府与兴业银行签署战略合作框架协议。

11月8日，全国扫黑办第13督导组组织召开漳州市常态化开展扫黑除恶工作汇报会。

11月8日，市委书记张国旺、市长王进足、市人大常委会党组书记李东河、市政协党组书记吴文团在漳州宾馆与漳州市参加东京奥运会、第十四届全运会的优秀运动员、教练员代表等座谈交流。

11月9日，漳州市台商座谈会在漳州台商投资区召开。

11月9日，福建省未成年人心理健康成长指导中心在闽南师范大学揭牌。

11月12日，漳州市深化全国文明城市创建工作推进会召开。

11月15日，漳州市第十一届老年人体育健身大会在漳州卫生职业学院体育艺术中心开幕。

11月15日，由漳州电视台与中央广播电视总台联合摄制的大型主题纪录片《女排娘家》开播仪式在漳州电视台演播大厅举行。

11月15—16日，副省长康涛带领省直有关单位及厦门市同安区负责人，到漳州市和挂钩联系的诏安县调研挂钩帮扶、信访积案化解工作。

11月17日，市委书记张国旺、市长王进足在漳州宾馆会见招商局集团党委副书记、总经理胡建华一行，共商深化拓展合作事宜。

11月17日，市长王进足在漳州宾馆会见华侨大学校长吴剑平一行，双方就加强校地合作深入座谈交流。

11月17日，漳州市金融支持科技创新政银企融资对接会在漳州宾馆举行。此次融资对接会共促成20家银行与160家企业达成合作意向，融资意向金额82.5亿元。其中16家银行与18家企业现场签署合作协议。

11月18日，市委书记张国旺、市长王进足、市人大常委会党组书记李东河、市政协党组书记吴文团等市领导分别参加所在选区投票，选举芗城区第十届人民代表大会代表。

11月18日，中国·双鱼岛开发启动暨项目奠基仪式在漳州开发区举行，双鱼岛全岛二级开发进入实质建设阶段。

11月18日，漳州市新录用公务员（含参公人员）试用期满后到基层锻炼动员会召开。276名新录用试用期满的公务员（含参公人员）正式下派基层开展实践锻炼，助力乡村振兴。

11月18日，全长约16.8千米的古雷公共管廊工程全线完成竣工验收。其中包括一段跨度达61米，堪称“福建第一跨”的钢结构桁架。

11月21日，市委书记张国旺在漳州宾馆会见蚌埠市委书记黄晓武，中国工程院院士、中国建材集团有限公司总工程师、凯盛科技集团董事长彭寿一行，就深化交流合作、促进共同发展进行深入交流。

11月22日，2021年市直厅级老干部、离退休干部党支部书记“学习党的十九届六中全会精神”读书班开班。

11月23日，漳州市召开市级林长专题会议。

11月23日，第三届（2021）漳州市文创设计大赛启动仪式暨新闻发布会在漳州宾馆举行。

11月24日，市政府举行法治专题讲座，邀请省司法厅普法与依法治理处处长林晓霞、省自然资源厅不动产登记局副局长石晨谊进行专题讲座。

11月24日，2021年“人才漳州月”系列活动漳台人才融合发展论坛在漳州古城融合发展中心举行。

11月24日，第八届“创青春”福建省青年创新创业大赛暨福建省第三届返乡大学生创新创业大赛决赛在漳州举行。

11月25日，福建省第十一次党代会漳州代表团举行全体会议，推选张国旺为团长，王进足、黄水木为副团长。

11月25日，漳州市特邀福建省建筑设计研究院原院长、中国民居建筑大师、福建省勘察设计大师黄汉民作“漳州传统建筑与乡村振兴”专题讲座。

11月25日，漳州市政府办印发《漳州市中心城区建设项目竣工验收土地检查核验办法》。

11月26日，市委党史学习教育巡回指导工作推进会召开。

11月26日，“两岸融合发展的福建实践”学术研讨会在闽南师范大学召开。

11月26日，位于南靖县船场镇的甘芳特大桥连续梁全桥合龙。

11月26日，漳州市安全生产工作会召开。

11月26日，由省委宣传部和省记协主办、漳州市委宣传部和市记协承办的“漳州市新闻战线党史学习教育系列辅导讲座”举行。

11月30日至12月2日，市委书记张国旺带队赴北京对接有关事项，争取政策、项目和资金支持。

11月，经国务院学位委员会审议通过，闽南师范大学首次获批博士学位授予单位，中国语言文学获批为一级学科博士学位授权点。

12月

12月1日，2021年漳州市社

会科学普及宣传周在华安县高安镇坪水村启动。

12月2日，学习贯彻党的十九届六中全会精神省委宣讲团报告会暨市委理论学习中心组（扩大）学习会在漳州宾馆举行。

12月2日，漳州市人民政府与中国农业发展银行福建省分行在漳州宾馆签署全面支持乡村振兴战略合作框架协议。市长王进足，农发行福建省分行党委书记、行长王京春见证签约。

12月2日，由市台港澳办、市人民检察院联合设立的漳州市台胞台商服务中心检察官工作室揭牌成立。

12月3日，“第十三届海峡论坛·漳台同名同宗村续缘交流会”在闽南师范大学举行。

12月3日，漳州市厨余垃圾预处理中心正式投用。

12月3日，福建省政协港澳台侨交流基地授牌仪式在福州举行，漳州古城入选第二批“福建省政协港澳台侨交流基地”。

12月4日，漳州市2021年“12·4”国家宪法日暨宪法宣传周集中宣传活动及漳州市“蒲公英”普法志愿者支队成立仪式在漳州古城北广场举行。

12月6日，漳州市河湖长制工作现场推进会召开。

12月7—8日，市委书记张国旺带队先后赴佛山、东莞、深圳等地开展招商引资活动。

12月7—10日，省委常委、省纪委书记、省监委主任李仰哲到漳州市漳浦县、古雷开发区、平和县开展调研。

12月9日，省生态环境保护督察组组长刘尚逊一行深入东山县、古雷开发区、漳州开发区等现场，调研中央生态环保督察反馈问题整改，抽查省级例行督察交办信访件办理情况。

12月9日，省人大常委会党组书记、副主任雷春美到漳州，向基层人大代表宣讲省第十一次党代会精神。

12月9—10日，省人大常委会组织部分在闽全国人大代表到漳州开展集中视察，为出席十三届全国人大五次会议、履行代表职责做好准备。李钺锋、邓力平、叶双瑜、周吴刚、张建超、武仲良等全国人大代表参加视察，省领导雷春美、袁毅、郑建闽等分别出席反馈会或陪同视察活动。

12月9—10日，民建漳州市第九次代表大会召开。

12月10日，市政府与市总工会举行第十三次联席会议。

12月10日，省委常委、宣传部部长张彦到漳州调研。

12月12—13日，农工党漳州市第十二次代表大会召开。

12月13日，全市深化集体林权制度改革暨全面推行林长制工作视频会议召开。

12月13—14日，中国民主促进会漳州市第七次代表大会召开。

12月14日，省农业农村厅牵头在漳州召开乡村产业振兴高质量发展调研座谈会。

12月14—15日，漳州市新闻发言人培训班在东山谷文昌干部学院举行。市直有关部门，各县（区）、开发区（投资区）党委、政府新闻发言人及联络员150多人参加培训。

12月15日，潘东升同志先进事迹巡回报告会漳州专场在漳州宾馆举行。

12月15日，平安中国建设表彰大会在北京召开，授牌命名2017—2020年度平安中国建设示范市、县，表彰平安中国建设先进集体和先进个人。漳州市委政法委获得平安中国建设先进集体称号，东山县获得平安中国建设示范县称号。

12月15—16日，中国国民党革命委员会漳州市第十一次代表大会召开。

12月16日，漳州召开十二届市委第一轮巡察、第一轮县级交叉巡察工作动员部署会。

12月16日，第五届海峡两岸（漳州）青年交流周启动仪式暨漳台青年企业家主题沙龙活动在两岸（漳州）青年人才融合发展中心举行。

12月16日，漳台青年企业家大联盟揭牌成立。

12月16日，《在漳台湾青年

说（2020、2021合辑）》正式发布。该合辑以在漳州的台湾青年群体形象为题材，讲述25位台湾青年在漳州追梦、筑梦、圆梦的青春故事。

12月16日，“亲亲闽台缘——2021两岸非遗‘云’交流”活动在漳州举行。

12月16—17日，中国民主同盟漳州市第十二次代表大会召开。

12月17日，漳州市·谏早市缔结国际友城关系30周年纪念活动通过视频连线方式举行。漳州市市长王进足、日本谏早市市长大久保洁重分别通过视频致辞，并代表两市签署交流合作备忘录。

12月19日，省生态环境保护督察组组长刘尚逊一行深入平和县，调研中央生态环保督察反馈问题整改工作，抽查交办信访投诉件办理情况。

12月20—21日，九三学社漳州市第六次代表大会召开。

12月20—21日，台盟漳州市第九次盟员大会召开。

12月20—22日，省人大常委会副主任檀云坤一行到漳，宣讲中共十九届六中全会精神和省党代会精神，并开展《福建省养老服务条例（草案修改稿）》立法调研。

12月21日，省人大常委会党组副书记、副主任梁建勇一行到平和县开展宣讲和调研活动。

12月21日，副省长郑建闽带领省直有关部门负责同志到漳州市召开座谈会，听取漳州市各界代表对省《政府工作报告（征求意见稿）》的意见建议。

12月21—22日，致公党漳州市第八次代表大会召开。

12月22日，市管干部学习贯彻党的十九届六中全会暨省第十一次党代会精神专题研讨班举行。市委书记张国旺作主题宣讲报告暨开班式讲话。

12月23日，中国共产党漳州市第十二届委员会第二次全体会议召开。全会讨论市委常委会工作报告，审议通过《中共漳州市委关于深刻领会党的百年奋斗重大成就和历史经验，汇聚建设现代化滨海城市强大精神动力的决定》。

12月23日，市委书记张国旺、市长王进足在漳州宾馆会见中国石化销售福建石油分公司党委书记、分公司代表吴庆高一行，双方就进一步深化合作进行座谈交流。

12月24日，中国（福建·漳州）——菲律宾“两国双园”经贸创新发展示范区项目视频连线会议举行。

12月25日，市管干部学习贯彻党的十九届六中全会暨省第十一次党代会精神专题研讨班结业式举行。市委书记张国旺作总结讲话。市长王进足、市人大常委会党组书记李东河、市政协党组书记吴文团等出席。

12月28日，漳州市文化和旅游产业联盟协会换届大会暨第二届会员代表大会召开。漳州市旅游投资集团董事长杨志滨为会长，漳州市旅游投资集团有限公司为会长单位。

12月29日，市政府新闻办召开专题新闻发布会。漳州职业技术学院在会上发布“双高计划”建设成果。

12月，漳州市行政服务中心会同审改办、营商办出台《漳州市社会投资工业项目“拿地即开工”工作方案》。

责任编辑：刘丽玲

市情总貌

·自然地理·

【位置】 漳州位于台湾海峡西岸，地处福建东南。陆域南北长187千米，东西宽127千米，面积12880平方千米，介于北纬23° 32′ 至25° 13′ 、东经116° 53′ 至118° 09′ 。东邻厦门，东北与厦门市同安区、泉州市安溪县接壤，北与龙岩市的漳平永定等县（市）毗邻，西与广东省大埔、饶平县交界，东南与台湾省隔海相望，据台湾高雄约96海里，离香港210海里，自古以来就是闽、粤、赣的交通要冲，依靠较为优越地理位置和产业基础，已成为福建南部地区极富发展潜力的重要城市。

【面积】 漳州市行政辖区全部陆域和海域面积2.03万平方千米，其中陆地面积1.29万平方千米、海域面积0.74万平方千米（漳州市海洋功能区范围）。

【地质地貌】 漳州市位于西太平洋边缘构造带，戴云山西南坡和博平岭南坡。境内中生代地层发育，母岩种类较多，主要有花岗岩、流纹岩、玄武岩、凝灰岩、砂岩、石灰岩、石英岩等，其中以花岗岩、流纹岩分布最广。境内受燕山运动和晚期新华夏分构造以及新构造运动的影响，产生大量断裂层，构成复杂多样的地貌组合。主要地貌类型分为中山、低山、丘陵和平原4种，主要以中山为主，中部为低山丘陵，其间多河谷盆地。最高峰大芹山主峰海拔1545米。九龙江为境内第一大河、福建第二大河。九龙江下游孕育福建最大的冲积平原——漳州平原。

【气候】 2021年漳州市主要气候特点是总体呈温高雨少，气象干旱阶段性发展，极端天气频发，气象灾害总体较重，年景较差。年降水偏少，与常年相比少525.6毫米；全市平均气温偏高，与常年相比高1.1℃；年日照偏多，与常年相比多390.3小时。台风影响时间晚，影响个数为4个，其中1个台风登陆，影响台风个数正常，影响程度较轻。

【气象要素】 **降水** 2021年，全市年平均降水量1072.5毫米，比上年少81.5毫米。全市年降水量距平百分率在－41.7%（东山）至－15.4%（芗城）之间。云霄、南靖、芗城3个县区在1200毫米以上，最多为芗城1357.9毫米；东南部沿海一带总体降水较少，最少为东山733.1毫米。与常年相比，全市年降水量除芗城少外，其他各县区年降水量均属异常少。

气温 2021年，全市年平均气温22.8℃，比上年高0.1℃。其中，龙海最高23.4℃，华安最低22.1℃。与常年相比，全市年平均气温芗城属偏高，诏安属显著偏高，其他各县区均属异常偏高。2021年，全市各地年极端最低气温在－2.4℃（华安）－6.3℃（东山）之间，全市极端最低气温除东山出现在1月9日，其余县区都出现在1月13日。年极端最高气温在36.1℃（东山）－38.9℃（漳浦），主要集中出现在7月22—28日。

日照 2021年，全市年平均日照时数2276.8小时，比上年多262小时。其中漳浦、诏安、云霄和东山4个县超过2300小时，东山县最多，达2646.4小时,华安最少,仅2013.7小时。2021年，与常年相比，芗城和云霄年日照时数偏高，东山显著偏高，其余各县区年日照时数均异常偏高。

【主要气象灾害】 **低温霜冻** 2021年，全市受2次强冷空气天气过程影响，主要出现在1月，冷空气影响程度一般。

2021年，受强冷空气影响，1月1—2日，漳州市出现寒潮天气。1月1日，全市出现过程极端最低气温，全市除东山外均出现霜或霜冻，高海拔山区出现结冰；全市129个自动站最低气温≤4℃，其中47个自动站≤0℃，以南靖高港茶园的－4.8℃为最低。

2021年，受强冷空气影响，1月6—14日，漳州市出现持续性低温霜冻天气，主要低温分别出现在9—10日和12—13日。1月13日，全市出现过程极端最低气温，全市除东山外均出现霜或霜冻，高海拔山区出现结冰；151个自动站最低气温≤4℃，其中92个自动站≤0℃，以南靖南坑镇高港茶园－8.3℃为最低。

2021年，国家级气象观测站测到的极端最低气温分别为：华安2.4℃、南靖0.7℃、平和0.5℃、诏安1.0℃、漳浦1.0℃、芗城1.5℃、长泰1.7℃、云霄2.3℃、龙海3.2℃、东山6.3℃。

干旱 2021年，漳州市降水偏少，全市平均降水量1072.5毫米，较常年同期少552毫米（34.0%），比上年少81.5毫米（7.1%）。全市出现历史少见的春夏秋冬连旱，气象干旱在4月26日达到高峰，全市出现大范围的气象特旱。

高温 2021年，全市日最高气温≥35℃的日数从5天（东山）—83天（龙海）。芗城、平和、南靖、华安和长泰极端最高气温出现在7月28日，云霄和漳浦出现在5月28日，东山、诏安和龙海分别出现在7月26日、7月27日和9月11日。国家气象观测站测到的极端最高气温分别为：漳浦38.9℃、南靖38.8℃、平和38.7℃、龙海38.7℃、长泰38.7℃、云霄38.4℃、芗城38.3℃、华安37.9℃、诏安37.8℃、东山36.1℃。

暴雨 2021年，全市出现16场暴雨，其中全市性暴雨（≥6个站）1场，发生在8月5—6日；部分性暴雨（≥3个站，＜6个站）2场，发生在5月29—31日、7月30日；局部性暴雨（≤2个站）13场。全市日极端最强降水为东山153.3毫米（10月15日）。

2021年，受低层切变和西南气流影响，5月29—31日全市出现暴雨天气过程。其中，5月29日，中部县区出现局地暴雨，市区出现暴雨天气。其中，5月30日，中北部县区出现分散性暴雨，局部大暴雨（南靖）；5月31日，西北部出现分散性暴雨天气。统计5月29日8时至6月1日8时累积降水，共有86个自动站雨量超过100毫米，以南靖龙山镇194.8毫米为最大。

2021年，受2021年第7号台风“查帕卡”外围偏东气流影响，7月19日夜间到20日白天漳州市部分县区出现大雨到暴雨，部分乡镇大暴雨。统计20日雨量，全市共有97个自动站雨量超25毫米，其中35个自动站超过50毫米，10个自动站超过100毫米，强降水落区主要位于龙海、漳浦、诏安、云霄与平和，以漳浦赤湖镇将军澳的162.4毫米为最大。

2021年，受2021年第9号台风“卢碧”影响，8月4—7日，漳州市出现暴雨到大暴雨，局部特大暴雨。统计4日8时至7日8时累积雨量，全市有136个自动站达到100毫米以上，其中5个自动站超过250毫米，以诏安红星乡乌山烟炉点296.9毫米为最大。

台风 2021年，对漳州市有影响和登陆的台风4个，分别是2107号台风“查帕卡”（台风级）、2109号台风“卢碧”（热带风暴级、登陆台风）、2117号台风“狮子山”（热带风暴级）、2118号台风“圆规”（热带风暴级）。其中登陆台风1个，台风影响个数与常年相比正常。

2107号台风“查帕卡”于7月19日8时在南海海面生成，17时加强为强热带风暴，23时加强为台风，20日21点50分前后在广东省阳江市江城区沿海登陆，登陆时中心附近最大风力有12级（33米/秒，台风级），登陆后继续向西北方向移动，21日8时减弱为热带低压。受“查帕卡”外围偏东气流影响，7月19日20时至20日20时，全市共有4个自动站超过13.9米/秒（7级），其中以南靖高港茶园的16.5米/秒为最大。

2109 号台风“卢碧”于8月4日8时生成，5日11时20分前后在广东省汕头市南澳县沿海登陆，登陆时中心附近最大风力9级（23米/秒，热带风暴级），中心最低气压为985百帕。登陆后继续向东北方向移动，并于16时50分前后在福建省漳州市东山县沿海再次登陆，登陆时中心附近最大风力8级（18米/秒，热带风暴级），中心最低气压为986百帕，二次登陆后继续向偏北方向移动，先后穿过漳浦、龙海，6日5时减弱为热带低压，8时左右移入台湾海峡，23时再次加强为热带风暴，随后沿东北方向穿过台湾海峡，逐渐远离漳州市。受“卢碧”影响，4日白天到6日夜间，漳州市出现7—9级大风。4—7日，漳州市出现暴雨到大暴雨，局部特大暴雨。

2117号台风“狮子山”于10月8日早晨在南海海面生成，22时50分前后在海南省琼海市沿海登陆，登陆时中心附近最大风力8级（20米/秒，热带风暴级），中心最低气压990百帕，10日16时20分前后在越南南定沿海再次登陆，20时停止编号。受“狮子山”外围东南气流影响，8日漳州市出现8—11级大风，8日白天至9日凌晨漳州市部分县区出现大雨到暴雨，部分乡镇大暴雨。

2118号台风“圆规”于10月8日下午在菲律宾以东洋面生成，11日20时10分左右在菲律宾富加岛登陆，13日5时加强为台风，15时40分前后在海南省琼海市沿海登陆，登陆时中心附近最大风力12级（33米/秒，台风级），中心最低气压975百帕，14日20时停止编号。受“圆规”外围影响，11—12日漳州市出现10—13级大风，14日，漳州市南部地区出现大雨到暴雨，部分县区大暴雨，个别乡镇特大暴雨。

（资料来自市气象局）

【环境状况】 水环境状况：漳州市主要流域国省控断面Ⅰ—Ⅲ类水质比例91.8%，市、县两级饮用水源地水质达标率均为100%，小流域省考断面Ⅰ—Ⅲ类水质比例91.7%，南一、峰头两座主要湖库Ⅰ—Ⅲ类水质比例100%。

大气环境状况：漳州市市区环境空气质量符合国家二级空气质量标准，空气质量综合指数3.09。全年环境空气达到或优于二级的天数360天，空气质量优良率为98.6%。AQI（空气质量指数）首要污染物统计，按大小顺序排序依次为：臭氧、可吸入颗粒物、细颗粒物、二氧化氮，影响漳州市大气环境质量的主要污染因子为臭氧、可吸入颗粒物和细颗粒物。

土壤环境状况：全市重点建设用地安全利用率100%，受污染耕地安全利用率达93%以上；危险废物综合处置利用率达97.3%。海洋环境状况：全市近岸海域优良海水水质面积比例为92.1%，海水水质状况级别优。

（陈 静）

【水资源】 2021年，漳州市已查明地热异常区域54处，资源储量约33600米^3/日，已批准地热矿区12家；矿泉水点47处，资源储量约7600米^3/日，目前已批准矿泉水矿区2家。

（市水利局）

·人文地理·

【建置沿革】 漳州市系国家历史文化名城。据考古发现，漳州在距今约一万年就有人类活动，后成为闽越族部落支系。秦王政二十五年（前222年），闽越地划为闽中郡，漳州境域开始纳入秦中央版图。两汉至南北朝时，漳州境域以梁山蒲葵关为界，长期分属两个不同的郡县。东晋义熙九年（413年），析揭阳立绥安县（范围为今漳州梁山以南）。

南朝梁天监六年（507年），析晋安郡晋安县，在九龙江北溪下游地区及滨海地置龙溪县，在西溪中上游地区置兰水县（龙溪置县另一说为南朝梁大同六年，即540年）。

隋开皇十二年（592年），兰水、绥安并入龙溪县。至此，漳州境域同属龙溪县，这也是漳州旧称“龙溪”的历史渊源。

唐总章二年（669年），镇守龙溪的曾溥年老乞休，又因泉（治今福州）、潮两州之间发生动乱，朝廷晋升归德将军陈政为朝议大夫，率府兵3600人入闽平乱。

垂拱二年（686年），陈元光经奏准在泉、潮二州之间析龙溪县南境设置一州，辖怀恩、漳浦二县（范围为今漳浦、云霄、诏安、东山县及平和县南境）。州治最初设在云霄的西林，因旁有漳江，故州名为漳州。陈元光被任命为漳州史上的首位刺史。开元四年（716年），徙州治至李澳川（今漳浦县绥安镇）。

开元二十九年（741年）后，划龙溪县、龙岩县来属。贞元二年（786年）州治再徙龙溪县桂林村（今漳州城区）。

元至元十六年（1279年）撤州，漳州升为路，属福建行省，辖龙溪、漳浦、龙岩、长泰4县。至治二年（1322年），置南胜县。至此漳州辖5县。至正十六年（1356年），南胜县改称南靖县。

明洪武元年（1368年），改漳州路为漳州府，明代中叶，漳州府先后增设5个县，共辖龙溪、漳浦、龙岩、长泰、南靖、漳平、平和、诏安、宁洋、海澄10个县。

清雍正十二年（1734年），龙岩县升为直隶州后，析漳平、宁洋2县属之，时漳州府辖龙溪、漳浦、长泰、南靖、平和、诏安、海澄7县。

民国2年（1913年）废府设汀漳道。民国2年（1913年），改云霄抚民厅为云霄县，民国17年（1928年）置华安县。民国23年（1934年）设督察区后，今漳属各县基本上稳定为同一区域。

1949年10月1日，中华人民共和国成立后，原第五行政督察区改为第六行政督察区，设第六行政督察专员公署。1950年3月，改第六行政督察区为漳州行政督察区（简称漳州专区）。1950年9月，改称龙溪区，漳州专区、龙溪区均辖10个县。1951年，析龙溪县城关一、二区置漳州市（县级）。1955年3月，改龙溪区为龙溪专区，成立龙溪专员公署。1960年8月，龙溪、海澄两县合并为龙海县。1985年5月，撤销地区建制，漳州市升为地级市，辖龙海、漳浦、云霄、东山、诏安、南靖、平和、长泰、华安9个县和芗城区（原漳州市）。

1993年5月，撤销龙海县，设市辖龙海市（县级）。

1996年5月，设市辖龙文区。2020年，漳州市辖有2区1市8县，分别为芗城区、龙文区、龙海市和漳浦、云霄、东山、诏安、南靖、平和、长泰、华安8个县。2021年2月2日，经国务院批准，撤销县级龙海市，设立漳州市龙海区；撤销长泰县，设立漳州市长泰区。至此，漳州市辖有4区7县，分别为芗城区、龙文区、龙海区、长泰区和漳浦、云霄、东山、诏安、南靖、平和、华安7个县。

【行政区划】 2021年，漳州市辖4个区：芗城区、龙文区、龙海区、长泰区，7个县：漳浦县、云霄县、东山县、诏安县、南靖县、平和县、华安县。各县（区）辖14个街道、85个镇、23

个乡。各街道、镇和乡辖村1556个、社区519个。

【人口】 截至2021年年底，漳州市有常住人口507万人，比上年底增加1.0万人，其中城镇常住人口318.9万人，城镇化率62.9%，比上年底提高1.5个百分点。全年出生人口4.41万人，出生率为8.69‰；死亡人口3.35万人，死亡率为6.61‰；自然增长率为2.08‰。年底，户籍人口数为526.2万人，比上年底增加2.25万人。

漳州市行政区划一览表

表1　　单位：个

县（区）	乡、村单位数						乡级行政单位名称	
	乡、镇、街道	镇人民政府	街道办事处	乡人民政府	社区、居委会、村		镇人民政府及街道办事处	乡人民政府
					社区、居委会	村民委员会		
总计	122	85	14	23	519	1556		
芗城区	10	2	8		145	28	东铺头街道、西桥街道、新桥街道、巷口街道、南坑街道、通北街道、芝山街道、石亭街道、浦南镇、天宝镇	
龙文区	6	1	5		69	12	步文街道、碧湖街道、蓝田街道、朝阳街道、景山街道、郭坑镇	
龙海区	14	11	1	2	56	239	石码街道、海澄镇、白水镇、浮宫镇、程溪镇、港尾镇、九湖镇、颜厝镇、榜山镇、紫泥镇、东园镇、角美镇	东泗乡、隆教畲族乡
长泰区	5	4		1	30	58	武安镇、岩溪镇、陈巷镇、枋洋镇	坂里乡
云霄县	9	6		3	41	162	云陵镇、陈岱镇、东厦镇、莆美镇、列屿镇、火田镇	下河乡、马铺乡、和平乡
漳浦县	21	17		4	70	265	绥安镇、旧镇镇、佛昙镇、赤湖镇、杜浔镇、霞美镇、官浔镇、石榴镇、盘陀镇、长桥镇、前亭镇、马坪镇、深土镇、六鳌镇、沙西镇、古雷镇、大南坂镇	南浦乡、赤岭畲族乡、湖西畲族乡、赤土乡
诏安县	15	10		5	36	217	南诏镇、四都镇、梅岭镇、桥东镇、深桥镇、太平镇、霞葛镇、官陂镇、秀篆镇、西潭镇	金星乡、白洋乡、建设乡、红星乡、梅洲乡
东山县	7	7			19	61	西埔镇、樟塘镇、康美镇、杏陈镇、陈城镇、前楼镇、铜陵镇	

续表1

县（区）	乡、村单位数						乡级行政单位名称	
	乡、镇、街道	镇人民政府	街道办事处	乡人民政府	社区、居委会、村		镇人民政府及街道办事处	乡人民政府
					社区、居委会	村民委员会		
南靖县	11	11			22	183	山城镇、丰田镇、靖城镇、龙山镇、金山镇、和溪镇、奎洋镇、梅林镇、书洋镇、船场镇、南坑镇	
平和县	15	10		5	22	240	小溪镇、山格镇、文峰镇、南胜镇、坂仔镇、安厚镇、大溪镇、霞寨镇、九峰镇、芦溪镇	五寨乡、国强乡、崎岭乡、长乐乡、秀峰乡
华安县	9	6		3	9	91	华丰镇、丰山镇、沙建镇、新圩镇、高安镇、仙都镇	高车乡、马坑乡、湖林乡

【民族】　2021年，漳州市常住人口有46个少数民族成分，分布在11个县（区）、5个开发区（投资区）。全市有3个民族乡（龙海市隆教畲族乡、漳浦县湖西畲族乡、赤岭畲族乡）；33个民族村（芗城区宏道村、松洲村、茶铺村，龙海区屿上村、红星村、新厝村，云霄县坡兜村，漳浦县京野村、杨美村、油坑村、赤岭村、前园村、石椅村、山坪村、土塔村、大行村、石坑村、顶坛村、丰卿村、山后村、下浦村、后洞村、苏溪村，诏安县港头村、美营村、汀洋村、深湖村、太平村、四都村，华安县官畲村、坪水村，平和县土田村、合溪村）；3个农场作业区（石步溪作业区、和坑作业区、大南坂农场蓝厝作业区）。全市少数民族人口约7.72万人，占全市总人口的1.52%。

（李燕华　洪婉琳）

·国民经济和社会发展·

【概况】　2021年，漳州市实现地区生产总值5025.40亿元，比上年增长7.7%。其中，第一产业增加值530.28亿元，比上年增长5.4%；第二产业增加值2461.44亿元，比上年增长7.0%；第三产业增加值2033.68亿元，比上年增长9.0%。三次产业比例由上年的10.9∶48.2∶40.9调整为10.5∶49.0∶40.5。全年人均地区生产总值99218元，比上年增长7.5%。

【农业】　2021年，漳州市农林牧渔业完成总产值992.57亿元，比上年增长5.7%。粮食种植面积61541.6公顷，比上年增长0.2%，粮食总产量41.76万吨，比上年增长1.2%。木材产量236.53万立方米，比上年增长13.8%。年末林地面积85.6万公顷，活立木（森林）总蓄积量5261.6万立方米。新增和改善耕地灌溉面积8486.67公顷，新增高效节水灌溉面积1020公顷。

【工业和建筑业】　2021年，漳州市全部工业增加值1953.30亿元，比上年增长7.6%。规模以上工业增加值比上年增长10.9%。全年规模以上工业企业产品销售率97.2%。全年规模以上工业企业营业收入6686.59亿元，比上年增长26.9%；实现利润总额630.30亿元，比上年增长42.1%；实现利税总额747.42亿元，比上年增长35.9%。全员劳动生产率为47.89万元/人，比上年增加9.87万元/人。全年全社会建筑业实现增加值511.45亿元，增长4.6%。具有资质等级的总承包和专业承包建筑业企业完成总产值781.52亿元，比上年增长13.3%。

【服务业】 2021年，漳州市批发和零售业增加值411.60亿元，比上年增长17.7%；交通运输、仓储和邮政业增加值196.27亿元，比上年增长12.6%；住宿和餐饮业增加值77.78亿元，比上年增长25.3%；金融业增加值222.26亿元，比上年增长7.6%；房地产业增加值294.98亿元，与上年持平。规模以上服务业企业营业收入比上年增长23.8%。年末全市汽车保有量（含三轮汽车和低速货车）72.2万辆，比上年增长8.4%，其中，私人汽车保有量63.7万辆，比上年增长8.2%；全市轿车保有量40.19万辆，比上年增长8.8%，其中，私人轿车保有量37.7万辆，比上年增长8.9%。

【国内贸易】 2021年，漳州市社会消费品零售总额1804.57亿元，比上年增长6.3%。分规模看，限额以上消费品零售额430.55亿元，增长2.6%；限额以下消费品零售额1374.02亿元，比上年增长7.6%。全年限额以上商品网上零售额51.64亿元，比上年增长55.5%。

【科技创新】 2021年末，漳州市拥有国家级创新型（试点）企业2家、省级创新型（试点）企业53家；高新技术企业359家；工程技术研究中心43个。全市专利授权13235件，比上年增长8.5%，其中发明专利授权10569件，比上年增长10.9%。年末，全市共拥有有效发明专利2656件，比上年增长20.7%；每万人口发明专利拥有量5.26件，比上年增加0.99件。

【环境保护】 2021年，九龙江流域（漳州段）省考断面Ⅰ—Ⅲ类水质比例91.8%。漳州市、县集中式饮用水源地水质达标率均为100%。全年空气质量达到及好于二级标准360天，二级达标天数比例98.6%，其中一级优的天数146天、二级良好的天数214天。

【民生保障】 2021年，漳州市城镇居民人均可支配收入43309元，比上年增长8.2%；农村居民人均可支配收入23582元，比上年增长11.7%。居民恩格尔系数为35.2%。城镇登记失业率3.92%。年末，全市参加职工基本养老保险人数111.45万人，参加失业保险人数53.53万人，参加工伤保险人数85.85万人，参加职工基本医疗保险人数79.58万人，参加职工生育保险人数53.79万人。被纳入城市最低生活保障的居民9.62万人。

【社会事业】 2021年，漳州市深入推进教育"双减"等改革，全面推行义务教育学校课后服务，实施集团化办学；新增幼儿园学位6800个、中小学学位12000个。加快38个医疗卫生项目建设，参保群众医疗保障水平居全省前列。启动24个社区养老服务机构建设，机构养老进一步延伸。打造文化艺术高地，芗剧《李林》荣获福建省舞台艺术精品工程重点剧目。成功举办漳州市第十四届运动会、漳州市第十一届老年人体育健身大会，全运会金牌数、奖牌数、获奖率均创历史新高，奥运会金牌、奖牌实现零的突破。

责任编辑：林 倩

中国共产党漳州市委员会

·重大决策·

【概况】 2021年，漳州市委认真学习贯彻习近平总书记重要讲话重要指示精神，贯彻落实党中央、国务院决策部署和省委、省政府工作要求，坚持稳中求进工作总基调，聚焦“四个更大”重要要求和四项重点任务，立足新发展阶段，贯彻新发展理念，服务和融入新发展格局，统筹疫情防控和经济社会发展，统筹发展和安全，推动全市经济社会发展呈现“稳中向好、逆势晋位、项目突破、群众普惠”的良好态势，实现“十四五”良好开局。

【学习贯彻习近平总书记来闽考察重要讲话精神】 2021年，漳州市委认真学习宣传贯彻习近平总书记来闽考察重要讲话精神。第一时间召开市委常委会（扩大）会议、全市领导干部大会进行传达学习，举办市委理论学习中心组学习会、市管领导干部专题研讨班暨读书班进行学习研讨。市委常委带头开展宣讲、撰写学习体会文章，组织开展重大主题宣传，刊播转载报道1.48万余条，持续兴起学习热潮。市委召开十一届十五次全会，制定学习贯彻《中共漳州市委关于学习贯彻习近平总书记来闽考察重要讲话精神，谱写富美新漳州现代化建设新篇章的决定》，明确8个方面33项重点任务，推动习近平总书记来闽考察重要讲话精神在漳州落地见效。

【党史学习教育】 2021年，漳州市委用好中央指定的习近平《论中国共产党历史》《毛泽东、邓小平、江泽民、胡锦涛关于中国共产党历史论述摘编》《习近平新时代中国特色社会主义思想学习问答》《中国共产党简史》《习近平在福建》等特色教材，梳理形成习近平总书记在福建工作期间《来漳活动情况》等十套历史资料，融入漳州、红色资源等鲜活教材，多次召开市委常委会会议、领导小组会议进行学习研讨，召开专题组织生活会，讲好专题党课。精心做好庆祝中国共产党成立100周年各项工作，大力弘扬伟大建党精神和中国共产党人的精神谱系。掀起学习宣传贯彻中共十九届六中全会精神热潮，研究漳州市贯彻落实措施。开展向谷文昌、廖俊波、孙丽美、潘东升、“漳州110”等先进典型学习活动，新一届市委班子产生后，第一时间到东山县开展学习研讨谷文昌先进典型活动。组织开展“我为群众办实事”实践活动，全市确定项目20470项，完成率100%。

【“再学习、再调研、再落实”活动】 2021年，漳州市委研究制定“再学习、再调研、再落实”活动方案，先后召开动员会、汇报会、交流会等，精心组织实施。市委常委带头开展学习调研、狠抓工作落实，带动全市广大党员干部大兴学习之风、调查研究之风、真抓实干之风，形成重点课题调研报告33份、措施建议200条，推动习近平总书记重要讲话重要指示批示精神和党中央决策部署落地见效。

【常态化疫情防控】 2021年，漳州市委大力弘扬伟大抗疫精神，科学精准做好常态化防控和应急处置，全力保障人民群众生命安全和身体健康。压实“四方”责任，落实“四早”要求，做好境外入漳人员、国内中高风险地区来（返）漳人员健康闭环管理，累计摸排返漳来漳人员19.5万人，阻断疫情传播渠道。强化进口冷链食品集中监管和全检测、全消毒、全追溯管理，查验2005批、2.86万吨，防止疫情由物输入。推进疫苗接种，累计接种994.3万人次。加强核酸检测工作，累计检测1049.8万人次。台商投资区突发疫情歼灭战胜利，得到孙春兰副总理和省委省政府、国务院联防联控机制综合组福建工作组的高度肯定。针对开发区抗疫力量薄弱问题，建立5个市管开发区与邻近县区结对互助机制，提高应对突发公共卫生事件的整体能力。

【城乡融合发展】 2021年，漳州市委以中心城区行政区划调整为契机，把握“中心集聚、拥江达海、环湾联动”的城市格局，谋定建设现代化滨海城市的目标，统筹推进城市做大做强做美和乡村全面振兴，促进市区一体、共同发展。完成对龙海区、长泰区的授牌授印、机构调整、代码变更等工作，进一步理顺市区两级的规划权、土地权、财政权、城市管理权。结合新一轮国土空间总体规划编制，主动融入闽西南协同发展区和厦漳泉大都市圈，基本完成1个市级总体规划、12个县（开发区）总体规划、13个专题、2个专项和1个数据库编制，形成支撑全市国土空间规划的“四梁八柱”，构筑“一核两翼”的发展格局。谋划推进重点片区开发，高新区三大片区先行启动。新改扩建城市道路121.55千米。实施城市建设品质“五大提升、十大样板”工程，一体谋划和推进地上地下基础设施建设，累计完成投资380.21亿元，实施803个城建项目，改造提升老旧小区79个。推进城市精细化、智慧化、规范化管理，“门前三包”“红色物业”等创新举措深受市民好评。巩固拓展脱贫攻坚成果，严格落实五年过渡期内“四个不摘”要求，健全防止返贫动态监测和帮扶机制，全市脱贫人口家庭人均可支配收入达1.68万元。编制村庄规划552个，严厉打击农村“两违”，整治耕地“非农化”“非粮化”213.33公顷，新建乡镇污水配套管网242千米，整治裸房2.52万栋，创建“美丽庭院”1977个，全省农村建设品质提升现场推进会在漳州市召开。

【改革开放】 2021年，漳州市委坚持把改革开放作为应对变局、开拓新局的关键一招，努力在服务和融入新发展格局中注入新动力、争创新优势。持续优化营商环境，先后召开11次市委深改委会议，审议通过8个改革文件和方案，推动9个大类26项重点改革任务有效落实。推进5个县区相对集中行政许可权改革试点工作，加快市新行政服务中心建设，打造能办事、快办事、办成事的“便利漳州”“窗口无否决权”经验做法在全省推广，信用漳州排名居全国第28位。全市新登记市场主体比上年增长33.6%，总数突破60万家。主动融入海丝核心区建设，开展“漳州味·神州行”“漳州产·全球销”活动，引导450家年出口500万美元以下企业申领“单一窗口+出口信保”政策性保单。完成进出口总额1054.2亿元、比上年增长30.1%，其中对RCEP（区域全面经济伙伴关系协定）国家出口总额238.1亿元、比上年增长42.8%。

【漳台融合发展】 2021年，漳州市委以通促融、以惠促融、以情促融，致力打造台胞台企登陆第一家园。深化对台产业合作，推进22个涉台园区基础设施建设，新批办台资项目93个、实际到资12.31亿元，对台小额贸易额3001.51万美元。落实各级惠台政策，在全市15个医保管理部实现“台港澳医保服务窗口”全覆盖，推行台商投资项目资本管理便利化和台胞金融信用证书制度，制定台湾人才到漳州就业创业10条措施，积极引进台湾青年来漳实习就业创业。新设立漳州古城等10家漳台交流基地，开展特色交流活动66场次。探索常态化疫情防控下两岸网上交流新模式做法得到中宣部肯定。

【创造人民群众高品质生活】 2021年，漳州市委坚持以人民为中心的发展思想，尽力而为、量力而行，解决群众“衣食住行学、生老病死养”等实际问题，不断增强群众获得感幸福感安全感。突出就业优先，扎实推进共同富裕，实施“三大群体”增收计划，城镇新增就业5.23万人，登记失业率3.92%。新改扩建公办幼儿园21所、中小学85所，新增学位1.88万个。实施医疗卫生项目38个，公立医院综合改革效果评价考核居全省第二。新建养老服务机构24个，社区（村）居家养老服务实现全覆盖，20项为民办实事项目基本完成。打好污染防治攻坚战，落实节能降耗、能耗“双控”措施，获评国家节水型城市。全面推行“河湖长制”“林长制”“湾（滩）长制”，加快九龙江等重要流域生态系统保护和修复工程建设，八尺门海域全线贯通。市区空气质量优良率98.6%，市县两级饮用水水源地Ⅰ—Ⅲ类水质比例100%。创建全国市域社会治理现代化试点合格城市，常态化开展扫黑除恶专项斗争，群众安全感满意率保持在98%以上。

【全面从严治党】 2021年，漳州市委全面贯彻新时代党的建设总要求，坚持以党的政治建设为统领，扎实推进党的各方面建设，为事业发展提供坚强的组织保证。履行全面从严治党主体责任，先后召开50次市委常委会会议、29次市委理论学习中心组学习会，以市委名义印发90份文件，召开市第十二次党代会。同时，完善对县（区）党委政府、市直单位“一把手”和领导班子监督制度。贯彻落实新时代党的组织路线，圆满完成市县乡村换届工作，村（社区）主干实现100%“一肩挑”。在全省率先开展“机关联动乡村、党建引领振兴”行动，打造20个市级“近邻党建”示范点，实现799个有物业管理的小区党组织全覆盖。市委党校与谷文昌干部学院实现“合署办公、合址办学”，整合市委党校分校以及4个中心城区党校。坚定不移正风肃纪反腐，严肃查处违反政治纪律问题18件，处分18人。深化“点题整治”，查处群众身边腐败和作风问题251起、389人。保持反腐高压态势，一体推进“不敢腐、不能腐、不想腐”，立案1103件，其中处级39件、科级154件，党纪政务处分1117人，移送司法机关25人。开展政法队伍教育整顿，召开警示教育大会318场，排查梳理线索问题1137个，查实730个，处置773人次，建章立制906项。开展粮食购销领域腐败问题专项整治、涉粮问题专项巡察，推进国企、粮储、政法系统以案促改工作，营造风清气正的政治生态。发展社会主义民主政治，坚持党的领导、人民当家作主、依法治国的有机统一，健全市委常委与党外代表人士联谊交流等制度，发展全过程人民民主。

·重要会议·

【中国共产党漳州市第十一届委员会第十五次全体会议】 2021年7月8日，中国共产党漳州市第十一届委员会第十五次全体会议在芗城召开。全会听取和讨论市委书记张国旺在第一次全体会议上的讲话，审议通过《中共漳州市委关于学习贯彻习近平总书记来闽考察重要讲话精神 谱写富美新漳州现代化建设新篇章的决定》。张国旺就决定（讨论稿）向全会作说明。

全会的主要任务是深入学习贯彻习近平总书记在庆祝中国共产党成立100周年大会上的重要讲话精神，学习贯彻习近平总书记来闽考察重要讲话精神，按照省委十届十二次全会的部署要求，进一步动员全市广大干部群众牢记嘱托、勇担使命、开拓奋进，奋力加快富美新漳州现代化建设，全方位推进高质量发展超越。

全会指出，在“两个大局”交织、“两个百年”交汇、“两个五年规划”交接的重要历史时刻，习近平总书记到福建考察并发表重要讲话，充分体现对福建发展的关心重视和殷切期望。习近平总书记的重要讲话，从党和国家事业发展全局和统筹推进“五位一体”总体布局、协调推进“四个全面”战略布局的高度，明确提出“四个更大”重要要求和当前四项重点任务，为各项事业发展进一步指明方向。全市各级党组织和广大党员干部要把习近平总书记来闽考察重要讲话精神，与习近平总书记党的十八大以来对福建发展作出的一系列重要讲话重要指示精神、在闽工作时开创的重要理念和重大实践，作为有机统一整体，紧密结合起来、融会贯通起来，一体学深悟透，深刻理解和把握习近平总书记赋予的重大使命、指明的发展目标任务、明确的发展工作重点、强调的发展根本保证，推动党中央的重大决策和省委的工作要求落到实处，以实际行动和工作成效增强“四个意识”、坚定“四个自信”、做到“两个维护”。

全会要求，全面对标对表习近平总书记提出的“四个更大”重要要求和四项重点任务，结合漳州实际创造性抓好贯彻落实。着力开展“产业发展项目建设年”活动，认真实施“六比一看”竞赛、“一季一主题”、全市工作拉练检查和“千名干部挂千企”等活动，加强精准协调服务，加大项目建设、企业帮扶力度，全力确保经济运行在合理区间。着力突出工业、突破工业，推动食品加工、石化等优势产业做大做强，加快发展数字经济、海洋经济、绿色经济，强化科技创新，提高招商实效，加快建设现代化经济体系。着力扩大对内对外开放，牢牢把握扩大内需战略基点，建设更高水平开放型经济新体制，持续提升营商环境竞争力，积极服务和深度融入新发展格局。着力做好“通、惠、情”文章，落实和完善惠台政策，深化对台产业合作，扩大漳台交流交往，积极探索漳台融合发展新路，打造台胞台企登陆“第一家园”。着力推进乡村全面振兴，巩固拓展脱贫攻坚成果，实施产业兴农行动、乡村建设行动，加强和改进乡村治理，加快农业农村现代化，努力走出一条具有漳州特色的乡村振兴之路。着力推动绿色低碳发展，持续深化生态市建设，抓严抓实抓细污染防治，强化生态环境保护修复，完善生态文明体系，让漳州山更绿、水更清、生态更优美。着力提高人民生活品质，提升城市功能品质，加强基本民生保障，建设更高水平的平安漳州，不断增进民生福祉。

全会强调，要一以贯之全面从严治党，充分发挥全面从严治党的引领保障作用。旗帜鲜明讲政治，深化推进党史学习教育和“再学习、再调研、再落实”活动，自觉运用习近平新时代中国特色社会主义思想武装头脑、指导实践、推动工作。提振干部精气神，大力弘扬“爱拼才会赢”的闽南文化和漳州“五种精神”，树立正确选人用人导向，引导各级干部“想干事、会干事、干成事、不出事、好共事”。练就斗争真功夫，着力增强干部“八种本领”“七种能力”，进一步提高解决实际问题能力。严明纪律守底线，一刻不停推进党风廉政建设和反腐败斗争，持续巩固发展风清气正的政治生态。

全会号召，全市各级党组织和广大党员干部更加紧密地团结在以习近平同志为核心的党中央周围，坚持以习近平新时代中国特色社会主义思想为指导，认真落实省委、省政府部署要求，凝心聚力、锐意进取，为全方位推进高质量发展超越，奋力谱写富美新漳州现代化建设新篇章作出更大贡献。

【中国共产党漳州市第十二次代表大会】 中国共产党漳州市第十二次代表大会于2021年10月6日—7日召开。大会批准张国旺代表中共漳州市第十一届委员会所作的题为《开启新征程 担当新使命 为把漳州建设成现代化滨海城市而努力奋斗》的报告。

大会认为，报告以“开启新征程，担当新使命，为把漳州建设成现代化滨海城市而努力奋斗”为主题，深入贯彻习近平新时代中国特色社会主义思想，有力落实党中央决策部署和省委工作要求，深刻把握漳州战略定位、历史任务和机遇挑战，契合漳州实际，顺应全市广大党员和干部群众的共同期盼。报告全面总结市第十一次党代会以来的发展成就和经验启示，科学分析存在的问题和当前发展形势，明确提出今后五年漳州经济社会发展和党的建设的目标任务，具有很强的政治性、思想性、前瞻性、实践性，是指导漳州市今后一个时期各项工作的纲领性文件。

大会充分肯定十一届市委的工作。五年来，在党中央和省委的坚强领导下，市委团结带领全市广大党员和干部群众，加快建设富美新漳州，全方位推进高质量发展超越，各项事业取得新进步，圆满完成市第十一次党代会确定的目标任务，交出全面建成小康社会的漳州答卷。五年来取得的成就，为漳州今后发展奠定坚实基础。五年来积累的经验，对做好今后工作具有重要指导意义。

大会同意《报告》确定的今后五年工作的指导思想、奋斗目标和重点任务。大会强调，全市上下要高举习近平新时代中国特色社会主义思想伟大旗帜，深入贯彻中国共产党第十九次全国代表大会和中共十九届二中、三中、四中、五中全会精神，认真学习贯彻习近平总书记重要讲话重要指示批示精神，全面贯彻党的基本理论、基本路线、基本方略，紧紧围绕统筹推进“五位一体”总体布局和协调推进“四个全面”战略布局，始终坚持以人民为中心的发展思想，完整、准确、全面贯彻新发展理念，坚持稳中求进工作总基调，统筹发展和安全，全方位推进高质量发展超越，在加快建设现代化经济体系上取得更大进步，在服务和融入新发展格局上展现更大作为，在探索海峡两岸融合发展新路上迈出更大步伐，在创造高品质生活上实现更大突破，在更高起点上建设现代化滨海城市，奋力谱写富美新漳州建设新篇章。

大会指出，今后五年的主要奋斗目标是发展高质量、城市高能级、生态高颜值、开放高水平、生活高品质、治理高效能。实现今后五年的发展蓝图，加快建设现代化滨海城市，必须突出工业主导，发展壮大优势产业和重点产业，积极发展数字经济、海洋经济，带动三次产业融合发展，加快构建现代产业体系；突出滨海格局，构筑“一核两翼”空间发展格局，做大做强做美中心城市；突出特色优势，巩固脱贫攻坚成果，因地制宜推动农业强、农村美、农民富，扎实推进乡村全面振兴；突出内外联动，积极有效扩大内需，持续扩大对外开放，优化提升营商环境，服务和融入新发展格局；突出先行先试，着力做好“通”“惠”“情”文章，探索漳台融合发展新路；突出生态优先，推动绿色低碳发展，强化污染防治攻坚，加强生态修复建设，切实守护漳州绿水青山；突出以民为本，解决好群众“衣食住行学、生老病死养”等实际问题，深化平安漳州建设，不断提高人民生活品质。

大会强调，加快建设现代化滨海城市，关键在党，关键在人。全市各级党组织要深入贯彻落实新时代党的建设总要求，大力弘扬伟大建党精神，以党的政治建设为统领，全面推进党的各方面建设，以高质量党建引领保障高质量发展。强化政治引领，提高政治判断力、政治领悟力、政治执行力，在永葆初心中砥砺前行；强化队伍建设，树立“凭能力用干部、以实绩论英雄”的选人用人导向，在干事创业中提升能力；强化基层导向，在固本强基中筑牢堡垒；强化正风肃纪，推进全面从严治党向纵深发展、向基层延伸，在管党治党中担当尽责；强化党的领导，在总揽全局中凝聚合力。

大会号召，全市各级党组织和广大党员要更加紧密地团结在以习近平同志为核心的党中央周围，在省委的坚强领导下，凝心聚力、加压奋进，一张蓝图绘到底、一任接着一任干，为全方位推进高质量发展超越、加快建设现代化滨海城市、奋力谱写富美新漳州建设新篇章而不懈奋斗。

【中国共产党漳州市第十二届委员会第二次全体会议】 中国共产党漳州市第十二届委员会于2021年12月23日召开第二次全体会议。全会由市委常委会主持，市委书记张国旺讲话。全会深入学习贯彻中共十九届六中全会精神，全面贯彻落实省第十一次党代会和省委十一届一次全会精神，讨论市委常委会工作报告，审议通过《中共漳州市委关于深刻领会党的百年奋斗重大成就和历史经验，汇聚建设现代化滨海城市强大精神动力的决定》。市委书记张国旺就决定（讨论稿）向全会作说明。

全会充分肯定一年来市委常委会的工作。一致认为，市委常委会坚持以习近平新时代中国特色社会主义思想为指导，认真学习贯彻习近平总书记重要讲话重要指示批示精神，贯彻落实党中央决策部署和省委、省政府工作要求，坚持稳中求进工作总基调，立足新发展阶段，贯彻新发展理念，服务和融入新发展格局，围绕全方位推进高质量发展超越、建设现代化滨海城市的目标，慎终如始做好常态化疫情防控，全力推动经济运行回归合理区间，加快推进城乡融合发展，持续深化改革扩大开放，着力创造人民群众高品质生活，扎实做好宣传思想文化工作，持之以恒加强党的建设，实现“十四五”良好开局。

全会指出，中共十九届六中全会是在中国共产党成立一百周年的重要历史时刻和“两个一百年”奋斗目标交汇的重大历史关头，召开的一次具有里程碑意义的大会。省第十一次党代会、省委十一届一次全会对贯彻落实中共十九届六中全会精神提出明确要求。全市各级党组织和广大党员干部要深刻领会和把握党的十九届六中全会精神，切实用全会精神统一思想、统一意志、统一行动。

全会强调，要牢记“两个确立”，更加坚定地忠诚核心、信赖核心、紧跟核心、维护核心，更加自觉地学深悟透笃行习近平新时代中国特色社会主义思想，更加扎实地贯彻落实习近平总书记对福建工作的重要讲话重要指示批示精神和指导漳州工作重要指示精神，以实际行动增强“四个意识”、坚定“四个自信”、做到“两个维护”。

全会强调，要感悟伟大历程，从党的百年奋斗重大成就和历史经验中坚定初心使命、增强自信底气、汲取智慧力量，时刻牢记中国共产党是什么、要干什么这个根本问题，坚定中国特色社会主义道路自信、理论自信、制度自信、文化自信，进一步增强斗争意志、斗争本领，以强烈的历史主动精神和历史创造精神，在新的赶考路上交出优异答卷。

全会强调，要自觉担当使命，全面对标对表“四个更大”重要要求，在全方位推进高质量发展超越中展现更大作为。着力推进经济高质量发展，开展“产业发展项目建设攻坚年”活动，谋划实施“千百亿产业培育行动计划”，抓好城市经济和城市建设，推进县域经济提升和乡村全面振兴。着力推进更高水平的对台融合、对外开放，主动融入海峡两岸融合发展示范区建设，打造对台政策试验区、产业发展新基地、台湾同胞新家园，建设更高水平的开放型经济新体制，努力在积极服务和深度融入新发展格局中争创发展新优势。着力提高人民生活品质，坚持在高质量发展中促进共同富裕，推动公共服务优质共享，加强生态文明建设，让人民群众获得感幸福感安全感更加充实。着力维护社会安定稳定，毫不松懈抓好常态化疫情防控，严格落实安全生产责任制，持续提升社会治理效能，全面推进依法治市，建设更高水平的平安漳州。

全会强调，要勇于自我革命，把全面从严治党不断向纵深推进，以高质量党建引领保障高质量发展。持续深化细化全面从严治党“四责协同”机制，健全完善落实全面从严治党主体责任考核制度，压紧压实管党治党政治责任。全面贯彻新时代党的组织路线，树牢“凭能力用干部、以实绩论英雄”的选人用人导向，持续抓基层打基础，切实提高党的建设质量。一刻不放松抓好党风廉政建设和反腐败斗争，进一步营造“想干事、会干事、干成事、不出事、好共事”的良好政治生态。

全会号召，全市各级党组织和广大党员干部要更加紧密地团结在以习近平同志为核心的党中央周围，以学习贯彻中共十九届六中全会精神为动力，牢记嘱托、勇担使命，埋头苦干、勇毅前行，全方位推进高质量发展超越，加快建设现代化滨海城市，奋力谱写富美新漳州建设新篇章，以优异成绩迎接中共二十大胜利召开。

【2020年度市委领导班子成员述责述廉会议召开】 2021年2月5日，漳州市委书记邵玉龙主持召开2020年度市委领导班子成员述责述廉会议。会议贯彻落实习近平新时代中国特色社会主义思想，贯彻落实中共十九届五中全会精神，以及中央纪委五次全会、省纪委六次全会精神，按照《中国共产党党内监督条例》规定和《福建省党的领导干部述责述廉工作意见》要求，开展市委领导班子成员述责述廉并接受评议工作，进一步促进市委领导班子成员廉洁从政、履职尽责。会上，市委常委逐一述责述廉，邵玉龙逐一点评并讲话。

【全市党史学习教育动员大会召开】 2021年3月4日，全市党史学习教育动员大会召开。市委书记邵玉龙强调，要认真学习贯彻习近平总书记在党史学习教育动员大会上的重要讲话精神，按照中共中央和省委的部署要求，进一步统一思想、统一意志、统一行动，扎实开展好党史学习教育，牢记初心使命、矢志艰苦奋斗，不断开创富美新漳州建设新局面，以优异成绩迎接中国共产党成立100周年。

【全市政法队伍教育整顿动员部署会召开】 2021年3月12日，全市政法队伍教育整顿动员部署会召开。市委书记邵玉龙强调，要坚持以习近平新时代中国特色社会主义思想为指导，深入贯彻习近平法治思想和习近平总书记关于加强政法队伍建设的重要指示和训词精神，按照全国、全省动员部署会议要求，以最坚决态度、最严明纪律、最有力举措开展好教育整顿，深入推进全面从严管党治警，建设更高水平的平安漳州、法治漳州。省政法队伍教育整顿第三指导组组长张镇雄到会指导。

【全市推进行政区划调整工作动员大会召开】 2021年3月19日，全市推进行政区划调整工作动员大会召开。市委书记邵玉龙强调，要深入贯彻习近平总书记关于区域协调发展的重要论述，认真落实《国务院关于同意福建省调整漳州市部分行政区划的批复》和省政府《批复》精神，全面圆满完成行政区划调整。

【“大开放、大工业、大漳州”创业招商大会召开】 2021年4月2日，“大开放、大工业、大漳州”创业招商大会召开。市委书记邵玉龙代表市委、市政府和520万漳州人民，对各位企业家和乡贤的到来表示热烈欢迎，向长期以来关心支持漳州发展的各

2021年4月2日，“大开放、大工业、大漳州”创业招商大会召开。图文项目签约仪式 （沈昊鹏 摄）

界人士表示衷心感谢，并在会上推介漳州，诚邀广大客商来漳投资兴业。会上宣读两岸企业家峰会台湾方面理事长萧万长的贺词。泰国文化经济交流协会会长张扬、意大利福建总商会会长吴建成、秘鲁福建同乡会会长杨志华等海外代表通过视频致辞。福建古雷石化有限公司总裁张西国、豪氏威马（中国）有限公司总经理尼尔·奥登伯格、市台商协会荣誉会长吴松柏、深圳漳州商会会长吴志民、三宝集团董事长王光文发言。会上还举行项目集中签约活动。

【省委宣讲团在漳宣讲中共十九届六中全会精神】 2021年12月2日，学习贯彻中共十九届六中全会精神省委宣讲团报告会暨市委理论学习中心组（扩大）学习会在漳州宾馆举行。省委宣讲团成员、省委政策研究室副主任谭亚川作宣讲报告。市长王进足主持报告会并讲话。报告会上，谭亚川从“深刻把握召开党的十九届六中全会作出新的历史决议的重大意义、深刻把握党的百年奋斗的初心使命和重大成就、深刻把握中国特色社会主义新时代的历史性成就和历史性变革、深刻把握党的百年奋斗的历史意义和历史经验”等4个方面对全会精神进行全面宣讲和深刻阐释。与会领导干部表示，宣讲报告主题鲜明、内容丰富、思想深刻，既有理论深度，又有实践启发，对准确把握全会精神，更好地从百年党史中汲取智慧力量、奋力谱写富美新漳州建设新篇章具有重要的指导意义。

【省委宣讲团到漳宣讲福建省第十一次党代会精神】 2021年12月10日，学习贯彻省第十一次党代会精神省委宣讲团报告会暨市委理论学习中心组（扩大）学习会在漳州宾馆举行。省委宣讲团成员、省财政厅党组成员、总会计师谢隆进作宣讲报告。市委书记张国旺主持报告会。报告会上，谢隆进从“深刻把握省第十一次党代会的主题”“深刻把握福建过去五年发展的显著成就和宝贵经验”“深刻把握福建发展的总纲领总遵循”“深刻把握福建今后五年工作的总体要求和目标任务”“深刻把握今后五年福建发展的重要举措”“深刻把握新发展阶段新福建建设的根本保证”等6个方面，对省第十一次党代会精神作系统阐释和解读。与会领导干部表示，报告主题鲜明、内涵丰富，论述深刻、紧贴实际，对深入理解、准确把握省党代会精神具有重要的指导意义。

（卢建兴）

·全面深化改革·

【概况】 2021年，中共漳州市委全面深化改革委员会坚持以习近平新时代中国特色社会主义思想为指导，全面落实中共中央全面深化改革决策部署和省委工作要求，把改革作为应对变局、开拓新局的重要抓手，突出系统集成、问题导向、探索创新，推动改革和发展深度融合、高效联动，为全方位推进高质量发展超越、加快建设现代化滨海城市提供充满活力的体制机制保证。

【经济体制机制改革】 2021年，漳州市建立比学赶超、竞相发展机制，完善科技创新体制机制，建成漳州市众创空间孵化器联盟、“漳州技术市场”、厦门大学古雷石化研究院等一批创新平台。建立健全现代产业发展促进机制，国家农业可持续发展试验示范区建设暨农业绿色发展试点先行区等改革推进。东山、诏安省级海洋产业发展示范县创建工作持续深化，龙海等10个县（区、开发区）被确定为整县屋顶分布式光伏开发试点地区。制定实施《漳州市相对集中行政许可权改革试点实施方案》，平和县、南靖县、古雷开发区、台商投资区、漳州高新区实现“一枚印章管审批”。建设高标准市场体系，在全国首创“构建知识产权保护矩阵”。激发市场主体活力，国企改革三年行动完成82.35%。完善现代地方财税金融体制，预算绩效管理“1+2+3”（成立一个工作协调小组，跟踪两项考核评价任务，挂钩三个党的激励措施），工作模式得到财政部肯定推广。

【区域协调发展体制改革】 2021年，漳州市推进中心城区部分行政区划调整，龙海、长泰纳入市级国土空间总体规划一并编制报批，执法事项、行政审批等权限均已下放，《市区财政管理体制调整方案》基本形成。健全扩大内需工作机制，组建项目“前期办”，升级上线项目全过程管理平台2.0版本。建立高新区三大片区市领导挂钩推进机制。加快推进城乡一体化发展，主动融入闽西南协同发展区和厦漳泉大都市圈建设，制定出台漳州市推动非户籍人口在城市落户暨促进基本公共服务均等化实施方案，启动首次申领居民身份证“闽赣跨省通办”试点，城乡居民保待遇领取、退休人员养老金领取、企业职工基本养老保险关系转移接续等实现省内通办。推进脱贫攻坚成果同乡村振兴衔接，健全防止返贫帮扶机制，“一键报贫”在线申报监测预警系统更加完善，“就业扶贫+助老公益”经验做法入选全国公共服务助力脱贫攻坚典型案例。

【生态文明体制改革】 2021年，漳州市制定出台漳州市不跨设区市流域生态保护补偿办法、生态环境损害赔偿资金管理办法，成立全国首个蓝碳司法保护与生态治理研究中心，制订“蓝碳司法保护与生态治理行动计划（2021—2025年）”。南靖县列入第五批国家生态文明建设示范区。制定出台漳州市“三线一单”生态环境分区管控方案、全面推行林长制实施方案、深化集体林权制度改革推进漳州林业高质量发展的实施意见，九龙江等重点流域山水林田湖草沙生态保护系统治理扎实推进，东山八尺门综合治理生态修复工程实现开堤通水。开展绿色工厂、绿色设计产品、绿色园区、绿色供应链创建，金峰开发区等绿色产业示范基地建设取得新进展。

【开放型经济体制改革】 2021年，漳州市制定实施漳州市优化营商环境行动实施方案等方案，推行“一件事一次办”改革，建立“一表申请、一窗受理、一章审批、超时默认、默认追责”和否决逐级快速上报等创新机制，市新行政服务中心建成投用，在全省率先建成漳州市中介超市平台并投入使用，获10项国家级创新举措、32项省级创新举措，3项典型经验做法被省发改委推广。出台《推进中国（漳州）跨境电子商务综合试验区建设六条措施》，漳州“1210”保税电商业务正式上线运营，实现跨境电商网购保税进口模式在漳州口岸“零”的突破，角美国际快件监管中心和龙文跨境电商场所建设进度加快。中菲“两国双园”项目进入可行性研究阶段。持续推行台商投资项目资本管理便利化政策和台胞金融信用证书颁发工作，累计为48家台资企业办理970笔4.8亿美元资本项目外汇业务，颁发信用证书134本，为54家持证台企金融授信56.43亿元。创新漳台网上交流模式，工作经验得到中央网信办肯定。

【社会治理能力现代化】 2021年，漳州市颁布《漳州市户外广告和招牌设置管理办法》《漳州古城保护条例》《漳州水仙花保护管理办法》3部法规，立法经验得到省人大常委会副主任檀云坤批示肯定。新建反映社情民意信息业务平台，拓宽政协委员履职平台。首创司法诚信码并入驻“漳州通”APP，漳州城市综合信用排名跃升至全国第28名。制定出台技能人才薪酬分配指引专项工作方案、医养结合工作实施办法等意见，促进社会保障事业高质量发展、可持续发展。深化教育、医疗、文化等领域改革，加强平安漳州体制机制建设锦绣社区破解大型社区管理难题的做法得到省委副书记、政法委书记罗东川批示肯定，“春蕾安全员”机制得到全国人大常委会副委员长沈跃跃批示肯定。

【党的建设制度改革】 2021年，漳州建立重点工作、重点任务、重点项目记功嘉奖制度，创新推行新录用公务员（含参公人员）试用期满后到基层锻炼工作机制。“整乡推进、整县提升”行动深入开展，经验做法在《中国组织人事报》刊载。制定出台漳州市高层次人才分类评价认定和支持办法、“万才聚漳”行动计划等人才政策，实施“选优生”引进培养工程。深化纪检监察体制改革，实行巡视巡察和监督检查、审查调查整改“三联动”，完成市管国企、市属高校纪检监察体制改革，县管国企纪检监察体制改革持续拓展。健全整治群众身边腐败和不正之风长效机制、“1＋X”监督机制，推行“五联系五比对”作风监督机制。

（卢建兴）

·重点课题调研·

【概况】 2021年，漳州市委政研室聚焦经济社会发展热点难点问题，组织开展调查研究，促进形成一批质量较高的调研成果。《漳州海上风电产业发展现状及对策研究》《推动古雷石化基地高质量发展的研究》《坚持把台商投资区打造成为对台引才聚才高地研究》等调研报告被福建省委政研室《调研文稿》刊发。

【产业高质量发展研究】 2021年，漳州市紧扣开展“产业发展项目建设年”活动，加强对推动全市产业高质量发展、加快构建现代产业体系的探索研究。组织开展“漳州海上风电产业发展”“推动古雷石化基地高质量发展”“加快漳州工业互联网发展”“科技创新助力漳州工业发展”“加快漳州新一代电子信息产业发展”“漳州海洋经济发展”等专题研究，提出发展思路举措。

【城市建设发展研究】 2021年，漳州市聚焦加快建设现代化滨海城市，促进城市品质提升，组织开展“推进中心城区做大做强做美”专题研究，从辐射带动、公服设施、城市风貌、交通体系等方面深入分析制约城市发展的主要因素，提出做大做强做美中心城区的策略与建议。

【乡村振兴研究】 2021年，漳州市组织开展“漳州乡村振兴工作短板与问题”专题研究，从农业质量效益、乡村人才培引、乡村文化建设、乡村人居环境、乡村治理能力等方面深入分析面临的主要问题，并围绕产业兴旺、生态宜居、乡风文明、治理有效、生活富裕等5个方面提出加快推进乡村全面振兴的具体对策措施。

【漳台融合发展研究】 2021年，漳州市组织开展“漳州市重点产业与台湾优势产业对接合作”专题研究，结合漳州重点产业发展实际，在分析研究台湾石油化工、食品加工、精密机械等优势产业发展态势的基础上，提出促进漳台产业对接合作的实施路径和对策建议。组织开展“把台商投资区打造成为对台引才聚才高地”专题研究，深入分析台湾人才赴台商区就业创业的意愿选择，评估台商区打造对台引才聚才高地的现实优势，并提出相应对策建议。组织开展“打造台胞台企登陆的网上第一家园”专题研究，从搭建网上平台、畅通网上通道、唱响网上声音等方面，提出推进网上家园建设的常态化机制和具体化措施。

【跨境电商综合试验区建设研究】 2021年，漳州市组织开展“加快推进漳州跨境电商综合试验区建设”专题研究，从健全服务体系、完善产业链条、补齐人才短板、强化品牌建设等方面提出加快漳州跨境电商综试区建设的对策和建议。

【相对集中行政许可权改革试点工作研究】 2021年，漳州市组织开展“相对集中行政许可权改革试点工作”专题研究，从推动管理扁平化、队伍专业化、职责明晰化、流程精简化、服务便民化等方面总结漳州市试点工作的成效做法，深入分析人员队伍、技术力量、事项承接、多网融合、审管互动等方面存在的问题，并从健全制度机制、提升审批效能、强化审管联动等方面提出对策建议。

【扩大内需促进消费研究】

2021年，漳州市组织开展“漳州市扩大内需促进消费”专题研究，从消费总量、消费环境、消费方式、消费结构等方面深入分析漳州市消费现状、存在问题和不足，并从政策引领、消费拉动、商圈建设、新业态培育等方面，提出下一步发展思路和应对举措。

【社会治理研究】 2021年，漳州市组织开展“漳州市市域社会法治建设”专题研究，系统梳理漳州市市域社会法治建设现状，深入分析问题短板，并从推进市域法律规范体系、市域法治实施体系、市域法治监督体系、市域法治保障体系建设等方面提出市域社会法治建设的可行性建议。组织开展“老城区城市治理”专题研究，深入分析老城区城市治理面临的困难与问题，全面总结和深化探索“1+3”（即突出党建引领，提升公共管理、公共服务、公共安全水平）模式，促进形成长治长效的城市治理体系。

【新时代党建工作研究】 2021年，漳州市组织开展“漳州市加强重点产业人才队伍建设”专题研究，深入分析漳州市重点产业人才队伍现状及问题，并紧密结合“万才聚漳”行动计划，从引才、育才、用才、留才等方面提出加强重点产业人才队伍建设的对策建议。组织开展“强化政治监督 保障‘十四五’开好局起好步”专题研究，从完善常态化责任落实机制、完善具体化协调配合机制、完善专业化学习培训机制、完善长效化成果运用机制等方面提出推进政治监督具体化、常态化的对策建议。

（卢建兴）

·组织工作·

【政治统领】 2021年，漳州市委组织部坚持把学习贯彻习近平新时代中国特色社会主义思想作为党员干部和公务员学习培训的主体内容。分级分类开展中共十九届五中、六中全会精神学习培训，举办市管干部学习贯彻中共十九届五中、六中全会精神研讨班和市管干部学习贯彻习近平总书记来闽考察重要讲话精神专题研讨班、读书班。在谷文昌干部学院举办11期市级主体培训班、85期领导干部专题学习班，不断提高领导干部的政治判断力、政治领悟力、政治执行力。

【庆祝建党100周年党务工作】

2021年，漳州市委组织部做好“七一勋章”提名和全国、全省“两优一先”推荐工作，召开全市“两优一先”表彰大会，表彰120名全市优秀共产党员、120名全市优秀党务工作者、200个全市先进基层党组织，引导广大党员干部见贤思齐。组织全市党员领导干部重温入党誓词暨新党员代表入党宣誓活动，为1.84万名党员颁发“光荣在党50年”纪念章。划拨党费841.7万元开展“七一”期间走访慰问老党员、老干部、生活困难党员等活动，送去党的关怀和温暖。

【谷文昌先进事迹学习弘扬】 2021年6月，漳州市委组织部推动市委党校与谷文昌干部学院“合署办公、合址办学”；将各县（区）的主体班统一安排到谷文昌干部学院，实现“以市领县、联动办学”；整合市委党校分校以及4个中心城区党校，在长泰区统一挂牌，实现“城区归并、一体办学”。相关经验做法在中组部《组工信息》《八闽快讯》刊发，并在全省组织工作推进会上作典型发言。新一届市委领导班子产生后，奔赴东山开展学习谷文昌先进事迹活动，召开第一次常委会，专题学习研讨习近平总书记点赞谷文昌先进事迹的指示精神。

【干部队伍建设】 2021年，漳州市委组织部圆满完成市县乡领导班子换届工作。坚持新时期好干部标准，坚持“凭能力用干部、以实绩论英雄”的导向，优先使用在三大攻坚战、疫情防控、产业发展、项目建设、对口帮扶等急难险重任务中表现突出的优秀干部。从严推进换届风气监督，全市签署换届纪律承诺书3.3万份，市县两级开展谈心谈话超1.9万人次，开展换届纪律“双承诺”做法在中组部《组工信息》刊发。换届后，新一届县乡党政班子平均年龄分别比上一届低1.7岁、1.05岁。坚持实干实效，拓宽来源渠道，推进干部交流，重点调整优化部分市直单位、市属开发区、重点国有企业正职，补充配备部分急需配备处级岗位。选派年轻干部到重要部门、重点岗位培养锻炼。出台《选调生推优暂行办法》，选派科级博士选调生到基层历练。严格干部监督管理，从严开展抽查核实工作，推动个人有关事项“如实报告率”从2020年的91.15%提高到2021年的97.35%。

【公务员队伍管理】 2021年，漳州市面向社会招录578名公务员，其中县乡招录489人、占全市招录人员84.6%。创新推行新录用公务员（含参公人员）试用期满后到基层锻炼工作机制，选派276名试用期满公务员到村（社区），担任党组织书记助理或村（居）委会主任助理，锻炼时间为1年，并形成长效机制。修改完善晋升二级至四级调研员资格条件和不宜晋升的情形。做好清理规范公务员工资津贴补贴专项工作。

【基层党建】 2021年，漳州市1556个村和509个社区均圆满完成“两委”换届，新一届村、社区班子100%实现“一肩挑”，其他结构比例均符合省委、市委换届要求。年内，漳州市委组织部在农村开展“整乡推进、整县提升”行动，打造18个县级党建示范片、51个党建示范项目，培育107名“五有”村党组织书记、106个上百万元集体经济强村，经验做法在《中国组织人事报》刊载。选派第六批431名党员干部驻村任职（省派25名、市派47名、县派359名），建立驻村党员干部、派出单位“双考核”制度。确定龙文、长泰、云霄、东山和华安5个县区71个行政村作为2022年省级扶持壮大村级集体经济发展试点村。省、市共下拨专项资金290万元，改造提升26个村级组织活动场所。开展“机关联动乡村、党建促进振兴”专项行动，组织发动100个机关党组织与乡村振兴“串点连线成片”路线所覆盖的94个行政村挂钩，支持帮扶资金902.06万元。在城市开展近邻党建“六项行动”（“强基固本”行动、“头雁培育”行动、“先锋引领”行动、“睦邻善治”行动、

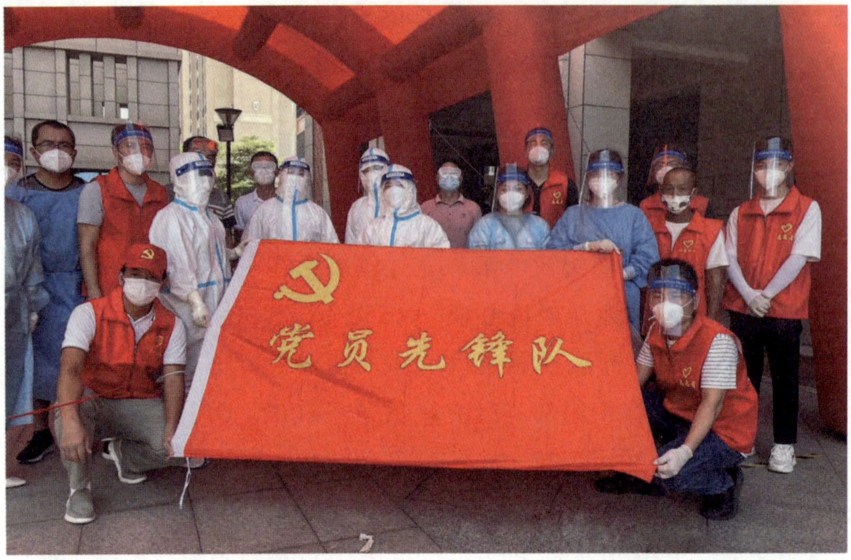

2021年9月16日，漳州市委组织部派出党员先锋队到台商投资区助力疫情防控工作。图为党员先锋队合影　（漳州市委组织部 供图）

“示范创建”行动、“保障护航”行动），出台社区工作者职业体系建设指导意见，下拨400万元党费打造20个市级近邻党建示范点，推动全市799个有物业管理的小区实现党组织100%覆盖。创新“智慧芳邻”“红色物业·城市管家”等特色做法，形成共建共治共享新格局。

【“两新”组织党建】 2021年，漳州市委组织部打造漳州“党政新时空·政企直通车平台”，帮助企业解决困难和问题659件，办结率100%。评选市级党建示范点30个、党建标兵50名、党建之友40名，在全省率先开展园区党建工作述职评议，率先成立市级快递和物流行业党委。台企党建经验做法在《八闽快讯》《福建组工通讯》专期刊发。

【党员队伍建设】 2021年，全市新发展党员7790名。年内，漳州市委组织部全面开展排查整顿农村发展党员违规违纪问题工作，持续优化党员队伍结构，《新时期加强和改进发展党员工作的调研报告》在《福建组工通讯》专期刊发。开展“党旗在基层一线高高飘扬”活动，在新冠肺炎疫情防控期间，迅速成立7个挂钩联系疫情防控工作组，紧急下拨市管党费200万元，从市直单位抽调98名干部火速驰援漳州台商投资区，成立战疫一线临时党支部457个、“党员先锋岗”5790个，助力打赢疫情防控阻击战、歼灭战。

【人才工作】 2021年，漳州市委组织部牵头制定出台《漳州市高层次人才分类评价认定和支持办法（试行）》《漳州市“万才聚漳”行动计划》等“1+1+8”新一轮人才政策体系，对原有人才政策进行全方位升级，相关经验做法在中组部《组工信息》《福建信息》专期刊发。设立“人才编制池”，在市本级事业编制总量内，调剂1.1万个空编用于急需紧缺及高层次人才用编需求。举办“人才漳州月”系列活动，向全球发布“招贤令”。召开海洋经济人才和石化产业人才项目对接会，搭建人才、项目、技术、资本深度对接载体。组织28个招聘小分队，赴全国7个区域、32座城市、176所高校进行宣传对接。确定第一批引才大使54名、2021年度“双创之星”人选10名、第一批市级人才驿站10个。开通“万才聚漳”人才服务网，发放“漳州人才卡”600多张，健全引进认定、资金拨付、户口落户、子女入学、住房医疗等全方位人才服务保障体系，营造“近悦远来”的人才发展环境。

【“选优生”引进培养】 2021年，漳州市委组织部从国内外重点大学和重点师范院校、医学院校选拔引进一批党政类、教育类（中学教育类、高校科研类）、医疗类、国企类等“四类”优秀毕业生到漳州工作，给予博士最高补助108万元、硕士最高补助62万元、本科最高补助36万元。

（庄师章）

·宣传工作·

【概况】 2021年，漳州市委宣传部学习贯彻习近平总书记关于宣传思想工作的重要思想，组织庆祝建党百年系列活动，开展党史学习教育。漳州市探索常态化疫情防控下两岸网上交流新模式做法得到中宣部领导批示肯定。线上举办中国传统布袋木偶艺术走近美国“Z世代”活动，赢得外交部和中国驻美大使馆的点赞。漳州市党史学习教育开展情况得到中央第六指导组、省委第二巡回指导组肯定。市委宣传部机关党支部被省委评为全省先进基层党组织。宣传思想文化工作得到市委书记张国旺批示肯定。

【学习贯彻习近平总书记重要讲话精神】 2021年，漳州市委宣传部结合党史学习教育、“再学习、再调研、再落实”活动，梳理形成习近平总书记在福建工作期间《来漳活动情况》等4套历史资料。组织市委理论学习中心组开展学习30场次，其中专题研讨8场次，在《福建日报》理论版刊发《细学深思 汲取力量 加快推进富美新漳州现代化建设》等多篇署名文章。深入开展先进典型学习活动，特别是新一届市委班子产生后，第一时间到东山县开展学习研讨谷文昌先进事迹活动，出台《关于深刻领会习近平总书记重要指示精神，在新征程上掀起新一轮学习弘扬谷文昌精神热潮的决定》，编印《习近平总书记对谷文昌的评价摘要》，在全市掀起新一轮学习热潮。

【宣讲中共十九届六中全会精神】 2021年，漳州市成立学习贯彻中共十九届六中全会精神市委宣讲团，开展集中宣讲16场。市领导带头深入基层宣讲，市委书记张国旺接受福建电视台《奋进的五年——九市一区书记访谈》栏目专访。以“百名千场”宣讲活动为牵引，评选首批“新时代宣讲师”，开展17场大型巡回宣讲活动。组建宣讲队伍1862支，开展宣讲1.28万场次，覆盖135.5万人次，涌现出南靖土楼红妹子宣讲队、“稻花香”宣讲队、东山歌册宣讲团等一批省级理论进基层示范点、特色宣讲团、先进集体。“学习强国”漳州学习平台上线运行。省市县联动开展社科普及宣传周，推出78项市级社科规划课题研究成果，3项成果入选省社会科学优秀成果奖。

【庆祝中国共产党成立100周年系列活动】 2021年，漳州市突出庆祝中国共产党成立100周年这条主线，牢牢把握“党的盛典、人民的节日”基调定位，精心组织实施，为党的百年大庆记载伟业、展示辉煌。在漳州市主要新闻媒体开设“奋斗百年路 启航新征程”“党史教育在漳州”等专题专栏，开展“百名记者讲党史”“党史有声 共读百年光辉”等活动，形成全媒体传播的规模和声势。省级以上主流媒体累计刊播漳州市相关报道2008篇（条）。举办庆祝建党百年经济社会发展成就图片展、文艺活动，摄制《九龙江上起歌声》《东征凯歌——中国工农红军东路军攻克漳州文献纪录片》等体现漳州特色的文艺作品。“战旗猎猎永飘扬”主题展、芗剧《谷文昌》等作品入选中宣部建党百年精品展项目、优秀舞台艺术作品展演等。开展“永远跟党走”群众性主题宣传教育和“四史”宣传教育，实施“十条花样漳州红色旅游精品路线、百幅摄影作品、千份手抄报、万名党员接力”“学党史·深化精神文明教育”等一系列群众便于乐于参与的活动，涌现出省闽南文化研究会举办的“重温红色记忆 弘扬闽南文化”文化沙龙以及“党史讲给台胞听”“党旗引领 携手再出发”红色教育等一批鲜活实践。

【党史学习教育】 2021年，漳州市聚焦“学党史、悟思想、办实事、开新局”的要求，突出“规定动作”做到位、“自选动作”有特色，推动党史学习教育出新出彩。推动成立以市委、市政府主要领导为正副组长的市委党史学习教育领导小组，下设办公室和4个工作组，制定“1＋10”工作方案。服务市委常委班子深入学习中央、省委重要会议精神，带头重温入党誓词、接受革命传统和党史学习教育，带头参加专题读书班、研讨班、听取辅导报告、参观庆祝建党百年系列图片展，带头参加专题组织生活会、讲好专题党课，以“关键少数”示范引领“绝大多数”抓好抓实学习教育。派出15个市级巡回指导组，实现巡回指导全覆盖、多轮次。用好中央指定的四本教材，推荐《漳州力量丛书》等20种本土特色教材。有机融入漳州红色文化，挖掘向东渠、平和暴动纪念馆、中共福建临时省委旧址、闽南地委旧址等红色资源，开辟16条市级、52条县级学习线路和10条红色旅游路线，累计14092批次、39.9万人次到116个省、市、县三级参观学习点开展现场体验。深入开展“我为群众办实事”实践活动，确定办实事项目20470个，完成20470个，完成率100%。开展“典型案例”评选活动，网络投票环节累计总票数突破468万票，得到市委书记张国旺批示肯定。漳州市“千名干部挂千企”帮扶活动被《福建日报》专版登载，《小食堂 大幸福》《持续深化三医联动改革 为群众健康保驾护航》等2个案例入选省教育办案例选编。

【意识形态工作】 2021年，漳州市委宣传部把意识形态工作作为党的一项极端重要的工作摆在突出位置，把意识形态工作纳入十二届市委巡察工作规划，修订出台《漳州市党委(党组)意识形态工作制实施细则》《绩效考核指标体系》，推动新时代文明实践中心建设工作纳入各县区党政领导班子和领导干部实绩考核。开展专题督查，形成“一报告两清单”（督查情况报告和正面、负面清单），督促问题限期整改。启动十二届市委首轮意识形态专项检查工作。举办新闻应急、舆情处置、乡镇宣传委员等专题培训班。推进市级网络安全应急指挥中心规范化建设。建立市网络生态治理综合协调工作机制，组织开展一系列专项治理，实现“零重大网络安全事件”的成绩。深入开展“扫黄打非”，组织文娱领域专项整治，大力营造风清气正的社会文化环境。

【文化强市建设】 2021年，漳州市委宣传部加强历史文化、闽南文化和革命文物的保护传承，《漳州古城保护条例》制定出台，迎世遗大会“六个一批”（公布一批、启动一批、展示一批、完成一批、预备一批、表彰一批）保护提升计划实施，《〈闽南文化生态保护区总体规划〉漳州市建设提升方案》稳步推进，初步完成对全市424座“非世遗”文物类土楼、23处石窟寺的调查。公布第四批市级文保单位。开展国保单位东路军机关旧址二期等修缮保护。新增20名省级非遗代表性传承人。实施文化惠民工程，首次制播“线上春晚”，开展“全民阅读·书香漳州”、“深入基层扎根人民”、农村电影公益放映“2131”工程等系列文化惠民活动。漳州古城文艺交流中心建成投用，市博物馆、艺术馆等文化展览展示展演设施累计接待参观50多万人次。加强文艺精品创作生产，推出《闹海新传》《一代相国蔡新》等一系列新剧目。在第八届福建艺术节中，漳州市斩获34个奖项，其中一等奖11个。芗剧现代戏《李林》先后荣获2021年省舞台艺术精品工程、第八届福建艺术节优秀剧目奖，潮剧《借车》荣获第三届“华东六省一市现代地方小戏大赛”银奖。16篇（首）文学作品获省级奖项。制定出台《关于促进旅游业高质量发展的实施意见》《推动文旅产业高质量发展七条措施》，修订实施文化产业《发展专项资金管理办法》《项目申报评审工作实施细则》以及《“文化企业十强”“最具成长性企业”评选管理办法》，举办“红色文创 大美漳州”文创设计大赛，挂钩帮扶27家民营文化企业。

【重大主题宣传报道】 2021年，漳州市委宣传部精心组织中共十九届六中全会、省第十一次党代会精神、市第十二次党代会精神、抗击新冠肺炎疫情、全面建成小康社会、政法队伍教育整顿等重大主题宣传，实施“落实党代会 爱拼才会赢”“突出工业 突破工业”“产业发展项目建设年”“六比一看”竞赛等重点专题宣传，持续办好“漳州经济论坛”，举办“新华漳 新启航”“产业发展·乡村振兴看漳州”等网络主题宣传活动，《记住乡愁——漳州古城》在央视播出。“纪录小康工程”扎实推进，市县两级数据库建设走在全省前列，率先完成《脱贫攻坚大事记》编写工作。加快推动媒体融合发展，闽南日报社荣获“新华号最具影响力媒体”称号和“新华社融媒体产品优秀传播奖”，《漳视新闻》深化媒体融合做法入选省广播电视媒体融合典型案例，漳浦县、南靖县获评“全省优秀县级融媒体中心30强”。

【对外宣传】 2021年，漳州市委宣传部成立外宣工作联席会议机制，“海外华文媒体漳州行”“网络文化季”等主题外宣活动，拍摄《世界文化遗产在漳州》宣传片，应邀为中国驻美使馆举行非遗线上专题讲座。推出30多期英语新闻视频节目《漳州新闻周报》，并依托新华社“新华丝路”平台向境外推送。

【对台文化交流】 2021年，漳州市委宣传部在台湾设立“旅游形象店”，推进“花样漳州”品牌走进台中东海大学等18所高校。举办两岸南词交流云端访谈和新年音乐会、“同名村·心连心”联谊活动等，促进两地文化融合、民众心灵契合。

【精神文明“五大创建”活动】

2021年，漳州市纵深推进文明城市、文明村镇、文明单位、文明家庭和文明校园等“五大创建”活动。召开精神文明建设先进命名暨深化全国文明城创建工作会以及4场创建工作推进会。坚持“每周一督查、每月一通报、每季一测评”的督查机制，编制《漳州市创城口袋书》。漳州市有8个县区获省级以上文明城市（县城）称号，东山县、云霄县被确定为“全国文明城市县级提名城市”，10个培育对象全部获评“全国文明单位”。编制《文明礼仪手册》，2人被授予全国道德模范提名奖，2人获评福建省道德模范，11人入选“福建好人榜”。建立市委宣传部部领导挂钩联系制度，指导推动新时代文明实践中心（所、站）建设实现全覆盖。

【红色文化】 2021年，红军攻克漳州、谷文昌、龙江风格、“漳州110”等先进事迹以及女排精神主题展览展示累计吸引45.3万人次参与。毛主席率领红军攻克漳州纪念馆（中共福建临时省委旧址）入选全国爱国主义教育示范基地，新增3个省级爱国主义教育基地。“漳州 110”被中宣部授予“时代楷模”荣誉称号，省委、市委作出学习决定，组织开展巡回宣讲活动。五集纪录片《女排娘家》在央视《国家记忆》栏目播出，《人民日报》《经济日报》整版聚焦女排精神和漳州人民的“娘家情怀”。谷文昌纪念馆被中宣部列入中华民族文化基因库（一期）红色基因库试点工作。

（吴 霖）

·统战工作·

【概况】 2021年，漳州市委统战部贯彻落实《中国共产党统一战线工作条例》，开展庆祝建党百年活动和党史学习教育，举办红色教育活动16场次、各级各类学习培训216个班次，培训人员8807人次。组织理论中心组学习20次、支部学习22次，举办法律法规学习18场、警示廉政教育112场，弘扬伟大建党精神。11个县（区）党委常委、统战部长和乡（镇、街道）统战委员全部配备到位，市直统战系统各单位班子建设得到加强。1篇决策建议获党和国家领导人批示肯定，党外知识分子、职业教育等工作获省领导肯定。

【多党合作工作】　2021年，漳州市委常委联谊交友49名党外代表人士，14个市政府部门对口联系民主党派市委会、市工商联，召开4次民主党派机关工作联席会。支持各民主党派加强自身建设、积极参政议政，提出提案、社情民意信息683件，完成调研文章53篇，其中获省领导批示5件、市主要领导批示29件。创建“党（盟、会、社）员之家”29家。市职教社在5家社员学校成立“社员之家”，闽西南协同发展区职教社工作联席会在漳州举办。

【民族宗教工作】　2021年，漳州市领导挂钩联系3个民族乡，36个市直机关挂钩帮扶36个民族乡村。争取中央和省市专项资金1164万元、帮扶资金460万元，扶持民族乡村特色产业、基础设施、生态保护、特色村寨等建设，实现当年录取的少数民族困难大学生补助全覆盖，新增3个民族村被命名为中国少数民族特色村寨。开展第十四个民族团结进步宣传月活动，举办统战民族干部铸牢中华民族共同体意识和民族乡村文化振兴人才培训班，《我们和党旗在一起——56个民族永远跟党走（高山族版）》微视频被列入国家民委建党100周年大型主题宣传内容，5个单位、5名干部获评福建省民族团结进步模范集体、模范个人。开展宗教界“学党史、报党恩、跟党走、作奉献”主题实践活动，参与宗教界人士500余人。支持指导完成市天主教爱国会换届工作。巩固宗教工作督查整改成效，进一步加强宗教领域“安全工程”建设。

【民营经济统战工作】　2021年，漳州市召开全市民营经济统战工作会议，出台《践行亲清政商关系的若干意见》，建立“百所联百会”等工作机制，组织60多家民营企业、商会与金融机构、人社、司法部门等战略合作。漳州市委统战部推进商会招商、以商招商，5个异地商会被设为“漳州招商联络处”，27个异地商会会长被聘为引才大使，引导民营企业家意向投资项目6个总投资23.5亿元。6个县级工商联完成换届，11个县（区）工商联首次全部获评全国“五好”县级工商联，所属镇街商会组建实现全覆盖。5名企业家、5家企业、5个企业党组织被省委、省政府表彰为福建省优秀民营企业家、优秀民营企业和民营企业党建先进单位。

【新的社会阶层人士统战工作】

2021年，漳州市委统战部制定拨付市知联会、市新阶联工作经费的管理办法，举办全市党外知识分子代表人士培训班，建立市党外知识分子代表人士名单530名、无党派人士名单510名，向省委统战部推荐14名无党派代表人士。成立市留学生同学会海归青年人才之家、漳籍厦门分会等，福建留学人员联谊会党史学习教育动员暨地方组织组织工作推进会在漳州召开。开展四类网络人士思想状况研究工作，开通市知联会、新阶联微信公众号，开展“寻美漳州”“漳州自媒体闽南话防疫科普”等系列活动。市新阶联1名代表人士荣获国家科学技术进步二等奖。

【港澳台工作】　2021年，港澳同乡社团举办港澳台青少年闽南语邀请赛等活动，3名社团骨干当选2021年香港选委会委员，林广兆获香港中国企业协会30周年“杰出贡献奖章”。探索漳台融合发展新路，承办全国台联系统干部暨优秀中青年台胞和全省台联系统理事干部培训班，庆祝漳州市台联成立40周年，举办“曲同调•两岸好声音”、圆山大讲坛等5场漳台交流活动，促进两岸同胞心灵契合。落实在漳定居台胞市级财政配套补助工作。推进市金联会机构改革，台联基层组织在全国率先实现县区全覆盖。

【党外代表人士队伍建设】 2021年，漳州市委统战部加强党对换届工作的领导，建立市委统战部和省委统战部、各民主党派省委会“三方协商”机制，严把政治关、品行关、能力关、作风关、廉洁关等5个选人关，规范民主推荐、人选考察等10个程序关，在全省率先完成8个民主党派市级组织换届；各级人大、政府和政协配备副处级以上党外干部89名，选出新一届市政协委员376名，其中党外委员237名，占比63.03%。

【社会服务】 2021年，漳州市“百企帮百村”行动圆满收官，“万企兴万村”行动全面启动；组织统战干部、统战成员参与疫情防控工作5200多人次，捐款捐物总价值1054万元；开展送医送药、帮学助教、法律服务等社会服务74次，受惠群众近万人次。推进“我为群众办实事”实践活动，完成20个实事项目，《落实民生保障 增进台胞福祉》案例获评全市“十佳提名典型案例”。

【“党旗引领 携手再出发”红色教育实践活动】 2021年5月28日，漳州市委统战部组织各民主党派、无党派人士联合开展“党旗引领 携手再出发”红色教育实践活动，共同诵读庆祝中国共产党成立100周年献词《党旗引领 携手再出发》，唱响《没有共产党，就没有新中国》，前往平和县开展廉政教育。5月起，在全市8个民主党派开展“同心学党史 永远跟党走”党史学习教育知识竞赛，民建代表队获得一等奖，致公党、九三学社代表队获得二等奖，其他党派代表队获得三等奖。

2021年6月21日，由福建省台联、闽南师范大学、漳州市委统战部、漳州市台联共同主办的“圆山大讲坛”启动仪式在闽南师范大学举行

（市委统战部 供图）

【“圆山大讲坛”开讲】 2021年6月21日，“圆山大讲坛”在闽南师范大学举行签约启动仪式，并进行首场讲座。启动仪式上，闽南师范大学圆山学院与漳州市台联签署合作协议。“圆山大讲坛”不定期开展活动，邀请有关专家学者进行演讲，主要内容包括闽台的主要姓氏族谱、宗祠家庙、戏曲、建造工艺、特色饮食、历史人物、文化名人等，通过多种新媒体平台入岛传播。

【“两岸融合发展的福建实践”学术研讨会召开】 2021年11月26日，“两岸融合发展的福建实践”学术研讨会在闽南师范大学召开。研讨会以“两岸融合发展的福建实践”为主题，深入研究两岸关系面临的新形势、新挑战，总结对台工作经验及探索服务两岸融合发展的有效举措，深化两岸社会经济文化交流。研讨会上，专家学者围绕台湾青年政治态度的双重性分析和加快建设两岸融合发展示范区两个方面进行专题报告，围绕两岸文化融合与福建实践、建设海峡两岸融合发展示范区研究和两岸农业融合发展的漳州实践三个方面进行主旨发言并展开研讨。

（裴冰墙）

·机构编制·

【概况】 2021年，漳州市委编办加强机构编制资源的统筹统管统用，攻坚克难推进基础性关键性重点改革，高标准高质量完成中央、省委、市委和市委编委各项决策部署。

【机构编制资源配置】 2021年，漳州市委编办探索建立机构编制事项论证机制，推动机构编制向重点发展区域和民生领域倾斜。探索建立教育领域机构编制跨层级、跨区域动态调整机制。圆满完成第二次全国机构编制核查，及时督促指导整改超规格设置内设机构、超编、超职数配备处级领导职数等问题，维护机构编制法制权威和管理秩序。

【“属地管理”改革】 2021年，漳州市委编办指导县乡编制“属地管理”事项责任清单，全市122个乡镇（街道）共公布属地管理事项10126项，有效规避凡事都由镇街“托底”“兜底”的倾向。优化整合乡镇（街道）站所和县（区）直派驻机构执法力量和资源，推行“一支队伍管执法”改革。

【特殊区域体制改革】 2021年，漳州市委编办组织开展全市开发区管理机构清理规范工作，通过整合开发区管理机构、明确开发区功能定位、制定配套发展政策、开展开发区权责清单管理编制试点等多项举措，优化重塑开发区管理体制，推动开发区回归经济发展主责主业。

【其他重点领域改革】 2021年，漳州市委编办推进行政复议、市场监管、应急管理和国土空间规划相关领域改革，持续深化经济发达镇行政管理体制改革。结合部分行政区划调整工作，理顺市公安局龙海、长泰分局以及市公安局古雷开发区、漳州高新区分局管理体制。会同市发改委指导推进相对集中行政许可权改革试点实施，全面推行“一窗受理、合并审查、集约审批、一站办结”的审批模式。

【“万才聚漳”行动】 2021年，漳州市委编办贯彻党中央关于人才工作的决策部署，推动建立市级人才编制周转池，用于保障市属高校及中小学校、医疗卫生机构、科研机构引进高层次人才和急缺人才。坚持编制前置审批，优化人才编制使用流程，为“万才聚漳”行动计划顺利实施提供高质量保障。

【服务改革发展大局】 2021年，漳州市委编办围绕市委、市政府持续“突出工业、突破工业”的决策部署，将市政府项目策划中心和重点项目服务中心整合优化为市项目策划服务中心。跟进“大漳州”建设规划，及时调整优化市城乡规划设计研究院等城市规划建设单位管理体制。调整优化市县（区）扶贫开发和乡村振兴工作机构，并在市农业局设立乡村振兴服务中心，增强乡村振兴工作力量。

（高艺惠）

·机关党建·

【概况】 漳州市直机关工委下辖市直65个机关党委（直属党委）、20个基层党委，33个党总支、60个党支部，党员1.7万余名。2021年，市直机关培训发展对象233名、新发展党员225名。年内，漳州市委市直机关工委抽查31个市直单位机关党委设立党费专户、公开公示、按期缴交等工作，走访慰问党内功勋表彰、烈士遗属、老党员和生活困难党员757人。实施“机关联动乡村、党建引领振兴”行动、开辟机关党建专属媒体阵地等经验做法，受到省直机关工委的批示肯定。

【市直机关党员思想建设】 2021年，漳州市直机关工委印发《市直单位党组（党委）理论学习中心组学习巡听旁听工作实施意见》，完善市直单位党组（党委）理论学习中心组常态化通报制度。举办学习贯彻中共十九届六中全会和省、市党代会精神专题辅导培训，推荐谷文昌干部学院等4家单位入选省直机关主题党日活动基地，组织新任机关基层党组织书记100余人赴谷文昌干部学院党建开展研修。组织拍摄展播《东征凯歌》等5部电教片，为市直机关党员干部配发《习近平在福建》《党的十九届六中全会学习辅导百问》等学习读本2万余册，市直机关各级党组织共开展党员教育培训1463场，培训党员6.2万人次。

【市直机关党建课题调研】 2021年，漳州市直机关工委以“推进‘五个模范机关创建’，全面推动机关党的建设高质量发展，为奋进新征程提供坚强保证”为主题，开展机关党建课题调研，确定“习近平总书记关于机关党的建设重要论述研究”等16项调研课题，形成调研报告50多篇，集中转化《创新“四步法” 推动“四转向”，有效破解城市基层党建工作中的形式主义问题》等一批实效性较强的调研成果，在推动成果转化中树典型、破难题。

【市直机关党组织疫情防控】 2021年，漳州市直机关工委启动市直机关联防联控工作机制，发出《关于组织发动市直机关各级党组织和在职党员干部到社区报到参与疫情防控工作的通知》《关于在疫情防控一线成立临时党支部的通知》等文件，发动310多个基层党支部组建各类党员突击队、先锋队、志愿者服务队250多支和6900多名党员干部下沉66个社区（小区）“双报到”（党员到所在社区和居住地区报到），刊播防疫抗疫宣传标语10.4万多次。从管理的市直党费中划拨60万元，连同市委组织部下拨的专项资金20万元，支持基层党组织开展疫情防控工作。

【市直机关党史学习教育】 2021年，漳州市直机关工委开展市直机关党史学习教育，以“永远跟党走”为主题，扎实开展“我为群众办实事”实践活动，摸排梳理活动项目149项，解决一批群众“急难愁盼”问题，引导党员干部群众以史为镜、牢记初心、践行使命。

【市直机关基层组织建设】 2021年，漳州市直机关工委以党支部建设为驱动，推动市直单位党员领导干部挂钩7个不同领域党支部497个，协调解决问题550个。持续推进“五有八健全”基层支部规范化建设，不断深化支部“达标创星”活动，修订完善《机关事业单位党支部达标创星抽查验收评定标准》，对31个市直单位“创五星”党支部开展抽查验收提升。加强和规范党务公开工作，市直机关共制定党务公开目录164份，开辟党务公开栏402个，建立党务宣传媒介132个，公开年度事项2052项。打造党务公开示范标杆，市检察院被列为全省党务公开规范试点。

【党务队伍建设】 2021年，漳州市直机关工委选优配强机关党组织负责人，对41名机关党委负责人任职条件进行审核把关，实现100%专职副书记选任考核、任前谈话、分批轮训。持续推动提高专职党务干部配备比例，规范市直机关落实专职党务干部配备要求。组织开展新任基层党组织书记和党务骨干示范培训，举办培训班88场，培训基层党组织书记656人，党务干部2272人，提升党务干部队伍整体能力。

【党建领航】 2021年，漳州市直机关工委制定《市直机关“党建领航发展”工作规范》，组织开展党员队伍强基、实践载体创建、争创岗位竞赛、项目推进攻坚等党建领航发展4个专项行动，市直机关各级党组织结合各自实际，开展党建领航各类活动50多项。年内，漳州市直机关工委《创新“四步法”、推动“四转向”，有效破解城市基层党建工作中的形式主义问题》案例，入围“新时代全国机关基层党建新成就”作品展，《激活基层党组织“微课堂”推进党建与业务“大融合”》等7个案例荣获“推进机制活、建设新福建”全省机关体制机制创新优秀案例。

【党建品牌建设】 2021年，漳州市直机关工委在《闽南日报》开辟“党建领航促发展，扬帆奋进新时代”专题专栏，宣传推广市直机关13项典型经验和创新举措。实施开展漳州市“机关联动乡村，党建引领振兴”行动，组织市直100个基层党组织挂钩联系94个行政村、帮扶资金953.36万元、为民办实事198个。巩固和发展闽西南五地市机关党建协作发展工作成果，组织观摩市公安局、市自然资源局、闽南日报社等党建工作现场，在市直机关示范单位中实践探索、打造蓝本。

【党建主体责任落实】 2021年，漳州市直机关工委全面开展市直单位年度全面从严管党治党主体责任落实情况检查，查找问题126个、反馈整改意见106条。持续开展党组（党委）、机关党委、党支部“三个书记”党建工作考评，对市直单位72个党组（党委）、960多个基层党组织全面开展抓机关党建工作述职评议考核，并逐一反馈述职评议情况。建立健全落实主体责任考核制度，修订《关于进一步健全完善市直机关党建重点工作“六比六看”考核评价工作机制》，提升机关党建“灯下黑”整改实效。

【机关党风廉政建设】 2021年，漳州市直机关工委常态化推进机关廉政教育全覆盖，举办市直部门机关纪委书记培训班，对《中国共产党廉洁自律准则》进行再贯彻再学习，市直机关党员干部1万多人次接受廉政警示教育。持续开展机关落实形式主义、官僚主义突出问题整治，市直机关纪检监察工委审理结案（科级）16件、处分违纪违法16人。

（崔炜）

·老干部工作·

【概况】 截至2021年12月31日，全市共有离休干部297人，分类统计为市直单位145人，各县（区）152人；行政部门106人，事业单位74人，企业117人；80—89岁93人，90岁以上204人。全市“5·12”（1950年5月12日前参加工作的干部）退休干部197人，其中市直单位50人，各县（区）147人。

【离退休干部党建】 2021年，漳州市委老干局在全市新成立离退休干部党支部（含临时）29个，落实离退休干部党建工作经费和党支部班子工作补贴400多万元。依托市老干部活动中心建好用好“老党员之家”，提供“党日+X”特色菜单，精准对接老党员需求。深化离退休干部党组织达标创星活动，对获评“四星级”以上的党支部进行通报表彰、集中授牌。全市新增22个“省级离退休干部示范党支部”、13名“八闽银发先锋”。实施“头雁工程”，举办“学习党的十九届六中全会精神”市直离退休干部党支部书记培训班暨党史学习班，组织60余名支部书记集中学习、实地考察。全市共举办各类离退休干部党支部书记培训班26期，超800人次参训。通过“阵地联享、党员联培、活动联办”方式，成立16支离退休干部宣讲员队伍，发动35名老党员担任楼长，参与到小区业委会等群众自治组织的筹备和管理中。

【老干部党史学习教育】 2021年，漳州市委老干局开展“五跟着五带你 我们e起学党史”活动，引导老干部加强党史学习。全年累计发送“党史上的今天”短信15万余条，组织观看红色电影30场，推送各类学习材料75次，运用“福建老干部”APP举办党史学习课5场，印发《党史学习教育知识选编》口袋书500册，在《中国老年报》《福建老年报》等媒体上宣传报道。访谈实录在漳州电视台、闽南日报等媒体刊播（发），在“漳州市离

2021年11月，《欢欣鼓舞党旗红》节目喜获八闽离退休干部主题文艺会演金奖。图为参与演出的退休干部合影　　（市委老干局 供图）

退休干部”微信公众号连载100期，精编为《百老颂党恩》，作为全市各级离退休干部党员学习参考。

【老干部服务保障】　2021年，漳州市委老干局做好“七一”走访慰问老党员老干部和颁发“光荣在党50年”纪念章等工作。通过线上视频、线下邮寄慰问信、转账慰问金的形式慰问28名省外易地安置对象。聚焦四类特困对象实施差别化精准帮扶，市直发放各类补助201人、46.8万元。全覆盖走访159名市直离休干部、“5·12”退休干部，收集整理问题意见7类28条，当场说明解答6条，专题召开2次局务会研究协调解决22条，活动被《八闽快讯》《福建老年报》等刊发报道。新增为78名解放时期入伍离休干部购买居家养老服务，推动为市直离休干部购买服务全覆盖。提供精细化医疗服务，协调市直四大医院为130余名老干部提供VIP式一对一体检服务；协调卫健、财政等部门，由各大医院选派医护人员为部分市直离休干部提供上门诊疗护理。回应军转老干部诉求，与组织部等4个部门联合发文，将“医药卡”发放范围扩大至副师级及以上军转干部（每人每月150元），为其购药提供便利。

【老干部作用发挥】　2021年，漳州市委老干局以“银耀芗江”为主题，先后举办漳州市离退休干部庆祝中国共产党成立100周年文艺演出等系列正能量活动。市老年大学艺术团根据市非物质文化遗产哪吒鼓创作舞蹈《欢欣鼓舞党旗红》，在“我看建党百年新成就”八闽离退休干部主题文艺会演中荣获金奖。全市各级关工委深入开展“金秋助学”，资助贫困大学生近7000人次、1300余万元；推进农村青年致富“种子工程”，新设36个市级示范点。新冠肺炎疫情防控期间，全市各级老干部工作部门及时捐资捐物、参与联防联控，其中7名代表受到省委组织部、省委离退休干部工委慰问肯定。

【老干部工作信息化建设】

2021年，漳州市委老干局在全省率先启动“省地共建”新模式，依托“福建老干部”APP建成全省设区市中首个具有地域特色的离退休干部信息化平台——漳州“老干e家”。该做法在“离退休干部工作”公众号、《中国老年报》等平台媒体刊发。通过专题部署、分解指标、组织培训、定期通报、印发手册和下沉督导等方式，引导广大老干部志关注、激活和使用“两微一端”，着力构建老干部工作信息化新格局。

（刘君雍）

·精神文明建设·

【党史学习教育】　2021年，漳州市委文明办制定印发《学党史·深化精神文明教育活动方案》，在“文明在漳州”微信公众号和“漳州文明网”新开辟“学党史·深化精神文明教育”活动专栏，在漳州文明网登载有关党史学习教育39条。开通“文明漳州”抖音号，制作刊播“学党史·深化精神文明教育”系列精品视频32条。下发《关于在全市新时代文明实践中心（所、站）开展“百名千场”宣讲活动的通知》，联合市委宣传部、讲师团组织开展“百名千场”理论宣讲活动，评选出漳州市“新时代宣讲师”99名，组织新时代宣讲师深入新时代文明实践中心（所、站），开展宣讲活动1300多场次，直接受众12万人次。组织网上“党史教育，文明同行”知识问答活动，阅读量达到6.2万人次，参与问答量达12.5万多人。开展“我为群众办实事”活动，协调芗城区、龙文区对农贸市场周边、主次干道两旁等重点部位，施划机动车、非机动车停车位，完成6万个非机动车位的施划工作，有效解决停车难问题。

【文明道德风尚弘扬】 2021年，漳州市委文明办组织开展第八届全国和第七届福建省道德模范推荐活动，向省组委会推荐人选5名。彭松辉、汤金德被授予第八届全国道德模范提名奖，陈强、郑明妹获评第七届福建省道德模范。坚持每月开展“我推荐、我评议身边好人”活动，全市1人入选“中国好人榜”，13人入选“福建好人榜”，市民群众为身边好人点赞达20多万人次。组织赖水顺、林丽华、陈云城、谷宇凤等道德模范、文明家庭走进和平里社区、闽南师大附小、天宝镇新时代文明实践所进行巡讲3场次，直接受教育群众1000人次。编印《2021年漳州市文明礼仪手册》5万册、《2021年创建全国文明城市知识》2万张，分发给社区居民学习领会。实施公益广告宣传提升行动，建立市、区、街道三级的“公益广告巡查工作”机制。持续推动移风易俗“六大行动”，建成“文明乡风联系点”省级13个、市级22个。深化诚信缺失突出问题专项治理，持续推进诚信建设制度化建设。

【文明城市创建】 2021年，漳州市委文明办围绕“同城共创全国文明城市”主题，深入长泰、龙海等地，开展调研活动解决基层实际问题。召开全市精神文明建设先进命名暨深化全国文明城市创建工作视频会，动员部署第七届全国文明城市创建工作。协调公安、城管、住建、市场监管等部门，深入开展交通秩序、市容市貌、农贸市场、环境卫生等专项整治。围绕全国文明城市29类921个测评点开展常态化督查活动，切实推动问题的落实解决。开展专项整治行动，提升文明城区（县城）创建工作水平。东山县、云霄县被列为全国文明城市县级提名城市，芗城、龙文、龙海、长泰、漳浦、华安获评省级文明县城（城区）。

【文明实践工作】 2021年3月，漳州市文明委在长泰县召开全市新时代文明实践中心建设暨移风易俗工作推进会，部署推进全市新时代文明实践中心（所、站）建设全覆盖工作。争取市财政250万元补助县（区）级新时代文明实践中心建设。至2021年12月底，全市应建2216个新时代文明实践中心（所、站），已建成2184个。其中，县级实践中心建成14个，乡镇（街道）实践所建成130个，村（社区）实践站建成2040个。全市各县、区（不含开发区、投资区），已完成新时代文明实践中心（所、站）建设全覆盖。漳州市“坚持以点带面，推动新时代文明实践全覆盖”的典型做法，在中国文明网等媒体平台刊登报道。

【未成年人思想道德建设】 2021年，漳州市委文明办组织开展“新时代好少年”推荐评选活动，东山县实验小学陈舒晴入选福建省“新时代好少年”。评选2021年漳州市“新时代好少年”19名，举办“新时代好少年”事迹发布会，在《闽南日报》、漳州电视台宣传新时代好少年先进事迹，引导全市未成年人“人人学榜样，争当好少年”。组织开展“童心向党”系列教育实践活动。征集全市学生红歌表演、讲述党的故事等视频作品139件，在“文明在漳州”公众号上分期展播，并向省里推选15件优秀作品；小学生手抄报比赛作品10700余幅，并在市文化馆展出优秀作品。组织全市296个省级以上文明单位、文明校园与135所乡村学校少年宫挂钩共建。

【志愿服务】 截至2021年，漳州市实名注册志愿者83万余人，注册志愿服务团体7283个，开展志愿服务项目6.5万个，累计开展志愿服务时长超1000万小时。全市1名志愿者入选全国“2021年百名最美生态环保志愿者”，6人获评全省“五星级志愿者”。在2021年福建省志愿服务项目大赛中，漳州市斩获1枚金牌、4枚银牌、7枚铜牌。年内，漳州市委文明办在“文明在漳州”微信公众号以H5（移动端的web页面）形式，开展“志愿有我·文明漳州”应知应会线上知识答题，参与答题累计6万多人次。制作“学党史·深化精神文明教育活动”之《志愿服务，传播文明》宣传短视频，并在“漳州文明”微信公众号、“漳州交通广播”视频号等媒体平台展播。《福建省志愿服务条例》学习宣传被纳入党校干部培训课程。

（黄河）

·党校行政学院工作·

【概况】 2021年，漳州市委党校申报各级各类社科课题63项，立项57项，优秀结项课题25项。向中央社会主义学院统一战线高端智库申报课题1项。省社科规划办资助课题3项。形成咨政稿27篇（含学员咨政稿19篇），其中获市领导肯定性批示2篇。在各级刊物发表文章90篇（省级CN刊物15篇），专著1部。

【谷文昌干部学院建院办学】 2021年，漳州市委党校与谷文昌干部学院正式合署办公、合址办学。学院初步形成“理论综合课+谷文昌先进典型特色课+现场教学体验课”的基本框架。现场教学体验课主要有谷文昌先进典型体验教学点12个，学党史红色教育培训线路20条，漳州先进典型体验教学点4个以及生态建设教学点6个，示范教学点2个。

【教学创新提升】 2021年，漳州市委党校抓精品课程建设，打造现场教学精品线路，推出31个教学新专题，内容涵盖习近平新时代中国特色社会主义思想、“四史”（党史、国史、改革开放史和社会主义发展史）教育、传统文化、意识形态、乡村振兴等。全年完成主体班次培训12期，参训学员835人；市管干部学习贯彻党的十九届五中全会精神研讨班2期，学员1239人，市管干部学习贯彻党的十九届六中全会精神暨省第十一次党代会精神专题研讨班1期，学员860人；统一战线班次6期，学员232人；县级党校主体班12期，学员532人，城区党校主体班4期，学员396人；其他文件内班次36期，学员1900人；全年培训学员5994人。

【教学精品课建设】 2021年，漳州市委党校邀请中央党校、中国社会科学院专家教授到主体班授课，邀请省内领导干部和专家学者到校作报告；与市委组织部联合参与组工干部教育培训教学案例的编写；向福建省委党校推荐3个优秀党史专题课程和3个党史教育现场教学点（谷文昌纪念馆、毛主席率领红军攻克漳州纪念馆、平和暴动纪念馆）；完成谷文昌纪念馆和红军攻克漳州纪念馆的教学视频制作；录制基层干部培训网络课程，报送省委组织部。

【现场教学精品线路打造】 2021年，漳州市委党校配合市委组织部整合全市现场教学资源，打造漳州市“四史”教育现场教学精品线路，包括“四史”教育专题体验教学点8个、谷文昌先进典型专题体验教学点6个、美丽中国乡村振兴体验教学点4个、基层党建示范体验教学点3个、各县区精品体验教学线路11条，并全部由党校教师现场讲解。

（李曼君）

·党史和地方志工作·

【概况】 2021年，中共漳州市委党史和地方志研究室（简称：漳州市委史志研究室）发挥“存史鉴今、资政育人”的职能作用，紧扣漳州特色，整体推进党史和地方志编纂研究各项工作。《关于漳州市对接运用原中央苏区振兴发展政策的调研报告》获市委书记张国旺批示。

【史志编纂】 2021年，漳州市委史志研究室相继出版《庆祝建党百年漳州党史资料系列丛书》《中共漳州市委执政纪要·2020》等书，编辑《漳州名镇名村》《漳州市情简介》《红军进漳故事集》，重修《中国共产党漳州历史第一卷(1919-1949)》《漳州红色故事读本》项目（项目批准号：YDZJ20214002）被纳入中央党史和文献研究宣传专项引导资金2021年度一般项目。

【史志宣传教育】 2021年，漳州市委史志研究室与机关、企业、学校开展党建合创，举办“传承·奋进——党史学习教育”系列活动等丰富多彩的庆祝建党百年活动，参与人数超1.5万人次。开通“漳州党史方志”微信公众号，在“学习强国”APP开辟漳州红色记忆专栏，全年推出104期427篇文章，“学习强国”刊登52篇文章，总点击量超60万人次。联合市纪委监委、市委宣传部等部门推出“一镇一孝廉·红色人物”系列宣传活动、“学习百年党史 弘扬英烈精神”英烈事迹巡回展览活动等，引导全市广大党员干部更好地从党史中感悟真理力量。

2021年6月26日，漳州市委党史和地方志研究室干部参观光辉历程红色印迹——漳州市庆祝中国共产党成立100周年图片展 （林倩 摄）

【史志宣讲】 2021年，漳州市委史志研究室推出《新民主主义革命时期党在漳州的伟大奋斗历程》《以史为鉴 看中国崛起》等14个宣讲课题，开展宣讲69场次，听众5000多人次。其中，6名干部被纳入福建省理论宣讲专家库、9名干部被聘为福建省首批史志宣讲师、6名干部被评为漳州市新时代宣讲师。

【史志书库建设】 2021年，漳州市委史志研究室持续建设党史方志文献书库，使用面积300平方米，收录党史方志电子书籍3000套，文献库存书近3万册，向群众提供党史咨询、赠阅史志书籍。审读涉及党史的出版物、文艺作品、新闻报道72.3万字。

【漳州市庆祝中国共产党成立100周年图片展开展】 2021年6月26日，“光辉历程 红色印记——漳州市庆祝中国共产党成立100周年图片展”开展。此次图片展由市委办、市委史志研究室、市档案馆主办，展出时间4个月。整个图片展以中国共产党漳州历史为主线，分为“新民主主义革命时期”“社会主义革命和建设时期”“改革开放和社会主义现代化建设新时期”“中国特色社会主义新时代”等板块，通过400多张图片，生动展现在中国共产党的领导下漳州人民进行革命、建设、改革的光辉历程，充分展示漳州厚重的红色历史和丰富的党史资源，为漳州市开展党史学习教育提供鲜活教材。

【村镇志编纂试点启动】 2021年，漳州市委史志研究室启动村镇志编纂试点工作，漳浦《古雷镇志》已经出版，长泰《湖珠村志》初稿完成。

【《漳州年鉴（2020）》获评全国年鉴二等年鉴】 2021年12月31日，中国地方志指导小组、中国地方志学会印发《关于对第八届全国地方志优秀成果（年鉴类）的通报表扬》，《漳州年鉴（2020）》获评第八届全国地方志优秀成果（年鉴类）市级综合年鉴二等年鉴。

【疫情防控支援】 2021年，漳州市委史志研究室4名党员参与支援台商投资区，其他党员全部下沉一线参与社区防控。募集2.8万个一次性医用口罩、5200个N95医用防护口罩、2140件矿泉水、90桶84消毒液、4箱消毒酒精等，缓解基层防疫物资紧缺的燃眉之急。

（林 倩）

·档案工作·

【概况】 2021年，漳州市档案部门各项档案业务工作，获市长刘远批示肯定。首次组织开展漳州市“档案专家”“档案工匠”评选工作，评选出13名首届漳州市“档案专家”和“档案工匠”。年内，与市委办、市委史志研究室联合举办漳州市庆祝中国共产党成立100周年图片展，截至2021年年底，接待参观展览44批1163人次。

【“两类档案”归集】 2021年9月，漳州市档案局（馆）制定出台市对县“档案安全工作”综治考评细则，将“两类档案”归集工作纳入考评重点项目，建立月文件通报机制和实地监督指导，抓好“两类档案”全过程、规范化管理，确保“两类档案”归集工作如期高质量完成。至12月上旬，全市11个县（区）、5个开发区（投资区）提前完成“两类档案”归集和移交进馆任务。

【依法治档】 2021年，漳州市档案局（馆）推行“办局一体、局馆联动”模式，加强局馆职责定位，加强对外协调。有序推进局馆职能顺畅对接，及时梳理印发《漳州市档案局 漳州市档案馆业务工作协同配合对接清单及流程》，对全市11个县级综合档案馆开展内部业务建设评价工作，并在全市档案工作会上向参会的各地党委、政府分管领导通报评价结果；推行局、馆协同联动执法新模式，首次面对全市76个市直单位开展档案工作检查指导。

【档案资源建设】 2021年，漳州市档案局（馆）加强特色档案资源征集工作，统筹推进到期未进馆档案征收。推进民间珍贵重要档案资料征集工作，征集重要珍贵档案文献约7000件。其中，清朝民国时期原龙溪地区珍贵房产地契档案1500多件，最早年代为康熙二十六年（1687年），将馆藏年限提早3个世纪；老红军洪椰子档案资料806件，包含洪椰子在龙溪、龙岩、晋江等地任地委书记和在省农委任要职时工作生活期间完整的、成套成系列的亲笔工作记录，“红军仔”朱炳辉的书画、照片、笔记档案资料，填补馆藏红色档案资源的空白。结合市直机关档案检查指导工作，对到期未进馆文书档案和民生档案进行调查摸底，制定《漳州市到期档案进馆三年行动计划》《“十四五”民生档案接收计划》，推进到期应接收档案和民生档案全面完整接收进馆。

【档案数字化建设】 2021年，漳州市档案局（馆）着手建设市档案馆网络安全等级保护，邀请省市网络等保专家对市档案馆数字档案管理系统和办公自动化系统网络安全等级保护进行测证定级。持续扩容数据资源，全年接收16个市直机关单位档案数据49079件。完善漳州档案信息网的数字档案馆、3D VR排列数字展厅、实物档案的720度全景展示模块，解决“漳州通”APP档案咨询与网上查询等问题，检测完善政务网档案资料目录报送和检测功能，配合完成政府公开信息查阅中心模块的后台开发，增强“全国示范数字档案馆”示范作用。

【档案开发利用】 2021年，漳州市档案局（馆）开通电话查档、“漳州通”APP查档、漳州档案信息网咨询预约查档功能，推行群众查档“网上办”“远程办”“预约办”，打通群众办事多次往返“堵点”。全年接待查档409人次，利用档案资料2666卷（件）次，“漳州通”APP、漳州档案信息网后台处理查档咨询预约服务共362次。与省馆、省内各地市9家档案馆、市内各县区11家档案馆完成档案跨馆利用协议的签订。加入国家档案局开发的全国档案查询利用服务平台，成为首批全国档案查询利用服务平台试点应用单位，实现国家、省、市、县四级异地跨馆利用服务。落实新修订《中华人民共和国档案法》关于到期档案满25年向社会开放的相关要求，对66个全宗的馆藏到期档案进行保管期限重新划分鉴定，对1991—1995年度共70个全宗3.8万千多卷的馆藏档案进行开放控制鉴定，力求满足群众查档需求。

【档案编研】 2021年，漳州市档案局（馆）编辑出版《漳州侨批史琐谈》《档案漳州汇编》两本书稿，其中《漳州侨批史琐谈》一书刊发60篇漳州侨批史料研究文章。基本完成《漳州市档案馆馆藏实物档案集锦》《漳州侨批与爱国华侨档案资料》等资料汇编。与市扶贫办联合编纂《漳州市脱贫攻坚工作档案实录》。

【档案宣传教育】 2021年，漳州市档案局（馆）做好“6·9”国际档案日宣传系列活动，开展“六进”基层活动；利用漳州市政府网平台，制作直播一期《档案话百年》政务访谈活动；举办档案专题讲座，邀请省档案馆资深专家来漳义务送教下乡，分别到市县两级档案馆举办4场机关档案专场培训。加强融媒体宣传，实现“互联网+宣传”新形态，拓宽宣传领域，截至12月，微信公众号共发表各类文章视频318篇；抖音推送视频114集，播放量近134万人次；“学习强国”平台推送视频76集，播放量达76万余人次。加强与漳州新闻网合拍档案直播故事，播放44集。

【档案馆库建设】 2021年6月，漳州市档案馆新馆揭牌，12月完成竣工验收。该馆投资1.58亿元，建设面积2.7万平方米，涵盖全市档案安全保管中心、爱国主义教育基地、档案利用中心、政府信息查询中心和电子文件中心等“五位一体”功能。县区档案馆新馆建设基本实现全覆盖，至年底，全市有5个县区（芗城、龙文、诏安、平和、南靖）档案馆搬迁新馆；4个县区（龙海、漳浦、长泰、华安）档案馆土建封顶，进入二装阶段；云霄县档案馆新馆项目完成招投标。

【档案安全保管】 2021年，漳州市档案局（馆）建立健全档案安全管理责任制度。每季度重大节假日前定期开展档案安全大检查，及时印发《漳州市档案馆防范汛期应急处置预案》，定期召开档案安全形势分析会，对照检查整改，定时做好实体档案、数字档案、保密应急等重点领域的安全维护工作，构建人防、物防、技防三位一体的安全防范体系，及时消除安全隐患，防范化解重大风险。

（刘舜全）

责任编辑：江细珍

漳州市人民代表大会

·重要会议·

【概况】 2021年，漳州市人民代表大会及其常务委员会（简称市人大常委会）召开13次常委会会议，听取审议21项专项工作报告，开展1次满意度测评，颁布实施3部法规，组织8部法律法规执法检查和23项专题视察调研，任免国家机关工作人员127人次。

【市第十六届人民代表大会第五次会议】 2021年1月12—14日，市第十六届人民代表大会第五次会议在芗城召开，实有代表410人。会议听取和审议漳州市人民政府市长刘远所作的漳州市人民政府工作报告；审查和批准漳州市国民经济和社会发展第十四个五年规划和二〇三五年远景目标纲要；审查和批准漳州市2020年国民经济和社会发展计划执行情况及2021年国民经济和社会发展计划草案的报告；审查和批准漳州市2020年预算执行情况及2021年预算草案的报告；听取和审议漳州市人民代表大会常务委员会主任陈汉夫所作的漳州市人民代表大会常务委员会工作报告；听取和审议漳州市中级人民法院院长罗雄所作的漳州市中级人民法院工作报告；听取和审议漳州市人民检察院检察长黄秀强所作的漳州市人民检察院工作报告。1月14日，会议补选李东河为漳州市监察委员会主任，郭丹川为漳州市第十六届人民代表大会常务委员会委员。

【市第十六届人民代表大会第六次会议】 2021年6月19日，市第十六届人民代表大会第六次会议在芗城召开，实有代表411人。会议补选王进足为漳州市人民政府市长。

【市十六届人大常委会会议】

2021年，市十六届人大常委会共举行13次会议，即市十六届人大常委会第三十八次会议至第五十次会议。

2021年1月8日，市十六届人大常委会第三十八次会议召开。会议审议代表资格审查委员会关于市十六届人大代表变动情况和补选的代表资格审查报告，表决通过市人大常委会关于代表资格审查结果的公告（草案）；审议并表决通过市人大常委会关于接受个别代表辞职请求的决定，补选肖华鑫、栾晓维为省第十三届人民代表大会代表。会议还表决通过有关人事任免议案，并颁发任命书。

2021年2月25日，市十六届人大常委会第三十九次会议召开。会议听取和审议市人大常委会法制工作委员会关于2020年规章和规范性文件备案审查工作情况的报告。会议还表决通过有关人事任免议案，并举行宪法宣誓仪式。

2021年4月22日，市十六届

人大常委会第四十次会议召开。会议传达学习贯彻习近平总书记来闽考察重要讲话精神和省委、市委学习贯彻会议及相关通知精神，传达学习贯彻十三届全国人大四次会议精神。会议审议并表决通过市人大常委会增补漳州市第十六届人民代表大会常务委员会代表资格审查委员会委员名单（草案）和市人大常委会关于龙海市撤市设区、长泰县撤县设区有关漳州市第十六届人民代表大会代表的资格确认问题的决定（草案）；听取和审议市政府关于2020年漳州市地方政府性债务管理情况的报告；审议《漳州市水仙花保护管理办法（草案）》（初审）；审议并表决通过《漳州市户外广告和招牌设置管理办法（草案表决稿）》（二审）和《漳州古城保护条例（草案表决稿）》（二审）。会议还表决通过有关人事任免议案。

2021年5月24日，市十六届人大常委会第四十一次会议召开。会议表决通过有关人事免职议案。

2021年6月7日，市十六届人大常委会第四十二次会议召开。会议表决通过有关人事任免议案，并举行宪法宣誓仪式。

2021年6月11日，市十六届人大常委会第四十三次会议召开。会议审议市人大常委会代表资格审查委员会关于市十六届人大代表变动情况和补选的代表资格审查报告，表决通过市人大常委会关于代表资格审查结果的公告（草案）；审议并表决通过市人大常委会关于召开漳州市第十六届人民代表大会第六次会议的决定（草案）；审议并表决通过市十六届人大六次会议相关文件草案。

2021年7月16日，市十六届人大常委会第四十四次会议召开。会议听取和审议市政府关于市本级2021年第一批新增政府债务限额管理及新增政府债券资金安排使用预算调整方案（草案）的报告；听取和审议市政府关于2020年市本级财政决算（草案）报告，并表决通过关于批准该报告的决议；听取和审议市政府关于2020年度市级预算执行和其他财政收支情况的审计工作报告；听取和审议市政府关于开展市区农贸市场改造建设三年行动计划实施情况的报告，并开展满意度测评；听取和审议市政府关于全市学前教育普惠优质发展情况的报告、市政府关于《漳州市饮用水水源保护办法》实施情况的报告、市政府关于全市医保基金使用监督情况的报告；审议《漳州水仙花保护管理办法（草案修改稿）》（二审）。会议还表决通过有关人事任免议案，并颁发任命书，举行宪法宣誓仪式。

2021年8月24日，市十六届人大常委会第四十五次会议召开。会议听取和审议市政府关于漳州市2021年上半年国民经济和社会发展计划执行情况与下半年工作意见的报告、市政府关于2021年上半年预算执行情况和下半年工作意见的报告；听取和审议市检察院关于开展未成年人检察工作情况的报告。会议还表决通过有关人事任免议案，并颁发任命书，举行宪法宣誓仪式。

2021年9月28日，市十六届人大常委会第四十六次会议召开。会议听取和审议市政府关于乡村振兴试点示范建设工作情况的报告、市政府关于《中华人民共和国土地管理法》贯彻实施情况的报告；审议《漳州市革命遗址旧址保护办法（草案）》（初审）。会议还表决通过有关人事任免议案，并颁发任命书，举行宪法宣誓仪式。

2021年10月28日，市十六届人大常委会第四十七次会议召开。会议传达学习贯彻中央人大工作会议精神和全国人大、省委、市委有关会议精神。会议听取和审议市政府关于2020年度国有资产管理情况的综合报告、市政府关于2020年度市级预算执行和其他财政收支审计查出问题整改落实情况的报告、市政府关于《中华人民共和国消防法》及《福建省消防条例》贯彻实施情况的报告；听取市政府关于2020年度市属金融类企业国有资产管理情况的报告、市政府关于市十六届人大五次会议代表建议办理情况的报告、市政府关于2021年全市环境状况和环境保护目标完成情况的报告；听取市司法局关于“七五”普法工作情况及“八五”普法工作安排意见的报告；听取和审议市法院关于开展生态司法保护工作情况的报告；审议《漳州市人民代表大会常务委员会关于开展第八个五年法治宣传教育的决议（草案）》；审议《漳州市土壤污染防治办法（草案）》（初审）、《漳州水仙花保护管理办法（草案修改二稿）》（三审）、《〈漳州市市容和环境卫生“门前三包”责任区管理若干规定〉等4部地方性法规修正案（草案）》。会议还表决通过有关人事任免议案，并颁发任命书，举行宪法宣誓仪式。

2021年11月19日，市十六届人大常委会第四十八次会议召开。会议听取和审议市政府关于2021年市本级收支预算调整草案的报告。会议表决通过有关人事任免议案，并颁发任命书，举行宪法宣誓仪式。

2021年12月1日，市十六届人大常委会第四十九次会议召开。会议审议并表决通过市人大常委会关于召开漳州市第十七届人民代表大会第一次会议的决定（草案）。

2021年12月27日，市十六届人大常委会第五十次会议召开。会议审议并表决通过市人大常委会关于接受个别代表辞职请求的决定，补选王进足为省第十三届人民代表大会代表；审议代表资格审查委员会关于市十七届人大代表的代表资格审查报告，表决通过市人大常委会关于代表资格审查结果的公告（草案）；审议并表决通过市十七届人大一次会议相关文件草案。

·监督工作·

【概况】 2021年，市人大常委会综合运用听取审议工作报告、调研视察、满意度测评等方式，监督支持并重推动全市经济社会高质量发展。做好人大信访工作，受理群众来信来访297件（批）。

【经济工作监督】 2021年，市人大常委会围绕“产业发展项目建设年”“六比一看”竞赛等活动开展和“五促一保一防一控”等重点工作推进，组织调研，听取情况报告，推动任务落实。督促古雷石化、漳州核电等重点项目加快建设，推动扩大有效投资，促进经济运行在合理区间、稳中向好。督促产业政策落实、三次产业结构加快调整、壮大实体经济，促进“一产稳、二产进、三产优”，提高产业发展质量和效益。紧扣供给侧结构性改革主线，大力支持“放管服”、国资国企等重点领域改革，助力构建开放型经济新体制。

【预决算审查监督】 2021年，市人大常委会加强全口径预决算审查，推动监督重点向支出预算和政策拓展。听取审议预算执行情况、市本级财政决算、预算调整等报告，审查

2021年7月15日，漳州市人大常委会组织开展市区农贸市场改造建设三年行动计划实施情况视察。图为市人大常委会视察组集中观看成果展示片 （方铭志 摄）

批准市本级决算、预算调整方案。加强财政专项资金监督，支持政府开源节流、节用裕民、统筹资金、优化支出，为疫情防控等提供坚实财力保障。加强地方债务管理监督，审查批准市本级政府债务限额及新增政府债券资金预算调整，促进债务风险有效防范。听取审议国有资产管理情况专项报告和综合报告，强化国有资产管理监督。听取审议审计工作、审计查出问题整改情况等报告，督促推进审计发现问题整改落实。

【社会民生监督】 2021年，市人大常委会开展全面推进乡村振兴开局起步、试点示范建设情况专题调研。围绕医疗卫生、社会保障、养老服务等方面，开展系列调研、检查。听取审议全市环境状况与环境保护目标完成情况报告，专题调研视察九龙江西溪流域水环境保护情况，开展饮用水水源保护办法执法检查。监督市区农贸市场改造建设工作；监督市区不动产权证办理历史遗留问题；监督学前教育发展情况；监督市区老旧小区改造。

·立法工作·

【概况】 2021年，市人大常委会颁布实施漳州市大气污染防治条例、古城保护条例、户外广告和招牌设置管理办法3部法规，水仙花保护管理办法通过省人大常委会批准，革命遗址旧址保护和土壤污染防治办法通过一审，土楼保护管理、城市住宅小区管理和养犬管理启动立法调研。全国人大宪法法律委和全国人大常委会法工委《法治工作简报》专刊介绍漳州市开展地方立法情况，推广漳州市立法工作经验。

【立法体制机制完善】 2021年，市人大常委会开展立法后评估工作，修订生活垃圾管理办法等4部地方性法规。举办系列立法业务培训。健全“立法专班”，以“一法一班”模式组织法规草案讨论修改。依法备案审查政府规范性文件39件。

【法治建设】 2021年，市人大常委会听取审议市法院关于开展生态司法保护工作情况报告，服务保障生态文明建设；听取审议市检察院关于开展未成年人检察工作情况报告；督促宗教工作三级网络和两级责任制落实。

·代表工作·

【概况】 2021年，市人大常委会指导县乡人大选举产生新一届市人大代表403名、县（区）人大代表2605名、乡（镇）人大代表7897名；十六届人大五次会议97件代表建议在法定时限内全部办理完毕。

【代表履职】 2021年，市人大常委会五级代表混合编组，依托438个代表活动室常态化参加政治学习、了解基层情况、听取群众意见、开展述职活动。2017年以来，省对市绩效考评的人大代表评议项目得分，漳州市均位居全省第一。

【代表建议办理机制完善】 2021年，市人大常委会推进代表建议办理工作实行闭环管理。代表面对面与承办单位沟通交流，共同商讨解决问题办法。建立承办单位答复承诺解决事项台账。组织开展建议办理调研检查、抽查督查、满意度测评，办理结果接受代表和社会监督。实行常委会领导领衔重点建议督办制度。

【代表履职保障】 2021年，市人大常委会邀请代表常态化列席常委会会议，参加立法调研、执法检查、专题询问、满意度测评等活动。举办系列代表履职培训活动，代表依法履职能力和水平明显提升。加强代表履职服务平台等载体建设，健全履职档案，加强履职活动宣传，不断优化代表履职服务和监督管理。定期向代表寄送资料、发送信息，及时通报工作动态，保障代表知情知政。

·人事任免·

【市十六届人大常委会第三十八次会议人事任免事项】 2021年1月8日，市十六届人大常委会第三十八次会议任命吴灿辉为漳州市第十六届人民代表大会财政经济委员会副主任委员，沈小美为漳州市第十六届人民代表大会法制委员会委员，欧阳建福为漳州市第十六届人民代表大会法制委员会委员；免去蔡丽羡的漳州市第十六届人民代表大会法制委员会委员职务，洪旭辉的漳州市第十六届人民代表大会法制委员会委员职务；决定免去李志勇的漳州市生态环境局局长职务；任命翁志刚为漳州市中级人民法院审判员、审判委员会委员、副院长，周跃武为漳州市人民检察院副检察长；批准任命张文锋为漳州市龙文区人民检察院检察长，许艺杰为东山县人民检察院检察长；批准免去蔡松俊的漳州市龙文区人民检察院检察长职务，张文锋的东山县人民检察院检察长职务；补选肖华鑫、栾晓维为福建省第十三届人民代表大会代表；决定接受李鸣辞去福建省第十三届人民代表大会代表职务的请求，并报福建省人民代表大会常务委员会备案。

【市第十六届人民代表大会第五次会议人事任免事项】 2021年1月14日，市第十六届人民代表大会第五次会议补选李东河为漳州市监察委员会主任，郭丹川为漳州市第十六届人民代表大会常务委员会委员。

【市十六届人大常委会第三十九次会议人事任免事项】 2021年2月25日，市十六届人大常委会第三十九次会议决定任命崔为磊为漳州市人民政府副市长；决定免去吴敏的漳州市水利局局长职务；批准任命黄国盛为平和县人民检察院检察长，王志勇为南靖县人民检察院检察长；批准免去洪亮的平和县人民检察院检察长职务，陈超的南靖县人民检察院检察长职务。

【市十六届人大常委会第四十次会议人事任免事项】 2021年4月22日，市十六届人大常委会第四十次会议通过郭丹川为漳州市人大常委会代表资格审查委员会委员；免去盖志凌的漳州市中级人民法院副院长、审判委员会委员、审判员职务。

【市十六届人大常委会第四十一次会议人事任免事项】 2021年5月24日，市十六届人大常委会第四十一次会议决定免去庄文海的漳州市人民政府国有资产监督管理委员会主任职务。

【市十六届人大常委会第四十二次会议人事任免事项】 2021年6月7日，市十六届人大常委会第四十二次会议决定任命王进足为漳州市人民政府副市长，并决定其代理漳州市人民政府市长职务；决定免去蓝良木的漳州市应急管理局局长职务；决定接受刘远辞去漳州市人民政府市长职务的请求，报漳州市人民代表大会会议备案。

【市第十六届人民代表大会第六次会议人事任免事项】 2021年6月19日，市第十六届人民代表大会第六次会议补选王进足为漳州市人民政府市长。

【市十六届人大常委会第四十四次会议人事任免事项】 2021年7月16日，市十六届人大常委会第四十四次会议任命黄榕城为漳州市人大常委会华侨台胞民族宗教委员会主任；免去何素平的漳州市人大常委会副秘书长、办公室主任职务，黄兆娟的漳州市人大常委会华侨台胞民族宗教委员会主任职务；决定任命蓝碰金为漳州市民族与宗教事务局局长、黄泽奇为漳州市水利局局长、何艳水为漳州市应急管理局局长、林同池为漳州市统计局局长；决定免去马桂秋的漳州市人民政府办公室主任职务、周俊雄的漳州市科学技术局局长职务、蒲少城的漳州市民族与宗教事务局局长职务、黄井南的漳州市统计局局长职务、李宏泰的漳州市地方金融监督管理局局长职务；免去张建兴的漳州市监察委员会委员职务。

【市十六届人大常委会第四十五次会议人事任免事项】 2021年8月24日，市十六届人大常委会第四十五次会议决定接受李东河辞去漳州市监察委员会主任职务的请求，报漳州市人民代表大会会议备案；任命陈文聪为漳州市监察委员会副主任，并决定其代理漳州市监察委员会主任职务；任命戴平忠为漳州市人大常委会监察和司法工作委员会主任；免去沈钦坤的漳州市人大常委会监察和司法工作委员会主任职务；决定接受吴卫红、李勇辞去漳州市人民政府副市长职务的请求，报漳州市人民代表大会会议备案；决定任命郑立敏、余向红为漳州市人民政府副市长，郭永忠为漳州市生态环境局局长；决定免去林菁的漳州市文化和旅游局局长职务；批准免去吴锦棋的漳州市芗城区人民检察院检察长职务、郭荣龙的云霄县人民检察院检察长职务、林宏杰的诏安县人民检察院检察长职务。

【市十六届人大常委会第四十六次会议人事任免事项】 2021年9月28日，市十六届人大常委会第四十六次会议决定任命林少金为漳州市人民政府副市长，黄佳生为漳州市人民政府办公室主任，林鹭为漳州市科学技术局局长，吴凌真为漳州市工业和信息化局局长，陈爱棋为漳州自然资源局局长，谢宏坤为漳州市住房和城乡建设局局长、漳州市人民防空办公室主任，蔡志斌为漳州市农业农村局局长，林百荣为漳州市商务局局长，何金才为漳州市文化和旅游局局长，赖绍雄为漳州市人民政府国有资产监督管理委员会主任；决定免去苏斌钢的漳州市工业和信息化局局长职务，陈华的漳州市自然资源局局长职务，周伟辉的漳州市住房和城乡建设局局长职务、漳州市人民防空办公室主任职务，郭福泉的漳州市农业农村局局长职务，吴凌真的漳州市商务局局长职务，刘亚良的漳州市海洋与渔业局局长职务；决定接受罗雄辞去漳州市中级人民法院院长职务的请求，报漳州市人民代表大会会议备案；任命吴元祥为漳州市中级人民法院审判员、审判委员会委员、副院长，并决定其代理漳州市中级人民法院院长职务；决定接受黄秀强辞去漳州市人民检察院检察长职务的请求，报漳州市人民代表大会会议备案（须报经福建省人民检察院检察长提请福建省人民代表大会常务委员会批准）；任命江莉为漳州市人民检察院检察员、检察委员会委员、副检察长，并决定其代理漳州市人民检察院检察长职务，报福建省人民检察院和福建省人民代表大会常务委员会备案。

【市十六届人大常委会第四十七次会议人事任免事项】 2021年10月28日，市十六届人大常委会第四十七次会议决定接受欧龙光辞去漳州市人民代表大会常务委员会副主任、漳州市人民代表大会财政经济委员会主任委员职务的请求，报漳州市人民代表大会会议备案；决定任命张永金为漳州市交通运输局局长，林贤丽为漳州市地方金融监督管理局局长；决定免去傅佳学的漳州市交通运输局局长职务；任命陈超为漳州市人民检察院副检察长。

【市十六届人大常委会第四十八次会议人事任免事项】 2021年11月19日，市十六届人大常委会第四十八次会议任命胡进辉为漳州市人大常委会副秘书长、办公室主任，林勇一为漳州市人大常委会副秘书长，黄榕城为漳州市人大常委会人事代表工作委员会主任、免去其漳州市人大常委会华侨台胞民族宗教委员会主任职务，丁建木为漳州市人大常委会财政经济委员会主任，黄艺敏为漳州市人大常委会农村经济委员会主任、免去其漳州市人大常委会副秘书长职务，杨文辉为漳州市人大常委会华侨台胞民族宗教委员会主任，洪耀中为漳州市人大常委会法制工作委员会主任；免去林秋生的漳州市人大常委会副秘书长职务，郭丹川的漳州市人大常委会人事代表工作委员会主任职务，吴灿辉的漳州市人大常委会财政经济委员会主任职务，王少华的漳州市人大常委会农村经济委员会主任职务，阮授智的漳州市人大常委会法制工作委员会主任职务；决定任命施爱武为漳州市司法局局长；决定免去林方的漳州市司法局局长职务；任命严春森为漳州市中级人民法院审判员、审判委员会委员、副院长。

【市十六届人大常委会第五十次会议人事任免事项】 2021年12月27日，市十六届人大常委会第五十次会议补选王进足为福建省第十三届人民代表大会代表；决定接受刘远辞去福建省第十三届人民代表大会代表职务的请求，并报福建省人民代表大会常务委员会备案；任命王建洋为漳州市人大常委会副秘书长；决定任命许建华为漳州市人力资源和社会保障局局长；决定免去李辉煌的漳州市人力资源和社会保障局局长职务；批准任命郭荣龙为漳州市芗城区人民检察院检察长、张文锋为漳州市龙文区人民检察院检察长、陈高山为漳州市龙海区人民检察院检察长、李鲁漳为漳州市长泰区人民检察院检察长、欧阳伟为漳浦县人民检察院检察长、林宏杰为云霄县人民检察院检察长、邱远典为诏安县人民检察院检察长、许艺杰为东山县人民检察院检察长、黄国盛为平和县人民检察院检察长、王志勇为南靖县人民检察院检察长、朱瑞欣为华安县人民检察院检察长。

（张坤育）

责任编辑：王文潮

漳州市人民政府

·综 述·

【经济社会发展】 2021年，漳州市地区生产总值5025.4亿元，比上年增长7.7%；一般公共预算总收入384.5亿元，比上年增长9.7%；地方一般公共预算收入246.18亿元，比上年增长12.6%；固定资产投资增长8.2%；进出口总额1054.2亿元，比上年增长30.1%；实际利用外资22.85亿元；社会消费品零售总额1804.57亿元，比上年增长6.3%；居民消费价格指数（市辖区）上涨0.3%；城镇登记失业率3.92%；城镇居民人均可支配收入43309元，比上年增长8.2%；农村居民人均可支配收入23582元，比上年增长11.7%。

【产业发展项目建设年】 2021年，漳州市开展“产业发展项目建设年”活动，开展“六比一看”竞赛，坚持项目为王、项目为大、项目为重，组建“项目前期办”，实行“每月一调度一通报、每季一推进一点评、年终一总评一约谈”工作机制。厦门地铁6号线漳州（角美）延伸段全线开工，福欣特殊钢二期等重大项目竣工投产，闽粤联网等重大工程开工。开展“千名干部挂千企”帮扶活动，全力提供“妈妈式”服务，切实做到“不叫不到，随叫随到，服务周到，说到做到”，帮助企业解决实际问题1475个，兑现各类惠企政策资金3.9亿元，新增减税降费14.3亿元。

【城市建设管理】 2021年2月2日，省政府正式批复同意对漳州市部分行政区划进行调整，撤销县级龙海市，设立漳州市龙海区；撤销长泰县，设立漳州市长泰区。3月2日，漳州市首条智慧综合管廊暨新塘路（一期）项目和漳州市金峰大桥项目正式竣工。年内，漳州开工建设11个棚改项目，推进79个老旧小区改造，新改扩建城市道路121千米、绿地1550亩、绿道131千米，新增城市公共停车泊位3717个。《漳州市海绵城市建设管理实施意见》出台，以城市建筑、道路、绿地、广场与河湖建设为载体，最大限度实现雨水在城市区域的自然积存、渗透和净化，打造“会呼吸”的水弹性城市。

【新冠肺炎疫情防控】 2021年，漳州市始终把人民群众生命安全和身体健康放在第一位，聚合全市之力打好疫情防控阻击战，打赢台商投资区疫情防控战役，科学精准采取重点人群核酸筛查和封控管控、分区分级管理等举措，创新“家家访”、网格化联防联保等模式，迅速阻断病毒传播，得到孙春兰副总理、省委和省政府、国务院联防联控机制综合组福建工作组的高度肯定。健全完善平战结合、高效转换的指挥体系，常态化落实

"外防输入、内防反弹、人物同防"，全面推行"五最+科技"精准管控，以最小的社会成本获取最大的防控成效。持续提升公共卫生应急处置能力，设立隔离场所10200间，全市日核酸检测能力达到17.7万份。做好疫苗接种工作，全市各类人群疫苗接种率均达到国家、省要求，接种率位居全省前列。

【社会事业发展】 2021年，漳州市全面推行义务教育学校课后服务，实施集团化办学，新增幼儿园学位6800个、中小学学位12000个。闽南师范大学的中国语言文学，获批为一级学科博士学位授权点。歌仔戏（芗剧）传承保护中心创排的芗剧现代戏《李林》在人民剧场演出。芗剧《谷文昌》成功入选中国共产党成立100周年优秀舞台艺术作品展演。东山潮剧传承保护中心朱清辉获得第十五届福建省戏剧水仙花奖比赛金奖。漳州古城与闽台文化论坛开幕。《漳州古城保护条例》施行。福建省政府公布第五批省级历史文化街区名单，漳州市新行街历史文化街区、东美历史文化街区、南靖县中山街历史文化街区等3个历史文化街区上榜。漳州市第十四届运动会开幕，4000多名运动员参赛。

【为民办实事】 2021年，漳州市深入开展"我为群众办实事"实践活动，20项为民办实事项目全部完成。实施城乡建设品质提升行动，开工建设11个棚改项目，推进79个老旧小区改造，新改扩建城市道路121千米、绿地1550亩、绿道131千米，新增城市公共停车泊位3717个。持续打好污染防治攻坚战，加快推进中央环保督察反馈问题整改，坚决落实能耗"双控"（能源消费总量控制，单位地区生产总值能耗控制）政策，东山八尺门生态修复工程实现开堤通水，南靖县入选国家生态文明建设示范区。

坚持就业优先，围绕重点任务和人群，因企因人分类帮扶，提高政策精准性，就业形势保持稳定。累计发放各类稳就业补贴近8000万元，实现城镇新增就业5.15万人。城镇登记失业率低于全年控制目标；社会保障水平扩面提质。发放失业补助金1.02亿元，惠及11.96万人次；发放失业保险金1.1亿元，惠及14.04万人次。阶段性降低失业保险费率，为全市企业减轻负担约7000万元。

聚焦教育热点，深入推进教育"双减"等改革，全面推行义务教育学校课后服务，实施集团化办学，优质教育资源供给持续扩大。漳州市教育系统为民办实事公办幼儿园项目21个，建设面积7.9万平方米，项目总投资3.79亿元，增加学位0.68万个。已有龙文区国贸天成配套幼儿园、高新区中部组团幼儿园等5个项目交付使用。新建续建中小学校项目85个，建设面积60万平方米，项目总投资28.5亿元，漳州市第三实验小学、东山一中新校区等中小学校投入使用，新增中小学学位12000个。

统筹推进疫情防控与卫生健康各项重点工作，促进优质医疗资源提质扩容，推进38个医疗卫生项目建设，完成投资15亿元，公立医院综合改革效果评价考核居全省第二位，医疗保障扩面提标，参保群众医疗保障水平居全省前列。其中，市医院总部8栋业务用房全部封顶，市朝阳医院住院大楼项目顺利开工，天福医院完成建设进入试运行；加大卫技人员招聘、培养、引进力度，全市共新增卫技人员1595名；完善公共卫生应急网络。投入8740万元加强公共卫生应急救援处置能力建设，组建成立紧急医学救援、突发传染病防控、心理危机干预救援、核辐射等4类、30支应急救援队伍。"5G+智慧急救"平台成功被列入全国"5G+医疗"健康应用试点。

着力完善住房供应和保障体系，新开工建设各类棚户区改造项目10625套，比上年增加7603套；项目投资完成率百分百。全市年度计划投资44.38亿元，已完成投资69.47亿元（含往年续建项目投资39.14亿元）；补贴发放率百分百。省下达漳州市年度发放城镇住房保障家庭租赁补贴任务530户，年度发放租金补贴686户，金额74.68万元。

注重民生事业发展，全市共有低保对象9.38万人、特困人员1.09万人、纳入孤儿保障331人、纳入事实无人抚养儿童保障1468人，全年实施临时救助2.86万人，全年发放低保金、特困人员供养金、孤儿及事实无人抚养儿童救助资金、临时救助金和残疾人“两项补贴”超过8.5亿元。芗城、龙文两区低保标准达到8664元/年，其他地区达到7908元/年。

·重要会议和活动·

【市政府全体会议】 2021年1月14日，市长刘远主持召开2021年市政府第一次全体会议。动员全市各级政府各部门在习近平新时代中国特色社会主义思想的指引下，迅速转换状态，凝心聚力，把市委十一届十三次全会、市委经济工作会议和市十六届人大五次会议的安排部署转化为抓防控、稳增长、补短板、防风险、惠民生的实际行动，确保政府工作报告、“十四五”规划和二〇三五年远景目标纲要各项目标任务得到有效落实。

【市政府常务会议】 2021年1月6日，市长刘远主持召开2021年市政府第一次常务会议。传达学习省委书记尹力和省长王宁到漳调研指示精神，研究政府系统贯彻落实意见。会议还研究漳州城乡居民大病保险和城乡居民医保意外伤害保险（试点）工作有关事宜。

2021年1月28日，市长刘远主持召开2021年市政府第二次常务会议。会议传达学习全国、全省安全生产工作视频会议精神，听取2020年全市安全生产工作情况汇报，研究漳州市贯彻落实意见。会议还传达学习全省城市和农村建设工作会议精神、全省金融工作座谈会精神，研究全面推进乡村振兴加快农业农村现代化实施意见等事项。

2021 年2月9日，市长刘远主持召开2021年市政府第三次常务会议。会议传达学习十九届中央纪委五次全会、省纪委十届六次全会、市纪委十一届六次全会精神，研究部署政府系统贯彻落实意见。研究部署春节期间疫情防控、市场保供、安全生产、生产稳定运行、社会安定稳定等方面的工作，并听取相关情况汇报。

2021 年2月22日，市长刘远主持召开2021年市政府第四次常务会议。传达贯彻习近平总书记在中共中央政治局常委会会议听取全国人大常委会、国务院、全国政协、最高人民法院、最高人民检察院党组工作汇报时的重要讲话精神；传达学习省委“再学习、再调研、再落实”措施汇报暨重点工作推进交流会、市委常委会会议精神，审议通过《中共漳州市人民政府党组“再学习、再调研、再落实”活动工作方案》；书面传达学习全国、全省自然资源工作视频会议以及全省发展和改革工作会议、住房和城乡建设工作视频会议、医疗保障工作会议精神。研究1—2月全市经济运行及首季“开门红”指标预测情况、2021年度市级重点项目情况、2021年度中心城区城建项目指导方案、2021年市区第一次国有土地出让等事项。

2021年3月16日，市长刘远主持召开2021年市政府第五次常务会议。会议研究漳州市推动邮政快递业高质量发展八条措施、中心城区基准地价更新成果、第十四届市运会和第十一届老健会有关事宜、部分行政区划调整工作实施方案等有关事项，听取“大开放、大漳州、大工业”创业招商大会筹备工作情况汇报。会议还书面传达学习全国、全省教育工作会议，全国、全省卫生健康工作会议，以及全省市场监管工作会议、全省民政工作会议精神。

2021年4月21日，市长刘远主持召开2021年市政府第六次常务会议。贯彻落实习近平总书记到闽考察重要讲话精神，按照省委、省政府的工作部署和市委的要求，传达学习习近平总书记对革命文物工作作出的重要指示和致厦门大学建校100周年的贺信精神；部署五一国际劳动节假期安全生产、疫情防控等工作；研究2020年度市政府党组民主生活会查摆问题及会前征求意见的整改落实分工方案、市政府党组关于开展党史学习教育的实施方案、2021年度市属重点国有企业投融资计划、水仙花保护管理办法、漳州市应急救援领域市与县财政事权和支出责任划分改革实施方案等事项。

2021年5月18日，市长刘远主持召开2021年市政府第七次常务会议。传达学习习近平总书记对职业教育、打击治理电信网络诈骗犯罪、深化东西部协作和定点帮扶等工作作出的重要指示和在参加首都义务植树活动、广西考察调研时的重要讲话精神，部署政府系统贯彻落实意见；研究市直有关部门生态环境保护责任清单，芗城区、龙文区道路命名、更名方案，市交通运输领域市与县财政事权和支出责任划分改革方案等事项。

2021年6月3日，市长刘远主持召开2021年市政府第八次常务会议。学习习近平总书记重要文章《用好红色资源，传承好红色基因，把红色江山世世代代传下去》，学习习近平总书记在河南考察、出席全球健康峰会时的重要讲话和给《文史哲》编辑部全体编辑人员的回信精神，学习习近平总书记在中共中央政治局会议、中共中央政治局第二十九次集体学习上和在清华大学考察时的重要讲话精神，学习《中共中央关于加强对“一把手”和领导班子监督的意见》，研究政府系统贯彻落实意见。会议还研究绩效管理有关工作、2021年资本市场福建对接大会筹备工作、扶持企业上市实现高质量发展的若干措施等，通报、学习市纪委监委有关文件精神。

2021年6月21日，市长王进足主持召开2021年市政府第九次市政府常务会议。学习习近平总书记在5月31日中共中央政治局会议、中共中央政治局第三十次集体学习时的重要讲话精神，学习习近平总书记在中国科学院第二十次院士大会、中国工程院第十五次院士大会和中国科学技术协会第十次全国代表大会上的重要讲话精神，学习习近平总书记在青海考察时的重要讲话精神，学习习近平总书记对湖北十堰市张湾区艳湖社区集贸市场燃气爆炸事故作出的重要指示精神，学习省委十届十二次全会、市委常委会（扩大）会议和市委张国旺书记在市十六届人大六次会议上的讲话精神，研究政府系统贯彻落实意见。会议还研究漳州市海上养殖转型升级行动方案、国企改革三年行动实施方案、全面推行林长制的实施方案和省第六届杰出人民教师候选对象推荐人选等事项。

2021年6月30日，市长王进足主持召开2021年市政府第十次常务会议。传达学习贯彻习近平总书记给廖俊波同志母亲季平英同志的重要回信精神以及省委关于认真学习贯彻习近平总书记重要回信精神开展“弘扬廖俊波精神、践行为民初心”活动的通知精神，研究政府系统贯彻落实意见。会议还研究漳州市2021年“产业发展项目建设年”活动实施方案及考评办法、贯彻落实《中共福建省委 福建省人民政府关于进一步深化医药卫生体制改革的意见》的通知、漳州市深化医药卫生体制改革2021年重点工作任务及分工方案、漳州市促进科技成果转移转化若干规定等事项。

2021年7月14日，市长王进足主持召开2021年市政府第十一次常务会议。传达学习习近平总书记在中共中央政治局第三十一次集体学习和参观“‘不忘初心、牢记使命’中国共产党历史展览”时的重要讲话精神、在“七一勋章”颁授仪式上的重要讲话精神，部署政府系统贯彻落实意见。会议书面传达全省加强乡镇（街道）社会工作人才队伍建设现场推进会议精神。会议还研究漳州市推进商贸流通业和夜间经济发展若干措施、培育扶持新增新上规模以上工业企业发展的通知、支持工业企业技术改造加快转型升级若干措施的通知等事项。

2021年7月26日，市长王进足主持召开2021年市政府第十二次常务会议暨市食品安全委员会工作会议。会议听取市食安办2020年以来食品安全工作情况汇报，审议《2021年漳州市治理“餐桌污染”建设“食品放心工程”工作方案》，研究部署下阶段食品安全工作。会议还研究漳州市银行业机构评价奖励办法。

2021年8月5日，市长王进足主持召开2021年市政府第十三次常务会议。传达学习习近平总书记在中央政治局会议上分析研究当前经济形势和经济工作时的重要讲话精神和在中共中央召开的党外人士座谈会上的重要讲话精神，学习习近平总书记在西藏考察时的重要讲话精神，学习习近平总书记对深入推进农村厕所革命作出的重要指示精神，研究政府系统贯彻落实意见。会议还研究漳州市开展比改革亮点促营商环境全面提升行动方案、促进旅游业高质量发展的实施意见、推动文旅产业高质量发展七条措施、市区城市基础设施配套费征收管理规定、2021—2024年度漳州市竞技体育奖励办法等。

2021年8月27日，市长王进足主持召开2021年市政府第十四次常务会议。传达学习习近平总书记向新冠疫苗合作国际论坛首次会议发表的书面致辞精神、给“国际青年领袖对话”项目外籍青年代表回信精神、在中央财经委员会第十次会议上的重要讲话精神，部署政府系统贯彻落实措施。会议还研究《漳州市革命遗址旧址保护办法》《漳州市医疗卫生领域市与县（区）、开发区（投资区、高新区）财政事权和支出责任划分改革实施方案》等。

2021年9月23日，市长王进足主持召开2021年市政府第十五次常务会议。会议研究主城区公共停车智慧管理工作、《漳州市高层次人才分类评价认定和支持办法（试行）》《漳州市“万才聚漳”行动计划》《漳州市推进海洋经济高质量发展三年行动方案（2021—2023）》《漳州市“三线一单”生态环境分区管控方案》《漳州市促进建筑业持续健康发展五条措施》《漳州市鼓励网络货运平台发展三条措施》《漳州市进一步促进货运企业发展四条措施》等。会议还传达全省深化集体林权制度改革暨全面推行林长制工作会议精神，研究漳州市林权制度改革工作。

2021年9月29日，市长王进足主持召开2021年市政府第十六次常务会议。部署全方位推进复工复产和第四季度工业、商贸服务业工作，研究有关事项。会议还研究《漳州市土壤污染防治办法（草案）》《关于调动农民种粮积极性稳定粮食生产十二条措施》；听取漳州市学校未成年人思想道德建设工作情况汇报，并进行细化部署。

2021年10月18日，市长王进足主持召开2021年市政府第十七次常务会议。会议书面传达学习全省安全生产工作暨第四季度防范重特大生产安全事故视频会议精神。会议听取2021年全市药品安全工作情况的汇报，并就下阶段工作进行部署。会议还研究在全市开展法治宣传教育的第八个五年规划（2021—2025年）等事项。

2021年11月2日，市长王进足主持召开2021年市政府第十八次常务会议。深入传达学习贯彻习近平总书记重要讲话精神；研究有关工作事项。会议传达学习习近平总书记在中共中央政治局第三十四次集体学习时的重要讲话精神。会议还研究漳州市推进电子商务和快递物流协同发展四条措施、进一步做好稳外资工作的四条措施、完善市财政投资评审中心管理机制、漳州市实施乡村振兴战略先进集体和先进个人拟表彰对象等事项。

2021年11月17日，市长王进足主持召开2021年市政府第十九次常务会议。会议传达学习习近平总书记有关粮食安全重要论述精神。传达学习习近平总书记在深入推动黄河流域生态保护和高质量发展座谈会上以及参观国家“十三五”科技创新成就展时的重要讲话精神、习近平总书记在出席二十国集团领导人第十六次峰会和第四届中国国际进出口博览会开幕式上的重要讲话精神，研究漳州市“十四五”海洋强市建设专项规划、“十四五”人力资源和社会保障事业发展专项规划、高新区三大产业园区招商建设运营一体化运作方案、湾（滩）长制工作方案、进一步优化政务服务便民热线工作方案、进一步加快服务业提升发展若干措施、中心城区建设项目竣工验收土地检查核验办法、实施国省干线公路智能化管理暨科技治超工程项目建设等事项。

2021年12月9日，市长王进足主持召开2021年市政府第二十次常务会议。会议传达学习习近平总书记在中央全面深化改革委员会第二十二次会议上的重要讲话精神，研究《关于实现巩固拓展脱贫攻坚成果同乡村振兴有效衔接的实施意见》《进一步推进气象事业高质量发展若干措施》《漳州市农村生活污水提升治理五年行动计划（2021—2025年）》《关于深化集体林权制度改革 推进漳州林业高质量发展的实施意见》《漳州市支持婴童用品产业发展八条措施》《漳州市扶持远洋渔业发展七条措施》《漳州市“十四五”消防救援事业发展专项规划》《漳州市促进高新技术产业开发区高质量发展实施方案》《漳州市“城市更新＋”实施办法》。

2021年12月21日，市长王进足主持召开2021年市政府第二十一次常务会议。会议传达学习习近平总书记在12月6日中共中央政治局会议、中央经济工作会议上的重要讲话精神、习近平总书记在中央政治局第三十五次集体学习时的重要讲话精神、习近平总书记在全国宗教工作会议上的重要讲话精神。会议还研究《政府工作报告》《关于漳州市2021年国民经济和社会发展计划执行情况及2022年国民经济和社会发展计划草案的报告》《关于漳州市2021年预算执行情况及2022年预算草案的报告》《漳州市培育千百亿产业集群行动计划（2022—2025年）》《漳州市创建国家食品安全示范城市工作方案（2022—2023年）》《漳州市职工基本医疗保险实施办法》，以及2022年度重点项目安排、2022年为民办实事建议项目等有关事项。

2021年12月28日，市长王进足主持召开2021年市政府第二十二次常务会议。传达学习习近平总书记在中国文联第十一次全国代表大会、中国作协第十次全国代表大会开幕式上的重要讲话精神，习近平总书记在中央全面深化改革委员会第二十三次会议上的重要讲话精神，部署政府系统贯彻落实措施；研究有关工作事项。会议还研究《漳州市城乡暨中心城区“十四五”市政基础设施建设规划》《漳州市“十四五”防震减灾规划》《漳州市“十四五”文化和旅游改革发展专项规划》《漳州市“十四五”科技创新发展专项规划》《漳州市“十四五”金融业发展专项规划》《漳州市“十四五”商务发展专项规划》《漳州市“十四五”特色现代农业发展专项规划（2021—2025年）》《漳州市“十四五”数字漳州专项规划》《漳州市“十四五”生态环境保护规划》《漳州市“十四五”现代综合交通运输体系专项规划》，以及2021年度“平安单位”考评结果、2022年度漳州市平安建设责任书及考评办法等有关事项。

【2020年度市政府党组成员述责述廉会召开】 2021年2月5日，市长刘远主持召开2020年度市政府党组成员述责述廉会。会议以习近平新时代中国特色社会主义思想为指引，深入学习贯彻习近平总书记关于全面从严治党的重要论述，认真贯彻中共十九大和十九届二中、三中、四中、五中全会精神，按照《中国共产党党内监督条例》规定和《福建省党的领导干部述责述廉工作意见》要求，开展市政府党组成员述责

述廉并接受评议工作，进一步促进市政府党组成员廉洁从政、履职尽责。会上，市政府党组成员逐一述责述廉，刘远逐一点评，与会人员进行投票评议。

【清洁能源海峡高峰论坛举行】 2021年6月10日，漳州市人民政府、中国可再生能源学会风能专业委员会、新华社中国经济信息社主办，明阳智慧能源集团股份公司、北京鉴衡认证中心协办的清洁能源海峡高峰论坛在漳州宾馆举行。该届论坛以“加快海上福建建设·构建现代能源体系”为主题，期间围绕平价时代海上风电建设，以政策解读、创新技术交流、产业链建设研讨为主要内容。会上集中签约，漳州市分别与水规总院、中国经济信息社、华能集团、华电集团、中广核集团、金风科技、中船集团、华东院等国内知名企事业单位，就清洁能源产业签署12份战略合作框架协议。

【漳州市金融支持科技创新政银企融资对接会举行】 2021年11月17日，漳州市金融支持科技创新政银企融资对接会在漳州宾馆举行。此次融资对接会共促成20家银行与160家企业达成合作意向，融资意向金额82.5亿元。其中16家银行与18家企业现场签署合作协议。此次对接会由福建省地方金融监督管理局、中国人民银行福州中心支行、省科技厅指导，漳州市地方金融监督管理局、中国人民银行漳州市中心支行、中国银行保险监督管理委员会漳州监督管理委员会漳州监管分局、市科技局、市市场监管局、市工信局主办，上海浦东发展银行股份有限公司漳州分行承办。

【第八届“创青春”福建省青年创新创业大赛决赛在漳举行】 2021年11月24日，第八届“创青春”福建省青年创新创业大赛暨福建省第三届返乡大学生创新创业大赛决赛举行。本届大赛总奖金高达360万元，分科技创新、乡村振兴、互联网、社会企业、台湾青年、民宿设计6个专项，共14个组别，吸引全省1253个创业项目报名参赛。该届比赛决赛采用“参赛队伍线上答辩+评委现场评审”的方式进行，128个创业团队在线上进行路演和答辩，共产生一等奖14个、二等奖28个、三等奖81个，其中漳州创业项目获得一等奖2个、获得二等奖5个、获得三等奖4个。

【漳州市与日本谏早市结好30周年线上纪念活动举行】 2021年12月17日，漳州市·谏早市缔结国际友城关系30周年纪念活动通过视频连线方式举行。漳州市市长王进足、日本谏早市市长大久保洁重分别通过视频致辞，并代表两市签署交流合作备忘录。纪念活动中，双方共同观看两市城市新貌宣传片、青年“云祝福”视频、学生文化表演视频。

（谢王辉）

·数字化建设·

【概况】 2021年，漳州市数字经济突破2300亿元，比上年增长15%。市级在建的16个“新基建”重点项目年度完成投资78.68亿元。全市建成开通5G基站（含4G基站改建）3615个。漳州市数据整合汇聚全市50个部门（单位）的核心业务数据23.2亿条，通过不断畅通数据流通渠道，为全市44个部门提供153项数据服务，累计调用数据1051万余次，实现全市“统一汇聚、按需共享”的一体化政务数据汇聚共享服务体系。市行政服务中心、住建局、卫健委等32个部门从数据汇聚平台，调用数据累计1051万余次，主要应用于“漳州通”APP政务服务“掌上办”，城市CIM城市信息模型平台等业务系统，打造统一健康门户、智慧急救平台等。

【第四届“数字中国”建设峰会对接】 2021年，在第四届“数字中国”建设峰会上，漳州馆展示和发布智慧城管、智慧农业、智慧乡村综合管理云平台等11个数字政府、数字社会、数字经济领域的创新成果和典型场景；56个峰会招商对接项目落地建设项目27个，完成年度投资33.31亿元，其中漳州新一代信息产业园项目、真的好食品科技城、古雷港智能运营中心等3个项目现场集中签约。

【区块链专项资金补助】 2021年，漳州市大数据管理局出台《漳州市区块链专项资金补助办法》（漳发改数〔2021〕3号），漳州移动区块链服务网络公共城市节点建设项目、漳州联通区块链BSN公共城市节点建设项目获得专项资金补助。

【信息化建设】 2021年，漳州市大数据管理局加强全市信息化项目建设，提升数字漳州建设能级。其中，漳州市政务网络数据备份系统建设项目的建设，加强高可用备份容灾系统建设，保障政务数据安全；漳州市电子证照国家标准化提升改造工程的建设，推进全市“一网通办”政务服务体系的构建；漳州市气象灾害监测预警服务业务系统建设，为交通部门道路、车辆管理实时决策提供辅助，为水利部门提供山洪灾害的预警预报；漳州市应急管理信息化建设项目建设应急局日常安全生产监管管理、监测预警及突发时指挥救援等业务救援，加强漳州市应急治理能力。

【大规模核酸检测平台】 2021年8月，漳州市大数据管理局完成全市大规模核酸检测平台部署。在该系统上线运行的同时，率先在异地部署一套远程备份系统，实现双系统在线，防止出现大量用户预约核酸检测登记信息时系统崩溃。9月疫情防控期间，平台安全无故障平稳运行，完成超260万人次的集中大规模核酸采样登记检测工作，为抗疫提供技术支撑。

【“不动产过户”一件事套餐】 2021年，漳州市大数据管理局牵头推进“不动产过户”数据流程的整合优化，依托市数据汇聚共享服务平台，联动市不动产登记系统、水务、燃气、电力等相关业务系统，通过流程再造、跨部门信息共享，提供不动产过户水、电、气联办数据，实现不动产过户联动办理。

（梁 硕）

·行政服务·

【概况】 2021年，漳州市进驻省网上办事大厅事项数60978项，其中“全流程网办”占总事项比81.93 %。政务服务“好差评”评价数166.7万次，其中，群众主动评价数165.8万次，主动评价率99.5%；非常满意占比99.98%，为全省第一。

【公共资源交易】 2021年，漳州市完成公共资源交易项目1845宗，预算总额309.4亿元，交易总额365.44亿元，实现增收、节支25.23亿元。其中，政府采购项目402宗，采购预算6.47亿元，实际中标金额5.21亿元，节约1.26亿元，节约率19.47%；国有产权交易项目（不含土地使用权出让）379宗，评估金额17.93亿元，成交金额20.47亿元，增收2.54亿元，增值率为14.17%；土地使用权出让项目32宗,成交金额76.19亿元；工程招标投标项目1032宗，投资预算总价285亿元，实际中标金额263.57亿元，节约21.43亿元，节约率为7.52%。

【新行政服务中心完工】 2021年，漳州市行政服务中心推进新行政服务中心建设，主动协调各方力量，克服新冠肺炎疫情影响，坚持以“日夜施工、交叉作业、即时协调、提前验收”的方式，推动项目建设。12月24日，新行政服务中心交付验收。

【窗口服务】 2021年，漳州市行政服务中心组织开展“局长走流程”政务服务体验活动，住建局、交通局、财政局等20多个单

2021年12月24日，漳州市行政服务中心建设项目工程竣工

（方锦喜 摄）

位主要领导到窗口进行“沉浸式”办事体验，各县（区）、开发区（投资区、高新区）行政服务中心参与活动。

【电子保函减轻企业负担创新】 2021年，漳州市行政服务中心先后出台《漳州市工程项目投标电子保函管理办法》《关于进一步规范我市房建和市政基础设施工程招标项目投标保证金保函管理》等文件，完善电子保函平台建设，创新“互联网+工程招投标+金融服务”服务举措。自1月28日平台上线以来，入驻19家金融机构，数量为全省第一，开具电子保函超13万多张，电子保函使用率高达80%以上，累计为3000多家投标企业释放资金超600亿元。

【基层服务“最后一公里”畅通】 2021年，漳州市行政服务中心在全省率先出台《关于进一步加强基层便民服务中心（代办点）建设的通知》，召开现场推进会，整合基层行政审批和公共服务职能，重点抓好“三改一代办”改革，“多门改一门、多窗改一窗、多章改一章和全程代办”。全市代办员1万多名，无偿开展业务咨询、业务代办等服务。推行全程代办事项60多万件，其中主动服务老弱病残特殊群体30.26万人次，为群众节约交通费、误工费2000多万元。

【“妈妈式”服务推行】 2021年，漳州市行政服务中心先后出台《关于推行“窗口无否决权”服务的通知》《关于建立行政审批服务事项否决逐级快速上报机制的通知》《关于印发〈政务服务“一表申请、一窗受理、一章审批、超时默认、默认追责”等工作制度〉的通知》。推进“一件事”集成套餐改革，全市推出跨部门“一件事”388件。建立重点项目前期工作全过程代办制度，为重点项目代办和网上中介服务提供专人进行辅导指导、帮办代办，切实为群众和企业提供“一站式”审批、“一条龙”的妈妈式服务。

【“跨省通办”“省内通办”改革】 2021年，全省第一批启动“省内通办”的“异地代收代办”试点。漳州市所辖各县（区）服务大厅均设置省内通办“异地代收”窗口，群众可到“厦漳泉省内通办窗口”办理社保、住房公积金等37项省内通办事项。全年全市“省内通办”事项共办理67万多件。

（林 深）

·经济发展研究·

【概况】 2021年，漳州市人民政府发展研究中心围绕市委、市政府中心工作和市领导指示批示精神，深入开展基层调研活动，共开展调研65次、召开企业调研座谈会54场、走访群众400多人次，形成专题调研报告9篇，呈报《决策参考》30期。市领导先后在呈阅件和其他文稿批示21次。

【课题研究】 2021年，漳州市人民政府发展研究中心参与重大课题研究，其中《关于支持推进漳州月港“跨国申遗”的意见》，被纳入漳州市“十四五”规划纲要和《海洋强市建设专项规划》内容。与市政府办联合的《提升漳州城市品质研究》调研文章，分别在省政府发展研究中心《发展研究》专刊和市委《漳州通讯》《调研专报》刊发。促进县区省级开发区均衡发展的建议，被列入全市国土空间规划编制内容。

【出版机关刊物】 2021年，漳州市人民政府发展研究中心围绕市委、市政府中心工作任务，以加强“十四五”规划、做大做强现代化产业体系、构建国内国际循环、提升人民生活品质和推进生态文明建设等主题作为研究重点，结合全市开展“产业发展项目建设年”“千名干部挂千企”等活动，聚焦漳州市石化、食品和海洋经济等优势产业发展，编辑出版《漳州经济研究》4期，收编文稿54篇，18万字。

【组建市政府顾问团】 2021年，漳州市人民政府发展研究中心根据市政府主要领导指示精神，协助市政府办落实市政府顾问团组建工作，并负责做好顾问团的协调、联络和服务工作。市政府于12月印发《关于组建市政府顾问团的通知》（漳政综〔2021〕108号），确定设立经济发展、城乡建设、招商等3个顾问组，聘请35名专家学者为漳州市首批政府顾问。

（曾 娟）

·机关效能建设·

【效能督查】 2021年，漳州市效能办深化、细化重点领域提效能抓落实专项行动，健全各地和市直单位合力抓落实机制。通过电子监察系统对审批服务过程实行全流程监督,运用远程视频监控系统对各级审批服务窗口服务情况开展在线监督,健全政务服务“好差评”制度。坚持问题导向，对68个典型问题予以通报并限期整改。全市效能问责33人，其中效能告诫2人、通报批评4人、诫勉教育27人。

【诉求受理】 2021年，漳州市机关效能投诉中心共受理投诉件99件，办结率100%。漳州市效能办组织48个市直单位开展“效能建设热线”栏目直播，对企业、群众关心关注的热点、难点政策予以解读，处理来电咨询(或反映)事项372个，涉及医疗、教育、市场经营行为管理、住房公积金等事项，经现场解释或反馈职能部门办理后，均得到妥善解决。

【项目评审改革】 2021年，漳州市效能办组织3轮市级改革创新项目评审，选定全国首创“春蕾安全员”困境儿童保护机制（申报单位：市检察院、妇联、民政局）和全国首创在线取证验证新模式 打造便利化法治化营商环境（申报单位：市市场监管局、法院、公安局、司法局）两个项目，参加省级评审。经省效能办组织评审，全国首创“春蕾安全员”困境儿童保护机制项目、全国首创“在线取证验证新模式 打造便利化法治化营商环境”项目分别位列设区市（含平潭）第一名、第二名。

（欧阳秋发）

·信访工作·

【概况】 2021年，漳州市信访系统做好中国共产党成立100周年庆祝活动、三级“两会”、党的十九届六中全会和世遗大会、“数字峰会”、省市党代会等重大活动信访安全保障任务。

【信访工作联席会议】 2021年，漳州市全面实行乡镇信访工作联席会议制度，截至年底覆盖全市133个乡镇(街道)，逐渐形成“联席吹哨、部门报到”现场办公的良好局面。

【初信初访办理】 2021年，漳州市信访局推进“最多投一次”阳光信访工作机制，压紧压实初信初访首办责任。全市信访总量20479批次，电邮13650件；办理来信5538件；信访机构及时受理率、责任单位及时受理率、按期答复率均100%，网民在《人民网》地方领导留言板上给漳州市委书记留言311件，市长留言161件，及时受理率和按时办结率均为100%。

【“治重化积”开展】 2021年，漳州市信访局深入开展治理重复信访、化解信访积案专项工作，实行全链条闭环管理、项目化推进，实行挂图作战，每旬通报进展，运用视频调度、专项培训、集中攻坚、带案实地调研督办等形式，推动各级各部门加快化解。截至12月31日，国家信访局第一批交办漳州市的“治重化积”971件，已化解939件，化解率居全省前列。

【复查复核水平提升】 2021年，漳州市政府出台《漳州市人民政府关于印发市政府信访事项复查复核工作办理规程的通知》，通过购买服务的方式，引入独立的第三方律师事务所参与复查复核工作，提供专业法律意见供参考，实现“部门管事、法律协助、市政府监督审核”的良性循环，全年受理复核申请66件，由律师事务所出具法律意见书48份。

【网上信访】 2021年，漳州市通过网上流转、网下办理，打通“网上接访”和“网上投诉”办理渠道，确保信访事项的受理、转送、办理、督办“全过程”公开。全市网上信访占比达70.1%。漳州市信访局荣获2021年度人民网网上群众工作“民心汇聚单位”称号。

【信访评理】 2021年，漳州市信访局发挥全市2137个信访评理室、2.39万个评理员的作用，全面推行“线上线下+信访评理”新模式，及时引导群众就地就近或线上评理调解矛盾纠纷。芗城区赖水顺劳模信访评理室、龙文区锦绣一方“睦邻空间”评理室、云霄县谢鹏志志愿者评理室、华安“四对比五算账”评理室、高新区“水仙花”评理室等成效突出，被《人民日报》《光明日报》《福建日报》等重要媒体宣传报道。

【“四门四访”开展】 2021年，漳州市信访局结合省委、省政府开展“四下基层”活动，突出“领导干部信访接待下基层”工作，不断完善领导干部接访下访制度，除定点接访外，推行“四门四访”。

【“四访四通”开展】 2021年，漳州市信访局会同市委统战部、市工商联联合推行服务民营企业“四访四通”机制。对凡是民营企业的诉求纳入“四访四通”的范围和“最多投一次”办理，实行“三个第一时间”和“三个100%”，即民营企业诉求100%第一时间受理调处、积案100%第一时间纳入信访攻坚、建议100%第一时间收集上报，做到民营企业诉求表达畅通、意见建议直通、困难问题沟通、矛盾积案疏通。全市领导干部通过接访、约访、走访、回访涉民营企业问题1216批（次），收集意见建议176条，帮助解决民营企业遇到的困难和问题291件。

（卢达元）

责任编辑：江细珍

政协漳州市委员会

·重要会议·

【市政协十三届五次会议】

2021年1月11—13日，政协漳州市委员会（简称市政协）召开十三届五次会议。会议听取并讨论了中共漳州市委书记邵玉龙的讲话；审议通过了十三届市政协常委会工作报告和提案工作情况报告。会议选举叶跃西同志为十三届市政协秘书长，增补许惠勇、曾贵森2位同志为市政协常务委员。会议期间，委员们列席市十六届人大五次会议，听取并赞同市政府工作报告，以及市计划、财政、法院、检察院工作报告，审议通过提案审查情况报告及会议决议。

【市政协常务委员会会议】

2021年，市政协召开常务委员会会议4次。

2021年1月13日，市政协召开十三届十七次常委会议。会议听取市政协十三届五次会议秘书处关于委员分组讨论情况；审议通过市政协十三届五次会议提案审查情况报告（草案）；确定选举秘书长、补选常务委员候选人名单；审议通过市政协十三届五次会议选举办法（草案）；审议通过市政协十三届五次会议决议（草案）。

2021年6月24日，市政协召开十三届十八次常委会议。会议组织传达学习贯彻习近平总书记来闽考察重要讲话精神；协商讨论《加强市区生态文化公园运营管理》和《加强我市科技创新平台建设》。

2021年9月9日，市政协召开十三届十九次常委会议。会议决定叶香雪不再担任市政协台港澳侨联络委主任职务，谢文英不再担任市政协文化文史和学习委主任职务，李涌华任市政协台港澳侨联络委主任、郭德志任市政协文化文史和学习委主任。会议协商讨论《加快推进我市医养护一体化建设》和《加强漳州对台交流基地建设》；传达学习贯彻市委张国旺书记在市政协机关干部会议上的讲话精神。

2021年12月25日，市政协召开十三届二十次常委会议。会议审议通过市政协十四届一次会议有关事项，决定市政协十四届一次会议于2022年1月4—7日在芗城召开。会议组织学习中共十九届六中全会和省第十一次党代会、市第十二次党代会以及全国政协十三届十九次常委会议、省政协十二届二十三次常委会议精神；听取市政府关于市政协十三届五次会议以来提案办理情况通报；协商决定十四届市政协的参加单位、委员名额和人选及界别设置，审议通过十四届市政协常委名额和候选人建议名单；审议拟提交市政协十四届一次会议审议的十三届市政协常委会工作报告和提案工作情况报告；审议通过市政协十四届一次会议选举办法（草案）；通过关于授权十三届市政协主席会议审议市政协十三届二十次常委会议未尽事宜的决定。会议决定李涌华任市政协副秘书长、办公室主任，不再担任市政协台港澳侨联络委员会主任；曾贵森任市政协副秘书长，不再担任市政协民族和宗教委员会主任；林必强任市政协副秘书长；许惠勇任市政协台港澳侨联络委员会主任，不再担任市政协副秘书长、办公室主任；林益生任市政协经济委员会主任；陈庆华任市政协农业和农村委员会主任；邱晓晖任市政协社会和法制委员会主任，不再担任市政协台港澳侨联络委员会副主任；李明清任市政协人口资源环境委员会主任，不再担任市政协副秘书长；陈惠红任市政协民族和宗教委员会主任；卢钟山任市政协办公室副主任；许艺彬任市政协经济委员会副主任；洪佩瑄任市政协台港澳侨联络委员会副主任；卢阿娜任市政协人口资源环境委员会副主任；刘亚东不再担任市政协经济委员会主任；曹阳不再担任市政协农业和农村委员会主任；叶淑端不再担任市政协社会和法制委员会主任；陈秀菊不再担任市政协人口资源环境委员会主任；黄加荫不再担任市政协经济委员会副主任；谢艺麟不再担任市政协教科卫体委员会副主任。

·协商议政·

【概况】 2021年，市政协组织委员调研，开展协商议政37次。其中，全体会议全面协商1次，常委会专题议政性协商2次、专题协商4次，重点提案办理协商10件次，界别及对口协商8次，媒体平台协商10次，参与远程协商2次。

【协商加强科技创新平台建设】

2021年，市政协围绕“突出工业、突破工业”，组织委员开展“加强漳州市科技创新平台建设”常委会调研协商，就“加快建设科技创新研发孵化平台；加快建设科技产业发展平台；加快建设科技创新服务平台”等方面提出建议。

【协商加强市区生态文化公园运营管理】 2021年，市政协组织委员开展“加强漳州市区生态文化公园运营管理”常委会调研协商，提出“明确运营管理责任主体，建立长期的管养制度和资金保障机制；充分发挥设施功能，推动适合商业化运营的设施实现社会化运作；大型公园、驿站可实行授权经营，由国有企业负责管养，并完善特许经营的配套政策；建立健全相关职能部门联动协调机制”等建议。

【协商加强对台交流基地建设】

2021年，为探索两岸融合发展，扩大漳台交流交往，市政协就“加强漳州市对台交流基地建设”开展常委会协商议政，提出“加强基地管理制度建设；提升交流能力和质量；拓展漳台文化宣介；加大基地资金投入”等建议。

【协商加快推进漳州医养护一体化建设】 2021年，市政协组织委员开展“加快推进漳州市医养护一体化建设”常委会调研协商，提出“加强协调，健全医养护责任落实机制；整合资源，完善医养护结合服务体系；培育人才，加强养老医护队伍建设；加大投入，构建多元化投资工作格局”等建议。

【协商加快常山华侨经济开发区改革发展】 2021年，市政协开展“加快常山华侨经济开发区改革发展”调研协商，提出“扩大做强福建省云霄常山经济开发区；保留常山华侨农场；统筹协调各方利益”等建议。

【协商推进漳州农村生活污水提升治理】 2021年，市政协组织开展“推进漳州农村生活污水提升治理”专题调研协商，提出“加强统筹协调，推进科学治污精准治污；突破制约因素，确保项目建设有序推进；完善多方保障，推动设施稳定高效运行；建立长效机制，实现污水治理常态化”等建议。

【提案工作】 2021年，市政协审查立案提案273件，细化分解为498件交办件，并经市政协主席会协商确定10件重点提案。年度提案全部按时办复。

·民主监督·

【概况】 2021年，市政协邀请委员参加专项监督100多人次。

【视察监督水仙花产业保护与发展】 2021年，市政协组织省、市政协委员就“水仙花产业保护与发展”开展视察监督，就水仙花原产地核心区土地流转、水仙花花球质量、水仙花花农效益、水仙花公司运营管理等方面提出监督性意见。

2021 年市政协 10 件重点提案一览表

表 2

序号	提案编号	提案者	案 由	承办单位
1	21A018	市民革	关于促进漳州市“地摊经济”规范发展的几点建议	市城管局、市委文明办、市市场监管局、市住建局
2	21C030	市民建	关于积极稳妥推进工业企业不动产权属分割的建议	市自然资源局、市工信局
3	21A033	市致公党	关于漳州市加快构建统一高效物流体系的建议	市交通运输局、市邮政管理局
4	21A027	市民进	关于推进漳州市工业旅游发展的建议	市文旅局、市工信局
5	21B002	市民盟	关于加快建设普惠性托育机构的建议	市卫健委、市民政局、市教育局
6	21B013	市政协教科卫体委	关于进一步加快漳州市中医医疗机构建设的建议	市卫健委、市自然资源局、医保局
7	21B014	市农工党	关于完善漳州市中小学校卫生（保健）室的建议	市教育局、市卫健委
8	21A058	市九三学社	关于巩固中心城区黑臭水体治理成果的建议	市住建局、生态环境局、市水利局
9	21A047	张建国	关于加快漳州市服务型企业发展的建议	市工信局、市发改委、市科技局
10	21A004	市台盟	关于做优做强漳州市三角梅产业的建议	市林业局，漳州高新区管委会

·联谊联络·

【概况】 2021年，市政协研究出台《关于加强和促进人民政协凝聚共识工作的意见》。做好与全国、全省各级政协之间的协作配合，协助上级和其他省、市政协来漳调研考察58批次。加强对各县（区）政协的

2021年8月11日，漳州市政协领导一行赴漳州高新区调研水仙花保护及龙江岁月项目推进等工作。图为水仙花海

（图片来自漳州高新区微信公众号）

联系指导，组织召开全市县区政协主席工作座谈会，协商探讨“以高质量党建引领高质量履职”的党建工作。

【促进多党合作共事】 2021年，市政协发挥新型政党制度优势，落实定期走访、协同履职等工作机制。全年联系指导党派开展视察调研9场次，邀请党派委员参加专项民主监督80多人次，组织党派提交大会发言8篇，征集党派提案95件，报送党派社情民意信息200多条。

【深化港台交流】 2021年，市政协开展对台交流基地建设调研，促成漳州古城被列为省政协港台交流基地。引导和鼓励港区政协委员旗帜鲜明支持“爱国者治港”，全力护航新选制落实，为“一国两制”行稳致远增信释疑、凝心聚力。

·其他工作·

【政协文史工作】 2021年，市政协组织有关专家和学者在各县区政协广泛征集、联合出力的基础上，编撰出版《漳州古代卫所（卫篇）》《漳州古代楹联选辑》等文史资料。组织委员开展专题调查和研究，助力“建言推动漳州月港申遗工作开展”“闽南文化生态保护区建设实施”。

【政协信访工作】 2021年，市政协将“理顺情绪、解疑释惑、化解矛盾”融入政协视察调研、协商议政、提案督办等履职实践中，深入委员、深入界别、深入群众，努力推动“和谐漳州”“平安漳州”转化为社会各界的统一认识和自觉行动。

（陈俊朋 陈敏聪 周少勇）

责任编辑：王文潮

漳州市纪委监委

·综述·

【政治监督】　2021年，漳州市纪委监委扎实推进政治监督具体化常态化，围绕学习贯彻习近平总书记重要讲话重要指示批示精神，落实党中央重大决策部署和省委、市委工作要求，紧扣“产业发展项目建设年”活动、“六比一看”竞赛等重点，跟进开展“一季度一主题”专项监督。出台《2021年强化政治监督的实施方案》，确定“生态环境和文化遗产保护工作、党史学习教育和‘再学习、再调研、再落实’活动落实、全面推进乡村振兴、‘十四五’开好局起好步情况”等4个主题，研究细化15项重点内容，持续开展“闭环式”专题监督，推动全市各级各部门进一步落实责任、转变作风，提振干事创业精气神，保障“十四五”开好局起好步。聚焦“见人见事见效”，完善对县（区）党委政府、市直单位“一把手”和领导班子监督机制，开展蹲点调研督导、谈心谈话，每月跟踪汇总“一把手”履职用权情况并呈报市委，强化权力运行监督制约。

【疫情防控专项督导】　2021年，漳州市纪委监委在疫情防控大战大考中强化监督职责，成立疫情防控督导检查专班，开展分区分级全覆盖督导，派出8个督导组，由委领导带队深入县（区）、开发区开展督导检查，发现并推动解决问题1116个。针对台商投资区疫情，专门指派1名市纪委副书记带队进驻开展下沉督导，推动疫情防控措施落实落细。对省纪委监委两轮疫情防控监督反馈的问题，督促相关部门完成整改。

【换届风气纪律监督】　2021年，漳州市纪委监委加强换届风气监督，制定出台《关于加强换届纪律监督的通知》，细化纪律教育、纪律监督、纪律保障等3方面内容，通过用好信访举报专线、成立正风肃纪专班、开展专项监督检查、履行回复把关专责等举措，加大换届风气纪律监督力度。累计审核把关县、乡领导班子换届人选党风廉政意见8005人次；开展专项督查89次，谈心谈话1949人次，警示教育63场，发送换届提醒短信12万余条；稳妥处置涉及村主干和换届工作信访举报303件，对违反换届纪律问题做到即收即办、快查快结，对实名举报件100%反馈，对失实检举控告开展澄清正名，为村级组织换届选举正风肃纪、扫清障碍。

【“四种形态”深化运用】　2021年，全市纪检监察机关做实日常监督，深化运用“四种形态”批评教育帮助和处理5685人次。其中运用第一种形态谈话函询、提醒批评4540人次，占总人次的79.9%；运用第二种形态给予轻处分、组织调整758人次，占总人次的13.3%；运用第三种形态给予重处分、职务调整125人次，占总人次的2.2%；运用第四种形态处理严重违纪违法、触犯刑律的262人次，占总人次4.6%。

【“点题整治”】 2021年，漳州市纪委监委结合党史学习教育、“我为群众办实事”实践活动和“再学习、再调研、再落实”活动，开展“点题整治”群众身边腐败和不正之风工作，通过“群众点题、部门答题、纪委监督、社会评价”的方式，选取群众诉求集中的“整治校外培训机构不规范问题，减轻中小学生课外负担”等20个项目，督促市教育局、市市场监管局等13个市直部门牵头，同步公开整治方案、受理群众监督举报方式，适时公开进展情况，全程开门整治。全市纪检监察机关跟进监督，办理群众留言反映的诉求和问题线索182件，已办结177件；查处群众身边腐败和作风问题188起，批评教育帮助和处理299人，其中给予党纪政务处分122人；推动职能部门及时办理群众诉求1122条，有效解决了一批群众“急难愁盼”问题。市纪委监委《深化“点题整治”监督保障民利》获评全市“我为群众办实事”十佳典型案例。

【乡村振兴专项整治】 2021年，漳州市纪委监委开展乡村振兴领域形式主义官僚主义问题专项整治，坚持“目标一致、重点一致、推进一致、效果一致”的思路，严肃查处搞劳民伤财的“形象工程”，聚焦实施乡村振兴战略中项目建设、资金使用和干部作风等关键环节开展专项监督检查，严肃查处搞劳民伤财的“形象工程”等问题98起120人，推动解决农村改厕、生活垃圾处理、污水治理和乡村公共基础设施维护不力等突出问题。问责处理农村乱占耕地建房问题背后腐败和作风问题77人，护航乡村振兴。

【信访举报专项治理】 2021年，漳州市纪委监委推动监督下沉，深化“四访”活动，开展“多年、多层、多头”信访举报专项治理，对2019年以来的“三多”信访举报进行大起底，共排查72件，结合实际，制定漳州市专项治理落实方案，深化带信下访、联合会审、交办督办、澄清正名等工作，将72件“三多”信访举报全部化解。

【基层纪检监察建设】 2021年，漳州市纪委监委配齐配强乡镇纪检监察力量，扎实推进乡镇（街道）纪检监察组织规范化建设，完善“县统筹抓乡促村”基层监督工作机制，深化下派村级党风监督员、社区“万能章”整治等做法，查处群众身边腐败和作风问题251起389人，推动建章立制266项，进一步规范基层“微权力”运行。

【作风建设】 2021年，漳州市纪委监委协助市委做好省对市、市对县落实全面从严治党主体责任情况检查，推动生态环保、文化遗产保护、统计等领域问题整改和问责处理到位，督促各级各部门深化作风纪律整顿。梳理落实中央八项规定精神“正负面清单”，制定“一县一清单”，设立作风建设“前哨岗”，集中整治“天价茶”等背后腐败和作风问题，全市共查处“四风”问题313起499人。及时为受到错告、诬告的79名干部澄清正名，对统计领域被问责干部100%回访教育，进一步提振干部精气神，营造干事创业的良好氛围。

【一体推进“三不”】 2021年，漳州市纪委监委保持惩治腐败高压态势，做好政法队伍教育整顿监督执纪执法工作，稳步推进粮食购销领域腐败问题专项整治，从严查处国有企业、城市管理领域腐败问题。全市共立案1103件，其中处级39件、科级154件，移送司法机关25人，严肃查处庄某某、姚某某和漳浦县城管局局长陈某某、诏安县城市管理局局长林某某等一批腐败案件，形成有力震慑。深化以案促改，结合监督检查、审查调查发现的问题，发出纪检监察建议书112份，督促有关单位堵塞漏洞，健全制度、完善治理。

【宣传教育】 2021年，漳州市纪委监委围绕深入全面从严治党，履行监督首要职责，用好用活警示教育材料开展宣传教育，引导全市各级党员领导干部引以为鉴、坚守底线。8月31日，全市领导干部警示教育大会召开，会议强调党风廉政建设和反腐败斗争没有休止符，全面从严治党永远在路上，要从身边的违纪违法案件中汲取教训、举一反三，进一步筑牢信仰之基、绷紧纪律之弦、落实应尽之责，切实扛起管党治党政治责任，不断把全面从严治党引向深入，努力营造风清气正的政治生态。持续深入挖掘本地廉政故事、红色历史，继续开展“一镇一孝廉·红色人物”系列宣传活动，深入挖掘谷文昌、高捷成、卢叨、洪椰子等典型红色人物事迹，灵活运用vlog、沙画、图文等多种形式，努力形成一批接地气、轻量化、易推广的融媒体作品，向“福建纪检监察”公众号上报“红色百年”“百年传承”“百年先锋”等红色专栏稿件33篇，在“漳州纪委监委”“享听漳州”等微信、网站推出红色人物专题15期。组织编印《龙江颂廉——漳州孝廉故事》，发送给全市各级各部门作为学习辅导教材，弘扬谷文昌精神，谷文昌微视频、谷文昌家风稿件等分别在中央纪委国家监委网站、省纪委监委网站、微信公众号推出，引导党员干部严以律己、廉洁治家。

【队伍建设】 2021年，漳州市纪委监委坚持“打铁必须自身硬”，加强市纪委常委会建设，完成市纪委领导班子换届，落实党建工作责任制和意识形态工作责任制，全面提升政治素质。开展监察法及其实施条例、监察官法等全员培训，健全纪检监察业务运行制度体系，推行审查调查标准化建设，提高专业化规范化能力。稳妥推进市管国有企业、市属公办高职高专院校纪检（监察）体制改革，统筹派驻（派出）机构、县级纪委监委力量，强化“室组”联动监督、“室组地”联合办案，增强监督执纪执法效能。严格履行纪检监察系统自身建设主体责任，加强监督制约，对违规违纪违法行为“零容忍”，确保纪检监察队伍忠诚干净担当。

·主要会议·

【市纪委十一届六次全会】

2021年2月5日，中共漳州市第十一届纪律检查委员会第六次全体会议在芗城召开。全会以习近平新时代中国特色社会主义思想为指导，深入贯彻党的十九大和十九届历次全会精神，认真落实十九届中央纪委五次全会、省纪委十届六次全会和市委十一届十三次全会部署，回顾2020年纪检监察工作，部署2021年任务。会议审议通过了市委常委、市纪委书记、市监委主任李东河代表市纪委常委会所作的《牢记新时代使命，推动高质量发展，为奋力谱写富美新漳州现代化建设新篇章提供坚强保障》工作报告。

【市纪委十二届一次全会】

2021年10月8日，中共漳州市第十二届纪律检查委员会召开第一次全体会议。本次会议与会市纪委委员以无记名投票方式选举产生了中共漳州市纪律检查委员会常委、书记、副书记。经中共漳州市委十二届一次全体会议批准，中共漳州市第十二届纪律检查委员会常务委员会委员为陈文聪、蔡总平、李文兴、林毅峰、张建兴、赖晓勤、罗云生、林志辉、林炳阳。陈文聪当选为市纪委书记，蔡总平、李文兴、林毅峰当选为市纪委副书记。

陈文聪同志代表新一届市纪委领导班子讲话，要求全市各级纪检监察机关更加紧密地团结在以习近平同志为核心的党中央周围，在省纪委监委和市委的坚强领导下，旗帜鲜明讲政治、顾大局，履职尽责敢担当、善作为，和衷共济讲团结、聚合力，清正廉洁走前头、作表率，以永不懈怠的精神状态、一往无前的奋斗姿态，坚定方向、忠诚履职、砥砺前行，为全方位推进高质量发展超越、在更高起点上建设现代化滨海城市、谱写富美新漳州建设新篇章作出新的更大贡献。

2021年10月，漳浦县纪检监察干部到石榴镇新建沉淀池实地查看有关情况（漳州市纪委监委 供图）

·巡视巡察·

【概况】 2021年，漳州市巡察办公室完成十一届市委巡察全覆盖任务，市县两级共巡察党组织1052个，反馈问题20992个，立案944人，给予党纪政务（政纪）处分826人，移送司法机关38人，推动建章立制6961项。延伸巡察村（居）2072个，立案321人，党纪政务处分295人，移送司法机关13人。制定十二届市委巡察工作规划，启动市委首轮巡察和县级交叉巡察工作，市委巡察组分别对市自然资源局、市住房和城乡建设局、市水利局、市体育局、市城市管理局、市公积金中心、市南一水库运行中心、市峰头水库运行中心开展巡察；县级交叉巡察分别对芗城区、龙文区、龙海区、长泰区、漳浦县、云霄县、诏安县、东山县、南靖县、华安县城市管理局开展巡察，同步开展工程项目建设领域专项巡察。

【巡察"回头看"】 2021年，漳州市探索建立纪委监委和组织部门为主、派驻纪检监察组前置、巡察组协助、巡察办跟踪的"四方联动"机制，健全整改责任体系，对全市211个党组织开展巡察"回头看"，巩固拓展整改成果。跟进省委巡视反馈整改，优先处置巡视移交的信访件和问题线索，加强跟踪督促，推动问题整改。

【专项巡察】 2021年，漳州市在全省率先开展粮储系统专项巡察，紧跟全省涉粮问题专项巡视巡察部署，同步完成对县（区）、开发区（投资区）涉粮问题专题了解。

（林春祥）

责任编辑：张慧华

民主党派和工商联

·民革漳州市委会·

【概况】 2021年，中国国民党革命委员会漳州市委员会（简称民革漳州市委会）下设龙海、芗城、龙文和闽南师范大学4个总支，12个市直支部，全年发展新党员15人。截至年底，共有民革党员466人。年内，民革漳州市委会获得“民革全国组织工作先进集体”称号，民革龙海总支机关一支部被民革中央确定为全国第二批示范性支部。

【思想建设】 2021年，民革漳州市委会组织全市民革党员学习贯彻中共中央总书记习近平“七一”重要讲话精神、来闽考察重要讲话精神以及有关重要讲话、重要指示、重要批示精神和《统一战线工作条例》等。举办“风雨同行 携手共进——庆祝建党100周年书画作品展”。组织党员参加漳州市各民主党派、无党派人士联合开展“党旗引领 携手再出发”红色教育实践活动和8个党派联合举办的党史知识竞赛。

【参政议政】 2021年市人大、政协“两会”期间，民革漳州市委会向市政协会议提交团体提案11篇，《关于促进我市“地摊经济”规范发展的几点建议》等2篇被选用为重要提案摘报。其中，《关于有效提升农村基层医疗保障水平的建议》等3篇获得市领导批示，《关于促进我市“地摊经济”规范发展的几点建议》等3篇被评为市政协的重点提案。

【调查研究】 2021年，民革漳州市委会领导多次带领课题组深入东山县、漳浦县及龙海区等地调研，完成专题调研文章11篇。《关于福建省进一步完善台湾教师引进、使用和管理机制的建议》被列为民革福建省委调研课题。年内，编辑发布《漳州民革》4期、公众号文章76篇。

【社会服务】 2021年，民革漳州市委会先后组织党员开展3次助学帮扶活动，资助18名在校学生，捐赠资金、物资总计6万元，组织多批次律师党员进社区开展法律宣传。在防控新冠疫情工作中，发动党员40余人参与疫情防控工作，组织多家企业，捐赠口罩13.2万只、核酸检测采集转运箱5件、饮料120件等物资，总计价值7万元。

【民革漳州市第十一次代表大会召开】 2021年12月15—16日，民革漳州市第十一次代表大会召开，经大会民主选举，产生由23名委员组成的民革漳州市第十一届委员会。其中，主任委员：戴鹏飞；副主任委员：黄艺敏、林丽君、林美凤、王志固；秘书长：马丹华。

（陈加国）

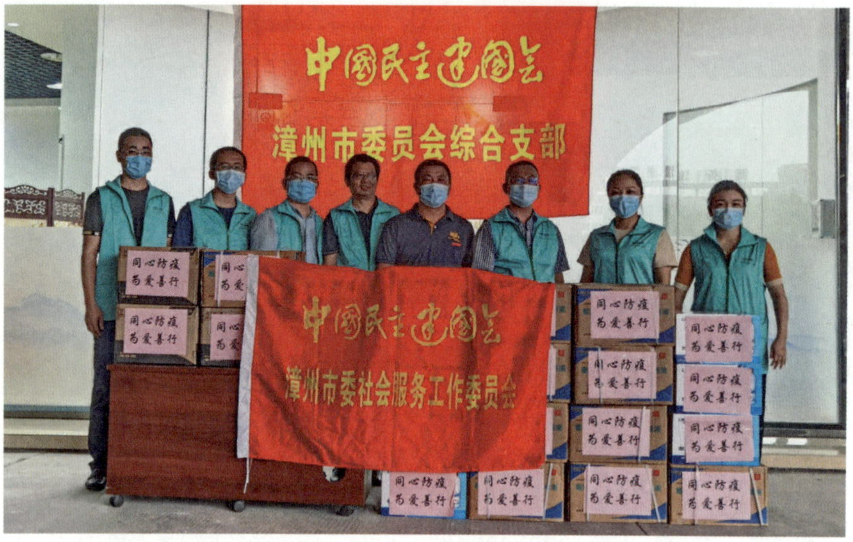

2021年9月30日，民建漳州市委会社会服务工作委员会携手漳州市委员会综合支部向漳州职业技术学院捐赠急需防疫物资

（民建漳州市委会 供图）

·民盟漳州市委会·

【概况】 2021年，中国民主同盟漳州市委员会（简称民盟漳州市委会）发展新盟员20人。截至年底，民盟漳州市委会共有总支4个，支部32个，盟员757人。

【思想宣传】 2021年，民盟漳州市委会参加省盟、8个民主党派共同组织的“党史知识竞赛”“党旗引领 携手再出发”红色教育实践活动。组织盟员积极投稿“我与民盟”“福建民盟履职案例”“党盟合作”等征文。民盟漳州市委会被盟中央授予“中共党史学习教育先进集体”“庆祝民盟80周年微视频工作优秀集体”称号。

【参政议政】 2021年，民盟漳州市委会组织撰写并报送81篇社情民意信息，其中被全国政协、民盟中央采用9件。

【社会服务】 2021年，因受新冠疫情影响，民盟漳州市委会将义写春联模式改为分散撰写、委托赠送的形式，先后分3批送到长泰岩溪镇、龙文区檀林、郭坑镇铁路居委会。协调联系慈善人士向龙文中学捐赠电脑20套，发动盟员为重庆特园“中国民主党派历史陈列馆”捐款3.4万元。

【民盟漳州市第十二次代表大会召开】 12月16—17日，民盟漳州市第十二次代表大会召开，经大会民主选举，产生由27名委员组成的民盟漳州市第十二届委员会，其中，主任委员：吴芳华，副主任委员：陆銮眉、蓝寿义、林连峰（兼秘书长）、林汉钦、张小洪。

（左建瑛）

·民建漳州市委会·

【概况】 2021年中国民主建国会漳州市委员会（简称民建漳州市委会）设有4个总支，25个支部，6个工作委员会，1个书画院。全年发展新会员23名，截至年底，共有会员596名。

【参政议政】 2021年，民建漳州市委会强化会员的参政议政履职意识，采取典型示范引领的方式，提高会员信息编写能力。上报市政协、市委统战部和省民建的社情民意63件次。其中，被市以上采纳45件次，省领导批示2件，市领导批示3件。

【调查研究】 2021年，民建漳州市委会发挥与经济界联系密切优势，广泛动员会内外力量，紧紧围绕抗击疫情、工业发展、乡村振兴、特色产业等方面问题有针对性地深入调查研究，形成高质量的调研报告。2021年市人大、政协“两会”期间，提交提案10件，其中《以更高水平开放，优化漳州发展新格局》《关于积极稳妥推进工业企业不动产权属分割的建议》《关于探索漳台融合发展新路的几点建议》分别被中共漳州市委、市政府主要领导批示。

【社会服务】 2021年，民建漳州市委会开展“同心121”工程，协助下河乡仙石村向市文体局申请13万元的户外体育器材和运动场所建设。9月福建新冠疫情发生后，民建会员响应漳州市8个民主党派联合倡议，部分会员日夜坚守岗位，部分会员奔赴防控一线，部分会员带队援助厦门，部分会员驰援莆田核酸采样，部分会员参加福建省派驻珠海潮汕协助疫情防控等。其间，民建会员通过多种渠道捐资或捐赠抗疫物资，共捐款捐物53.5万余元。

【民建漳州市第九次代表大会召开】 2021年12月9—10日，民建漳州市第九次代表大会召开。陈仁朝当选为民建漳州市第九届委员会主任委员，陈惠红、吴海强、陈四雄、许惠英（兼秘书长）当选为副主任委员。

（郑艺松）

·民进漳州市委会·

【概况】 2021年，中国民主促进会漳州市委员会（简称民进漳州市委会）下设9个市直支部和4个总支。全年发展新会员7名。截至年底，共有会员432名。

2021年1月28日，民进漳州市委会在芝山社区开展“春联万家·奋进新征程”公益活动 （民进漳州市委会 供图）

【组织建设】 2021年，民进漳州市委会研究制定《民进漳州市委会开展庆祝中国共产党成立100周年群众性主题教育活动方案》，开展“学党史、缅先烈、悟思想、勤参政、创新局”和“党旗引领 携手再出发”等主题教育，选派7名新会员参加市民主党派新成员培训班，选派1名会员参加省第四十期民主党派、无党派人士进修班，选派4名会员参加会省委社情民意信息专题培训班和骨干会员培训班。

【参政议政】 2021年，民进漳州市委会以深入开展“反映社情民意信息主题年”建设为重点，全面推进各项工作，研究制定出台《民进漳州市委会2021年反映社情民意信息主题年工作实施方案》。2021年市人大、政协“两会”期间，民进人大代表、政协委员提交党派提案、委员提案和代表议案16件。党派提案《关于加快补齐漳州高新区基础教育短板的建议》获得市政协2020年度优秀提案表彰。党派提案《多措并举加快推动我市特殊教育事业发展》《关于推进我市工业旅游发展的建议》被列入市政协重要提案摘报，得到中共漳州市委书记和市长的批示。

【社会服务】 2021年疫情防控期间，民进漳州市委会与其他各民主党派共同发起《漳州市八个民主党派关于助力打赢疫情防控阻击战的联合倡议书》，号召全市多途径、多方式为打赢疫情防控阻击战贡献力量。民进漳州市委会连续5年打造“春联万家”微公益惠民品牌，春节前夕组织书法家会员深入芝山社区和团结社区为居民义务写春联，营造文明和谐的节日氛围。关注农村留守儿童，组织会员赴云霄开展“关爱留守儿童，让书香浸润留守家庭”爱心捐赠活动，向该校捐赠少年励志红色经典读物、书包等文具，得到市、县两级相关媒体的关注和报道，取得良好社会反响。

【民进漳州市第七次代表大会召开】 2021年12月13—14日，民进漳州市委会第七次代表大会在漳州宾馆召开，选举产生民进漳州市第七届委员会。黄井南当选民进漳州市第七届委员会主任委员，林必强、陈琦、林阳山、杨怡静当选副主任委员，其中杨怡静被任命为秘书长。

（张 斌）

·农工党漳州市委会·

【概况】 2021年，中国农工民主党漳州市委员会（简称农工党漳州市委会）有4个总支、27个支部，设参政议政、医药卫生、经济科技3个专门工作委员会。年内，发展新党员29名。截至年底，共有党员675名，其中医药卫生界占48%，人口资源、生态环境领域占3.7%。10名党员当选各级人大代表，34名党员担任各级政协委员。

【参政议政】 2021年，在漳州市政协十三届五次会议上，农工党漳州市委会提交大会发言1篇、集体提案10件。其中，《关于完善漳州市妇幼健康服务体系建设的建议》等4件大会发言和集体提案得到市领导的批示，《关于加强我市学生集中用餐食品安全管理的建议》等3件提案被选为重要提案摘报，《关于打造九龙江龙舟文化园的建议》等2件提案被评为2020年度漳州市政协优秀提案。编报社情民意信息专报件100件，其中被中办、全国政协、中央统战部、农工党中央采用21件，得到省主要领导批示1件。

【调查研究】 2021年，农工党漳州市委会组织课题组深入漳浦、云霄等地开展“完善我市青少年心理健康服务体系”等专题调研，《加强我省职业病防治切实保障劳动者健康权益》获农工党福建省委会2020年度优秀调研论文一等奖。

【社会服务】 2021年，农工党漳州市委会积极助力疫情防控，共有40多名党员参与疫情防控工作，捐款捐物近4万元。配合农工党福建省委开展“同心光明行”活动，为华安县6个乡镇群众提供眼疾筛查等服务，开展79场眼健康服务。开展“六五环境日”主题活动，组织党员专家开展健康咨询、环保宣传等活动。组织市医院党员专家医疗队赴华安县华侨医院开展“同心121”工程义诊活动，服务群众100多人次。

【农工党漳州市第十二次代表大会在漳州召开】 2021年12月12—13日，中国农工民主党漳州市第十二次代表大会召开。会议选举产生农工党漳州市第十二届委员会，其中，主任委员：何伟燕，副主任委员：林如凤、黄金明、张少榕、张文山、陈文礼，秘书长由陈文礼兼任。

（张丽平）

·致公党漳州市委会·

【概况】 2021年，中国致公党漳州市委员会（简称致公党漳州市委会）下设总支3个，支部25个，专门工作委员会6个。2021年发展新党员11个，截至年底，共有党员578人。

【参政议政】 2021年，致公党漳州市委会与提案办理单位交流20余次，参加提案办理单位3场次座谈会。择优报送社情民意信息89篇，其中1篇获省领导批示，1篇获市领导批示，6篇被致公党中央采用，6篇被省政协办公厅采用，36篇被省委会采用。2篇信息被致公党中央评为2020年度参政议政优秀成果，4篇信息分别被省委会评为“致公献良策，同心谋发展”——庆祝中国共产党成立100周年“十佳”好信息和2021年度好信息二、三等奖。

【调查研究】 2021年，致公党漳州市委会围绕“壮大发展‘三大三新’产业 加快构建漳州现代产业体系”重点课题，开展调研，形成调研成果；陪同省委会调研组到漳州开展“发挥闽侨优势 助推我省乡村振兴战略实施”专题调研。组建调研组，深入芗城区、平和县开展课题调研。

【社会服务】 2021年疫情防控期间，致公党漳州市委会及时向全市致公党员发出倡议，号召引导广大致公党员积极投身疫情防控工作。全市致公党员累计捐赠防疫物资60.1万元。全市20多名工作在一线的致公党员投身社区防控、核酸检测、疫情流调志愿服务等基层防控疫情第一线。响应省委会帮扶甘肃省定西市的号召，企业家党员向当地致公学校——通渭县榜罗小学捐赠。联合省委会到云霄溪塘（致公）小学开展“庆祝中国共产党成立100周年”爱心助侨捐赠活动，捐赠“爱心助侨”结对帮扶奖学金1.8万元。

【致公党漳州市第八次代表大会召开】 2021年12月21—22日，致公党漳州市第八次代表大会召开。会议选举致公党漳州市第八届委员会领导班子，兰万安当选主任委员，蔡溪根、蓝碰金、陈建国当选副主任委员，杨以茸当选专职副主委兼秘书长。

（张梅燕）

·九三学社漳州市委会·

【概况】 2021年，九三学社漳州市委员会（简称九三学社漳州市委会）下设14个支社和6个专门工作委员会。截至年底，共有社员304人，平均年龄50.02岁，其中女社员133人，占43.8%；社员中高级职称158人，占52.0%，中级职称139人，占45.7%，其他7人，占2.3%。

【参政议政】 2021年，九三学社漳州市委会联合漳州市妇女会主办以“诵读红色经典，抒发家国情怀”为主题的学党史、喜迎中国共产党成立100周年读书交流会，开展庆祝中国共产党成立100周年征文活动等活动。在政协漳州市第十三届五次会议上，提交《有序推进城市更新 助力漳州高质量发展》等8件建议，其中，《关于加强我市科技创新研究机构引进建设的建议》等3件入选重点提案摘报并获得中共漳州市委、市政府主要领导的批示，《关于巩固中心城区黑臭水体整治成果的建议》被列为年度重点提案。

【服务社会】 2021年，九三学社漳州市委会联合市自然资源局和市测绘地理信息学会开展以“规范使用地图 一点都不能错”为主题的全国测绘法宣传日暨国家版图意识宣传周活动。组织退休社员到实践基地长泰区武

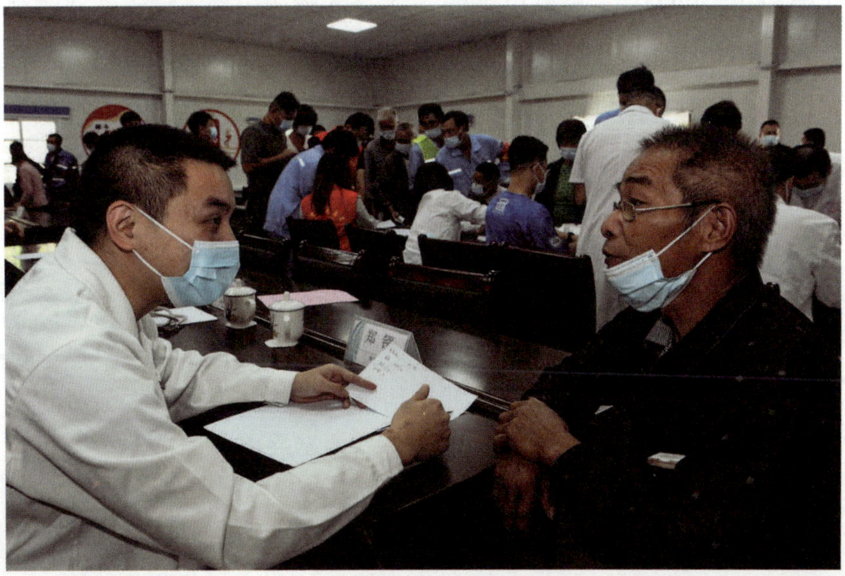

2021年11月8日，九三学社漳州市委会组织医疗队深入云霄县马铺乡联凤换流站项目工地义诊　　（九三学社漳州市委会 供图）

安镇城关村，加强村老年人社会保障工作。联合国网福建建设公司党委在云霄县马铺乡闽粤联网换流站联合开展“同心健康服务走进一线 走进现场 走进社区”健康咨询义诊服务和心肺复苏术科普培训。

【九三学社漳州市第六次代表大会召开】 2021年12月20—21日，九三学社漳州市第六次代表大会召开。会议选举产生九三学社漳州市第六届委员会常务委员11人，委员20人，曹阳任主任委员，黄晓农、严惠娇、张健、林喜勇任副主任委员，沈魁敏任秘书长。

（王苑茹）

·台盟漳州市委会·

【概况】 2021年，台湾民主自治同盟漳州市委员会（简称台盟漳州市委会），下设7个支部，年内新发展2名新盟员，截至年底，共有盟员113名。

【参政议政】 2021年市人大、政协“两会”期间，台盟漳州市委会提交1篇大会发言、13篇团体提案和5篇委员个人提案，其中《关于加快构建医养护一体化社区养老服务体系的建议》《关于做优做强我市三角梅产业的建议》2篇团体提案被列为重要摘报，大会发言《推动华安高山族文化传播 深化漳台两地融合发展》等3篇提案获市委、市政府主要领导批示5件次。8件提案受到《海峡导报》《闽南日报》等多家媒体报道。

【调查研究】 2021年，台盟漳州市委会与台盟福建省委在东山谷文昌干部学院联合举办“知党史、学盟史、践初心”主题培训班。同主题的“培训班开班”视频入围台盟中央“共画同心圆 奋进在多党合作的在道上”随手拍评选活动，获一等奖。

【社会服务】 2021年，台盟漳州市委会深化漳台交流合作，在春节和元宵节前夕，慰问因疫情原因未返台的留漳台胞台商。到南靖走访2家台资企业，详细了解企业的发展情况。台盟漳州市委会和漳州台盟芗城支部获“全盟脱贫攻坚先进集体”荣誉称号，4名盟员、盟务工作者获全盟脱贫攻坚先进个人“荣誉称号”。

【台盟漳州市第九次盟员大会召开】 2021年12月20—21日，台盟漳州市第九次盟员大会召开。会议选举产生台盟漳州市第九届委员13名，方丽云任主任委员，陈红斌、陈奕颖、许钢、饶滢任副主任委员，陈菁任秘书长。

（郑淑茵）

·漳州市工商联（总商会）·

【概况】 2021年，漳州市工商联（总商会）下辖11个县（区）工商联（商会）。截至年底，全市共有工商联会员21843个，其中，企业会员15397个，团体会员212个，个人会员6234个（包括原工商业者47人）。市直属行业商会28家，在漳州异地商会23家，异地漳州商会27家。

【组织建设】 2021年，漳州市工商联（总商会）指导1家行业商会、1家在漳异地商会成立，指导5家行业商会、2家在漳异地商会、3家在外漳州商会完成换届。年内，指导商会完善管理制度，规范商会法人治理结构，采用策划主题活动、培育“四好”商会创建典型、打造商会工作品牌等方式，促进商会建设整体水平提升。探索镇街商会组建方法，组织召开县级工商联镇街商会规范化建设工作会议，全市11个县（区）117个镇街，实现商会组织全覆盖。全市11个县区工商联均被确认为全国“五好”县级工商联。

【党建工作】 2021年，漳州市工商联（总商会）中共行业党委组织所属支部开展庆祝中国共产党成立100周年主题党日活动暨

“手拉手”支部结对共建签约仪式，探索构建“资源共享、优势互补、互相促进、共同提高”的社会组织党建工作新路子。推动光大银行3个党支部与市工商联党支部、涂料商会党支部、龙岩商会党支部签订党建共建协议。

【宣教工作】 2021年，漳州市工商联（总商会）制定漳州市工商联《关于营造企业家健康成长环境弘扬优秀企业家精神更好发挥企业家作用的意见》，开通工商联微信公众号，提炼“爱国、守法、拼搏、卓越、创新、担当”作为新时代漳州企业家群体“名片”，设立中共福建临时省委旧址、三宝集团股份有限公司、古农农场商会党总支、漳州东方科技集团、科晖集团、天一总局等6个“漳州市民营经济人士理想信念教育基地”。组织8位商会会长在市“创业招商大会”上接受漳州新闻媒体的采访，在《中华工商时报》、漳州市工商联网站和微信公众号平台，发布150多条宣传信息。

【参政议政】 2021年，漳州市工商联（总商会）深入150多家次民营企业了解情况，反映企业生产经营遇到的困难和问题。围绕漳州市民营经济转型升级发展，撰写调研论文《新时代漳州民企高质量发展模式和路径研究》《漳州民营企业融资情况调查研究》等2篇调研报告。开展“提升民营企业科技创新能力，助力民营经济高质量发展”“发挥商会作用，推动闽商回归”等专题调研，龙海区、华安县、诏安县、南靖县工商联获评2021年度全国工商联民营企业调查点工作先进基层单位，1名干部荣获“2021年度全国工商联民营企业调查点工作先进个人”称号。

【服务会员】 2021年，漳州市工商联（总商会）与漳州人才发展集团携手在市人才发展集团一楼大厅举行战略合作签约仪式，与漳州人才发展集团达成共享科技、人才、教育、文化等多方面资源协议，助力漳州市民营企业复工复产和升级转。与团市委联合开展“扬帆计划”活动，发动80多家民营企业发布600多个实习岗位。组织召开1次非公职称评审会，85名非公有制企业人员被确认为初级职称，98名非公有制企业人员被确认为中级职称。指导推荐非公有制企业技术人员参加省联组织的高级职称评审，29人被确认为高级职称。

【商务活动】 2021年，漳州市工商联（总商会）协助市商务局赴泉州、重庆、成都开展招商引资工作和参加海南省中国首届消博会，组织会员企业家参加漳州市“大开放、大工业、大漳州”创业招商大会，开展2场次座谈，通过“以商招商”方式，引导民营企业家来漳意向投资项目总金额23亿元。加强对民营企业创新发展服务，搭建产学研合作等创新服务平台，开展项目人才推荐、评选等工作，推荐民营企业进入漳州市优质副食品供应商目录。推动航育科技园、新松机器人与市总商会副会长企业东方电子有限公司沟通对接，华晴卫星应用产业园项目在台商投资区落地，投资总额8.2亿元。

【光彩事业】 2021年，全市工商联（商会）系统组织200多家基层商会、异地漳州籍商会及会员企业开展“同心光彩助学”活动，捐助学生1176名，捐助总额486.37万元。年内，市工商联组织厦门市漳州商会、多棱新材料股份有限公司、三宝集团等多家爱心商会及会员企业为市慈善总会，捐赠709.99万元，助力漳州市光彩助学、扶弱济困、爱心助残、奖学奖教等乡村公益活动。

【双拥工作】 2021年八一期间，漳州市工商联（总商会）组织和引导直属各商会、会员企业开展拥军优属活动，引导民营企业在招聘时优先考虑、照顾退伍军人，共为军转干部、随军家属和退伍士兵办理非公职称12人。

（管东华）

责任编辑：陈振煌

群众团体

·漳州市总工会·

【概况】 2021年，漳州市新增快递员、送餐员、货车司机等新就业形态劳动者2.1万人入会。年内，新组建6家市级劳动领域社会组织工会，发动县区新组建3家劳动领域社会组织工会。截至年底，全市累计成立计算机、智能制造、家庭服务、快递等十大重点行业劳动领域社会组织工会。

【职工技能提升】 2021年，漳州市总工会举办职工素质公益大讲堂100场，惠及职工5000余人次。开展食品行业技能竞赛、电子行业技能竞赛、海员技能比武等市级劳动和技能竞赛，云霄、平和、诏安、东山等地举办茶叶加工、消防救援、税务业务等行业技能竞赛，以赛代训提升职工技能素质。发挥劳模、工匠及金牌工人的传帮带作用，实现全市名师带新徒超1200人。

【双创服务】 2021年，漳州市总工会在漳州开发区、漳州台商投资区等5个市属开发区布局建设“惠工汇职工创业创新服务中心”，将职工权益维护、职工素质提升、新业态工会组建等与服务职工创新工作结合起来，激发职工劳动热情和创新才智，相关工作受到省总工会主要领导的批示肯定。全市20个职工创新项目获得省百万职工“五小”创新大赛表彰。

【先模引领】 2021年，漳州市总工会推荐评选全国和省五一劳动奖章21名、五一劳动奖状单位7个、工人先锋号集体19个。市级退休劳模荣誉津贴提高至每人每月200元，为全省地级市最高。全年慰问380名全国和省、市级退休劳模，慰问金34.14万元。面向全市重点产业中的技能型工人、领军型人才，选树命名第二届“漳州工匠”20名。

【职工权益维护】 2021年，漳州市总工会创新职工法律服务机制，持续开展农民工公益法律服务行动，重点维护好快递员、网约工、货车司机等群体合法权益。与市直多部门协作，设立“劳动争议诉调对接工作室”和“工会劳动法律纠纷多元化解工作室”。设立专项资金支持“园区枫桥”机制试点单位建设。漳州高新区结合区域特色开展系列电商沙龙活动，为企业创新和发展搭建新的增长平台。

【帮扶慰问】 2021年，漳州市总工会开展“两节（元旦、春节）”送温暖活动，筹集资金60万元，走访慰问企业183家，职工772人次。向农民工送爱心，慰问772人次，发放款物59.96万元。引导外省籍职工留漳过年，长泰区总工会对全区367家企业1万多名留在长泰过年职工进行走访慰问，慰问金214.75万元。加强劳动保护工作，安排资金184.8万元开展防暑降温慰问，惠及319家企业、3.9万名一线职工,全市104个户外劳动者“爱心驿站”持续发挥作用。发动2815家企业、27万多名职工参加市“安康杯”竞赛。

【职工精准服务】 2021年，漳州市总工会深入开展“我为群众办实事”实践活动，举办14场青年职工交友活动，1312名青年职工参与；举办20期职工子女暑托班，安排60万元对市直课后服务试点学校进行经费补助，慰问课后服务工作一线女教职工1015人，合计14万元；帮助650名环卫清洁工人实现微心愿。推进工资集体协商，发放要约1104份，覆盖企业6147家、职工25万人。强化工会就业服务，联合市直有关部门举办线上线下招聘会，提供就业岗位超1万个。

【职工医疗互助】 2021年，漳州市发动16.9万名职工参加医疗互助活动，缴纳互助金额981.1万元，分别比上年增长10.8%和10.3%，领取补助金5462人。

【阵地建设服务】 2021年，漳州市总工会组织6期省级职工疗休养活动。创建4家省级示范基地，激励基层工会广泛组织开展职工疗休养活动。上线漳州“惠工汇”平台，推出职工福利商城，让职工自由选择多样的工会福利产品，促进网上服务平台与服务职工实体阵地深度融合发展。

【助力疫情防控】 2021年，漳州市总工会第一时间向全市职工发出战疫情的倡议书，各级工会组织、工会干部、劳模群体迅速行动起来，积极投身疫情防控一线。出台工会助力打赢疫情防控阻击战十一条措施，设立220万元专项资金用于支援疫情防控工作，密切关注疫情防控期间职工心理健康和劳动关系问题。全年为全市2012家小微企业返还工会经费2401万元，切实帮企业纾解困难。

【工会财务资产管理】 2021年，漳州市总工会拨缴经费收入完成预算127.66%，支出完成年预算131.61%，漳州市总工会被中华全国总工会评为“市级财务会计工作先进单位”。开展“1+X”工会经费专项督查，市总工会本级全年督查市直基层工会89家。市县工会经审会对396个单位和项目进行审计，提出审计意见227条，纠错177笔，纠错金额850万元，实施的南靖县总工会经费收支情况审计项目获评2021年度全省工会优秀审计项目。

（林诚毅）

·共青团漳州市委员会·

【概况】 2021年，共青团漳州市委员会（简称团市委）开展“两新”组织团建攻坚行动，新建社会领域团组织525家，新建非公有制团组织490家。年内，团市委推进全市11个县（区）团委、108个乡镇团委、2065个村（社区）团支部按时完成换届。推动县级团委领导班子成员配备20人次、交流转岗14人次，吸收41名优秀青年到市县两级团委挂（兼）职，全市干部配备率、干部在岗率、班子配备率指标均达到85%以上。推动11个县级团委全部建立县域团代表联络站，1677名团代表入驻。在8家漳州驻外团工委建立漳州籍青年人才服务驿站，推荐12名驻外团干担任“漳州市引才大使”。建立教育团工委11个，实现县（区）全覆盖。

【青少年思想教育】 2021年，漳州市团市委延伸壮大“两微一网一号”宣传工作矩阵，专设党史答题竞赛、团务百科等学习板块，促进党的理论知识深入覆盖青年群体。开展主题征文、青少年党史答题竞赛、“红领巾争章”和青年讲师团百场示范宣讲活动，创设“请党放心，强国有我”主题少先队活动课5000余场。策划主题文艺演出、“童心向党”诵读大赛等活动，多元唱响青春“主旋律”。创新推出“漳州市红领巾大讲堂”等线上学习平台，浏览量540万人次。“青春漳州”微信公众号自2021年5月地市级团组织微信公众号综合影响力排行榜重启以来10多次进入全国前50强，连续5周入围全国10强。

【团务规范发展】 2021年，漳州市团市委通过“团费云”线上缴交团费近17.5万元，7443个团组织入驻“智慧团建”系统并参与创建，推动155484名团员在线报到，毕业班团员组织关系转接成功率100%。开展各类入团仪式和重温入团誓词活动1300余场，全市6184个团支部开展党史学习教育4个专题活动实现100%线上录入。

【少先队工作】 2021年，漳州市团市委制定福建省首个《市少先队副总辅导员、市少先队总辅导员助理履职规范》，首创实行“片区责任制”，推动7个有独立场地的团属青少年活动阵地成立少工委，成为全省首个全面完成团属青少年活动阵地少工委建设的地市。

【志愿服务】 2021年，漳州市成立垃圾分类青年志愿者服务队278支近6000人，开展“助力文明创城”“家园清洁”垃圾分类等志愿服务。组建142支乡镇（街道）“村庄清洁”青年突击队1300余人，深入乡村开展各类农村志愿服务活动310场次。

2021年7月29日，漳州市大学生实习“扬帆计划”成长营在漳州市城市展示馆开营 （团市委 供图）

【树立青少年典型“好榜样”】

2021年，漳州市团市委推荐1个集体荣获第25届“中国青年五四奖章”，推荐11个集体和个人获评省级“青年五四奖章”，15个集体和个人获评全国、省级“两红两优”。推报获评全国、省级优秀少先队员15名，优秀少先队辅导员14名，优秀少先队集体17个，获评“全国乡村振兴青年先锋”2名、“全国向上向善好青年”1名。

【就业创业服务】 2021年，漳州市团市委推出漳州市大学生实习“扬帆计划”，发布实习岗位3767个，吸引2828名学子报名，遴选上岗1149人。参与“万才聚漳”行动计划，创新制定《漳州市青年人才引进培育的八条措施》，主动对接高校70所，入校宣讲座谈33场，促成校地签订人才战略合作协议14份。承办第八届“创青春”福建省青年创新创业大赛暨福建省第三届返乡大学生创新创业大赛，吸引全省1253个创业项目参赛，发放360万元创业奖金。启动漳州市2021年度青年英才优秀创业项目评审活动，遴选17个优秀创业项目，发放奖金170万元。

【服务乡村振兴】 2021年，漳州市团市委深入开展“百名导师带百徒”活动，组织导师深入全市103个乡村为各类青年提供一对一服务，开展各类培训150多场次，累计推荐43名青年加入全国、省级农村青年致富带头人协会，3名青年获评“全国农村青年致富带头人”，2名青年获评首届“全国乡村振兴青年先锋”。深化“银团合作”，对接家庭农场、农民合作社2806家，发放贷款13.59亿元。开展金融青年助力乡村振兴主题活动，为8家青年创业企业授牌“漳州市乡村振兴金融教育示范基地”，授信金额超1亿元。辅导梦享柚生鲜供应链、陈老师网红芭乐两个乡村振兴创业项目在“创青春”国赛乡村振兴专项电商组中荣获金奖，这是福建省在国赛中第一次获得金奖。

【助力疫情防控】 2021年，漳州市团市委深入开展“青春战‘疫’2+4行动”，驰援台投区，提出“发动业主、群防群控、内部管控”工作策略，带领青年志愿者配送物资5000余件次、处理60余件次群众特殊诉求。全市共青团发布疫情动态信息、网络产品287条，总阅读量98.5万人次。组建疫情防控青年志愿服务队伍113支，招募抗疫青年志愿者6407人、开展志愿服务13478次，募集各类物资及现金近50万元。

【青少年法治权益保障】 2021年，漳州市团市委创新打造未成年人检察工作社会支持体系，该体系获评全国试点。推报的《迷途少年重扬青春之帆——临界预防青少年个案管理服务案例》入选福建省青少年事务社会工作服务优秀案例。开展“共青团与人大代表、政协委员面对面”活动，推报《漳州市青年志愿者参与城乡社区治理的现状、困境与制度保障调研报告》获评全国地市级一类报告。开展模拟政协提案活动，征集194份模拟提案，引导青少年有序政治参与、理性表达诉求。开展青少年禁毒知识竞赛活动，吸引全市30.88万人次青少年参加，“禁毒青力量”漳州市禁毒社会工作服务项目获福建省善行八闽公益慈善项目大赛三等奖。

【青少年与台湾、澳门交流交往】 2021年，漳州市团市委举办“新漳州人游漳州”台湾青年留漳州过年系列活动、在漳州台湾青年学党史专题讲座和澳门青少年到漳州“追寻历史足迹”交流活动，持续增进情感文化认同。创设“三进两聚焦一报告”（三进：进乡村看乡村振兴、进企业看营商环境、进高校促校企对接；两聚焦：漳台青年聚焦产业发展乡村振兴主题沙龙；一报告：漳台青年聚焦产业发展乡村振兴建言报告。）工作机制，开展第五届海峡两岸（漳州）青年交流周系列活动，开设《在漳台湾青年说》访谈栏目，挂牌成立“漳台青年企业家大联盟”。举办15场次“青春相约·缘来有你”单身青年联谊活动，覆盖各行业青年1200余人次，活动现场牵手30余对。举办第五届漳州市直机关青年篮球邀请赛，持续丰富机关干部职工的业余文化生活。

【困难青少年帮扶】 2021年，漳州市团市委开展漳州市青少年社会工作服务项目大赛，拨付33万元资助6个以上重点青少年群体为主要服务对象的社工项目。开展“漳州市重点青少年群体2021暑期成长营”“给特殊群体特别的爱”等活动，持续深化重点青少年群体服务帮教。以“百名青少年心理健康公益导师进百所乡村中（小）学公益行”为抓手，在全市范围内开展“轻松备考·12355与你同行”中高考心理减压活动140多场次，覆盖学生近2万人次。

【希望公益品牌打造】 2021年，漳州市团市委打造公益品牌，捐建漳州共青团“爱心图书角”124个，覆盖24所农村学校；建设20所基层小学“希望小屋”，募集助学款69.4万元，帮助164名漳州籍贫困学子圆梦大学；资助211名家庭困难青少年，发放资助额52.02万元。举办“融情漳州，衣往新疆”爱心捐赠，200多名新疆青少年受益；携手市红十字会等单位发起“爱过年·情系漳州”项目，筹集困难群众慰问金50126.14元，团市委荣获2021年度福建省红十字会“99公益日”爱心单位称号。

（陈玲玲）

·漳州市妇女联合会·

【概况】 2021年，漳州市妇女联合会（简称漳州市妇联）“好厝边”巾帼志愿服务助力乡村振兴入选市绩效考评改革创新十大项目，“好厝边”巾帼志愿服务队荣获“全国巾帼建功先进集体”称号。“春蕾安全员”困境儿童保护机制在2021年度全省改革创新项目评审中获得设区市第一名。

【巾帼大宣讲】 2021年，漳州市妇联开展巾帼大宣讲319场次，培育出南靖土楼红妹子、稻花香、平安说唱队等优秀巾帼宣讲团队。线下举办“巾帼心向党 丹青歌盛世”女画家美术作品展、“童心向党 颂百年辉煌”儿童作品展等，线上在公众号开设“聚焦党代会”“战疫有她”等专栏，推动线上线下宣传互动融合发展。

【助力乡村振兴】 2021年，漳州市妇联深化“好厝边”巾帼志愿服务助力乡村振兴行动，组建市、县、镇、村四级巾帼志愿服务队伍 2252支，巾帼志愿者38462名，开展巾帼志愿服务1万余场次。在全市开展“好厝边”巾帼志愿服务十佳项目征集活动，揭晓长泰“岗村同行，赋能慢客岩溪”、龙海“家佳美”等十个优秀项目。

【巾帼创业】 2021年，漳州市妇联树立“互联网+”思维，发挥女性创业导师等团队作用，开展线上线下实用技术培训56期，参与人数1万人次。推选47个优秀项目参加海峡两岸女大学生创新创业大赛，获优秀组织奖。累计发放“巧妇贷”妇女创业贷款31.77亿元，惠及1.6万多名女性创业者。

【巾帼抗疫】 2021年，漳州市妇联发动2.87万余名妇联干部、执委、巾帼志愿者深入一线，开展入户宣传、流调工作、“家家访”行动等工作，织密织牢基层防护网。号召各界女性踊跃捐款捐物85.2万元，支援疫情防控。联合市国资委、团市委开展“抗疫有我，群团国资在行动”慰问关爱集中医学观察点儿童活动，送出400份定制的“中秋暖心包”。推出30场家庭教育线上课堂，为广大家长“空中送教”，缓解疫情防控期间居家育儿的压力。

【家庭文明创建】 2021年，漳州市妇联发动广大妇女和家庭参与“美丽庭院”创建，以“五美”为标准，建立“三个工作推进制度、二个评分标准、一项退出机制”的“321”工作法，着力打造“一县一特色”，助力推动全市乡村振兴串点连线成片。到年底，全市推荐省级“美丽庭院”示范户710户，揭晓市级“美丽庭院”1977 户。组织开展“海耕安全 巾帼行动”宣传活动14场，把海耕安全理念融入家庭文化建设。推荐全国最美家庭2户，省级最美家庭20户，以“小家美”促成“大家兴”。

【关爱妇女儿童】 2021年，漳州市妇联“母亲健康1＋1”公益募捐126万元，走访慰问“两癌”贫困妇女148名。联合相关部门向700户困难家庭赠送“八闽保”，为他们提供叠加医疗保障。开展健康专题讲座近300场，1万人次参与。推广女性安康保险，参保人数13418人，保费173.85万元。举行“春蕾计划——梦想未来”宣传启动仪式，募集80多万元资助430名女童。片仔癀药业股份有限公司向省妇女儿童发展基金会捐赠200万元，树立国企公益标杆。

【妇女儿童维权】 2021年，漳州市妇联集中开展法治宣传活动200余场，发布“普法维权•微课堂”50期，分发宣传单（品）近10万份。年内，接待来信来访来电312件，相关利益诉求均得到妥善处理。持续推进无户口未成年人户口登记工作，3700名无户口未成年人得以登记。建档关注困境春蕾儿童977人、困境儿童的案（事）件10件，提供心理疏导服务18人次。探索“维权＋心理关爱”的服务模式，举办家庭情绪管理讲座10场。市县两级《中国妇女发展纲要2021—2030年》实施情况顺利通过省评估验收组验收并获得肯定。

·漳州市科学技术协会·

【概况】 2021年，漳州市科学技术协会（简称漳州市科协）实施科技信息应用服务项目，举办专利数据检索系统培训，无偿为10家符合条件的企业安装专利检索系统，管理服务安装企业397家。

【院士专家站工作】 2021年，漳州市科协对2019—2020年度新建5家省级院士专家工作站开展首站考评工作，有1家院士站获评2021年度福建省示范院士专家工作站。开展院企对接和项目签约，邀请院士2人次、专家8人次到漳州开展“院士专家漳州行”活动，为漳州市企业问诊把脉、建言献策，促成14个院士合作项目。推进企业与中国工程院福建研究院开展战略合作，6家企业与中国工程院福建研究院开展战略合作。加强知识产权保护，与漳州市中级人民法院共建院士法律服务工作站，并签署《知识产权司法保护与法律服务协作框架协议》，促进产学研用深度融合发展。

【学会服务站建设】 2021年，漳州市科协坚持优化存量、做大增量，指导企业与国家级、省级学会主动对接，建成国家级学会服务站6个、省级9个。

【科技小院建设】 2021年，漳州市科协将平和蜜柚科技小院的成功经验及时推广到其他县区，提升科技小院在助农建设中的辐射作用。9月，中国农技协科技小院联盟2021年现场考察与交流研讨会在平和蜜柚科技小院召开。年内，云霄杨桃科技小院、长泰红心火龙果科技小院也相继获得省科协及中国农技协批准成立。

【千会帮千村】 2021年，漳州市科协推进千会扶千村行动，全市有19家学会（协会）与25个村结对帮扶，投入经费30万元，助力乡村振兴发展。

【科普宣传】 2021年，漳州市科协开展各类科普活动36场，受众面达3万余人次。全市各级科协、学会共举办各级涉农技术培训班13期，培训农民3000多人。在全国科普日期间，市、县（区）科协及学会开展各种大型科普活动40场次，受众面达30万人次。市科协举办3场“线上”云播活动，浏览量达到14万余人次，其中“国庆带你云探馆”在全省科普日活动项目中排

2021年5月22日，漳州市科协在市科技馆举办主题游园“百年回望·科技筑梦”垃圾分类游戏 （杨斐泳 摄）

名第三位，获评全国优秀科普活动项目。全市公民科学素质达到11%，超额完成“十三五”规划纲要目标要求。

【科普阵地建设】 2021年，漳州市科协举办“百年回望·科技筑梦”等多个主题游园活动，迎来10个校园团体参观、科普大篷车馆校活动25场次，累计受众人数5万人次。市科技馆被中国地震局授予“2021年国家防震减灾科普教育基地”称号。构建以“互联网+科普”为主要传播手段的全方位大科普传播平台，在漳州电视台开设“科普漳州”栏目24期，在《闽南日报》连续刊登6期公民防疫公益广告，在漳州广播电台开播“科普大课堂”栏目，每天播送3个时段的科普节目，平均受众达8万余人次。

【青少年科教】 2021年，在第36届省青少年科技创新大赛复赛中，漳州市获45个奖项。年内，漳州市科协组织开展第九届漳州市青少年机器人选拔赛，并在第18届省青少年机器人竞赛中，获得16个奖项。

（王科军）

·漳州市归国华侨联合会·

【概况】 2021年，漳州市新成立（含规范升格）基层侨联组织18个，新申报创建“五有”“五好”省、市侨胞之家32个。常态化开展贫困归侨侨眷摸底，发放省级贫困侨救助资金及中央华侨事务经费救助资金84.16万元，救助归侨侨眷367人次。

【助力疫情防控】 2021年，漳州市归国华侨联合会（简称漳州市侨联）持续做好新冠肺炎疫情防控工作，加强与海外侨团的联系，建立疫情防控工作“朋友圈”，开通24小时服务热线，了解海外乡亲的动态与诉求，广泛宣传疫情防控知识。疫情防控期间，侨界捐款捐物支持抗疫100多万元。

2021年6月29日，中国侨商投资（福建）大会漳州招商推介座谈会在漳州宾馆举行

（漳州市侨联　供图）

【服务招商引资】 2021年，漳州市侨联加强与海外重点社团和人士的信息互动，服务“大开放、大工业、大漳州”创业招商大会和中国侨商投资大会（福建）大会等招商平台，召开专场招商推介会，推介项目，促成一批侨商侨智合作项目，其中合同项目7项、协议项目2项，涉及制造业、食品加工、生物医药、现代农业、现代物流等领域。诏安县中汉仓储物流项目、长泰区安泰新能源三期项目、平和县正大平和生态肉联产业化项目、南靖县装配式建筑产业园项目等4个项目被选为中国侨商投资（福建）30个重大产业投资项目之一，并现场签约。

【“万才聚漳”工作】 2021年，漳州市侨联推进“万才聚漳”行动计划，持续推进“地方侨联+高校侨联+校友会”工作机制，与闽南师大侨联、华侨大学校友会、留学生联谊会等加强联系，服务人才引进工作。开展“以侨架桥·引才引智”交流座谈会活动，邀请省侨联、福建省食品加工和医疗卫生等领域侨界专家、企业家、高校学者，闽师大侨联、漳州市留学生同学会、医疗健康企事业单位代表、市直有关部门等参加活动，分享侨与海归创业创新典型经验，助力漳州人才引进。

【助推乡村振兴】 2021年，漳州市侨联打造“党建聚侨心、侨力促振兴”的服务新模式，投资15万元，帮扶华安县仙都镇先锋村乡村振兴建设。以创建省、市级“侨胞之家”为抓手，投资60多万元，支持40多个基层侨联组织建设。争取上级资金12万元支持乡村侨史馆建设，推进“我为群众办实事”项目，开展“侨爱心·拾听力”助听器赠送活动，捐赠助听器109套。

【联谊拓展】 2021年，漳州市侨联统筹协调海外资源，开展海外闽籍重点人士基本情况调查工作，收集52名漳州籍海外重点人士资料。接待中国侨商投资（福建）大会漳州市考察团、海外华侨华人社团考察团等海外侨领、侨商考察团6批85人次。

（吴炜祯）

·漳州市台湾同胞联谊会·

【概况】 2021年，漳州市台湾同胞联谊会（简称漳州市台联）召开纪念市台联成立40周年座谈会，编撰印发漳州台联40年纪念画册、漳州市台联大事记、漳州市（区）台联调研文集、在漳台胞台商故事选集等系列丛书，并开展系列纪念活动。成立妇女工作委员会和老兵家属联络委员会，为定居、常住、两岸婚姻、妇女台胞和老兵家属连结、沟通两岸提供平台。督促云霄、东山、诏安、龙海台联顺利完成换届，指导推动芗城、龙文相继成立台联组织，漳州实现台联基层组织全覆盖，成为全国唯一一个台联基层组织全覆盖的设区市。

【漳台文化交流】 2021年，漳州市台联承办第九届“同名村·心连心”“两岸好声音·共筑复兴梦”大型文艺晚会，与福建省台联、漳州电视台共同主办“曲同调·两岸好声音”海峡两岸大型闽南语曲艺文化交流活动。结合“曲同调·两岸好声音”活动，搜集、梳理两岸同宗同源文化艺术表现形式，编印《曲同调》丛书。与省台联、闽南师范大学共同打造常设性涉台学术交流平台“圆山大讲坛”，强化对台宣传及学术研究。加强与大陆任教台湾教师、大陆高校台湾学生的联谊联系，举办“乡亲相爱一家人·2021在漳台胞美丽乡村行联谊活动”等师生喜闻乐见的活动，增强台联组织的吸引力。

【服务台胞】 2021年，漳州市台联规范定居台胞扶贫济困资金发放和监管，组织开展定居台胞扶贫济困、困难台籍大学生助学和“两节”慰问工作。争取财政支持，为未领退休金的老龄台胞每人每月争取市级配套补助200元并纳入财政预算。将定居大陆两岸婚生子女纳入工作范围，组织开展两岸婚姻家庭及婚生子女联谊活动，加强与他们的沟通联系和教育引导。

（黄亚平）

·漳州市文学艺术联合会·

【概况】 2021年，漳州市文学艺术联合会（简称漳州市文联）组织各艺术门类参加全省文艺赛事，16篇（首）文学作品获得省级奖项；4幅书法作品荣获第三届福建省美术书法双年展金奖，23人入展；吴赐欣摄影作品入选第28届全国摄影艺术展览，2幅摄影作品获第七届金像奖国际奖；4个戏剧节目获第十五届福建省戏剧水仙花奖比赛表演一等奖；1件音乐作品获第五届福建省“金钟花奖”声乐比赛民族组金奖，不断提升漳州文艺的原创力和影响力。

【建党百年系列活动】 2021年，漳州市文联组织艺术家深入一线用文学、摄影、美术等文艺

2021年1月10日“时代楷模”“漳州110”暨“芗里芗亲”摄影展在漳州古城文艺交流中心展出。图为部分展出内容（漳州市文联 供图）

形式展现中国共产党100周年以来漳州所取得的发展成就，出版《闽南风》“漳州经济发展引擎——路在前方”和“建党100周年红色记忆”专刊，创作出版漳州市庆祝建党一百周年美术、书法、文学、连环画系列文艺作品集，举办“时代楷模”“漳州110”暨“芗里芗亲”摄影比赛等活动，完成音乐作品《我是党的人》的场景拍摄，入选“百年百首”全国优秀新创歌曲，在中国音乐家协会和新华社联合组织的网络投票中获得第二名。

【文艺为民惠民】 2021年，漳州市文联加大文艺“六进”力度，组织市书法家开展“书法惠民送福送春联”活动，组织放映队到社区、农村、军营为群众、部队官兵公益放映弘扬主旋律的影片，在学校开设锦歌传习班，由曲艺家协会常年为学生授课。建设“漳州文艺”微信公众号平台，通过推介文艺资讯、文艺名家等栏目，促进精品创作。

（朱向青）

·中国国际贸易促进委员会漳州市委员会·

【跨境电商发展】 2021年，中国国际贸易促进委员会漳州市委会（简称漳州市贸促会）组织23家企业参加“中国（厦门）国际跨境电商产业展览会”，参展产品涵盖休闲食品、钟表电子、灯饰照明、家具用品等多种品类。配合市商务局和漳州信息产业集团组织一场专场推介会，并参加中国厦门跨境电商产业发展高峰论坛、亚马逊全球开店卖家发展峰会，帮助企业足不出户就能实现“买全球、卖全球”。

【线上对接】 2021年，漳州市贸促会承办“福建（漳州）钟表产业国际贸易线上对接会”，组织漳州参会企业与20多个国家和地区的专业采购商对接192次，助力漳州企业应对疫情带来的影响。

【组织企业参加重大经贸活动】 2021年，漳州市贸促会组织企业参加中国进口博览会、中国国际消费品博览会、中国（青岛）国际渔业博览会、5·18海交会——绿色农业食品博览会、内蒙古国际食品（糖酒）博览会等国内重点展会，帮助企业拓宽交流合作平台。

【对外交流】 2021年，漳州市贸促会邀请乌干达共和国驻广州总领事索罗曼·鲁提嘉一行4人到漳州访问，并考察漳州市食品加工企业，为漳州市企业“走出去”发展牵线搭桥。

【商事法律服务】 2021年，漳州市贸促会办理一般原产地证4406份，出口金额2.09亿美元；办理国际商事证明书725份；办理领事认证239份，优惠原产地证626份，发布经贸摩擦预警信息500多条，制作“我为群众办实事”经贸摩擦预警信息快报16期。

【“一站式”涉外商事纠纷多元化解机制建立】 2021年，漳州

2021年6月11日，漳州贸促会在中国（厦门）国际跨境电商产业展览会上举办中国（漳州）跨境电子商务综合试验区推介会

（漳州市贸促会 供图）

市贸促会与市中级人民法院建立涉外商事多元化解纠纷机制，拓展涉外商事纠纷解决渠道，优化漳州市营商环境。

（周佳生）

·漳州市残疾人联合会·

【残疾人疫情防控】 2021年，漳州市残疾人联合会（简称漳州市残联）履行疫情防控主体责任，先后组织5次“拉网式”督查，全市3000多名残疾人工作者和44家儿童康复机构全部在规定时限内完成疫苗接种和核酸检测工作。及时通过微信公众号、残疾人在线等渠道，推送疫情防控信息，全面提升残疾人群体疫情防控思想意识和自我保护能力。

【残疾人社会保障】 2021年，漳州市发放困难残疾人生活补贴60947人次、8795万元，发放残疾人护理补贴69849人次、9581万元。年内，漳州市残联对全市9026名原建档立卡脱贫残疾人和405名纳入监测易返贫致贫残疾人对象等人员，实施动态监测，加大项目倾斜，加强跟踪帮扶。全年投入302.1万元，扶持605名农村困难残疾人开展就业创业；投入658万元补助资金，为2997名残疾人提供居家和机构托养服务；投入90万元，为30户困难残疾人提供每户3万元的“安居工程”补助。落实残疾人低保政策，开展疑似“漏保”“漏救”人员核查，将1257名满足救助条件的困难残疾人纳入救助范围。实施“一户多残”困难残疾人家庭补助政策，投入272.87万元，补助残疾人5423名。

【残疾人就业创业】 2021年，漳州市残疾人城镇新增就业1485人，农村新增就业2755人，城乡年度培训2594人，应届毕业生84人，除升学和无就业意愿的，已全部实现就业。全市投入各类补助资金489.72万元，惠及1264名残疾人和20家安置残疾人就业机构。落实福乐盲人按摩机构分级补助政策，为新增的2家福乐盲按机构发放补助25万元。加强残疾人辅助性就业机构培育，新培育芗城区凯盛阳光工坊、长泰区慧康精神病医院（开馨辅助性就业工坊），安置40多名残疾人就业。打造残疾人“培训+就业”全链条服务模式，举办残疾人培训班5期，培训残疾人128名，40名残疾学员现场达成就业意向。举办“迎建党百年•助就业圆梦”漳州市残疾人大学生就业嘉年华活动，23家招聘单位提供90个岗位参加招聘，就业意向率83%。

【残疾人精准康复】 2021年，全市实施残疾人精准康复服务，康复服务38188人次，康复服务率达到100%，辅具适配服务3470人，辅具适配服务率达到100%。提供免费主观测听、视频耳镜检测、声导抗测试等服务460人次，为残疾儿童开展团体沙盘心理健康教育服务达1080人次，其中服务残疾人及其家属达585人次。年内，漳州市残联做好残疾儿童康复救助提标扩面工作，投入资金2933万元，对2300多名0—17岁残疾儿童进行康复训练补助。协调市医院儿科，增加儿童残疾评定医师，做好漳州市0—6岁非持证残疾儿童的残疾评定和孤独症疾病诊断。开展残疾人辅助器具个性化评估适配，重点普及助听器、助视器、假肢等残疾人急需的基本型辅助器具。截至年底，投入550多万元，为3239名残疾人提供辅助器具适配补贴。

【残疾人教育工作】　2021年，漳州市残联做好适龄儿童控辍保学工作，建立“一人一案”，加大组织入学力度，采取随班就读、“送教上门”等形式，满足残疾儿童教育需求，残疾儿童受义务教育安置率99.9%。实施扶残助学行动，全年市、县两级共投入472.35万元扶残助学资金，扶持2808名残疾人学生及残疾人家庭子女，帮助他们接受非义务教育阶段教育,提高残疾人整体文化水平。

【残疾人文体工作】　2021年，在全国第十一届残疾人运动会暨第八届特殊奥林匹克运动会上，漳州特奥运动员斩获14枚金牌、9枚银牌、10枚铜牌，奖牌总数位列全省第二，创历史最好成绩。年内，漳州市残联组队参加2021年福建省残疾人飞镖比赛和聋人篮球邀请赛获优秀组织奖。分别选送12个节目和24幅作品参加全省文艺会演以及“永远跟党走”庆祝中国共产党成立100周年全省残疾人美术、书法、摄影比赛和展览，多个节目和作品获奖。

【残疾人事业宣传】　2021年，漳州市残联注重在社区共建、残疾人就业培训、招聘会、疫情防控等工作中融入宣传，漳州市残联微信公众号和市残疾人网站，发布或转发近1000条信息，有110余条宣传信息在各类报纸、杂志以及新媒体刊登、刊载，其中省以上主要媒体刊登50篇。

【残疾人权益保障】　2021年，漳州市残联为769户重度残疾人家庭实施无障碍改造。办理“12345”便民服务平台转批诉求件，妥善处理“12345”诉求4件，残疾人来访6人次，来电180通次，来信4件次，残疾人满意率100%。

【志愿助残活动】　2021年，漳州市残联指导全市新成立的20支专业助残服务队，每月20日开展“扶残助残进社区”活动，为残疾人开展义剪、义诊、清理卫生、入户慰问等形式多样的助残服务，共组织助残活动28场次，服务残疾人800多人次。年内，组织“庆祝中国共产党成立100周年 牵着蜗牛去散步”大型公益活动，组织各类残疾人代表参观“芝山红楼”和“漳州城市展览馆”，指导漳州市扶残助残志愿服务指导中心开展国家通用手语培训，推广国家通用手语应用。

（盛凌云）

·漳州市红十字会·

【概况】　2021年，漳州市红十字会系统增编23名，共有编制66名，比改革前增加53%，创建1个省级基层组织示范点。年内，芗城红十字会在全省率先成立县（区）红十字会党组，常山开发区、漳州台商投资区、漳州高新区成立红十字会，1个优秀志愿项目入选省志愿服务项目培育对象，“救在身边”急救知识宣传志愿服务项目成为全省学雷锋志愿服务“五个最美”先进典型。

【应急救护】　2021年，漳州市红十字会开展“应急救护推进年”活动，建成市红十字应急救护（急救中心）培训基地、长泰十里蓝山景区救护站等工作阵地，配置AED(自动体外除颤器）17台。举办师资培训班2期、承接省红十字应急救护师资培训暨救护培训标准化研讨班1期，培训师资125名。选派

2021年10月13日，漳州市红十字会在东南花都开展《红十字救护员证》培训 （漳州市红十字会 供图）

师资参加全省第六届红十字应急救护大赛，获得团体二等奖及多项个人奖项，为历史最好成绩。组织开展“救在身边·校园守护”“交通救护·生命守护”“急救走基层”等活动。全市完成应急救护公益普及培训26.82万人次，比上年增加300%；持证培训10418人，比上年增加近500%。

【人道救助提升】 2021年，全市红十字会系统接收捐赠款物1200.07万元，其中市本级478.7万元。年内，救助困难群众6300余人，募集物资1750份和慰问金445份。“99公益日”期间募集220多万元用于人道事业。

【“三献”工作】 2021年，漳州市红十字会加快搭建“三献”（无偿献血、捐赠造血干细胞和捐献人体器官）工作机制，完成市红十字人道与生命教育基地升级改建项目，推动市红十字遗体器官捐献者缅怀纪念园建设，完成省定造血干细胞入库任务。全市实现造血干细胞捐献3例、器官捐献20例、遗体捐献4例、登记遗体器官捐献3831例，累计实现造血干细胞捐献13例、捐献器官及组织56例、遗体27例、登记遗体器官捐献10813例。

（柯少强）

·漳州市中华职业教育社·

【概况】 2021年，漳州市中华职业教育社（简称漳州市职教社）在漳州职业技术学院、漳州理工职业学院、漳州技师学院、漳州第一职业中专学校、龙海职业技术学校挂牌成立5个“社员之家”，有个人社员363人，团体社员84个。年内，成立漳州市中华职业教育社专家智库，21名专家学者入选首批专家库。调研报告《关于职业教育助力乡村振兴 服务精准扶贫的实践与思考》荣获中华职教社总社颁发的全国二等奖。向漳州市委提出《关于大漳州职业教育改革与发展的建议》，得到市领导批示。联合漳州市温促会和爱心企业家为漳州一职校的20名贫困学生送去助学金。

【校企合作】 2021年，漳州市职教社充分发挥桥梁纽带作用，组织社员学校参加“第九届职业教育与城市发展高层对话会”和“2021年福建省全民终身学习活动周”活动，参加民办职业院校负责人培训班，组织社员院校师生参加第七届福建省“互联网+”大学生创新创业大赛等活动。

（周丽洁）

·漳州市计划生育协会·

【概况】 2021年，漳州市计划生育协会（简称漳州市计生协）有会员小组12175个、会员27.6万名、协会理事1.9万名、志愿者7.56万名。年内，漳州市计生协在全面推进改革的基础上突出“一县一品”探索创新，推动改革提速增效，在2021年的全国计生协改革工作会议上作典型发言。

2021年12月4日，漳州市计生协开展青春健康项目主持人培训

（漳州市计生协 供图）

【生育关怀】 2021年，漳州市计生协推进幸福工程转型升级，主动融入乡村振兴战略，帮助计生家庭解决生产、住房、就学等困难，全市幸福工程资金总额6451.75万元。新增帮扶计生贫困母亲539户、帮扶资金1321万元。扩大计生家庭意外伤害保险覆盖面，全年投保户数16.18万户、投保金额2359.72万元，为2547户计生家庭意外伤害理赔1691.03万元。金秋助学投入资助金额196.2万元，帮助计生困难学子883人。安居工程省、市、县投入78万元，救助13户。加强计生法律援助，全市建立计生协法律援助站（点）101个，开展法律援助和宣传服务活动196场，接受法律咨询3234人次。

【家庭健康】 2021年，漳州市计生协在全市启动“家庭健康进万家”，开展健康大讲堂云课堂10期，普及健康知识，宣传三孩生育政策。组建家庭健康指导员队伍，依托市计生协会女小组长培训基地开展3期家庭健康助理员培训班、培训学员240人，提升服务能力。举办青春健康主持人培训班，提高青春健康教育培训水平。

【计生特殊家庭帮扶】 2021年，漳州市计生协投入62.12万元为全市1553名计生特殊家庭成员每人购买1份400元的重大疾病住院综合保险，慰问计生特殊家庭1595人次、127.13万元，免费体检1233人次。推动志愿者队伍帮扶工作常态化、制度化、规范化，每年每户保障1000元志愿者服务经费，为全市941户失独家庭开展“多对一”的志愿者挂钩帮扶服务。在失独家庭人数50人以上的9个县（区）建立“心理藉援助中心”或“暖心家园”项目点并规范化运行，经常性举办各类关爱帮扶活动，取得良好的实际成效和社会反响。该项目入选市委党史学习教育50个“我为群众办实事”实践活动案例。

【优生优育指导】 2021年，漳州市计生协推动全市儿童早期发展工作提质扩面，重点对建成的87家“亲子小屋”通过“小屋建设规范化、辅导员培训规范化、辅导员监督考核规范化”三步走进行提升，不断深化线上线下宣传服务。举办“亲子小屋”辅导员培训班，通过“培训+认证，理论+实操”有效提升辅导员专业素质能力。联合市妇联在市妇女儿童活动中心设立儿童早期发展培训基地，开展儿童早期发展指导师公益培训。

（张琼如）

·漳州市社会科学界联合会·

【概况】 2021年，漳州市社会科学界联合会（简称漳州市社科联）列出57项年度规划课题选题指南，通过组织专家评审，立项课题85项，结项课题78项。深化“芝山讲坛进基层”活动，共举办19场社会科学专题报告会，在漳州新闻网开辟《社科之窗》宣传专栏，推进社科普及宣传。向市政协十四届一次会议推荐课题“从治理效能的视角论营商环境优化的法治建设”为大会交流材料，“漳州民俗文化趣谈”项目获2021年度福建省社会科学普及出版资助立项。

【社科知识普及】 2021年，漳州市社科联在华安县高安镇坪水畲族村举行2021年漳州市社科普及宣传周启动仪式。活动以“永远跟党走 谱写新篇章”为主题，省市县三级联动，同步举办，线上线下共同推进，立体宣传，共组织13项系列活动，受众数万人次。《人民日报》、新华社、福建电视台等10多家主流媒体刊播相关新闻报道。

【学会工作】 2021年，漳州市社科联指导市金融学会、市老年教育协会、市老年学学会开展换届工作，发动学会积极参与学术研讨、课题研究等活动。

（市社科联）

·漳州市金门同胞联谊会·

【概况】 2021年，漳州市金门同胞联谊会（简称漳州市金联）顺利完成机构改革工作，增设马祖联络小组。推动各县（区）委统战部设立金马工作联络组。

【两岸交流】 2021年，漳州市金联选送漳绣和漳浦剪纸两项非遗项目参加第十三海峡论坛子项目——两岸传统文化展演活动，增进两岸文化认同。围绕两岸融合建言献策，《建议在漳州港增设直航金门的客运航线》被市政协采纳，得到市领导批示。

【关爱金门同胞】 2021年，漳州市金联落实“两补”发放工作，发放老龄金门同胞专项资金47.88万元，惠及金门同胞178人；发放困难金胞扶贫济困专项资金10.08万元，惠及金门同胞42人；向市财政争取定居金门同胞扶贫济困专项资金配套补助10.08万元，实现困难金门同胞和无退休金老龄金门同胞每人每月新增补助200元。建立健全“两补”对象动态管理机制，联合市民政局、社保中心，全覆盖摸排核实“两补”对象情况，审核上报2022年度老龄金门同胞170人、困难金门同胞25人。全年走访在漳老龄和困难金门同胞79人，累计发放慰问金4.44万元。落实考生优待政策，2021年开具中考加分证明12份、高考加分证明3份，帮助3名高考生成功申领省、市两级奖学金。

（柯秋红）

·漳州市关心下一代工作委员会·

【概况】 2021年，漳州市关心下一代工作委员会（简称漳州市关工委）举行“家庭教育研究与指导中心”揭牌仪式，参加在厦门举办的第十三届海峡论坛·海峡两岸关爱下一代成长论坛，推进漳州市两岸青少年交流工作的发展。

2021年4月9日，漳州市关工委在漳州一中芝山校区举行“漳州市红军革命精神”宣讲活动暨“弘扬英烈图片展”启动仪式

（漳州市关工委 供图）

【红色文化主题教育】 2021年，漳州市关工委在中国共产党成立100周年之际，印发《关于开展党史学习教育的意见》，开展“红军革命精神”宣讲活动、“建党百年集邮讲座暨邮集巡展”活动等10项活动。

【“关爱月”活动】 2021年，漳州市各级关工委继续组织开展“元月送温暖、八月金秋助学”活动，深入农村、学校开展关心、关注、关爱特殊青少年群体活动，走访慰问6000余位贫困户青少年，农村留守儿童1500多人，为他们送去240余万元慰问金和一批慰问品。8月，全市各级关工委筹资开展金秋助学资助贫困大学生7000人次，资助金额1300余万元。

【普法宣传教育】 2021年，全市各级关工委立足学校、村（社区）两大阵地，组织“五老”关爱员用好用活法治教育基地资源，通过讲座、文化熏陶、老少互动等方式，组织各种形式的法制宣传教育活动，推动普法教育活动深入开展，参与组织举办青少年普法线上活动484场，线下活动518场，受教育青少年22万余人次。

【“种子工程”培育示范点】 2021年，漳州市关工委新建“种子工程”示范点36个，对新的“种子工程”示范点进行授牌，并给予3000元补助。截至年底，全市累计建立“种子工程”示范点86个，涉及有花卉、水果、蔬菜、水产、食用菌、茶叶、畜牧、药材等农业主产业。通过示范点的建设，所培养的“种子工程”带动周边1万多户农户创业。

【家风家教】 2021年6月16日，漳州市关工委在漳州正兴学校小学部召开全市家庭教育座谈交流会，对红色家风推进漳州市家庭教育创新发展的思路与对策进行交流、研讨。组织开展家风家教征文活动，有10余篇征文被编入《两岸家教》杂志。

（方金龙）

责任编辑：林松英

外事·侨务·台港澳事务

·外 事·

【概况】 2021年，漳州市举办“漳州市与荷兰瓦格宁根市线上市长茶话会”“漳州市与日本谏早市缔结国际友好城市关系30周年线上纪念活动”，推动签署合作备忘录、对接交流合作项目。年内，漳州市外事办公室（简称漳州市外办）促成诏安县与日本安中市以青梅产业合作为基础开展友好交流，推动南靖县与圣马力诺共和国圣马力诺市在前期“世遗”景区结好的基础上加快正式结好进程。

【疫情防控】 2021年，漳州市外办妥善开展外籍船员离境工作。推动设立漳州人民医院、南靖县医院等2个外籍人士疫苗接种点，服务做好在漳外国人疫苗接种相关工作，推动外籍人士接种疫苗2000剂次。

【对外宣传】 2021年，漳州市外办加强与国内外媒体互动，联动新华社、中新网、央广国际在线等媒体策划“漳州与友城‘云交流’”“在漳外国友人联谊会”“美国‘Z世代’线上感受福建布袋木偶戏魅力”等多个主题报道，邀请在漳外国友人讲述“家在漳州”生活和创业故事，受到国内近20家媒体的转载，并通过央广网China News客户端向国际传播。配合宣传部门组织“现代滨海城 富美新漳州——第四届行进中国·海外华文媒体漳州行”系列对外宣传活动。组织7位闽南文化民间艺术家、非遗传承人以及50多位漳州青少年录制中英日三语“友城云祝福”“新春祝福”视频，推送至20多个国际友城、友好交流城市和海外社团。组织“非遗”艺术家配合驻美大使馆，先后为使馆年轻一代、美国马里兰州从幼儿园到高中的上千名学生开展线上木偶讲座，中国驻美大使馆两次专函致谢市委、市政府。

【漳州制造对外交流】 2021年，漳州市领导与中国驻菲律宾大使和菲律宾驻华大使会谈。年内，漳州市外办连线菲律宾驻厦门总领馆，配合促成漳州市生成中国（福建·漳州）——菲律宾“两国双园”经贸创新发展示范园区项目。举办“漳州·瓦格宁根”友城市长线上茶话会、促成南靖县联线圣马力诺共和国圣马力诺市签署世遗景区友好交流合作协议，推动漳州经贸、人文、旅游等领域对外交流合作。联合工信、农业农村、林业等部门收集整理漳州200个品类名优产品目录，作为合作伙伴资源向外交部及各涉外机构推荐,推动“漳州产”“漳州味”产品走向国际。

【漳州市·谏早市缔结国际友城关系30周年线上纪念活动举办】

2021年12月17日，“漳州

市·谏早市缔结国际友城关系30周年纪念活动”在线举行，双方分别播放城市新貌宣传片、青年“云祝福”视频、学生文化表演视频，漳州市市长王进足、日本谏早市市长大久保洁重通过视频致辞，并代表双方签署《交流合作备忘录》。

【助力企业通关便利】 2021年，漳州市外办联合商务局和进出口商会、电商协会举办4场APEC（亚太经合组织）卡政策宣讲活动，向100余家外向型企业推送涉外政策宣传信息，为22位企业高管办理APEC商务旅行卡，鼓励企业抢抓政策红利窗口期“走出去”。持续深化“放管服”优化服务，向各县下放APEC管理权限，为持卡企业人员申卡提供便利。保障重点项目急需邀请国外技术人员的诉求，协助龙溪轴承、福欣特殊钢、豪氏威马等邀请国外急需技术人员221名。

【漳州市在日本群马县举行物产专场展会】 2021年10月13—19日，应日本群马县邀请，漳州市在群马县高崎市Suzuran大展厅举行日本大群马物产展漳州专场展会，全市10余家对日出口企业共寄送90种“漳州产”“漳州味”产品参展。

【斯里兰卡茶加工技术及茶产业推广培训班举办】 2021年10月26日至11月15日，由商务部主办、漳州科技学院承办的斯里兰卡茶加工技术及茶产业推广培训班在漳州举办。其间，斯里兰卡42名学员在线接受茶加工技术及茶产业推广培训。

【“行走中国•海外华文媒体漳州行”活动举办】 2021年11月15—22日，“行走中国•海外华文媒体漳州行”主题采访活动在漳州举办，来自13个国家19家海外华文媒体高层人士围绕漳州“突出工业、突破工业”、小康漳州、闽南文化、民族文化等主题开展参访活动。

【“一带一路”国家茶文化与茶产业发展官员研修班举办】 2021年11月23日至12月6日，由商务部主办、漳州科技学院承办的“一带一路”国家茶文化与茶产业发展官员研修班在漳州举办，来自孟加拉国、波黑、埃及、肯尼亚、尼泊尔、巴拿马、南非和斯里兰卡等8个国家的65名官员、专家和学者在线接受培训。

·侨务·

【侨务侨政工作】 2021年，漳州市委统战部加强与海外侨胞的交流互动，举办“丝路华教 桑井故园”菲律宾华文教师线上研习班、“以侨架桥 引才引智”交流座谈等活动，组织侨领侨青参加中国侨商投资（福建）大会和RCEP（区域全面经济伙伴关系协定）青年侨商创新创业峰会，促成合作项目9项总投资77.65亿元。开展“暖侨行动”，向20多个国家和地区海外侨领寄送“新春祝福包”。

【侨务行政服务一体化平台建设】 2021年，漳州市委统战部依托福建省网上办事大厅和市行政服务中心云平台，推进侨政服务一体化平台建设；全面梳理侨务行政服务事项，完善行政服务事项要素“五级十五同”。核拨三个困难华侨农场职工养老保险补助资金87.31万元，核拨市直困难破产企业归侨退休职工生活补贴29.35万元。向市住房保障中心移交侨房政策专用房6套。办理高考“三侨生”（华侨在国内的子女学生、归侨子女学生、归侨学生）身份证明36份。

（裴冰墙）

·漳台往来·

【概况】 2021年，漳州市新批办台资项目93个，实际利用台资12.4亿元，增资企业实到台资9.53亿元。重点推进古雷开发区和台商投资区21个基础设施项目建设，涉及水、电、路、码头、医院、学校、服务中心等，完成投资52.18亿元。

【合作园区建设】 2021年，漳州市台港澳办推动向上争取古雷重大台资项目能耗指标单列和既定的（5000万吨）炼化一体化指标落地，推动争取古雷炼化一体化项目等重大项目被列入国家《石化产业规划布局方案》，推动争取古雷石化园区升格为国家级开发区并被纳入福建自贸区扩区范围。古雷石化园区打通“古雷—高雄”石化产品通道，实现首船乙烯单体销往台湾。漳浦台湾农民创业园获评全国台创园发展建设考评第一名，漳浦（农机）和南靖（兰花）产业园在全省产业园建设成效评估中并列第一等次。

【对台招商】 2021年，漳州市举办“大开放、大工业、大漳州”创业招商大会、漳州市招商大会、大陆台协会会长漳州行等活动，邀请50余名全国各地台协会会长和台湾百大企业驻大陆首席代表到漳州考察并精准招商，签约台资企业35家，总投资89.5亿元，其中超亿元项目20个。

【服务台企】 2021年，漳州市开展“千名干部挂千企”帮扶活动和“我为台胞办实事”活动，市县两级领导干部挂钩帮扶台企161家，推进17个重点台资项目完成投资101.6亿元。古雷炼化一体化一期、奇美化工、福欣特殊钢二期等一批重大产业项目建成投产。天福集团、福欣特殊钢、长春化工等21家台企增资扩产22.3亿元。

2021年12月3日，漳台同名同宗村续缘交流会在漳州举行
（市台港澳办 供图）

【涉台营商环境优化】 2021年，漳州市台港澳办常态化收集意见建议，累计采纳并推动落实台商台胞反映意见建议39条，2条转化为政策文件，137个困难和问题得到及时解决。实施对台金融服务“覆盖面+精准度+云服务”工程，漳州全辖银行业机构台企授信总额和贷款余额均占全省半数以上，台企贷款投放占比稳居全省第一。

【漳台人文交流】 2021年，全市累计开展各类交流活动66场次。举办“漳台同名同宗村续缘交流会活动”等第十三届海峡论坛漳州活动，被海峡论坛组委会发函表扬。开漳圣王文化（国际）交流节、海峡两岸五显大帝文化交流研讨会、“纪念世界文化大师林语堂先生逝世45周年活动”“漳州古城与闽台文化论坛”“两岸好声音·共筑复兴梦”文艺晚会等活动在海峡两岸反响热烈。

【对台交流平台提升】 2021年，漳州市制定出台《漳州市对台交流基地管理工作意见》，进一步规范漳台交流基地管理水平，新研究设立漳州古城、云霄燕翼宫等10家新一批漳台交流基地，推动漳州古城、龙人古琴研究院、云霄县博物馆3家市级对台交流基地获批福建省对台交流基地。

【漳台人才交流交往】 2021年，漳州市出台《关于进一步支持和鼓励台湾人才来漳就业创业的十条措施》，助力台企引才引智，全年新认定省级台湾高层次人才27人，引进台青来漳实习就业创业302人。引进台湾建筑师团队到漳州参与乡村振兴建设，9个村居入选2021年闽台乡建乡创合作项目，累计获批省级财政资金补助450万元。2名台胞获评第十八届“福建青年五四奖章”，1名台胞获评福建省第六届杰出人民教师，4名台胞通过职业技能认定。

【服务台胞】 2021年，漳州市各级领导走访关怀台企430家、台胞396人，对集中医学观察、居家医学观察、居家健康监测等“三类对象”实现关怀全覆盖，帮助解决困难问题近百个。推动台胞疫苗接种工作，接种率99.7%，在漳台胞未发生染疫事件，得到国台办和省台港澳办肯定。台胞台企抗疫感人事迹获国台办新闻发言人点赞。

【台胞权益保障】 2021年，漳州市台胞台商服务中心受理涉台投诉求助43件，办结率100%。市法院在全国首创台湾当事人司法救助专项机制，出台实施细则，保障台湾当事人平等司法待遇。市检察院在市台胞台商服务中心设立检察官工作室，拓展“一室一员”工作机制，增强涉台投诉维权实效。公安部门加强与台资企业联系，强化共防共治，提升台商台企安全感。台胞权益保障工作得到省台港澳办发函表扬。

【公共服务】 2021年，漳州市15个医保管理部实现“台胞医保服务窗口”全覆盖，为台胞提供“一站式”医保服务。全市设置18个台胞办税服务窗口，为48户台资出口企业办理出口退（免）税8.69亿元。开设台胞往来漳州应急“绿色通道”，创新涉台车驾管服务，优先受理台胞驾驶证换领业务。

·港澳事务·

【概况】 2021年，漳州市有港资企业673户，注册资本83.36亿美元，投资总额198.16亿美元；澳资企业27户，注册资本8713万美元，投资总额1.79亿美元。纳税大户76户，其中港资企业72户、澳资企业4户，纳税总额20.45亿元。办理因公赴港澳团组16批47人次，因私赴港澳达7235人次。

【漳州香港经贸合作】 2021年，受新冠肺炎疫情影响，漳州市与香港贸发局探索线上交流，举办“福建（漳州）钟表产业国际贸易线上对接会”。年内，漳州市台港澳办邀请香港特区政府驻福建联络处主任一行到漳州与市直有关部门负责人座谈，为在漳港胞港企举办服务介绍会，推动漳港经济、人才、技术等方面的融合发展。

【与港澳金融合作】 2021年，漳州市多次邀请香港特区政府驻粤办事处投资推广署主任、香港贸发局福建代表、港交所副总裁来漳举办活动、推广宣传、走访企业，助力漳州本土企业充分利用多元化的香港资本市场“走出去”。截至年底，漳州市在香港联交所上市企业8家，总计IPO（首次公开募股）融资30.83亿元，一共兑现上市奖励资金1270万元。

【与港澳科技合作】 2021年，漳州市支持片仔癀药业作为中医药港澳创新研究基地建设第一梯队深化漳港漳澳交流合作，与澳门大学共建“中医药产学研创新联合实验室”。与香港浸会大学联合共建“中药创新研发平台”。

【澳门漳州同乡总会到漳州考察交流】 2021年1月，澳门漳州同乡总会率团一行30人到漳州参加系列活动并回乡谒祖、增强乡谊。其间，赴芗城、漳浦、云霄等地参加公祭开漳圣王典礼，观看大鼓凉伞等系列文化考察交流活动，增进对漳州闽南传统文化的认识；走访片仔癀药业有限公司等了解漳州营商环境，吸引更多乡亲投资建设家乡。

【“追寻历史足迹”交流】

2021年6月，漳州市台港澳办接待澳台青年交流促进会参访团一行17人到漳州开展“追寻历史足迹”交流活动。参访团一行到漳州古城了解漳州人文历史、经济社会发展、漳澳交流合作等情况，到南靖云水谣参访，感受古村落和土楼文化的魅力。

【“2021港青看福建”活动举办】 2021年，漳州市邀请香港工联会福建咨询服务中心到漳州举办“2021港青看福建”活动，30多名在闽香港青年学生走企业、逛古城、上茶山、踏海浪、访乡村，实地体验漳州特色闽南文化，感受漳州现代化滨海城市建设。

2021年11月27—28日，“2021年香港青年看福建”活动走进漳州。图为在闽港籍大学生代表参观宏泰机电集团　（漳州市总工会 供图）

（蔡智聪 吴伟萍）

责任编辑：蔡钰臻

法治

·政法委及综治·

【概况】 2021年，漳州市政法机关以政法领域全面深化改革为动力，以政法队伍教育整顿为保障，以推进常态化扫黑除恶专项斗争为牵引，以防范化解各类风险隐患为重点，以创建全国市域社会治理现代化试点合格城市为抓手，扎实推进各项工作，群众安全感满意率保持在98%以上，全市平安建设考评实现全省“五连优”，扫黑除恶专项斗争实现全省“三连优”。在平安中国建设表彰大会上，市委政法委机关获评平安中国建设先进集体、东山县获评平安中国建设示范县。

【市域社会治理】 2021年，漳州市委政法委按照全国首批市域社会治理现代化试点创建要求，围绕漳州“山、海、侨、台”优势特点，确立“一年夯实基础、两年塑成特色、三年巩固提升”目标，加速推动试点工作。坚持基层党建与市域社会治理相融互促，组建小区党支部658个，实施“红色细胞”增点扩面工程，升级党群服务中心，推广“红色楼长”“红色志愿者”制度，打造一批“红色物业”示范点。完善“两代表一委员”（党代表、人大代表、政协委员）联系社区、党员干部联系群众制度，出台党建融合市域社会治理发展挂钩共建活动方案，推行“四单制”（居民点单、支部接单、志愿者领单、组织晒单的“四单制”闭环式服务机制）闭环式服务模式，开展小区党员“双亮双争”（小区党员“亮身份、亮作为，争做优秀共产党员、争当服务先锋”的“双亮双争”活动）活动，龙文区锦绣社区破解大型社区治理难题实践经验得到省委政法委书记批示肯定。

2021年3月3日，在锦绣社区民主议事厅内，社区党支部召集多方共同探讨公维金提取问题
（林聪华 摄）

【社会治理网格阵地拓展】 2021年，漳州市加强派出所、警务室、人民法庭、检察室、司法所、信访室等基层政法单位建设，有效整合社区网格员、综治协管员、平安中心户长、巡防队、平安志愿者等基层力量，凝聚社会治理合力。深化城乡社区网格治理“2+N”模式，芗城区探索“老芗亲法治共享家园”，龙文区推进街道体制改革，长泰区探索“网格化服务管理平台+微信公众号”模式，东山县首创“执来执网”全域执行网格化项目和全域“党建+网格”管理体系，市城管局打造“党建+智慧城管”综合服务平台，形成各具特色、可复制可推广的社会治理新模式。

【社会治安重点整治工作】 2021年，漳州市开展全市治安状况专项调研摸底，对区域性治安稳定突出问题落实通报整治制度，确定3个省级、16个市级通报整治点及57个县级重点整治点，细化30条具体措施，充分发挥“三书一函”（监察建议书、司法建议书、检察建议书和公安提示函）靶向作用，健全领导挂钩、挂牌整治工作机制，有效整治乱点乱象。把整治电信网络诈骗作为重中之重，构建“党政主导、公安主力、部门主责、社会参与”工作格局，采取专题会、座谈会、周例会的方式，压紧压实县乡村三级主体责任。

【矛盾纠纷化解】 2021年，漳州市组织开展“坚持和发展新时代‘枫桥经验’”矛盾纠纷排查化解专项活动，受理矛盾纠纷23853件，调处成功23591件，成功率98.9%。持续构建矛盾纠纷多元化解体系，深化信访评理模式运用，全面推行“线上线下+信访评理”新模式，及时引导群众就地就近或线上表达诉求，组织专业力量参与评理化解，从源头上预防和化解社会不稳定因素。

【扫黑除恶专项斗争】 2021年，漳州市扫黑除恶专项斗争圆满收官。年内，漳州市委政法委开展扫黑除恶专项斗争总结表扬工作，推动扫黑除恶专项斗争专门机构常态化运行，总结推广线索核查、案件侦办、打财断血、打伞破网等长效常治机制。开展“黑财”（黑社会性质组织在其发展壮大过程中，组织及其成员往往会通过实施违法犯罪活动或者借助组织势力实施一定经济活动，聚敛大量的钱财）执行攻坚行动，全市判决生效的涉黑案件、涉恶案件财产处置率均达到90%以上。

【疫情防控】 2021年，漳州市政法各单位全力做好疫情防控工作，疫情防控期间，查处涉疫案件46起，起诉涉疫犯罪14人。主动对接台商投资区组建保障工作专班，确保物资供应平稳有序。持续落实“345”海上疫情闭环防控机制（围绕海上疫情防控措施，做到紧盯“船舶、岸线、人员”三个要素，建立“指令核查、信息共享、联动处置、包片督导”四项机制，把住“监测预警、宣传发动、排查发现、防疫处置、依法查处”五个环节的“345”海上疫情闭环防控机制），构建海陆空三位一体防控体系。

【智慧政法建设】 2021年，漳州市贯彻《福建智慧（数字）政法规划》，制定完善漳州市智慧政法实施方案，持续推进智慧法院、智慧检务、智慧公安、智慧国安、智慧司法和智慧信访等政法信息化支撑体系建设，持续推动大数据、人工智能等现代科技运用。升级“芗里芗亲”APP风险隐患信息采集处置和“线上网格服务”功能，加大“漳州网格E通”推广应用力度，推动全方位群众参与治安防控。加快建设政法专网和跨部门协同办案应用系统，联合市场监督管理局等部门建设在线电子数据取证验证采证平台，建设并开通各县（区）看守所多方远程视频庭审、提讯系统，提升执法工作信息化水平和行业领域的智能化应用能力。

【法治化营商环境】 2021年，漳州市深化政法机关服务保障民营企业30条措施、司法助力“三大攻坚战”10条措施、检察职能服务保障16条措施和12条服务保障意见、公安18项优化营商环境服务举措，健全重点项目挂钩联系制度，深化平安园区、平安企业创建，为高质量发展营造法治环境。公安机关加大经济类违法犯罪打击力度，检察机关探索建立企业合规改革试点工作，市中级法院在全省首创知识产权集约化司法保护。司法行政部门组织法律服务团队深入企业开展法治体检300多场次，为8个重点项目开展动态化服务93场次。

【特色化司法品牌建设】 2021年，漳州市委政法委发挥法治漳州研究中心平台作用，联合闽南师范大学承办中央党校（国家行政学院）“健全合宪性审查机制”研讨会。召开2021年法治漳州建设研讨会，持续提升法治漳州建设水平。深化漳台审判、检务、警务交流合作、司法互助，加强涉台司法研究中心建设。设立台胞台商服务中心检察官工作室，出台办理台胞台商信访工作实施细则，开通台胞台企涉检信访绿色通道，推动涉台司法审判专业化、纠纷化解多元化、司法互助制度化。持续深化生态环境技术调查官制度，在全国率先成立“蓝碳司法保护和生态治理研究中心”。加大未成年人保护力度，持续打造未成年人检察“水仙花”工作品牌，市检察院作为全国检察机关唯一代表在全国未成年人保护工作推进会上作经验交流。

【司法救助与援助】 2021年，漳州市委政法委出台《漳州市级国家司法救助程序规定》，加强对特殊群体的司法保护，规范司法救助资金使用。实施乡村“法律明白人”培养工程，遴选培养7529名“法律明白人”，全市“民主法治示范村（社区）”创建面达100%，11个村（社区）获得“全国民主法治示范村（社区）”称号，在全省率先实现法律援助案件类型全覆盖，推动司法救助与乡村振兴有效衔接。

【政法队伍教育整顿】 2021年，漳州市委政法委严格落实政法队伍教育整顿工作部署，教育整顿成果评价分值99.31分。以省委开展向“时代楷模”“漳州110”学习活动为契机，组织“漳州110”先进事迹巡回报告会14场次，新选树先进集体40个、先进个人108人。立足政法机关主责主业，扎实开展“我为群众办实事”实践活动，全市法院系统集中开展执行案件大排查，发放执行款13.2亿元；公安机关建立精准反诈骗预警劝阻工作机制；市检察院开展“公益诉讼守护美好生活”等专项监督，立公益诉讼案件288件，发出诉前检察建议222件；市司法局实施法治惠民行动，有效提升全市政法队伍执法司法、为民惠民的良好形象。

（连惠娜）

2021年10月21日，全国首个蓝碳司法保护与生态治理研究中心在漳州揭牌成立。图为揭牌仪式 （漳州市中级人民法院 供图）

·法治政府建设·

【概况】 2021年，漳州市开展法治政府建设示范创建活动，年内组织开展立法调研12次，向有关部门、企业代表、群众等征求意见120余条。“漳州110警务机制改革”获评省级法治政府建设示范创建项目。赖水顺获评福建省“十大法治人物（集体）”，“漳州110”被授予“时代楷模”荣誉称号。

【行政执法规范】 2021年，漳州市全面推行“双随机”抽查机制，强化事中事后监管工作。开展全市行政执法案卷评查活动。完成全市532家行政执法主体和9054名行政执法人员编号和信息采集工作，发放新版行政执法证件8863本。推广“漳州市市场监督管理在线取证平台”，实现链上数据共享。在全市行政执法机关开展三项制度相关清单、指南、流程图的编制及公开工作，全市报备行政执法音像记录事项1564项、重大执法决定法制审核目录2415项、行政执法事项服务指南2777项，全面推行行政裁量权基准制度，15家市直行政执法机关已制定（调整）本单位行政裁量权基准并对外公布。

【行政立法深化】 2021年，《漳州古城保护条例》《漳州市户外广告和招牌设置管理办法》《漳州水仙花保护管理办法》经省人大常委会批准通过并发布实施。《漳州市革命遗址旧址保护办法（草案）》《漳州市土壤污染防治办法（草案）》经市政府常务会议研究并提请市人大常委会审议。

【行政规范性文件监督管理】 2021年，漳州市在全省率先建设使用规范性文件备案审查系统，首创公职律师协助审查机制。年内，漳州市司法局依法报送备案的地方政府规章1件、市政府及市政府办公室规范性文件46件，审查规范性文件328件、比上年增加160件。全面梳理地方性法规10部、规章2部和市政府及市政府办公室的规范性文件551件，废止与经济社会发展不相适应的规范性文件197件。

【依法接受监督】 2021年，漳州市政府办理人大代表建议142件、政协委员提案478件，满意率均为100%。拓展舆论社会监督渠道，受理“12345”平台诉求27.78万件，及时查阅率100%、按时办结率99.99%、群众满意率99.99%。全市主动公开政府信息18352条，新收到政府信息公开申请637件，全部按时办结答复。年内，成立决策督查工作领导小组，全面加强中央、省、市各项决策部署的落实。完善审计监督制度，健全审计执法长效机制，开展涵盖乡村振兴相关政策和资金、优化营商环境、为民办实事项目落实情况跟踪等专题审计，做好政策跟踪审计，逐步推进审计监督全覆盖。

【行政复议】 2021年，漳州市办理行政复议案件469件，比上年增长46.1%。强化行政复议监督纠错功能，审结324件，协调纠错后当事人撤回行政复议申请103件、通过确认违法、撤改、责令履行等方式强制纠错92件，纠错化解率28.4%。开展复议为民促和谐专项行动，成功排查化解案件31件。

【法治宣传教育】 2021年，中共漳州市委宣传部、漳州市司法局联合出台《关于在全市开展法治宣传教育的第八个五年规划（2021—2025年）》，统筹推动法治宣传教育工作。年内，漳州市司法局与市法院联合出台“五位一体”以庭代训常态化新机制实施方案，让庭审成为普法公开课。实施乡村“法律明白人”培养工程，遴选培养“法律明白人”7529名；全市“民主法治示范村（社区）”创建面达100%。组建漳州市“蒲公英”普法志愿者支队，形成群众广泛参与普法活动的实践格局。

（余梦婷）

·公安行政·

【概况】 2021年，漳州市公安局深入开展政法队伍教育整顿，积极推动教育成果转化，制定16项管人管权管事的制度办法，推出252项“我为群众办实事”活动项目（为群众办实事7598件），出台服务保障新机制241个、修订完善51个。“大力弘扬新时代‘漳州110’精神，扎实推进现代警务机制改革”作为全省公安机关第一批成果在全省教育整顿成果会上交流。改扩建“漳州110”事迹展览馆和“漳州110”网上事迹展览馆，举办人民警察节“漳州110”专场晚会。“漳州110”被评为“时代楷模”“中国青年五四奖章（集体）”和福建省“十大法治事件”。“漳州110”事迹展览馆获评全省习近平新时代中国特色社会主义思想实践示范基地、党史学习教育参观学习点。

【涉稳风险防范化解】 2021年，漳州市公安局开展“百万警进千万家”、基层基础工作大比拼活动，围绕重点领域、重点问题、重点人群、重点网络社区，排查各类矛盾纠纷，有效化解多起矛盾纠纷。推进公安信访突出问题攻坚化解和信访案件评查化解工作，落实领导包案、开门接访制度，公安部交办件260件（含回流件10件）办结率和化解率均达100%，全省率先实现双百目标。省公安厅交办件338件，办结率96%、化解率93.26%，99起平台举报涉法涉诉信访案件办结率和化解率均达100%。

【涉疫风险防范化解】 2021年，漳州市公安局积极参与疫情防控，牵头做好交通检疫、人员排查、维护稳定和重点区域封控等工作，构建“海陆空”三位一体防控体系的做法在国务院疫情联防联控社会稳定组工作简报第266期刊发。

【公共风险防范化解】 2021年，漳州市公安局开展道路交通安全和景区非景区景点等领域排查整治，检查景区非景区景点2490处，排查整改风险隐患2255处，新设置警示栏、牌2853个，整合、新建接入视频监控95104路，设立警务室（站）130个、执勤点505个、配备执勤力量4641人，成立巡防队伍1172支、配备巡防力量6543人。42处列入为民办实事项目的道路交通安全隐患路段全部完成整治，全市大型公路客车、大型旅游客车、危化品运输车检验率100%、注销率100%，重中型货车检验率97.65%、注销率98.55%，重型挂车检验率98.17%、注销率97.22%，面包车检验率95.26%、注销率99.47%，三轮摩托车检验率77.41%、注销率96.03%；查处各类交通违法行为63.3万余起，道路交通事故死亡人数比前三年平均值下降25.9%。深入开展涉枪涉爆专项打击整治行动，共起诉涉枪案件嫌疑人28人、涉爆案件嫌疑人5人，查缴涉案火药枪17支，列为部督、省督案件各1起。

【经济风险防范化解】 2021年，漳州市公安局开展金融风险隐患排查化解，严厉打击非法集资、地下钱庄、洗钱、恶意逃废债、网络传销、骗取医保基金等经济犯罪活动，立经济犯罪案件493起，比上年上升31.81%，破获386起，比上年上升29.96%，抓获犯罪嫌疑人603人，比上年上升73.28%，查处涉案金额近18亿元，比上年上升243.86%，挽回经济损失8971.11万元，比上年上升109.17%。

【刑事案件破获】 2021年，漳州市公安局破刑事案件9331起，打击处理刑事作案成员14674人；抢劫、抢夺案件、现行命案全破，连续6年保持命案全破；深入开展常态化扫黑除恶，打掉恶势力犯罪集团13个，查扣涉黑涉恶资产6349万元，2个部督目标逃犯全部抓获。

【电信诈骗打击整治】 2021年，漳州市公安局开展打击整治非法出入境从事跨境违法犯罪专项行动，深化打击本地涉诈犯罪窝点暨深化“断卡”集中统一行动，牵头开展涉诈重点地区周推进机制，构建“党政主导、公安主力、部门主责、社会参与”工作格局。抓获涉诈嫌疑人3273名，比上年上升21%，百案抓获数105.7名，摧毁涉诈洗钱犯罪窝点83个，抓获嫌疑人383名，冻结涉案资金5.09亿元，挽回群众损失800多万元；抓获非法出入境嫌疑人469名，劝返非法滞留缅北人员1846名。

【民生领域违法犯罪整治】 2021年，漳州市公安局严厉打击“盗抢骗”“黄赌毒”“食药环”等民生领域各类违法犯罪，破获毒品案件80起、抓获毒品犯罪嫌疑人145名、移送起诉毒品犯罪嫌疑人191名、查处吸毒人员369人次、病残吸毒人员收戒收治率100%、强制隔离戒毒责令率100%；侦办跨境赌博案件188起，抓获犯罪嫌疑人361名，破获省督案件13起；破获涉赌刑事案件348起（省督案件4起），查处行政案件1462起；破获涉黄刑事案件73起（省督案件5起），查处行政案件555起；立假烟类刑事案件389起、破215起（省公安厅挂牌督办19起），抓获犯罪嫌疑人295人，查获烟机6台、假烟19552件、烟叶128.81吨。立传统盗抢骗案件4995起，比上年下降20.80%；破案3439起，比上年上升5.10%；破案率68.85%，比上年上升16.97%。

【基层警务基础水平提升】 2021年，漳州市公安局积极探索具有漳州特色、时代特征的市域社会治理新模式，结合“全国市域社会治理现代化试点合格城市”创建活动，实施“亮点工程”，构建全息作战体系，扎实推进警务机制改革创新，实现“情指勤舆”一体化实战化运作。在29个派出所推行警务改革，29个改革所增加社区民警92名、比上年增长50.55%，辅警增加70名、比上年增长25.36%；矛盾纠纷调处成功率达96.67%，基础信息采集率99.42%、准确率99.9%。扎实推进社会治安防控体系建设，出台细化方案，122个小区达到智能安防小区“基本型”标准。

【合成作战】 2021年，漳州市公安局在市、县两级公安机关组建合成作战中心，研发漳州公安警务合成作战中台，建立追赃挽损第一责任人制度。市县两级合成作战中心共支撑破案4396起，抓获违法犯罪嫌疑人4648人，为群众挽回经济损失1358万余元，24小时破案挽损率78.3%，最快仅耗时37分钟。“漳州110”共接处警39327起，5分钟到场率90.12%，非违法类警情现场调处率91.59%，比上年上升1.12%；抓获违法犯罪嫌疑人3343人，比上年上升178%，现行抓获率75.70%；挽损1269起、比上年上升204%，追赃挽损率75.16%。

【执法监督】 2021年，漳州市公安局推行“大法制”改革，打造职责完备的法制队伍，完善日常巡查监督机制，创建智慧监督管理平台，深化执法办案积分制，构建执法全领域、全要素、全流程、全覆盖的“大监督”格局。全市公安机关行政案件办结数提升，共办结行政案件1686起，办结率70.46%；刑事打击处理数提升，移送起诉案件6552起，比上年上升36%；起诉9038人，比上年上升37.5%。

【服务保障水平提升】 2021年，漳州市公安局落实市委、市政府“千名干部挂千企”帮扶活动，全市131个省级重点项目、738个市级重点项目全部落实公安机关班子成员挂钩联系。推出18项优化营商环境服务举措，推行全面放开落户政策，启动户口迁移“跨省通办”试点，设置便民自助服务终端139台、上线178个事项，公安行政审批和公共服务事项全部关联绑定网上办事，做到

“不叫不到、随叫随到、服务周到、说到做到”。

【实战练兵】 2021年，漳州市公安局深化全警实战大练兵工作，把练兵达标作为职级晋升、干部提拔的前置条件，全警实战大练兵达标考核中所有科目100%达标，巡特警比武竞赛全省第一，反恐、法医技能、重点车辆查验查缉技能全省第二，教官教学技能、禁毒情侦一体化比武全省第三，视频图像智能化应用获全省优胜单位。派员代表福建省公安厅参加全国查缉比武获得文山分战场第一名，被国家禁毒委授予全国“红蓝对抗2021”缉毒实战大比武先进集体称号；一门微课程入选全省“十大精品微课程”，一门技战法入选“十大精品技战法”。

【“漳州110”获“时代楷模”荣誉称号】 2021年1月10日，中共中央宣传部授予“漳州110”“时代楷模”发布仪式在中央广播电视总台演播厅举行，宣读《中共中央宣传部关于授予福建省“漳州110”“时代楷模”称号的决定》，播放反映“漳州110”先进事迹的短片，中央宣传部负责人为“漳州110”成员代表颁发“时代楷模”奖牌和证书。

（林美华）

2021年1月10日，漳州市110基地组织收看“时代楷模”发布仪式

（张旭 摄）

·检察·

【概况】 2021年，漳州市人民检察院（简称漳州市检察院）办理各类案件19941件。受理审查逮捕案件3065件4532人，经审查，批准逮捕各类犯罪3468人；受理审查起诉案件7048件9865人，经审查，提起公诉7968人。其中，批捕故意杀人、抢劫等严重暴力犯罪351人、起诉602人，批捕“黄赌毒、盗抢骗”等多发性犯罪1560人、起诉2325人。起诉涉疫犯罪13人，起诉金融诈骗、破坏金融管理秩序犯罪110人。开展“断卡”行动，严惩电信网络诈骗等犯罪，起诉1706人。落实认罪认罚从宽制度，有效化解社会矛盾，适用5976件7860人，适用率为87.95%、量刑建议采纳率为95.6%、一审服判率为93.33%。深化运用“案–件比”质效评价标准，刑事检察“案–件比”为1∶1.14。

【刑事检察】 2021年，漳州市检察院加强立案和侦查活动监督，推进行政执法与刑事司法衔接，各基层检察院在公安执法办案管理中心等设检察室，开展常态化监督。监督侦查机关立案58件、撤案141件，纠正漏捕138人、漏诉245人，纠正违法侦查行为99件次。开展法医技术性证据审查772件、检验鉴定13件。加强刑事审判监督，提出并支持抗诉23件，法院已改判或发回重审10件。加强刑事执行监督，开展重大案件侦查终结前讯问合法性核查，纠正减刑假释暂予监外执行不当151件。加大财产刑执行监督力度，发出纠正意见117件。开展判实刑罪犯未交付执行专项整治，清理罪犯179人。在全省率先开展看守所巡回检察，落实监狱交叉巡回检察，纠正监管执法不当119件次。

【民事检察】 2021年，漳州市检察院审查民事检察案件425件。提出、提请抗诉13件，提出再审检察建议8件，法院已采纳或改变原判8件。跟进监督一起买卖合同约定采伐生态公益林案件，被最高人民检察院评为典型案例。对审判程序和执行活动中的违法行为发出检察建议15件，已被采纳15件。深化虚假诉讼专项监督，建立公检法联合调查、仲裁与检察监督衔接协作等机制，纠正虚假诉讼6件。对法院裁判、执行正确的，终结审查或不支持监督申请120件，共同维护司法公正权威。

【行政检察】 2021年，漳州市检察院审查行政检察案件212件。深化行政非诉执行监督，提出检察建议67件，均被采纳。开展对行政机关不当履职的监督，发出督促履职检察建议127件，已被采纳124件。针对实践中一些行政案件程序已结但争议未解问题，开展行政争议实质性化解，促进化解22件。开展诉讼活动中涉及行政处罚执法活动法律监督专项工作，提出检察建议30件。积极开展土地执法查处领域行政非诉执行监督专项活动，发出检察建议76件。探索开展行政强制戒毒法律监督，发出检察建议7件。

【公益诉讼检察】 2021年，漳州市检察院开展“公益诉讼守护美好生活”等专项监督，立案办理390件。依法办好生态环境和资源保护、食品药品安全、英烈权益保护等“4+5”法律明确赋权领域案件，积极探索对文物和文化遗产保护、公共安全等领域损害公益突出问题的监督。建立磋商机制，促请行政机关主动履职，发出诉前检察建议300件，行政机关已整改到位252件。共提起公益诉讼17件，法院已判决支持19件（含往年案件）。联合退役军人事务部门开展烈士纪念设施管理保护专项行动，针对革命烈士纪念设施保护不力等问题开展调查核实、监督和保护行动，并运用磋商协商、检察建议等诉前程序，共同推动英烈纪念设施依法保护工作。

【生态检察】 2021年，漳州市检察院开展“守护海洋”等专项监督，起诉破坏生态环境资源犯罪227人，办理生态环境领域公益诉讼案件233件。深化“河长+检察长”协作模式，九龙江流域沿线各基层检察院建立协作机制，强化流域保护。联合市财政局、自然资源局、中级人民法院制定生态环境损害赔偿资金管理办法，促进生态修复。联合红树林管理部门建立生态保护协作机制，参与红树林保护区退养还湿、非法养殖设施和非法网具清理，有效推动退养还湿。立足东山地理特点，创新湾长、河长、林长、田长+检察长的“五长”机制，针对赤屿存在多年建筑废墟影响珊瑚生存环境等问题，推动启动省市县三级检察院“赤屿海洋生态修复工程”，强化海洋司法保护。

【未成年人检察】 2021年，漳

2021年5月20日，漳州市检察院、东山县检察院联合东山县法院、东山县海洋与渔业局等单位，在东山AAAA级景区—马銮湾增殖放流

（漳州市检察院 供图）

州市检察院严惩侵害未成年人犯罪，起诉219人。对依法应当从严惩戒的涉罪未成年人起诉134人，对涉嫌轻微犯罪并有悔罪表现的不诉157人。推行“春蕾安全员”机制，加强对困境儿童的保护。该机制代表漳州市参加全省绩效考评改革创新项目评审获第一名。完善“一长三员”机制，开展新修订未成年人保护法、预防未成年人犯罪法进校园活动，织密校园法治保护网。优化升级校园“青春护航信箱”，线下线上并行，从中发现线索并依法惩治性侵学生犯罪2人。部分在闽全国人大代表向教育部建议推进“青春护航信箱”机制全覆盖，教育部采纳运用。推行罪错未成年人“归航计划”，对49人开展观护帮教，其中41人已重返校园或就业，获评全省新时代巾帼志愿服务十大优秀项目。

【扫黑除恶专项斗争常态化】

2021年，漳州市检察院批捕涉恶案件同案犯1人、起诉涉恶案件同案犯3人；批捕涉恶案件7件31人，起诉涉恶案件6件23人。坚持“一个不放过、一个不凑数”，提前介入13件，对侦查机关以涉恶移送的，依法不认定9人。对符合适用认罪认罚从宽条件的涉黑涉恶案件适用19人。注重以案促改，提出检察建议5件，推进工程建设、信息网络、自然资源、交通运输等行业领域依法治理。

【服务产业发展项目建设】

2021年，漳州市检察院营造法治化营商环境，制定服务保障意见，提出12条措施。依法履职护企，起诉侵害企业合法权益犯罪141人，办理涉企检察监督案件42件。开展涉民营企业刑事诉讼“挂案”专项清理，排查清理12件。对民营企业负责人涉经营类犯罪的依法少捕慎诉慎押，不捕3人、不诉19人。为企业提供“妈妈式”检察服务，推行特约检企联络员、送法进企业等机制，在古雷开发区、工业园区等设检察联络点，探索企业合规改革试点工作，护航企业发展。深化涉台检察工作，持续发挥“涉台检察联络室”“台胞检察联络员”作用，在台胞台商服务中心设检察官工作室，为台胞台企办好事实事，助力漳台融合发展。

【助力乡村振兴】 2021年，漳州市检察院巩固拓展脱贫攻坚成果与乡村振兴有效衔接，用好国家司法救助制度，对因遭受犯罪侵害等致生活陷入困境的被害人及其近亲属“应救尽救”，救助57人170多万元，防止因案致贫返贫。持续开展农民工讨薪专项监督，起诉拒不支付劳动报酬犯罪3人。设立服务乡村振兴检察联络点，主动为社区、村居提供法治服务。

【市域社会治理】 2021年，漳州市检察院创新“驻+巡”社区矫正检察监督模式，全面设立社区矫正检察官室，核查纠正社区矫正对象脱漏管问题，纠正执行不当317件。开展净化网络餐饮环境公益诉讼专项监督，办理食品药品安全领域公益诉讼案件37件。落实最高人民检察院“四号检察建议”，联合住建等部门会签意见，推动水务、燃气、通信等部门联合排查，及时消除窨井盖安全隐患。助推堵漏建制，针对办案中发现的社会治理薄弱环节，向相关部门提出检察建议724件，已被采纳640件。结合办案，针对“消”字号婴幼儿产品管理机制不规范问题，向相关部门发出检察建议，督促完善长效管理机制，得到采纳运用，获评全省检察机关优秀检察建议。

【职务犯罪检察】 2021年，漳州市检察院依法履行刑事诉讼法赋予的查办司法工作人员利用职权实施的侵犯公民权利、损害司法公正犯罪职能，立案查办司法工作人员徇私枉法、玩忽职守等职务犯罪8人。受理监察机关移送职务犯罪案件28人，已起诉22人。根据上级检察院指定管辖，起诉4名原厅级、处级干部职务犯罪案件。

【政法队伍教育整顿】 2021年，漳州市检察院在政法队伍教育整顿中，开展法律监督专项检查，共立案监督113件，提出检察建议70件，提出抗诉8件。开展减刑假释暂予监外执行案件全面排查整治，排查1990年以来案件25879件，发现违法违规问题3件。针对法律监督中发现的问题，与市委政法委、市中级人民法院、市公安局等相关单位联合建立优化案件信息数据共享等10个工作机制，共同推动长效常治。

（林颖斌）

·法院·

【概况】 2021年，漳州市中级人民法院和各县（区）人民法院共受理各类案件94500件，结案92158件，结案率97.5%。漳州市中级人民法院被授予全国扫黑除恶专项斗争先进集体、全国“七五”普法先进集体、全国全面推行河长制湖长制工作先进集体等称号。

【市域社会治理】 2021年，漳州市出台司法助力市域治理现代化15条措施。漳州市中级人民法院完善涉黑恶案件相对集中管辖机制，选派第二批刑事员额法官到龙海、漳浦法院任职审判员、相对集中办案。推行醉驾缓刑人员“道安劝导令”，被省道安办转发推广，省公安厅交警总队在全省推广适用。“张月东等贩卖毒品案”入选最高法院2021年度十大毒品犯罪典型案例，“李赛元等人盗窃文物案”入选福建法院文化和自然遗产司法保护典型案（事）例。

【法治化营商环境】 2021年，漳州市中级人民法院出台提升“办理破产”和“执行合同”水平工作方案，发布提升诉讼服务便利清单，建立健全“执破直通”机制，推动建立完善企业注册登记信息共享机制和简易注销登记机制。全市法院审结破产清算审查168件、破产案件126件，办结买卖合同纠纷案件4419件，平均审理天数52.6天。全省首创知识产权集约化司法保护，联合市场监督管理局等部门建设电子取证平台，代表漳州市参加全省改革创新项目评审，在经济开发区、双创基地等先后设置8个巡回法庭、3个服务中心。

【生态司法保障】 2021年，漳州市中级人民法院联合市发改委等6个部门在全国率先成立“蓝碳司法保护和生态治理研究中心”，出台5年行动计划，在5个沿海基层法院设立司法保护示范点，助力碳达峰碳中和目标实现。漳州市中级人民法院成为最高人民法院保留的5家人民法院环境资源审判实践基地之一。年内，总结提升全国首创的生态环境技术调查官制度，获2021年全省机关体制机制创新优秀案例一等奖。

【优化涉台司法】 2021年，漳州市中级人民法院持续平等保护，在全省首创台湾当事人司法救助专项机制，引导台胞调解员参与诉源治理工作，连续13年举办台胞陪审员培训班，完善福建法院涉台司法研究（漳州）中心建设，联合高校开展“台湾法律青年参与国家法治建设”等专项调研，台湾省第十三届全国人大代表团视察漳州涉台司法工作。

【民生司法保障】 2021年，漳州市中级人民法院推进一站式多元解纷和诉讼服务体系建设，创新多元解纷平台、集中送达中心、保全中心、鉴定中心“一平台三中心”诉讼服务集约模式，实现咨询、立案、缴退费、保全、委托鉴定、调解、接收文书等一站式诉讼服务，一站式多元解纷和诉讼服务体系建设获福建省高级人民法院两次通报表扬。深化家事审判改革，实现少年法庭全覆盖。诏安法院推动党委牵头成立全省首个党政领导诉源治理中心，龙海法院打造联片调解暨诉非联动智能中心，东山法院推进“网格化+军地司法协作”机制被省高级人民法院写入工作报告，漳州市常住人口万人成讼率97.02‰。全省首创劳动争议全链条诉源治理机制，漳州市中级人民法院联合市人力资源和社会保障局等六部门召开劳动争议诉源治理工作联席会，并发布《关于建立劳动争议全链条诉源治理机制的实施方案（试行）》，率先在全省共同建立劳动争议全链条诉源治理机制，为劳动者表达诉求和维护权利提供多途径、多层次的纠纷解决渠道。该机制获评福建省法院“我为群众办实事”十大精品项目、漳州市“我为群众办实事”十佳典型案例。

【依法行政】 2021年，漳州市中级人民法院开展“以案释法、以庭代训”活动，全市法院开展“以庭代训”活动15场，培训650人次。联合龙岩中级人民法院建立跨域委托协调化解机制，提升行政争议实质性化解效果。

【执行工作】 2021年，漳州市中级人民法院联合市发改委开展政务失信专项清理，联合市住房公积金中心建立公积金联动协作机制，在“漳州通”APP上线司法诚信码，面向市民提供信用查询服务，推进诚信建设。开展全市法院2021年度执行典型案例评选，集中开展执行案件大排查，发放执行款13.2亿元。南靖法院运用“三联动协作机制”（即执行与调解速裁联动协作促进自动履行，执行与民事审判联动协作促进案结事了，执行与刑事审判联动协作促进“打财断血”）迅速化解540多户业办证问题，芗城法院创新24小时快速执行机制。

【基层基础建设】 2021年，漳州市中级人民法院推进“3+1”审执机制（即刑事、民事、行政审判加执行工作的机制）在台商投资区等5个主要经济开发区法庭落地见效，服务“区地合一”建设；拓展巡回审判功能，先后打造国家地理标志司法保护巡回法庭、双碳生态巡回法庭、女子巡回法庭等，创新强化普惠性、精准化司法服务，发挥人民法庭化解矛盾纠纷、服务人民群众的第一线作用。南靖法院土楼法庭作为全省法院系统唯一先进集体参加全省政法英模先进事迹报告会。

2021年3月5日，漳州市中级人民法院组织开展公安行政执法领域庭审观摩以庭代训活动 （漳州市中级人民法院 供图）

【司法体制改革】 2021年，漳州市中级人民法院修订审判委员会和专业法官会议制度，制定案件审理执行期限管理规定、上诉案件和再审审查案件卷宗移送规定等，加强审判流程节点管理，定期开展案件评查，形成管理闭环。运用省法院“清风”系统，抓好预警案件督察整改。健全“四类案件”识别监管机制，压实院庭长审判监督管理职责，形成审判管理闭环和动态风险防控。

（林添民）

·司法行政·

【概况】 2021年，漳州市司法局分别被表彰为“全国普法工作先进单位”“国家统一法律职业资格考试先进集体”，荣获“全市平安建设先进集体”，行政复议应诉、行政规范性文件备案审查、“减假暂”（对监狱服刑犯人实行减刑、假释、暂予监外执行）专项治理等多项工作在全省会议上作经验交流。

【人民调解】 2021年，漳州市司法局开展矛盾纠纷排查化解专项活动，全市排查各类矛盾纠纷28470件，调处成功率99.5%。全市11个县区均成立人民调解协会，在自然资源、生态环境、市场监管等7个行政纠纷量较大的部门成立行政调解组织87个。联合市财政局在全省率先出台《关于加强村居专职人民调解员队伍建设及经费保障的实施意见》，被省厅转发推广。全市配备村居专职调解员637名，配备率达32.6%，超额完成省厅下达的5%指标。

【智慧矫正】 2021年，漳州市司法局贯彻落实《中华人民共和国社区矫正法》及实施办法、实施细则，召开社区矫正委员会会议，部署开展社区矫正执法规范化提升年活动，加强社区矫正对象监督管理。联合公安机关建立常态化社区矫正工作信息化核查机制，受到省司法厅推广。

【维护社会稳定】 2021年，漳州市司法局常态化开展扫黑除恶专项斗争工作，市司法局办公室被评为“全市扫黑除恶专项斗争先进集体”称号。遴选培养乡村“法律明白人”6674名，10个村（社区）成为“全国民主法治示范村（社区）”。持续推进司法所规范化建设，2个司法所、2名调解员分别被评为“全国模范司法所”“全国司法所模范个人”称号。

【法律服务】 2021年，漳州市司法局制定出台《优化营商环境实施方案》，在全省率先实现法律援助案件类型全覆盖，探索推行法律援助经济困难承诺制和点援制，年内办理法律援助8884件、公证45038件、司法鉴定10982件、热线咨询17666件，比上年均有大幅增长。漳州仲裁委员会正式受案运行，至年底受案40余件，涉及标的额达2亿多元。顺利完成国家统一法律职业资格考试，1800余人参加考试。依法履行行政审批职责，窗口办结各类审批事项745件，比上年增长63%。

【普法宣传】 2021年，漳州市司法局组织开展“七五”普法总结检查验收工作，制定《关于在全市开展法治宣传教育的第八个五年规划（2021—2025年）》。举办“12·4”国家宪法日暨宪法宣传周集中宣传活动，开展线上线下普法宣传主题活动，增强人民群众法律意识。

【漳州市“蒲公英”普法志愿者支队成立】 2021年12月4日，漳州市2021年“12·4”国家宪法日暨宪法宣传周集中宣传活动暨漳州市“蒲公英”普法志愿者支队成立仪式在漳州古城北广场举行。“蒲公英”普法志愿者支队的组建，将更好地贯彻落实“八五”普法规划，融合社会各界的法治宣传教育力量，推动全市普法志愿活动向规模化、规范化、品牌化发展。

（余梦婷）

责任编辑：蔡钰臻

军事

·漳州军分区·

【概况】 2021年，漳州军分区全过程踩实“读、走、看、听、讲、议、办、干”8个动作，持续开展“精品共享课”评选活动，组织新兵役前教育巡回宣讲，向上推送的3堂精品课视频和11篇精品课教案受到省军区好评。

【练兵备战】 2021年，漳州军分区不断提高议战议训议动质量，组织战备值班执勤，推进人武部值班室升级改造和值班秩序规范，联合海事部门组建海上民事快速反应分队，加强部分民兵哨所近海雷达监测系统建设，迎接国家党政军警民合力强边固防检查评估受到通报表扬。组织新任专武干部、“四会”教练员（军事教学中会讲、会做、会教、会做思想政治工作的教练员）和民兵重点专业骨干集训，承办全省民兵防化救援专业集训，2人参加省军区“四会”教练员比武竞赛，获综合排名第二。结合年度课题演练，组织全市应急分队开展拉动演练，动员民事力量参加上级各项重大演训任务，组织民兵参与森林火灾扑救、新冠疫情防控等一系列应急应战行动。

【国防动员】 2021年，漳州军分区研究出台《加强民兵建设14条措施》，完成全市基干民兵、民兵船编建工作。精准核查潜力数据，在全省基础潜力会审评比中排名第二。着眼“一年两征两退”（义务兵征集一年两次征兵两次退役）改革实质展开和疫情防控条件下征兵新特点，加大大学生应征政策激励力度，完成各项征兵任务。走访慰问万名漳籍现役官兵家庭，落实军转安置岗位、军人子女上学、随军家属定向招考、随军家属未就业补助等工作。

【国防教育宣传】 2021年，漳州军分区持续推进党校国防教育必修课、大中院校国防教育公开课，完成17所大中学校学生军训任务。建成漳州市国防教育展厅、征兵宣传展厅、“红色漳州、强军脉动”军史长廊。

【基层基础建设】 2021年，漳州军分区制定年度抓建基层计划，推进“四个秩序”规范建设，协调地方财政分批分项推开人武部基础设施新建改建、民兵训练基地规范运行。开展基层武装部“评星挂牌”活动，组织基层武装部规范化建设试点。联合市公安局形成军警“三防”协作机制，安全防范基础稳固。

（陈华兴）

·武警漳州支队·

【概况】 2021年，武警漳州支

队推进执勤工作高质量发展，调整优化执勤哨位，推动监区硬化、完成目标巡逻道贯通封闭，连续34年实现执勤安全无事故。持续推进“八个体系”战备建设，动态修订多种战备方案，完成各类临时勤务181起，维护驻地社会稳定。承办总队实战化教练员集训等训练，开展“军事干部之家”“送教下基层”活动，严密组织勤训轮换、冲锋舟、无人机操作、第三届“军体之星”创破纪录暨“三手”比武竞赛等大项军事训练活动10余次，提升官兵军事训练水平，在武警总队组织的参谋人员比武中荣获团体第二名。

2021年5月7—13日，漳州武警支队组织冲锋舟操作骨干集训（漳州武警支队 供图）

【安全工作】 2021年，武警漳州支队开展争创“六无”先进单位、暑期“百日安全竞赛”“安全法规学习月”活动和“密切官兵关系、杜绝打骂体罚”专项教育，升级改造基层中队装备器材室及枪弹柜，排查整治隐患200余个，观看8部安全警示教育录像，代表武警部队执勤支队高标准完成军委训练管理部组织的管理难题破解任务，全年交通违法零通报、零抄告。支队全年实现安全工作“六无”目标。

【后勤保障】 2021年，武警漳州支队着眼建设打仗型后装保障体系，加快推进转型发展，与19家单位签订应急保障协议，组织专业兵集训，开展年度后装专业比武，提升综合保障能力。持续推进特战分队训练场地、执勤二大队部、营区改造等工程建设。

【“法律心理服务到基层”活动】 2021年5月7日，武警漳州支队联合漳州磐华律师事务所组成法律心理服务小组，集中利用两周时间，赴所属基层中队开展“法律心理服务到基层”活动，为官兵普及法律知识，提高知法、守法、用法的能力。

（肖金麟 周旭辉 叶海炼 林勇发）

·人民防空·

【概况】 2021年，漳州市人民防空办公室（简称漳州市人防办）履行“战时防空、平时服务、应急支援”职能使命，完成人防工程十年专项规划编制和报批，提升防空警报建设，完成市本级短波电台天线场改造建设，短波通信能效提升。

【《漳州市“十四五”人民防空建设发展规划》实施】 2021年，漳州市人防办依据《省“十四五”人民防空建设发展规划》《漳州市国民经济和社会发展第十四个五年规划纲要》，完成《漳州市“十四五”人民防空建设发展规划》编制，经市政府专题研究通过，与漳州军分区战备建设局联合印发实施。

【防空警报建设】 2021年，漳州市防空警报网升级改造力度，市本级升级改造并新安装警报器，部分县区警报控制系统升级为北斗卫星控制。市本级首次委托第三方，对中心城区防空警报器全面排查检修，并建立台账。对市区部分警报器二次报警能效进行改造，加装UPS（不间断供电）备用电源，提高二次储能率，市中心城区警报实现统一控制。

【战备与训练】 2021年，漳州市人防办机动指挥平台完成与厦门市、龙岩市跨区协同支援训（演）练。市本级联合漳州军分区组织防空袭防炮击人防综合演练，组织全市结建式人防工程综合演练暨平战转换标准化管理现场会，指导龙海区开展重要经济目标防空防灾综合演练。完成国家人防办赋予的古雷石化基地遭袭救援试点任务，探索“平战结合、集中统一、快速反应、稳定高效”的人防、应急联动指挥救援方法。加强人防疏散基地建设，完成全省市级人防疏散基地建设与运用示范训练现场会，同时利用音视频系统实时直播龙海区重要经济目标防空防灾综合演练，在全省人防系统推广。

【人防“放管服”改革】 2021年，漳州市人防审批服务事项全面实现“一窗受理、集成服务、限时办结”，推行“一次性告知、首问责任制”。将人防审批纳入联合验收，涉及公共服务事项审批权限下放至芗城、龙文两区执行，加大简政放权力度。

【人防执法】 2021年，漳州市人防办对市本级民用建筑的人防“结建”审批情况开展执法检查，立案查处违法行为2起。对不合格单位处以罚款并征收防空地下室易地建设费，责令限期补建防空地下室。

（侯伟超）

责任编辑：蔡钰臻

退役军人事务管理

·综述·

【概况】 2021年，漳州市退役军人事务局持续做好常态化疫情防控形势下退役军人工作，在全省筹建首个市级军休大学，为烈士寻亲、常态化联系退役军人等工作经验做法被退役军人事务部推广转发。漳州市天利仁和物业服务股份有限公司获评“退役军人服务保障先进单位”“全国退役军人就业合作企业光荣榜”。

【拥军优属】 2021年各重大节日和重要时间节点，市领导多次带领相关部门走访慰问部队，在中国人民解放军建军节组织召开“八一”军政座谈会，不断密切军政军民关系。大力支持部队建设。为驻军军官协调解决家属随调安置、工作调动和家属延迟退休等事宜，帮助军人子女就读市重点学校、随军家属子女落户漳州市区，解决官兵后顾之忧。

·就业创业·

【概况】 2021年，漳州市退役军人事务局深化政企合作，分别与工商银行漳州分行和天利仁和物业服务股份有限公司签订战略合作协议。推进就业创业基地建设，授予16家企业“退役军人就业创业基地”称号。组织全市第二届退役军人创业创新大赛，10家退役军人创办企业参与，3家参加省级复赛。聘任25名专家组建退役军人就业创业指导团队，加强就业创业指导。建立退役军人就业台账，强化教育培训，组织退役军人参加学历提升、高职扩招、技能培训。举办3场退役军人专场招聘会。

【战略合作协议签订】 2021年3月12日，漳州市退役军人事务局联合漳州军分区与工商银行漳州分行签订战略合作协议。根据协议，工商银行漳州分行将面向退役军人提供专属贷款快速通道，满足军人退役创业、住房公积金、消费、网络等贷款需求；协助开展退役军人金融知识培训、提供军人电话银行专线等4项“专享”退役优抚服务内容。协议签订仪式上，工商银行漳州分行还与16家退役军人创业示范基地签订授信协议，首批授信额度6000万元。

【漳州市首批退役军人就业创业基地揭牌】 2021年，漳州市退役军人事务局在全市范围内评选出16家具有一定规模并在退役军人就业创业工作中起到引领、示范和带动作用的优秀企业，授予其“退役军人就业创业基地”称号并予以揭牌。

·移交安置·

【概况】 2021年，漳州市退役军人事务局对接用人单位，合理划分安置区域，严格安置工作考评，通过多岗选择、“人带编”等方式，妥善安置符合政府安排工作的退役士兵和营级以下（含技术）军转干部。完成军队集体转隶地方单位的人员落户工作。

【军转干部安置选岗】 2021年12月24日，漳州市退役军人事务局组织召开市区2021年营级以下（含技术）转业军官选岗会。此次军转干部安置选岗，为市区营级以下（含技术）转业军官提供100%的行政或参公岗位。整个选岗过程严格实行“阳光安置”机制，做到公平、公正、公开、阳光透明，参与选岗的军转干部现场签订选岗表，选岗率100%。

【部分退役士兵社会保险接续】

2021年，漳州市退役军人事务局持续做好部分退役士兵社会保险接续工作。截至2021年6月30日，全市养老保险办结率和缴费率均达100%。

·优抚褒扬·

【概况】 2021年，漳州市退役军人事务局严格落实抚恤补助政策，推动帮扶援助资金列入当地财政预算。优化“士兵退役一件事”综合业务平台服务，帮助退役士兵办理完成返乡各类手续。

【烈士纪念设施整改提升】

2021年4月开始，漳州市退役军人事务局组织开展烈士纪念设施整改提升专项行动。加大烈士陵园提升改造，分别投入资金686万元改造市烈士陵园，550万元改造东山县烈士陵园，188万元改造华安县烈士陵园。至年底，整改提升县级以上烈士纪念设施17个，陵园外烈士纪念设施500处，梳理整改问题779条，迁移散葬烈士墓43座。

【烈士寻亲】 2021年，漳州市退役军人事务局组织开展“让思念团聚，迎英雄回家”烈士寻亲活动，开展实地“寻亲”、网络“寻亲”、媒体“寻亲”，在各媒体平台发布寻亲信息400余条，发出寻亲函40份，微信、短信信息咨询1000余条，与辽宁、山东、江西等10个省、40多个市县的相关部门、志愿者取得联系，帮110位烈士找到亲人，相关工作在全省作经验介绍并被央视新闻、《人民日报》等媒体广泛报道。

【龙海退役军人关爱基金成立】

2021年3月，漳州首个退役军人关爱基金——龙海退役军人关爱基金成立。该基金根据《龙海退役军人关爱基金管理办法（试行）》运作，基金主要援助对象为落实社会保险、社会各项救助政策后仍有特殊困难的龙海户籍退役军人、现役军人和其他优抚对象（领取定期补助抚恤的“三属”人员、烈士子女）。基金纳入龙海慈善总会统一管理，在慈善

2021年11月29日，东山县退役军人事务局举办东山保卫战王徽鼎烈士亲属认亲仪式。图为烈士的亲属给东山退役军人事务局送锦旗

（谢聪俊 摄）

总会专户下设立“退役军人关爱基金”专项科目，做到专款专用，根据实际情况实施具体的关爱行动，为生活困难的退役军人和其他优抚对象在享受社会保障待遇后再织一层兜底保障网。

·权益维护·

【退役军人服务保障】 2021年，漳州市退役军人事务局推动“县乡村”三级退役军人服务保障机构建设，全市16个县级退役军人服务中心、133个镇（街）服务站、2067个村（居）服务站实现实体化运转。其中全市144家退役军人服务中心（站）参加示范型中心（站）创建，9家被省退役军人事务局授予“五有”（有机构、有编制、有人员、有经费、有保障）先进单位，112家通过验收。天利仁和物业公司组建退役军人服务站，并成为全省唯一被评为“全国退役军人服务保障先进单位”、并上榜“全国退役军人就业合作企业光荣榜”的民营企业。龙海区在全省率先成立县级退役军人关爱基金会。

【“最美退役军人”学习宣传活动】 2021年，漳州市退役军人事务局按照自下而上、公开透明、民主择优、逐级申报的方法，联合漳州市委宣传部、漳州军分区政治工作处，开展“最美退役军人”学习宣传活动，评选推荐2人参加2021年度全国“最美退役军人”评选，3人参加省“最美退役军人”评选，漳浦县司法局赤岭司法所所长刘坤江入选福建省“最美退役军人”。

（李 荃）

责任编辑： 杨丽飞

综合经济管理

·宏观经济管理·

【发展规划】 2021年，漳州市发展和改革委员会（简称漳州市发改委）编制完成《漳州市推进海洋经济高质量发展三年行动方案（2021—2023年）》，牵头制定《漳州市千百亿产业培育行动计划（2022—2025年）》和石油化工、新能源、海洋经济、数字服务4个产业行动计划。年内，推动古雷石化基地、漳州核电、漳汕高铁等30多个重大项目（事项）列入省“十四五”规划《纲要》，19个项目被列入国家支持福建省全方位推动高质量发展重大项目清单，闽南外海浅滩列入全国千万千瓦级海上风电基地之一，华安抽水蓄能电站列入《国家新一轮抽水蓄能中长期规划》“十四五”重点实施站点。争取推进“一带一路”建设工作领导小组办公室同意将漳州中菲产业合作示范区纳入支持“海丝”核心区建设的相关文件。

【项目建设】 2021年，漳州市发改委牵头组织实施“产业发展项目建设年”活动和“六比一看”竞赛，672个市级重点项目、131个省级重点项目完成投资1813.9亿元、530亿元，新开工重点项目284个、建成或部分建成285个；新增固定资产投资入库项目1660个，总投资超2630亿元。牵头组建项目“前期办”，谋划实施中心城区15个片区开发。举办央（国）企招商对接活动（漳州专场），签约、洽谈、对接项目63个、总投资2348亿元。升级上线项目全过程闭环管理工作平台2.0版本，新谋划项目总投资4407.98亿元。30个闽西南重大协作项目、20个列入省协同发展跟踪项目分别完成投资超300亿元、250亿元。建立重点项目用地用海用林保障协作配合机制，召开协调会35场、解决58个具体问题。

【产业发展】 2021年，漳州市出台《漳州市进一步加快服务业提升发展若干措施》，新增规模以上服务业企业28家。古雷炼化一体化一期、奇美ABS（丙稀腈、丁二烯、苯乙烯三种单体的接枝共聚物）及AS（苯乙烯、丙烯腈共聚物）等重大产业项目正式投产，中沙古雷乙烯合资合同正式签约。总投资2549.1亿元的67个项目列入省海洋经济重大项目库。第四届数字峰会招商对接数字经济项目56个、总投资449.05亿元，78个省市数字经济重点项目完成投资超180亿元；漳州宏发电声等7家企业入选省数字经济领域未来“独角兽”“瞪羚”创新企业。

【专项贷款】 2021年，漳州市发改委编制《预算内资金申报指南》《各行业补助资金申报指南》《高质量贷款项目申报手册》等操作手册，获得预算内投资补助7.7亿元，比上年增长28%；专项债发行额度135.3亿元，比上年增长76.6%，居全省第三；国开行高质量发展专项贷款授信138.6亿元，占全省专项贷款授信23.1%。

【新能源推广】 2021年，漳州市发展新能源产业，举办清洁能源海峡高峰论坛，与19家国内知名企业签署战略合作协议，组建以中核集团为核心的海上风电创新联合体，推动明阳智能、太阳海缆等项目落地建设，推动龙海等8个县区列入国家屋顶分布式光伏试点，一道新能源科技光伏组件项目签约落地建设。推动29个重点产业项目（总投资1304.7亿元）节能审查获批。

【营商环境】 2021年，漳州市出台《漳州市开展比改革亮点促营商环境全面提升行动方案》，成立市营商与信用建设中心，建立18个指标工作专班，开展“一月一主题”服务指导，城市综合信用排名稳定在全国30名左右。全面推行“一表申请、一口受理、一章审批、超时默认、默认追责”审批服务制度，推行企业开办“1天+0成本”和惠企政策“免申即享”，创新推广“窗口无否决权”工作制，推进“拿地即开工”“交房（交地）即交证”“不动产登记全市通办”等改革。出台《关于进一步规范和提升招标投标工作的十一条举措》。平和县、南靖县、古雷开发区、台商投资区、高新区相对集中行政许可权改革试点取得成效，组建行政审批局，实行“一枚公章管审批”。全市审批服务事项完成“五级十五同”标准化、规范化建设；推行45项企业和群众全生命周期“一件事”集成套餐服务、37项“异地代收代办”“省内通办”，105项高频事项入驻“e政务”，152个高频事项与全国17个省47个县“跨省通办”。

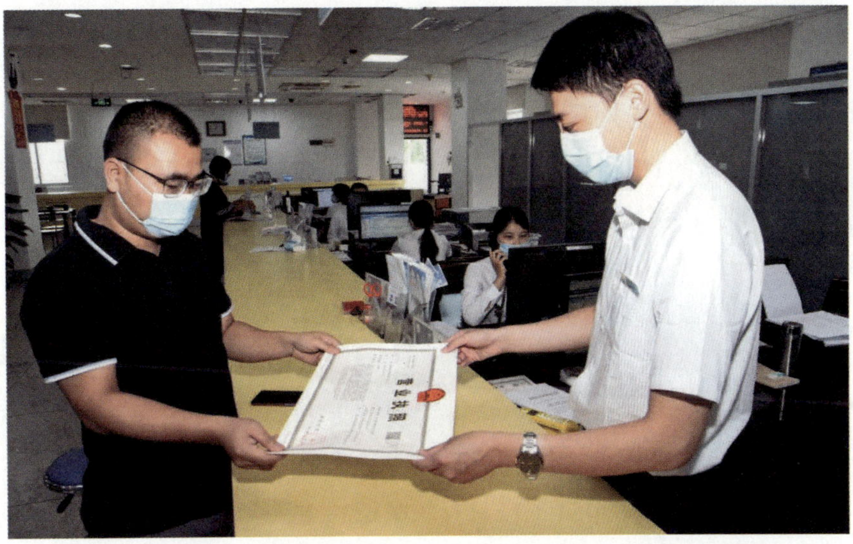

2021年9月23日，漳州商标窗口首件商标质权登记申请获批

（游腾妮 摄）

【民生保障】 2021年，漳州市地方储备粮食35.38万吨、食用油3000吨，基本满足全市购粮人口6个月供应量；落实充氮气调储粮规模22.6万吨；建立由216个应急供应网点、24个应急配送中心、22家应急加工企业和20家应急储运企业构成的应急供应网络。规划建设漳州市粮食产业集中区、漳州储备库二期等项目，漳州岱山粮库入选全国绿色粮储标准化试点单位。市辖区CPI（物价指数）比上年上涨2.3%，稳住“米袋子”“菜篮子”；完成各类价格认定事项3382件、标的金额8.51亿元。完成政府投资项目初步设计概算审查178个，核减率11.77%，节约财政资金44.93亿元。漳州市“就业扶贫+助老公益 激发村居脱贫内生动力”被国家发改委列入全国社会领域公共服务助力脱贫攻坚典型案例。

【漳州市8个县区被列入国家能源局整县屋顶分布式光伏开发试点名单】 2021年9月14日，国家能源局正式印发《公布整县（市、区）屋顶分布式光伏开发试点名单的通知》（国能综通新能〔2021〕84号），漳州市共有8个县区被列入其中，占全省（24个）的1/3，分别是龙海区、漳浦县、南靖县、平和县、诏安县、云霄县、漳州古雷港经济开发区、漳州高新技术产业开发区。

【不动产登记异地线下“全市通办”全省首推】 2021年12月1日起，漳州在全省首推不动产登记异地线下“全市通办”，标志着漳州在落实“放管服”改革工作上迈出坚实和关键的一步。该举措落实后，申请人无需扫描上传或操作相关电子设备，更无需到属地核验材料，仅需到就近县（区）行政服务中心大厅受理窗口即可线下办理。

（江丙麟）

·市场监督管理·

【概况】 2021年，全市新增各类市场主体12.3万户，比上年增长22%。深化小微企业质量管理体系认证提升行动，获国家市场监管总局通报推广。

【注册登记】 2021年，漳州市市场监管局持续深化审批改革，加快推进“企业开办一站式”建设，全面推行“证照联办”及企业注册审批事项“市区联办”“跨省通办”“省内通办”，在高新区试点开展“一业一证”改革，将全市企业开办时间稳定压缩至1个工作日内。全市新增各类市场主体12.3万户，比上年增长22%。

【知识产权】 2021年，全市新授权专利13235件，每万人口发明专利拥有量5.259件，比上年增长23.33%。54家企业利用知识产权获得质押授信金额13.15亿元，比上年增长116.39%，商标质押实现“零突破”。年内，漳州市市场监管局开展专利执法专项行动，查处知识产权违法案件3367件。市知识产权工作领导小组印发《漳州市构建知识产权保护矩阵工作方案》，做法被省发改委在全省推广。

【商标战略】 2021年，漳州市市场监管局持续推进商标品牌战略，福建三宝钢铁有限公司获得驰名商标保护。新核准注册地理标志商标7件，发布实施18项地标团体标准，全市地标148件。构建地标文旅融合发展体系，指导建设6个地标驿站（展馆）。举办地标文旅发布会等线上直播，《入口成漳——漳州地标餐》地标短视频入选国家知识产权局视频征集活动展播作品。

【质量强市战略】 2021年，漳州市市场监管局推进质量发展战略实施，组织发动相关企业申报中国质量奖、省政府质量奖。草拟《漳州市政府质量奖管理办法》并征求各部门意见。制定《漳州古雷港经济开发区质量基础设施“一站式”服务平台建设实施方案》，按计划开展质量基础设施“一站式”服务试点；引导294家企业上网声明公开1414项标准，指导企事业单位主导或参与制订修订13项国家标准、3项行业标准、14项地方标准。组织申报的黄金百香果种植等4个项目，获批为第十批省级农业标准化示范区项目。推进认证与检测工作，持续深化小微企业质量管理体系认证提升行动，先后推动3批57家小微企业改进管理制度、提升产品质量水平，获国家市场监管总局通报推广。监督抽查机动车安检机构、环境监测、建材检测机构37家，形成问题整改清单180余条，责令改正16家。筑牢计量技术基础，全市已建社会公用计量标准232项。检定校准计量器具238453台件，免收费用1554.41万元。开展计量服务实体经济行动，组建13支服务团队，为企业解决计量技术难题35个，2个案例入选《福建省计量服务实体经济典型案例选编》。

【食品安全监管】 2021年，全市完成食品监督抽检2.24万批次，合格率98.46%。年内，漳州市市场监管局持续治理“餐桌污染”，建设“食品放心工程”。高效处置进口冷链食品涉疫事件12起，分级分类处置后进入市场49.5吨。全市共34家农贸市场设立独立的食用农产品检测室。实施食用农产品达标合格证与一品一码追溯并行制度，全市2449家食品生产企业、食品销售批发批零22011家企业、54家食品销售大型商超注册漳州市“一品一码”食品安全信息追溯平台。出台支持食品生产企业做大做强22条措施，从推进商标提质增效、实施产业龙头带动等多方面帮促食品企业高质量发展。创建44家省市级餐饮服务“互联网+明厨亮灶”示范单位，完成16场次重大活动食品安全保障任务。发布4批小作坊食品目录，在长泰坂里乡建成“红酒小作坊云集中监管区”。加强对特殊食品生产经营单位日常监督检查，整改问题46个。开展保健食品行业专项整治，案件罚没款146万元。

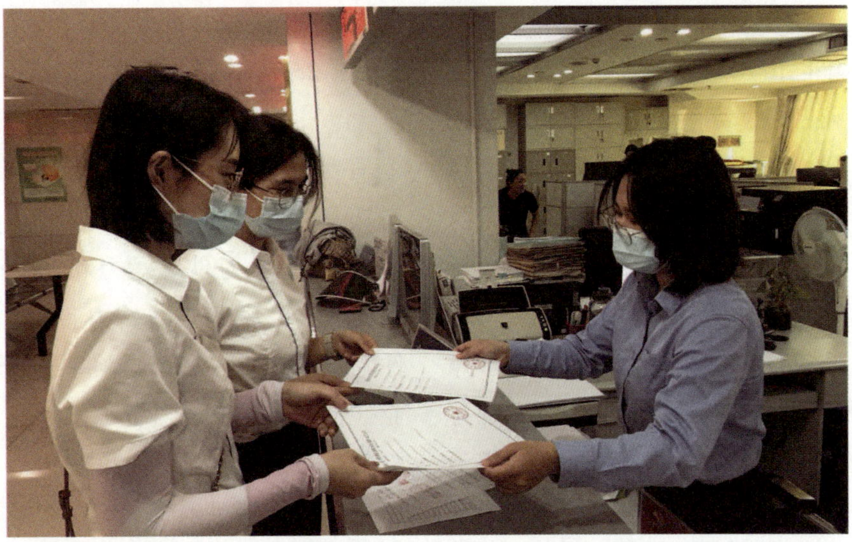

2021年9月23日，漳州商标窗口首件商标质权登记申请获批。图为工作人员为企业提供商标质权登记批复件 （游腾妮 摄）

【药品、化妆品和医疗器械监管】 2021年，漳州市市场监管局发挥药店“哨点”作用，登记上报“四类药品”购买信息106.08万条。加强新冠病毒疫苗监管，全覆盖检查疾控机构、接种单位及临时接种点、接种车，免费检定校准医疗设备温控系统计量器具，减免检测费用20余万元。开展中药饮片、特殊药品、医疗器械、儿童化妆品等专项整治，办结“两品一械”案件300件，罚没344.21万元。查办片仔癀相关案件、查办生产销售假冒化妆品案、化妆品宣传等工作被国家药监局通报表扬，医疗器械法规宣传贯彻等工作被省药监局通报表扬。

【工业产品质量监管】 2021年，漳州市市场监管局针对电动卷帘门机、非医用口罩等行业短板，组织专家深入企业生产现场进行质量帮扶，帮助企业分析产品质量安全风险，提出改进对策。开展14个专项排查整治和108批次市级监督抽查，促进产品质量提升。探索建设食品相关产品质量安全追溯体系，该平台已完成软件开发并投入运行。

【特种设备安全监管】 2021年，漳州市市场监管局发出《特种设备安全监察指令书》344份，办结案件71件，罚没301万元，有效确保全市特种设备安全稳定运行。开展电站锅炉、液化石油气、气瓶、压力管道、景区非景区特种设备等9项专项整治，检查特种设备生产、使用单位3686家次，排查问题隐患1748个。保障古雷石化项目建设，对安装监检中发现的705台不符合规定的流量计（壳体）依规责令整改。探索电梯安全综合治理新模式，推动电梯按需维保试点改革。

【事中事后监管】 2021年，漳州市市场监管局加强企业信用监管，全市企业年报率达96.29%。牵头联合49个市直单位出台部门失信联合惩戒措施，推动实现“一处失信、处处受限”。梳理出台《漳州市跨部门‘双随机、一公开’抽查事项清单》，累计抽取抽查企业3562户次。

【反不正当竞争执法】 2021年，漳州市市场监管局开展商业秘密保护示范基地建设工作，指导5家企业申报省级商业秘密保护示范点。开展反不正当竞争执法，推动高质量发展超越专项行动，查办案件49件。协助省市场监管局调查了解诏安县政府涉嫌滥用行政权力排除、限制竞争行为情况。开展打击传销专项整治百日行动，办结案件6件，遣送参与传销人员11人。

【网络市场监管】 2021年，漳州市市场监管局打造由首个行政执法系统在线电子数据取证规定，首个执法部门、司法部门、鉴定机构、当事主体等多方参与的在线取证平台，首个行政司法互鉴互认的漳州链等3个“全国首创性”组成的在线取证一体化协同模式。

【重点领域监管】 2021年，漳州市市场监管局开展民生领域查办案件“铁拳”行动，严厉查处商标侵权、价格违法、制假售假、虚假广告等违法违规行为，查处各类案件4783件，罚没2955.9万元。抓好花山溪饮用水水源地风险突出问题整改，完成肥料个别重金属含量抽检359批次，查处肥料违法案件17件。加强高风险非冷链集装箱货物监督抽查，抽查2021年1月之后进口货物的生产经营单位285家，抽查进口货物201货柜、22748单件，重2559.93吨。

【消费维权】 2021年，漳州市市场监管局受理消费者咨询投诉举报7.3万件，承办市政府12345便民服务热线转办件701件。推动ODR（订单缺陷率）企业（指在县区市场监管部门指导监督下，通过全国“12315”平台ODR系统提供消费纠纷在线解决服务的企业）建立完善消费纠纷和解在先机制，新设立ODR企业31家。新增公示消费投诉数据6456条。抽检各类商品533批次，合格率92.31%。加强油品质量管控整改，抽检柴、汽油951批次，合格率98.42%，立案查处销售不合格油品案件7件。

（许 悦）

·审计工作·

【概况】 2021年，全市审计机关完成审计项目280个。其中，审计255个，专项审计调查25个。审计发现非金额计量问题1698个；损益（收支）不实金额4.12亿元；出具审计报告和专项审计调查报告370篇。审计处理处罚金额15.81亿元；移送司法机关、纪检监察机关和有关部门处理事项29件，移送处理人员12人。审计促进整改落实有关问题资金9.41亿元；审计后挽回（避免）损失4785万元。审计提出建议842条，被采纳727条；提交审计信息231篇，被批示、采用106篇次。

【政策落实跟踪审计】 2021年，漳州市审计局组织市县两级审计机关重点对乡村振兴相关政策及资金、财政事权和支出责任划分改革、土地资源和房产资源摸底调查、优化营商环境、主要经济领域风险预警预报预防、为民办实事项目等专题开展重大政策措施贯彻落实情况跟踪审计。其中，乡村振兴相关政策和资金审计，抽查804个项目，涉及116个单位、企业、合作社或家庭农场，61个乡镇、203个村，入户调查443户农户，促进完善制度，推动乡村振兴政策和工作体制机制进一步健全。

【财政审计】 2021年，全市审计87家预算单位，其中市审计局审计市委网信办、市财政局、教育局、科技局、公安局、卫健委、文旅局、工商联及8个民主党派。开展社会保险基金审计、乡村振兴相关政策和资金审计、土地出让收益使用情况专项审计调查等3个专题审计以及古雷开发区2020年度财政决算审计、诏安县2020年度财政决算审计；与财政部门建立预算绩效管理财审联动机制，从数据共享、合力推进、

2021年12月23日，漳州市审计局审计组在东山县开展漳州市渔港建设管理情况专项审计调查。图为审计调查现场　　　　（刘瑗璇　摄）

成果共用等方面推动“管理+监督”的深度融合，提升预算管理水平和政策实施效果。

【经济责任审计】　2021年，全市对105名领导干部进行审计监督，其中市审计局对3个市直单位、2家市属医院、1所市属学校，共12名领导干部（领导人员）实施经济责任审计。

【固定资产投资审计】　2021年，全市实施古雷作业区至古雷港互通口疏港公路工程、九龙江防洪工程漳州段（二期）2个项目预算执行情况和决算审计，古湖安置房（一期）项目预算执行情况审计，援疆项目和资金审计，市直部分城市棚户区改造安置房资金管理情况专项审计调查等40个审计项目。其中市直部分城市棚户区改造项目资金管理情况专项审计调查推动市住建局、财政局等四部门联合下发《关于进一步核实处置城市棚户区项目的通知》，促进盘活存量资产、增加财政收入、防范财政性资金流失风险。

【民生审计】　2021年，市审计局加大医保基金审计监督力度，依托大数据进行趋势分析并提示风险，促进医保基金规范管理，守好群众“救命钱”。聚焦高校毕业生政策落实、公办幼儿园建设项目、养老服务工程项目等情况开展审计监督，推动补短板、强弱项，促进政策落地落实。

【资源环保审计】　2021年，全市实施12名领导干部自然资源资产离任（任中）审计，其中市审计局实施漳州市海洋渔业局主要领导干部自然资源资产离任（任中）审计。

2021年漳州市本级及所辖县（区）审计工作统计表

表3

审计机关	完成审计项目（个）	审计查出主要问题金额（万元）	审计发现非金额计量问题（个）	审计期间整改金额（万元）	出具审计报告和审计调查报告（篇）	审计处理情况		审计促进整改落实有关问题资金（万元）	审计提出建议（条）	提交审计信息（篇）
						审计处理处罚金额（万元）	移送处理事项（件）			
漳州市本级	38	258921	406	2873	48	101467	5	50934	117	109
芗城区审计局	17	23421	86	0	22	2556	3	1295	52	13
龙文区审计局	25	19353	121	2012	31	2250	2	6	63	0

续表3

审计机关	完成审计项目（个）	审计查出主要问题金额（万元）	审计发现非金额计量问题（个）	审计期间整改金额（万元）	出具审计报告和审计调查报告（篇）	审计处理情况		审计促进整改落实有关问题资金（万元）	审计提出建议（条）	提交审计信息（篇）
						审计处理处罚金额（万元）	移送处理事项（件）			
龙海区审计局	20	118519	242	3820	26	6066	8	1867	95	19
长泰区审计局	12	16442	114	0	14	14349	0	13323	40	0
漳浦县审计局	24	102157	140	1732	30	4634	1	4145	68	33
云霄县审计局	13	7564	45	86	17	3470	0	0	52	5
诏安县审计局	27	1337	82	5	31	635	3	535	71	0
东山县审计局	18	51841	31	70	19	7734	0	16192	15	3
平和县审计局	34	14903	123	333	54	4468	4	4099	86	47
南靖县审计局	26	33716	116	0	38	3335	2	1726	79	2
华安县审计局	26	7223	192	0	40	7152	1	0	104	0
合计	280	655397	1698	10931	370	158134	29	94122	842	231

【企业审计】 2021年，全市对漳州市旅游投资集团有限公司、漳州片仔癀资产经营有限公司等12家国有企业开展审计。年内，市审计局实施市属类金融企业国有资产管理情况专项审计调查，对规范国有资本运作、提高国有资本配置和运行效率起到积极的促进作用，推动风险早发现、早处置。

（李伟光）

·统计工作·

【基层基础建设服务】 2021年，漳州市统计局推动将“统计基层基础规范化水平”纳入2021年度县区绩效考核指标体系。首次建立局领导班子分片挂钩日常指导制度。组建以工业、贸易、投资3个科室为主的培训团队，开展大规模、跨专业、全覆盖的培训。

【统计监测分析】 2021年，漳州市统计局收集整理汇总分析数据，监测研判经济运行形势。强化数据审核评估，对存疑或波动较大的数据，及时查询核实，确保数据应统尽统、统必合规。年内，撰写分析文章143篇。编印《漳州每月经济报告》《统计摘要》《统计年鉴》，编印《统计知识百问百答》手册，拍摄《百年征程 统计芳华》宣传片，编印《穿越世纪 百年芳华》风采录，其中《百年征程 统计芳华》宣传片，通过央视频、央视新闻移动网、新华网等国家级新媒体平台展播，首次跳出漳州展现新时代漳州统计人形象。

【统计法治】 2021年，漳州市统计局推动市县两级党委政府和相关部门建立健全防范和惩治统计造假弄虚作假责任制，起草《关于贯彻落实防范和惩治统计造假、弄虚作假责任制工作的通知》，以市“两办”名义下发执行。印发《关于统计机构负责人和统计人员防范和惩治统计造假弄虚作假责任制规定（试行）》等防惩文件，落实领导干部违规干预统计工作记录制度，按季如实填报《领导干部违规干预统计工作记录台账》，切实保障统计机构和统计人员依法独立行使统计调查、统计报告、统计监督职权。根据年度监督检查计划，组织开展统计“双随机”监督检查，立案查处统计违法案件，有效震慑统计违法行为。推动各级党委政府领导班子通过理论中心组、常委会、政府常务会等形式，对统计法律法规和相关文件精神进行专题学习。统计法纳入市县两级党校培训必修课长效机制已全覆盖，省、市统计分管领导和专业人员多次为党校学员开展统计法律法规宣传和统计业务知识辅导。结合“12·4”国家宪法日、中国统计开放日等节点，广泛向社会宣传统计法律法规和相关统计业务知识，进一步营造全社会依法统计、关心统计、支持统计的良好氛围。

（黄雅雅）

·国有资产监督管理·

【概况】 2021年，漳州市属国有企业资产总额2642.8亿元（其中，九龙江集团资产总额1007.68亿元，为漳州首家资产总额超过千亿元企业），比上年增长15.89%；所有者权益总额868.53亿元，比上年增长13.79%；平均资产负债率67.14%，较年初增加0.61个百分点。截至12月，累计实现营业收入805.81亿元，比上年增长79.44%；利润总额67.80亿元，比上年增长78.76%；净利润56.50亿元，比上年增长88.84%；已交税费总额29.10亿元，比上年增长29.40%。

【国有企业改革】 2021年6月，漳州市出台《漳州市国企改革三年行动实施方案（2020—2022年）》，明确党的领导与公司治理有机融合、实施创新驱动发展、推进混合所有制改革、加快完善市场化经营机制等重点任务。至年底，改革任务完成56项，完成率82.35%。年内，漳州市国资委印发《漳州市市属企业混合所有制改革操作指引》，推动混合所有制改革有序开展。

【国有资产监管】 2021年，漳州市国资委强化企业内部审计监督，建立健全违规经营投资责任追究工作机制，推进违规经营投资查处工作。印发《市属国有企业阳光采购监督管理办法（暂行）》，通过创新国有企业采购模式，构建阳光采购网上超市，将采购用户覆盖市属国有企业、区县属国有企业。运营以来，平台入驻阳光采购超市供应商64家，签约企业单位合计187家，平台上架产品数量2.3万个，采购成交金额1611万，节约率16.87%。

【投资融资管理】 2021年，漳州市国资委完成投资237.97亿元（不含3家上市公司）；省市重点项目完成投资96.48亿元；九龙江集团等四大集团完成融资1012.43亿元，偿还借款本金753.35亿元，没有出现逾期不归还的违约行为。支持全市区域大开发，推动古雷PX（对二甲苯）、PTA（精对苯二甲酸）项目建成投产，中沙（古雷）乙烯项目于2021年8月签订合资协议；漳龙集团建设的谷文昌干部学院、城投集团建设的漳州一中高中部荣获国家优质工程奖。

【福建省央（国）企招商对接活动漳州专场举行】 2021年9月9

2021年8月4日,九龙江集团入驻九龙江大厦　（九龙江集团 供图）

日，福建省央（国）企招商对接活动（漳州专场）在漳州举行。此次招商对接活动签约、洽谈、对接项目63个，签约洽谈项目总投资2348亿元。签约仪式上，漳州市政府与中信重工机械股份有限公司、中国核工业集团牵头组建联合体，招商局蛇口工业区控股股份有限公司、中国中车集团有限公司、启迪科技城集团有限公司等央（国）企现场签约20个项目，涉及石化、装备制造、新能源、文旅、城市更新和开发等领域。

（周菁菁）

漳州市九龙江集团有限公司

【概况】　2021年，漳州市九龙江集团有限公司（简称九龙江集团）合并资产总额1007.68亿元，比上年增长16.44%；全年实现营业收入344.73亿元，比上年增长58.75%；利润总额36.76亿元，比上年增长38.01%；上缴税费20.16亿元；上缴财政6.72亿元。

【融资运作】　2021年，九龙江集团年融资能力超450亿元。成功发行绿色中期票据，为漳州地区首单权益出资型绿色债券。推进创新品种基金债，为漳州地区首单基金债，实现融资品种新突破。

【产业投资】　2021年，九龙江集团推进各业务板块重点项目开展。福海创公司生产PTA 产品373.04万吨，生产PX产品123.86万吨。中沙（古雷）乙烯项目于2021年8月18日签订合资协议。参股成立福建古雷能源科技有限公司，参与漳州古雷石化产业园区增量配电业务改革试点项目竞标。公共管廊项目第一标段工程进度完成移交，第二标段完成验收。高峰谷接待旅客2.95万人次，成为国家AAA级旅游景区。集团商贸业务板块实现贸易营收211.9亿元，比上年增长101.94%。

（蒋秋滨）

福建漳龙集团有限公司

【概况】　截至2021年年底，

2021年12月30日，模板工在谷文昌干部学院二期工程安装模板

（漳龙集团 供图）

福建漳龙集团有限公司（简称漳龙集团）资产总额636.18亿元、年营业收入290.52亿元、年利润总额5.79亿元、上缴税收1.98亿元。2021年获得“福建企业100强”“福建服务业企业100强”等称号。

【金融服务】 2021年，漳龙集团运用总规模30亿元的“漳州城市发展母基金”、债券融资、金融租赁等多元金融工具，以股权投资为纽带，打造金融服务平台。年内，漳龙集团以3.45%价格定价2年期11个月境外美元债券，创全省美元债券发行利率新低，为省内首家“港澳”两地双挂牌上市国有企业。成功发行设立漳州市首单供应链ABS（资产支持证券），并且创2021年以来AA+供应链ABS发行票面利率最低。漳龙基金公司取得中国基金业协会基金管理人资格，为漳州市首家获得该资格的股权投资基金专业管理机构。

【产业投资】 2021年，漳龙集团引进中信建投资本、三峡集团、中铁海峡、中建海峡、中交三航局、中铁二十四局等实力央企及金融机构等战略合作伙伴，先后与闽西南集团、龙文区、高新区等合作参与重点区域投资建设与产业引进。“中国女排娘家”基地、长福片区棚改、谷文昌干部学院二期、市医院高新区院区、芗江酒店等重点项目顺利实施。海峡花卉集散中心入选国家林业和草原局第二批国家林业产业示范园区，海峡生物科技股份有限公司旗下“新镇宇蝴蝶兰”品牌成功入选2021年度中国农业“乡村振兴十大杰出品牌”。

（陈玉玲）

福建漳州城投集团有限公司

【概况】 2021年，福建漳州城投集团有限公司（简称城投集团）资产总额475.71亿元，比上年增长16.24%；所有者权益总额153.04亿元，比上年增长19.95%；资产负债率67.83%，比年初下降0.99个百分点。全年完成营业收入112.18亿元，比上年增长83.89%；利润总额4.08亿元，比上年增长2.42%；归属于母公司所有者的净利润3.30亿元，比上年增长21.31%；上缴税收3.71亿元，比上年增长84.59%。

【项目投资】 2021年，城投集团完成投资51.86亿元。全年承接76个工程项目，其中省市重点项目13个、为民办实事项目12个。西湖棚户区改造和道路建设、新浦路、腾飞路、瑞京路改造提升、“漳州110”事迹展览馆改扩建、新华停车楼、水仙花保护基地一期景观工程、市行政服务中心等26个项目基本完工或投入使用。漳州一中高中部荣获国家优质工程奖，闽南水乡商贸街获得中国风景园林学会设计三等奖，九龙财富中心获“闽江杯”优质工程奖，碧湖城市广场等4个项目获“水仙杯”优质工程奖，市行政服务中心BIM（建筑信息建模）技术应用获得2021第四届“优路杯”全国BIM技术大赛优秀奖。主编的《福建省绿色生态城区评价标准》由福建省住建厅

2021年2月8日，市区瑞京西路改造完成 （吴嘉璋）

正式发布实施。

【融资保障】 2021年，城投集团完成直接融资102.8亿元，间接融资到位资金100.19亿元。相关金融机构向集团公司授信余额为49.08亿元。年度实际占用融资资金综合成本为5.1%，比上年下降0.22%；年度存续融资成本4.84%，比上年下降0.37%。

【业务拓展】 2021年，城投集团竞得2021G01、2021G02、2021G03、2021P08、2021P06等5个地块，合计开发面积（计容）58万平方米，比上年增长76%。竞得漳州市殡仪馆改扩建二期工程PPP项目等3个市场化项目。拓展供应链增值业务，实现营收39亿元。成立漳州土地开发服务集团有限公司，推进承接土地收储第三方业务基础工作。与诏安丹诏公司成立合资公司，拓展县域市场。与厦门海石生态公司合资成立城投生态公司，拓展矿山生态治理等生态环境业务。

【城市服务】 2021年，城投集团运营管理的漳州古城入选省级旅游休闲街区、获评首批福建省特色步行街；闽南水乡商贸街招商率92.23%，入选省级旅游休闲街区。智慧停车平台完成长泰长丰停车楼接入。及时收运处置涉疫医废垃圾619.5吨（其中涉疫垃圾118.73吨），入围漳州市党史学习教育“我为群众办实事”50个候选典型案例；开展海漂垃圾治理，权属环境集团获得“点赞·2021中国环境企业优秀品牌”、“2021年度城市环卫管理创新示范案例”及全国“母亲河奖”绿色贡献奖等11项称号。

（张艺山）

漳州市交通发展集团有限公司

【概况】 2021年，漳州市交通发展集团有限公司（简称交通集团）资产总额454.64亿元，净资产147.45亿元，营业收入42.18亿元，净利润1.49亿元，实际上交税金1.32亿元。拥有下属全资一级子公司、控股公司21家。新增PVC（聚氯乙烯）板材生产用挤出机等知识产权14项，智慧园林管理运营系统、道路安全预警系统等计算机软件著作权12项，所属通正公司获“国家级高新技术企业”认证，所属长运集团荣获2021年“中国道路运输百强诚信企业”称号，“交通五福”房地产板块商标注册通过国家商标总局审核批复。

【项目投资】 2021年，交通集团投资项目48个，涵盖高铁、高速公路、市政交通、公交枢纽、汽车场站、房地产、海上运输等项目，其中公益性项目25个、经营性项目23个。项目总投资853.32亿元，年度完成投资44.56亿元。漳州金峰大桥及其接线工程竣工通车，云水谣庄园酒店项目竣工。漳州芝山南跨江桥梁、国省干线联六线芗城段、南江滨路与马洲大桥连接线工程基本完工，漳州市东环城项目A2标A3标于年底具备通车条件。漳武线

2021年6月15日，漳武高速（南靖段）天岭隧道左洞贯通

（张梦帆 摄）

南靖段高速公路工程项目获公路水运工程“平安工地”省级示范项目荣誉，古雷开发区农村地籍与房屋测量调查项目三维倾斜摄影测量获福建省优秀测绘地理信息工程奖。

【交通运输】 2021年，交通集团拥有客运车辆、出租车、网约车等生产经营用车1986辆，客运班线97条。达达通公共自行车服务网点360个，电单车站点748个，公共自行车7800辆，公共电单车5000辆，在主城区实现200米范围覆盖率100%。公共自行车、电单车业务拓展至古雷开发区、南靖县城、东山县城、漳州台投区及漳州招商局经济开发区等地，提高区域民众出行效率。“绿色达达通 便民又畅通”入选漳州市“我为群众办实事”50个推广展示案例。新开通2条长泰夜间免费公交专线、平和县九峰镇至平和县城直通公交线路、南靖至西山客运班线，进一步改善周边群众的出行条件。为市直机关单位等提供公务保障用车约1.8万车次，保障里程约251.3万千米。拓展汽车能源销售业务，自主运营长运漳州客运中心站旁加油站，实现营收6700万元。

【商贸建材运营】 2021年，交通集团初步形成绿色环保沥青商砼、矿山和海砂开采、新型建筑板材、钢材水泥及其他建材、化工原料和石油制品等五大工贸为一体的商贸建材供应链。全年实现营收12.3亿元。

【海洋经济运营】 2021年，交通集团所属涉港口企业划转至省港口集团。集团公司重新梳理整合板块业务，原港口航运板块调整为海洋经济板块。年内，购置一艘5.6万吨散货船“启宏轮”，集团船舶总吨位突破16万吨级。船舶营收6800万元，利润1500万元，实现扭亏为盈。漳浦一德石化项目并购重组突破重要节点，实现实际控股约80.34%的股权。

【资本融通】 2021年，交通集团信用评级保持国内联合信用主体AA+，债项评级AA+，国际评级BB+。融资131.51亿元，直接融资81.99亿元，间接融资49.52亿元，多款融资产品利率持续创新低，为集团项目建设推进提供保障。

【助力疫情防控】 2021年，交通集团在福建省内突发中、高疫情风险期间，发挥交通企业作用，先后组织近80名驾驶员、工作人员及近70部各类车辆，前往莆田、厦门、角美等地区运送近500名医务人员及160名干部志愿者，“点对点”转运密接人员、次密接人员和高风险地区返漳等各类人员近3170名，累计执行运输任务约195车次，运送医疗救援物资1.5吨，支援防疫前线。

（欧阳福金）

漳州片仔癀药业股份有限公司

【概况】 2021年，漳州片仔癀药业股份有限公司（简称片仔癀药业公司）资产总额为124.95亿元，实现营业收入80.22亿元，比上年增长23.20%；实现利润总额28.69亿元，比上年增长44.97%；实现净利润24.64亿元，比上年增长45.89%；上缴税收10.46亿元，比上年增长19.95%。控股子公司实现营业收入42.01亿元，比上年增长8.83%。公司上榜“2021福布斯全球企业2000强”，荣膺“2021年度全国实施卓越绩效模式先进组织”，位列“2020年胡润品牌榜”医疗健康行业第一位。片仔癀药业获评“2021福建制造业企业100强”。

【疫情防控】 2021年，片仔癀药业公司持续助力常态化疫情防控工作，协同中国中医科学院中医临床基础医学研究所，完成药品的上市注册申报，清肺排毒颗粒获得药品注册证后正式生产。调配生产物资，制备“清肺排毒汤”复方颗粒，驰援抗疫一线。开展“疫苗接种筑防线，志愿服务显担当”活动，组织 17 名志

2021年4月，片仔癀以品牌价值590.16亿元位列“2021中国最具品牌价值100强”第55位　　　（片仔癀集团 供图）

愿者前往疫苗接种点协助开展宣传引导、秩序维护、疑问解答等工作。协同3家爱心企业响应市工商联等单位的号召，致敬最美“逆行者”，为一线医护人员捐赠物资。年内，被科技部授予“全国科技系统抗击新冠肺炎疫情先进集体”称号。

【研发创新】　2021年，片仔癀药业公司启动片仔癀增加治疗肝癌功能主治临床研究，开展片仔癀及优势品种的药理毒理、质量标准研究、临床研究课题40余项。用于预防静脉血栓栓塞的化药4类药品阿哌沙班片取得药品注册证书（批准文号：国药准字H20213845），是公司作为上市许可持有人首个视同通过一致性评价的化药产品；用于治疗纤维肌痛的化药1类新药 PZH2107（LDS片）取得药物临床试验批准通知书。公司作为受托生产企业，协助中国中医科学院中医临床基础医学研究所取得抗疫新药清肺排毒颗粒3.2类药品注册证书。3个化药1类新药、2个中药1.1类新药和1个中药1.2类新药进入临床研究阶段，初步形成具有片仔癀品牌特色的研发布局和管线。推进国家企业技术中心、院士专家工作站、博士后科研工作站等企业核心自主研发平台创新能力建设。院士专家工作站获“2020年福建省示范院士专家工作站”。新增与澳门大学、香港浸会大学等共建研发平台，企业科技创新平台水平提升。

【基地建设】　2021年，片仔癀药业公司重视源头质量管理，推进基地建设。先后成立中国医学科学院药用植物研究所·片仔癀·润身中药材标准化种植联合研究中心、北京林业大学·片仔癀药业·边坝县政府西藏高原麝类联合研究中心、片仔癀研究院药材中心武夷山分中心、片仔癀—西北农林科技大学麝类生物学联合实验室。片仔癀药业三七药材基地获评“三无一全”品牌基地。片仔癀—北京林业大学麝类生物学联合实验室续签。国内首个林麝溯源系统暨片仔癀林麝精细化养殖追溯管理系统开发完成。

【产权保护】　2021年，片仔癀药业申请发明专利15件、实用新型专利8件、外观专利3件；取得软件著作权登记证书3件；新增发明专利授权9件、新增实用新型专利授权1件，受让发明专利1件；获得注册授权商标42件。

【品牌建设】　2021年，片仔癀以品牌价值590.16亿元位列“2021中国最具品牌价值100强”第55位；以品牌价值349.46亿元位居“2021中华老字号品牌价值排行榜”第二位。

（林　毅）

福建龙溪轴承（集团）股份有限公司

【概况】　截至2021年年底，福建龙溪轴承（集团）股份有限公司（简称龙轴集团）实现营业收入14.35亿元，比上年增长23.86%，利润总额3.32亿元，比

2021年8月5日，专题片《龙轴：小轴承转出大格局》在福建东南卫视、海峡卫视播出

（龙轴集团 供图）

上年增长101.69%，归属集团母公司所有者净利润2.98亿元，比上年增长99.28%（若剔除股票公允价值变动收益以及母公司搬迁补偿对当期利润的影响，集团利润总额1.2亿元，比上年增长33.05%；归属集团母公司所有者净利润1.19亿元，比上年增长36.61%）。截至2021年12月31日，龙轴集团资产总额34.52亿元，比上年增长17.28%；归属集团母公司所有者权益22.87亿元，比上年增长11.48%。年内，龙轴集团再次入围“中国机械500强”，位次提升至332位；成为全国轴承行业首家通过民航轴承产品适航认证和挂签的企业，获批成立省级新型研发机构。

【“双师型”营销】 2021年，面对全球新冠疫情反复，中美贸易摩擦持续，传统配套主机行业步入下行周期等不利因素，龙轴集团强化“双师型”营销，融入“双循环”新发展格局，加快转换增长动能，实现国内、国外市场和航空航天领域的互补互促互融，在2021年第三季度开始出现断崖式下滑的情况下，全年比同行业少下滑15%以上。国际市场销售收入比上年增长62.4%，三新市场销售收入比上年增长65.8%，航空市场销售收入比上年增长33.2%。

【产品升级】 2021年，龙轴集团完成新产品开发788种，申请专利9项，获授权专利18项，其中发明专利2项。与中科院金属所、物构所强化基础研究合作，联合开展先进金属材料和高分子材料等前沿技术研究；与中国商飞上海飞机院（简称上飞院）设计研究深化应用研究，协同承担工信部“民机标准轴承应用研究”专项；与中国商飞上飞院联合制定航空拉杆的首份民航企业标准，再次参与ISO国际标准制定，推动GB/T 304.9《关节轴承通用技术规则》等4项国家标准的修订工作；开展11项国家、省部级产品技术研发项目、条件保障项目和产业化产能建设项目，三大项目具备验收条件；推动永轴公司嵌入航空产业链，在行业内首创起落架转筒不锈钢双剖分型圆锥滚子轴承，在AG600飞机起落架实现首台套示范应用。

【项目建设】 2021年，龙轴集团配合“中国女排娘家”基地项目建设，组织编制搬迁计划甘特图，制定八大任务，细化183个工作节点，提前4个月完成集团总部整体搬迁。截至年底，总投资4.45亿元的关节轴承绿色智能制造技改项目累计完成投资2.65亿元，其中2021年完成投资9596万元，完成边技改、边搬迁、边生产、保交付、创新高的艰巨任务。

（吴秋婷）

福建漳州发展股份有限公司

【概况】 2021年，福建漳州发展股份有限公司（简称漳州发展）资产总额81.11亿元，比上年增长14.3%；净资产26.00亿元，比上年增长5.6%；营业收入30.61亿元，比上年减少1.77%；实现

2021年1月21日，漳州市区内河水环境综合整治完成。图为整治后的东宋河　（摄于2021年2月5日，漳州发展 供图）

净利润1.35亿元，比上年增长1.66%；累计缴纳税费1.87亿元。

【新能源业务】 2021年，漳州发展探索开展新能源业务，成立漳州发展新能源事业部，注册设立福建漳发新能源投资有限公司。年内，漳州发展新能源公司与一道新能源、东山开投集团签订合作协议，成立合资公司，共同参与在东山建设5吉瓦光伏组件生产线及配套设施，该项目全部建成投产达产后年产值预计可达100亿元。

【水务业务】 2021年，水务集团供水总量11317.03万吨,比上年增长7.18%；售水总量8338.89万吨,比上年增长8.67%；污水处理量9571.03万吨,比上年增长36.04%。漳州发展参与漳州地区城市供水一体化，中标芗城区、龙文区、高新区城乡供水一体化项目。其中，芗城区城乡供水一体化项目于年底前完工并实现通水运行。完成第三水厂一期、东墩污水厂二期B区和马洲污水处理厂一期等项目建设，其中第三水厂一期正式供水，东墩污水处理厂二期B区和马洲污水处理厂一期项目开始商业试运行。完成2021年度30个老旧小区供水改造工程任务。

【汽贸业务】 2021年，漳州发展在保障经营有序开展的前提下，梳理品牌结构，完成对漳州华骏奇瑞、福州起亚退网工作及厦门观致品牌、漳州DS品牌置换工作，获得江铃福特漳州区域、长城哈弗厦门区域及华为赛力斯漳州区域的授权，整合厦门及漳州区域售后资源，获得宁德时代漳州区域电池售后维修授权；探索新模式、新业务，以新能源物流车为突破口进行业务升级，取得吉利远程新能源商务车福建总代理的授权等。

【地产开发】 2021年，漳州发展地产集团实现营业收入3.08亿元，比上年下降7.78%；净利润7217.85万元，与上年基本持平。年内，地产集团竞得漳州市南靖县编号靖 2020P19 号地块，并成立全资项目公司漳州晟辉房地产有限公司进行开发。

【项目建设】 2021年，漳州发展推进漳州市区内河水环境综合整治PPP项目、南靖县农村污水处理设施建设工程PPP 项目、马洲污水处理厂建设工程等项目建设。创新采用“单体工程类别分批次验收+子项目综合验收”方式推进内河水环境综合整治PPP项目验收工作，漳州市区内河水环境综合整治PPP项目——建成区内源治理工程、龙文区27个单体项目农污工程、29个小区排水单元工程等竣工并通过验收。南靖农污PPP项目首批12个行政村全面完工，其余46个行政村均入场施工；龙山污水厂一期完成桩基工程。年内，收购福建展恒新建设集团有限公司55%股权，展恒新拥有建筑工程施工总承包一级、市政公用工程施工总承包一级两项资质，绿色建造板块整体实力提升。

（杨 洋）

漳州投资集团有限公司

【概况】 2021年，漳州投资集团有限公司（简称“漳投集团”）合并总资产37.39亿元，净资产25.65亿元，营业收入1.83亿元，利润总额6066.82万元，归属母公司净利润2803.59万元，投资总额4.31亿元。

【基金运营】 2021年，漳投集团发放应急周转金、小微企业贷款基金、市技改贷款风险补偿资金等政策性基金贷款183笔，金额达9.37亿元。代表漳州市出资1.24亿元参股的福建省企业技术改造投资基金，截至年底，借助该基金进行技术转型升级的漳州企业达24家，签约及投放技改项目26个，累计签约金额25.98亿元，累计投放金额25.32亿元。

【担保业务】 2021年，漳投集团下属两家担保公司在保余额合计25.19亿元，比上年增长39.56%；放大倍数4.16倍，比上年增长38.67%；在保企业2151家（笔），比上年增长1.95倍，代偿率为0.14%。在省金融局对全省78家政府性融资担保公司业务开展情况的排名中，下属企业融资担保公司融资放大倍数位居第三名，下属企业瑞信担保公司融资在保余额位居第六名。瑞信担保公司与农业银行漳州分行创新推出全省首批“惠农e贷”银担“总对总”批量担保业务，截至年底，为593个农户提供担保贷款2.50亿元。

【典当业务】 2021年，漳投集团下属两家典当公司累计放款1.43亿元，不良率为0.56%。其中，下属企业晟发典当公司累计发放当金0.94亿元，下属企业漳信典当公司累计发放当金0.49亿元。

【产业股权投资】 2021年，漳投集团下属企业产业股权公司运营管理的产业引导基金已参股设立漳投股权基金、生态智慧基金、鑫投食品基金、鑫投海资基金、百年鑫投基金等5支子基金，基金总规模10.75亿元，产业引导基金累计认缴出资3.12亿元，实缴出资2.42亿元。子基金投资万辰生物股份公司、神悦铸造股份公司等25家企业，投资金额5.15亿元。投向漳州本地资金3.80亿元，共招商引资8家企业，投资金额累计1.75亿元。投资项目企业之一万辰生物股份公司（股票代码：00972）在深交所创业板市场上市，成为漳州市第3家在境内上市的民营企业。投资项目企业之一太龙照明股份公司（股票代码：300650）由子基金生态智慧基金投资80.84万股，金额1600万元。

【PPP投资】 2021年，漳投集团下属企业鑫信建投公司已投资建设的PPP项目金额近40亿元。其中，芗城区城中村与农村生活污水收集与处理PPP项目已竣工验收投入运营，南靖县S318（联十四）线靖城棋盘社至牛崎头段公路工程PPP项目（一期）完成交工验收，龙文区学校基础设施组团建设工程PPP项目已经开工建设龙溪学校、通源学校两个校区，南靖县城乡供水一体化项目正式开工。

（吴武滨）

漳州旅游投资集团有限公司

【概况】 截至2021年年底，漳州市旅游投资集团有限公司（简称旅投集团）资产总额64.98亿元，年营业收入26.55亿元，上缴税收2328.51万元。

【经营管理】 2021年，漳州宾馆完成新一轮国家旅游饭店五星级复核，获评“2021携程酒店——最佳战略合作伙伴”；福州分公司完成政务保障315批552次，北京漳州宾馆完成政务保障75批次。谷文昌干部学院接待培训班次234个，培训学员13823人次。东南花都生态教育实践基地被评为福建省红十字生命教育体验馆，获评中国温泉协会“新锐”奖、福建十佳温泉酒店、福建省职工疗休养基地。华安官畲景区被评为国家AAAA级旅游景

2021年4月10日，漳州全域卡首趟景区直通车前往华安官畲。图为乘客合影留念 （旅投集团 供图）

区。福建海峡花博会展有限公司荣获第十届中国花卉博览会福建省参展工作“突出贡献单位”荣誉证书。

【投资建设】 2021年，旅投集团投资东山马銮湾旅游综合体项目、芗江酒店商业综合体项目、诏安大酒店项目等6个项目，完成年度投资6.57亿元。

【全域旅游卡发行】 2021年，旅投集团的全域旅游卡全年发行量突破30万张，推动漳州人游漳州，带动超300万人次出游，拉动漳州旅游消费15亿元。

（杨庆雄）

漳州信息产业集团有限公司

【概况】 2021年，漳州信息产业集团有限公司（简称信产集团）资产总额3.671亿元；净资产2.957亿元；营业总收入1.091亿元；上缴税收12.67万元。

【项目投资】 2021年，信产集团投资福建漳州语堂数字经济产业园、“美亚国云”专业数据处理信创服务器和特种装备项目、跨境电商公共服务平台等9个项目，完成年度投资总额7034万元。

【产业发展】 2021年，信产集团通过招拍挂方式取得福建漳州语堂数字经济产业园一期A区105亩工业用地，总投资约4亿元。承建应急管理系统、“漳州110”事迹展览馆改扩建工程、漳州智慧停车、行政服务中心智能化项目、“e政务”自主服务一体机项目等信息化项目。推进漳州大数据中心项目建设，取得互联网数据中心业务、互联网接入服务业务等业务资质。承建政务数据容灾备份项目、漳州市数字漳州建设中心政务机房运维服务项目等。漳州惠工汇职工服务平台、漳州市阳光采购网上超市等平台基地投用。完善跨境电商公共服务平台、大数据运营中心等跨境电商基础配套的建设，构建“公服平台—海关监管场所—产业园区”三位一体的产业服务体系。

【漳州信息产业发展论坛举办】 2021年12月5日，信产集团与芗城区人民政府联合主办的芗城区闽台科技产业招商推介会暨漳州信息产业发展论坛在漳州金峰众创园举行。福建漳州语堂数字经济产业园项目在论坛中亮相并启动一期（A区）招商，完成（一期）B区项目签约，同时获得“福建漳州语堂数字经济产业园产学研合作基地”授牌。

（徐凯攀）

漳州农业发展集团有限公司

【概况】 2021年，漳州农业发展集团有限公司（简称农发集团）整合资产总额约35.2亿元，资产负债率3.7%；完成主营业务收入2.6亿元，投资2.66亿元，间接融资授信额度合计3.16亿元。

【水利投资】 2021年，农发集团实施“九龙江南引”工程，项目总投资52.6亿元。3月，农发集团与省水投集团签署项目合作协议，合资组建厦漳水资源开发有限公司负责“九龙江南引”工程投资建设，一期工程控制段完成施工、监理单位招标。

【农业投资】 2021年，农发集团与傲农集团签署项目合作协议，合资组建漳州新动能傲农投资建设有限公司，在南靖龙山镇投资建设母猪5000头、年存栏5万头、年出栏12万头商品猪的生态养殖场，项目总投资2.4亿元。投产后可与祥泰屠宰场及农发集团贸易板块等实现全产业链衔接，保障漳州农产品有效供给。截至年底，完成项目前期工作和融资工作。

【农业贸易】 2021年，农发集团启动果蔬粮油供应链、饲料大宗贸易，实现营业收入1.8亿元，其中大宗贸易收入1.68亿元、供应链收入1200万元，实现毛利润280万元。年内，与建设银行签署战略合作协议，共建线上线下结合的农产品供应链金融服务平台。

（于辰曦）

漳州人才发展集团有限公司

【概况】 2021年，漳州人才发展集团资产总额3.35亿元，所有者权益达3.23亿元，实现营业总收入1.77亿元，利润总额697万元，资产负债率为3.65%，上缴税收29.3万元。年内，成立3家权属公司。

【承办2021年“人才漳州月”系列活动】 2021年，漳州人才发展集团承办2021年“人才漳州月”系列活动，先后组织28个招聘小分队，吸引全国800多名漳籍学子参加宣讲会和座谈会82场、5万多名青年学子咨询了解漳州市人才政策、3000多名优秀人才报名选优生及事业单位、国企、民企的招聘活动，签订45份校地合作协议。直播2021年“人才漳州月”启动仪式吸引线上关注11.49万人次，印刷制作《一图看懂漳州市“万才聚漳”行动计划》《一图看懂漳州市高层次人才分类评价认定和支持办法（试行）》40万份，电梯楼宇广告滚动播放总次数达1亿余次，“12306”平台精准信息发布短信条数18万次，朋友圈广告定时精准投放797万次。

【人才招聘新模式创新】 2021年，漳州人才发展集团率先在全省采用线上笔试+面试方式进行人才招聘，吸引914名（其中选优生256名，国企系统539名，卫生系统119名）求职考生参加线上笔试和面试。

【技术市场建设】 2021年，国家技术转移海峡中心漳州分中心在漳州人才发展集团挂牌成立，5月揭牌成立漳州市技术市场，并于同年度获得福厦泉国家自主创新示范区协同创新平台立项支持200万元。

【漳台融合】 2021年，漳州市成立两岸（漳州）青年人才融合中心，搭建青年驿站、创业孵化、跨境电商、创投基金、特色街区、青年公寓等六个特色载体。

（漳州人才发展集团）

责任编辑：江细珍

应急管理

·安全生产·

【概况】 2021年，漳州市应急管理局牢固树立人民至上、生命至上理念，强化隐患排查治理和安全风险管控，统筹加强自然灾害防治。全市发生生产安全事故117起，比上年减少8起，比上年下降9.52%；死亡75人，死亡人数同比持平（不含高速、铁路和水上交通事故）。发生较大安全生产事故2起，死亡6人。未发生重大及以上安全生产事故。

【应急体系建设】 2021年，漳州市应急管理局持续推进应急预案、应急指挥、应急救援力量等应急体系建设。编制完成漳州市突发事件总体应急预案，持续开展贴近实战的桌面推演和实地演练，相继开展景区非景区景点和森林防灭火等多场演练，不断提升应急处置能力。整合应急管理、公安、交通、气象、水利、海洋渔业、自然资源、市场监管等应急关联资源，实现跨业务、跨应用、跨部门信息共享互通。会同消防救援、森林消防等单位，加大对社会救援队伍的指导扶持力度，建立以危化、特种设备等为重点、全领域覆盖的专家队伍，鼓励引导社会救援力量与专业队伍联训联动，强化与漳州军分区及其他驻地部队的联调联战，构建全灾种、全领域、全覆盖的应急救援力量体系。

【制度建设】 2021年，漳州市应急管理局持续加强安全生产各项制度建设，陆续出台《乡镇船舶安全管理办法》《安全监管分级分类管理和承诺制度》等一系列预防性工作机制。市安全生产委员会印发《安全生产警示通报和约谈制度》，对实施警示通报和安全生产约谈的适用范围、情形和对象、实施程序、整改落实与问责等内容作详细规定，强化全市各级党委政府及其部门安全生产监管责任，落实企业安全生产主体责任，预防和控制各类生产安全事故发生，做到监管与服务并重；制定《漳州市较大生产安全事故防范和整改措施落实情况评估实施办法》，推动生产安全事故防范和整改措施有效落实。

【行政执法】 2021年，漳州市应急管理局根据“职责法定，权责一致”“法定职责必须为、法无授权不可为”原则，组织开展应急管理权责清单的梳理编制工作，修订《漳州市应急管理局权责清单》，明确权责事项186项，其中行政许可10项、行政处罚135项、行政强制6项、行政监督检查4项、其他行政权力5项、公共服务2项、其他权责事项24项。在制定《漳州市应急管理局行政执法公示制度（试行）》等基础上，配套编制行政执法人员清单、行政执法音像记录事项清单、重大执法决定法制审核目录清单、重大执法决定法制审核流程图等，进一步规范应急管理执法程序，提升依法行政水平。举办全市安全生产法制业务培训，创新培训方式方法，首次尝试以模拟安全生产行政处罚听证的形式让参训人员代入角色，以多样角度深刻领会行政处罚听证意义，切实提升执法人员业务能力水平。严格按照《中华人民共和国安全生产法》《中华人民共和国行政处罚法》等法律法规的要求，规范行政处罚行为，立案查处各类安全生产违法案件32件，办结23件，实施经济罚款共35.2万元，行政处罚执行率100%，罚款收缴率100%，无一起案件被复议或被诉讼。

【行政审批】 2021年，漳州市应急管理局深化“放管服”改革，精简审批环节，压缩审批时限，在所有行政审批事项的承诺时限压缩到法定时限的50%的基础上，进一步压缩审批事项承诺时间，提升行政审批效能。坚持“一个窗口办理、一站式审批”的工作原则，35项行政许可和公共服务事项的办理流程实现“一站式”服务。推行“互联网＋政务服务”，列入“一趟不用跑和最多跑一趟”清单事项30个，占比达85.7%。对第二、三类易制毒化学品生产备案、特种作业人员操作资格认定等“全流程网办”事项，开展网上预审、网上审批、网上办结，实行即办。全年审核审批715件，其中危险化学品安全生产许可17件、危险化学品经营许可3件，非煤矿矿山企业安全生产许可8件，非煤矿矿山建设项目安全设施设计审查2件，危险化学品建设项目安全审查12件，非药品类易制毒化学品生产经营备案6件，特种作业操作资格认定541件，安全资格证考核认证126件。

【排查整治】 2021年，漳州市应急管理局扎实开展安全隐患大排查大整治，组织各类专项执法检查。全年检查非煤矿山、危化、烟花爆竹、工贸类等企业171家，排查安全隐患454项，完成整改429项。

【应急宣传】 2021年，漳州市应急管理局围绕新《安全生产法》宣传、安全生产宣传月等主题活动，开展应急宣传教育。组织举办全市应急管理科普讲解视频大赛等活动，宣传安全生产及应急管理法律法规。持续推动安全宣传“进企业、进乡村、进社会、进学校、进家庭”工作，完成第一批23个安全宣传典型单位的选树工作，其中5家企业、3个乡村、3个社区、5家学校、7个家庭。利用微博、微信公众号和官方网站发布新安法解读内容，拍摄制作新安法宣传片，在各大户外广告屏、公交车载屏幕及漳州主流媒体播放，组织全市《中华人民共和国安全生产法》知识竞赛等“九个一”活动，营造良好宣传教育范围。宣传工作在全省应急管理新闻宣传工作和宣教工作视频会上作典型发言。

【芗城区“2·24”高处坠落事故】 2021年2月24日，山东信胜炉窑工程有限公司在福建三宝钢铁有限公司2#高炉进行炉内清理作业时，炉内作业吊盘上的人员及设备发生高处坠落，造成3人死亡、1人受伤的较大生产安全事故。

【华安县“9·22”较大道路运输事故】 2021年9月22日，在华安县省道S219线391千米＋650米（华安县华丰镇环城路赤溪路段），阜阳市颍上县长春汽车运输有限公司车牌号为皖K5E071号重型半挂牵引车牵引豫P5Q05挂号重型专项作业半挂车，与车牌号为闽EUT313号轻型栏板货车发生碰撞，造成3人死亡，1人受伤的较大道路运输事故。

·防灾减灾救灾·

【概况】 2021年，漳州市受灾人口108020人，紧急避险转移22313人,紧急转移安置1612人，农作物受灾6094.3公顷，倒塌房屋3间，直接经济损失13754.34万元。

【森林防灭火】 2021年，全市发布高森林火险预警信号7次、禁火令3次，强化火险预报和火情监测，确保一有火灾做到“打早、打小、打了”。全市发生森林火灾8起、受害森林面积33.97公顷，未发生重特大森林火灾和人员伤亡事故。

【防汛抗旱】 2021年，全市启动防台风应急响应6次、防暴雨应急响应6次，市领导分赴挂钩地区指导防抗工作，干部下基层24770人次，撤离渔船9649艘次、渔排人员19181人次，转移陆上群众16309人次，实行峰头水库供水片区抗旱水量调度，加快定点供水和农村开挖水井，开展人工增雨作业169场，成功防御暴雨15场、强对流天气13场、影响台风4个（其中“卢碧”台风登陆东山）和冬春秋连旱的侵袭，实现无因灾人员伤亡目标，将旱涝造成的影响降低到最低限度。全年建设基层防汛责任体系村55个，建档立卡危险区域群众1880处10571名，开展自主转移避险演练775场次13715人次。村级防汛“六个一”标准建设的做法在全省推广借鉴。

【自然灾害防治】 2021年，漳州市应急管理局梳理全市防灾减灾关键领域和薄弱环节，细化防灾减灾九项重点工程的具体举措和责任单位，牵头启动第一次自然灾害综合风险普查，完成数据清查任务。会同市水利、气象、自然资源、海洋与渔业、地震等部门，定期汇总自然灾害情况，分析研判发展趋势。

【救灾保障】 2021年，漳州市应急管理局复核统计全市救灾物资储备和自然灾害避灾点建设情况，制作《漳州市救灾物资储备库/自然灾害避灾点建设情况工作手册》，经复核全市共设有2148个自然灾害避灾点，其中县级避灾点21个、乡镇（街道）级避灾点143个、村（社区）级避灾点1984个。制定《漳州市自然灾害救灾资金管理暂行办法》，进一步规范自然灾害救灾资金管理，提高财政资金使用效益。全年发放冬春救助资金43万元，救助冬春需救助人员2836人。

【漳州市应急管理学院揭牌】 2021年3月22日，漳州市应急管理学院揭牌仪式在漳州职业技术学院举行。漳州市应急管理学院由漳州市应急管理局和漳州职业技术学院联合共建，目的是整合政府、高校资源，构建政校合作、注重实效、激发活力的应急管理教育培训工作新格局。整个学院由应急技能培训教育基地、安全生产考试中心、综合应急救援技能训练中心、应急救援装备展示与研发中心组成。学院的成立，为加强应急管理人才培养、学科建设及社会服务提供强大支撑。

（林艺林）

·消防工作·

【概况】 2021年，漳州市消防救援支队接警出动4514起，抢救疏散被困人员721人，抢救财产价值近6亿元。

【消防组织】 2021年5月27日，漳州市消防救援支队提请市政府批准将漳州市消防工作联席会议升级为漳州市消防安全委员会，成员单位由原来的32个增补为58个，进一步细化了工作职责和议事规则，更好发挥消防安全综合监督、议事协商和沟通服务平台的职能作用。全市122个乡镇（街道）全部挂牌成立消防工作站，派驻消防文员123名开展消防工作。

【消防执法】 2021年，漳州市消防救援支队以消防安全专项整治三年行动和建党百年消防安保为主线，全年累计检查社会单位20334家，督改火灾隐患8794处，行政处罚701家，临时查封83家，责令“三停”（停止施工、停止使用、停产停业）49家，挂牌督

2021年8月18日，漳州市举行首届消防行业职业技能竞赛

（涂林发 摄）

改重大火灾隐患单位16家。推动县（区）政府对3起亡人火灾事故依法开展延伸调查，对8名公职人员进行问责处理。2021年5月14日，在全省率先成立消防法制审核中心，聘请律师团队担任顾问，对全市消防行政处罚、行政强制、火灾调查等行政案件进行集中法核把关，全年共提级法制审核案件328件，督促整改执法问题1148个。在“漳州消防”微信公众号上线运行消防政务“好差评”评价系统，按照“一事一评”的原则，主动接受社会监督，预防执法“微腐败”。成立消防安全技术指导专家团队，深入古雷石化园区、大型商业综合体等重点场所开展精准服务指导，打造112家行业系统消防安全标准化管理示范单位。

【消防演练】 2021年，漳州市消防救援支队深入开展全员岗位大练兵，牵头承办漳州市首届消防行业职业技能竞赛，全市150名选手报名参加灭火战斗员、应急救援员、消防装备维护员、消防设施操作员、消防通信员等五大类项目角逐，扎实推进地震灾害救援力量体系和能力建设，组建消防搜救犬分队，培养训导员1名、搜救犬2只，升级完善古雷石化训练基地训练设施，组织开展“平安漳州—2021”危化品事故、地震、大型商业综合体等灭火救援实战拉动演练12场次，承办全省作战训练安全规范化试点、全省化工灭火救援培训班，培训指战员64人次，队伍攻坚打赢能力显著增强。

【消防宣传】 2021年，漳州市消防救援支队邀请漳州籍奥运冠军卢云秀担任消防宣传公益使者，策划“奥运冠军说消防”系列宣传，将消防安全知识融入漳州市非物质文化遗产——木偶戏中，制播“消防木偶剧”系列科普视频，引起强烈反响。开展“云消防”网络直播，坚持新媒体平台原创更新，单条播放量达2300万人次。

（章辛彬）

责任编辑：张慧华

农业农村

·综述·

【产业强镇示范建设】 2021年，长泰县岩溪镇入选2021年农业产业强镇建设名单，获得第一批财政部补助资金300万元，实施示范项目2个。截至年底，漳州市入选全国农业产业强镇建设名单4个，分别为诏安县太平镇、南靖县书洋镇、龙海区东园镇、长泰县岩溪镇。

【农村创新创业建设】 2021年，高新区汤海生入选第五批全国农村创业创新优秀带头人典型案例名单。11个园区（基地）被列入全国农村创业园区（基地）目录（2021）。第三届全市农村创业创新大赛举办，筛选培育农村创业创新创意项目参加第五届福建省农村创业创新创意大赛，其中“陈晓冬网红芭乐”项目获得初创组一等奖、“龙海鹭凯生态休闲庄园”项目获成长组三等奖，漳州市农业农村局获“优秀组织奖”先进单位。天福、立兴2家入选2021年福建省农产品加工观光园。完成农村创新创业带头人培育1230人。

2021年4月2日，诏安县太平镇农民正在晾晒青梅 （诏安县 供图）

【农业产业化建设】 2021年，漳州市新增补国家级重点龙头企业2家、省级重点龙头企业38家，培育省级示范联合体16个。高新区郑店村入选第十一批全国“一村一品”示范村镇名单，现有国家级“一村一品”示范村镇共8个，诏安县太平镇、平和县小溪镇入选2021年全国乡村特色产业十亿元镇名单，云霄县下河乡下河村入选2021年全国乡村特色产业亿元村名单，新培育13个省级“一村一品”示范村。

（郭庆亮）

【农业可持续发展】 2021年，全市化肥、农药使用量分别比上年减少3.99%、2.5%，畜禽粪污资源化利用率达98%，大型规模养殖场粪污处理设施装备配套率达100%。推广生态果茶园1.82万公顷，占全市茶园面积98.02%。推广有机肥替代化肥、病虫害绿色防控和统防统治、农田废弃物回收利用、生态农业种养循环模式等具有漳州特色的农业绿色发展模式。“漳州市不用化学农药生态茶园建设模式”入选福建省农业农村厅推介的《第二批农业绿色发展典型模式》。

（林永忠）

【农产品质量监管】 2021年，全市共有3530家具备生产基地的食用农产品生产企业、合作社、家庭农场等生产主体，纳入福建省食用农产品承诺达标合格证与一品一码追溯并行系统，开具农产品合格证或者赋码准出18.58万批次。全市共快检食用农产品9.04万批次，总体合格率为99.5%，省对市农产品质量安全监督抽检总体合格率为99.4%，未发生重大农产品质量安全事件。创建水果、蔬菜、茶叶、畜禽、食用菌优质标准化示范基地56个，漳浦、诏安、长泰、南靖被确定为第三批省级农产品质量安全县创建试点单位。

（李开拓）

【安全防控防治】 2021年，漳州市农业农村局调拨禽流感疫苗4350万毫升、牲畜口蹄疫350万毫升、小反刍兽疫8万头份。开展家禽禽流感病原学监测4011羽份，非洲猪瘟病原学检测9760份,家禽禽流感等血清学抗体检测1.66万份、口蹄疫9203头份、小反刍兽疫2534头份。畜禽群体免疫密度常年保持在90%以上，应免畜禽100%免疫，强制免疫病种平均免疫抗体合格率均在90%以上。主要农作物病虫草鼠害发生面积84.75万公顷次，防治面积108.93万公顷次，挽回粮食损失3.23万吨，挽回果蔬损失7.68万吨。完善省级农作物病虫害监测重点县7个，建立农作物病虫害监测点97个，全市已有农作物病虫害专业化防治服务组织107个，经工商、民政部门注册且在农业部门备案81个，从业人员1140人，拥有无人航空喷雾机70台。实施病虫害绿色防控39.76万公顷次，病虫害统防统治23.36万公顷次。草地贪夜蛾累计发生551.07公顷，累计防治670.19公顷，株受害率控制在3%以内，没有造成产量严重损失。农业检疫性病虫得到控制，全年红火蚁防控面积1.77万公顷，防治面积1.11万公顷，防控处置率62.71%。

（曾中华 陈景辉 潘永红）

【农膜回收】 2021年，漳州市各县（区）农业农村局通过开展农膜回收宣传培训，充分推广集约化育秧育苗和防虫网育秧，指导农业生产经营者继续推广使用加厚地膜，在现代农业园区、设施农业重点区域等全面开展废旧农膜回收行动，全市农膜基本实现全回收，保持稳定状态。

（朱旭辉）

【农业综合执法队伍建设】

2021年，漳州市农业农村局协调市委组织部、市委编办、市人社局及芗城、龙文两区农业农村局，将符合行政执法类公务员管理规范要求的芗城、龙文两区23名农业执法人员划入市农业综合执法支队。

（林世忠）

【农资打假与质量安全】 2021年，漳州市农业农村局实施《2021年漳州市农资打假专项整治方案》，全市组织开展各类宣传活动76场，其中在诏安举办以“春雷行动保春耕，放心农资进万家”为主题的2021年全省放心农资下乡宣传活动，市县联合开展放心农资下乡宣传活动5场，现场赠送农资产品2000多份，出动执法和科技人员1143人次，深入252个行政村3.2万户农户，发放宣传资料7.2万余份，接待咨询群众3.6万余人次，现场展销的农资产品3.2万公斤、27台件，价值近97万余元。全市组织农资质量执法抽检734批次，立案查处各类违法行为162起，其中农资案件48起，农产品案件34起，其他领域案件80起。涉案数量14.89万公斤，罚没金74.81万元，组织销毁假劣农资3394.5公斤、无害化处理生猪及肉品3.67万公斤，捣毁生猪私宰场所4个，移送公安4起（受案2起）。依托全省农资监管信息平台，将2792家农药、兽药、种子、肥料、饲料等领域生产、经营企业纳入平台监管，清退关停并转或不符合纳入平台要求的企业40家，开展平台网上巡查1.84万次，在线巡查时长8.62万分钟，在线通报存在台账违法行为企业1560家次，下达责令整改通知书473份。

（黄光线）

【饲料与兽药监管】 2021年，漳州市共有饲料生产企业103家，饲料工业总产量达439.85万吨，总产值162.38亿元。年内，漳州市农业农村局开展辖区内饲料和饲料添加剂生产许可行政审批工作，发放饲料生产许可证17张，饲料添加剂生产许可证12张。开展饲料领域安全生产企业隐患排查304家次，发现隐患443个，整改443个；开展专项整治222次，检查生产经营单位370家次。联合省农业农村厅对6家饲料生产企业开展双随机监督检查，现场提出整改43个，全部完成整改,其中责令关闭饲料生产企业1家。全市饲料和饲料添加剂生产企业没有发生过生产安全或质量安全事故。新增通过市级规范验收6家。

【兽药监管】 2021年，漳州市兽药生产企业1家、有效持证兽药经营企业181家，入网率和可追溯率100%。年内，漳州市农业农村局开展兽药经营企业大清查，开展兽用抗菌药使用减量化行动试点养殖场（第三批）减量效果评价。开展兽用抗菌药专项整治行动，出动检查人员2867人次，检查兽药生产企业2家次、兽药经营企业181家次、养殖场等兽药使用单位461家次。开展兽用抗菌药规范使用培训14场次，参加培训377人次。

（林俊升）

【生态能源管理】 2021年，漳州市农业农村局在耕地土壤污染治理方面，对安全利用类耕地落实安全利用措施8826.6公顷，对严格管控类耕地落实严格管控措施137公顷，受污染耕地安全利用率大于93%。完成农产品产地环境长期定位监测采样334个，其中，省控监测点采样300个、国控监测点采样34个。在农业生态建设方面，开展化肥农药等农业投入品减量增效、畜禽粪污资源化利用等专项行动，强化农业面源污染源头治理。在农村沼气安全生产方面，举办安全生产培训班11期、培训人员406人。发放宣传手册及材料3106份（册），组织466人次、73个检查组（队）或指导组（队），排查或调研大中型沼气工程（包括黑膜沼气池）19个，农村户用沼气池及养殖小区和联户沼气工程6034户，完成568个农村沼气设施安全性处置工作，发现安全生产隐患59个，全部完成整改。

（林永忠）

【秸秆资源化利用】 2021年，漳州市通过组织各县（区）农业技术推广部门开展秸秆综合利用工作，持续推动提升秸秆综合利用水平。通过土肥能源站推动秸秆“肥料化”“能源化”综合利用；通过畜牧站推动秸秆“饲料化”综合利用；通过经作站推动秸秆“基料化”综合利用；通过农机服务中心推动秸秆“原料化”综合利用。截至年底，全市农作物秸秆综合利用率预计保持在90%以上。

（朱旭辉）

【土壤肥料推广】 2021年，漳州市化肥使用量为30.3万吨，比上年同期减少0.9万吨，主要粮食作物肥料利用率提高至40.6%。开展化肥减量增效示范，建立32个土壤改良、地力培肥和化肥减量增效示范片。推广测土配方施肥面积28.14万公顷。在平和、华安、漳浦、东山、诏安5个示范县，推广商品有机肥2.87万公顷，鼓励和引导农民自己堆沤农家肥，推广应用有机肥22.26万公顷。采用等间距法分别确定漳州市闽南粤中农林水产区区域耕地质量等级划分标准，得出漳州市耕地质量等级面积加权平均值为3.80，比上年耕地质量等级均值提高0.13个等级。

（丁 文）

【高标准农田建设】 2021年，漳州市完成高标准农田建设任务1.53万公顷，其中高效节水灌溉任务1020.51公顷。完成总投资额达3.28亿元，超额完成指标任务。完成农业水价综合改革建设任务1万公顷，每个项目均配套量水设施。2021年下达市级财政配套资金976.69万元、管护资金15万元。漳州市高标准农田建设工作在省农业农村厅绩效考核中评为优秀。

（何幼群）

【农业物联网及益农信息社建设】 2021年，漳州市农业农村局投入补助资金50万元，建设市级智慧农业项目1个。全市建成省级现代农业智慧园5个、省级农业物联网应用基地17个、市级智慧农业示范点28个，涵盖蔬菜、水果、茶叶、花卉、中药材、食用菌、畜禽、水产等特色产业；建成1341个益农信息社站点和11个县级运营中心，其中标准站325个、专业站538个、简易站478个。

（陈嘉林）

【农药双随机检查】 2021年，漳州市农业农村局下发《关于开展2021年全市农药随机抽查工作的通知》，组织开展全市农药随机抽查工作。上半年采取市、县二级联合检查，抽选长泰、华安、南靖、平和、诏安5个县，共抽查农药生产单位4家、农药经营单位20家、农药使用单位20家，下半年联合漳州市市场监管局开展抽查工作，抽查芗城、龙文、龙海、漳浦、云霄、东山6个县区，共抽查农药生产单位4家、农药经营单位20家、农药使用单位20家。针对抽查发现的问题，检查人员已做出行政指导，要求相关检查对象限期整改。

2021年6月6日，东山县农业工作人员开展种质资源宣传

（洪艺辉 摄）

【种业市场监管】 2021年，漳州市农业农村局加强种业知识产权保护，开展种畜禽市场监管，抽查11家畜禽生产经营企业，发现存在各种记录不完整等问题，并责令相关种畜禽企业限期整改。开展农作物种业市场监管。均未发生重大种子违法案件。

【种质资源保护与利用】 2021年，漳州市农业农村局注重种质资源保护与利用，年内，开展福建天意红肉蜜柚开发有限公司和平和茗汇农业开发有限公司的“清明茶”和“白芽奇兰”种质资源保护、芗城区漳州斗鸡繁育协会承担的漳州斗鸡保种项目、漳州市焱生农业科技有限公司闽南火鸡品种资源保护、南靖品原养殖有限公司开展金定鸭品种改良项目4个省级种质资源保护与利用项目，利用省级资金80万元。

【种质资源普查】 2021年，漳州市农作物种质资源普查完成1956、1981和2014年农作物种质资源普查表的编制填报工作，全市累计采集各类作物种质资源764份。畜禽遗传资源初步普查出16个畜种、88个品种，录入数据1971条，群体规模达到189多万只（头），普查完成率100%。

【检验检测体系建设】 2021年，漳州市农业检验监测中心通过福建省市场监督管理局的实验室资质认定复评审及扩项评审。评审组一致认为漳州市农业检验检测中心管理体系运行能够满足评审准则的要求，具备自我完善自我改进机制。本次复评审取得2069项次的检测能力，长泰区、平和县、南靖县农业检测中心取得农产品质量安全检验检测机构考核，取得CATL（农产品检测机构考核）检测资质。

（蔡恩兴）

·种植业·

【概况】 2021年，漳州市农业农村经济实现农林牧渔业总产值992.57亿元，比上年增长5.7%；农村居民人均可支配收入23582元，比上年增长11.7%，连续12年高于全市城镇居民收入增幅。水果面积12.39万公顷，总产量383.72万吨，比上年增长7.2%；茶叶面积1.9万公顷，产量6.25万吨，比上年增长7.3%；食用菌产量44.16万吨，比上年增长11.6%。中药材面积2500公顷；产量3.17万吨，比上年增长2.9%。

（陈嘉林 蔡建兴）

【农业生产建设】 2021年，全市粮食播种面积6.15万公顷，产量为41.75万吨，分别比上年增长0.2%和1.2%。亩产452.32公斤，比上年增长1.1%。推进粮食关键性增产项目建设，漳浦、云霄等5个省级粮食产能区增产模式攻关与推广项目建设1.01万公顷，建设19个示范片378公顷。漳浦、云霄、龙海、诏安、长泰等地30个水稻工厂化集中育秧基地持续建设，突出抓好水稻规模化工厂化集中育秧等增产增效技术示范推广，提升粮食播种进度和质量，发挥示范片典型样板作用，以点带面促进粮食大面积均衡增产。落实惠农扶粮补贴政策，全市发放实际种粮农民一次性补贴资金1080.5万元，补贴水稻及玉米、大豆、甘薯、马铃薯等旱粮作物品种，发放户数14.41万户；发放耕地地力保护补贴资金1.5亿元，69.35万户农户受益。

（林锦辉）

【经济作物生产】 2021年，全市蔬菜面积8.87万公顷、总产247.95万吨，分别比上年增长0.9%和2.6%。组织2.53万公顷春季新种蔬菜，以6003公顷设施蔬菜、2668公顷大葱类、6667公顷萝卜类等高优高效蔬菜为重点，实施3.34万公顷秋冬特色蔬菜生产，发展“南菜北调”优势蔬菜产业。实施设施蔬菜提升工程，组织32个以上蔬菜集约化育苗主体，开展年总育供苗能力5亿株以上规模化集约化育苗，实施10个蔬菜优质农产品标准化示范基地、150个秋冬种（春收）蔬菜绿色优质高效示范片、22个冬春蔬菜应急储备基地等建设辐射，确保蔬菜生产实现周年稳产保供。推进水果品种结构调整，全市高接换种荔枝1334公顷、龙眼2668公顷。开展荔枝高接换种，引进井岗红糯、仙进奉等优质晚熟新品种，在漳浦、诏安等地建立示范片6个，面积26.68公顷。开展省级优质水果、茶叶、食用菌标准化示范基地建设，建设13个水果、7个茶叶、9个食用菌标准化示范基地。扩大茶叶种植面积，新增茶叶面积640公顷。全市生态茶园面积1.84万公顷，占全市茶园面积97.16%。举办第七届海峡（漳州）茶会海峡两岸茶王赛、茶叶技能竞赛、开展“世界茶日”系列活动。在高新区实施食用菌产业集群建设项目，开展工厂化、采后商品化、菌渣综合利用提升等8个项目建设，总投资2160万元。

（林锦辉 蔡建兴）

【种子工程建设】 2021年，全市建立省级农作物优质、特色新品种核心展示示范片32个，面积407.57公顷，展示示范品种数量达403个次。其中优质稻新品种展示示范片点27个，面积359.47

公顷；旱作、蔬菜新品种展示示范片点5个，面积48.11公顷。辐射推广优质稻面积达3.94万公顷。全市农作物良种覆盖率达98.8%，优质专用率达87.3%，水稻优质率达84.4%，高档优质稻品种推广比例42%。开展农作物种子质量监督抽查，春季抽查种子销售企业6家，扦取21批次杂交稻种子实物，抽检合格率100%。秋季抽查种子销售企业5家，扦取蔬菜种子实物样品24批次，抽检合格率75%。落实粮食安全应急种子储备资金217.5万元，比上年增加112.5万元，其中市本级68万元。储备粮食安全应急杂交水稻种子12.7万公斤，比上年增加6.5万公斤；可种植面积1.13万公顷，比上年增加5780公顷。

（杨彬元）

·林业经济·

【概况】 2021年，漳州市森林覆盖率64.65%、森林蓄积量5261.6万立方米、林地保有量85.56万公顷。全市林业产业总产值1002.7亿元。新增国家级林业龙头企业2家、省林业产业化龙头企业37家、省级森林康养基地3家。

【森林资源管理】 2021年，漳州市实施桉树科学经营1.18万公顷、平和花山溪退果还林147.13公顷，完成漳江口红树林国家级自然保护区退养264公顷，有序推进南一水库、峰头水库周边林业种植面源污染治理。推进一般湿地名录编制发布，有序推进林草湿数据与第三次全国国土调查数据对接融合工作。

【森林执法】 2021年，漳州市林业局以推进中央环保督察、森林督查反馈问题等为重点，举一反三，深入开展林业领域源头治理，查处各类林业行政案件663起，责令补种树木14.79万株，收回林地115.19公顷，罚没款1477.75万元。

【森林防火防病虫害】 2021年，漳州市发生森林火灾8起，受害面积25.47公顷，未突破防控指标，未出现扑救人员伤亡事故。林业有害生物得到有效防治，松材线虫病疫区数量、疫点数量、发生面积呈下降趋势，漳浦、平和2个县成功拔除疫区。年内，全市完成松林改造提升2320公顷，清理松枯死木2.62万株，完成采伐改造411.13公顷；挂设松墨天牛诱捕器2387个，占诱捕天牛9.61万只；完成以菌治虫3498.07公顷。

【林长制全面推行】 2021年，漳州市全面推行林长制，建立林长责任体系，制定漳州市林长制市级会议制度（试行）等五项配套制度，设立市、县、乡、村四级林长、副林长4798人。创新“部门协同、集中办公”制度，是全省唯一集中办公的市级林长办，得到省林业局的肯定和推广。

【森林资源建设】 2021年，漳州市林业系统完成漳州市造林绿化美化为民办实事任务。全市完成植树造林1.02万公顷，森林抚育2.42万公顷，封山育林0.69万公顷。建成东山赤山国有防护林场“互联网+全民义务植树”基地。建设漳浦中西国有林场国家级相思良种基地和华安西陂国有林场国家级木荷良种基地。全市3个古树群获评“福建最美古树群”，南靖县龙山镇建成珍贵树种造林示范区，云霄县莆美镇成功创建“福建森林城镇”，龙海区东泗乡浙山村等38个村庄成功创建“福建森林村庄”，东山县获评“全国防沙治沙综合示范区”。

【花卉苗木产业发展】 2021年，漳州市花卉苗木种植面积2.3万公顷，全产业链总产值366.4亿元。年内，漳州市林业局推动全国第二个抖音电商直播基地落地漳州，漳州高新区三角梅列入第一批省级花卉种质资源库。组织花卉企业参加第十届中国花卉博览会，获金奖3个、银奖17个、铜奖34个、优秀奖36个，漳州钜宝生物有限公司选送的蝴蝶兰新品种成为全省唯一收获新品种类特别大奖。

【木材产业发展】 2021年，漳州市进口新西兰辐射松160万立方米、巴西桉木10万立方米，加强全市重点布局平和西蝉、漳浦漳龙、华安林业产业园3个木业产业园建设，在全省率先突破旋切单板干燥全闭环生产，解决晒板用地难等“卡脖子”难题。漳州明成食品有限公司申报国家级林业产业化重点龙头企业，福建金竹竹业有限公司通过福建省著名农业品牌评定和复评，消耗毛竹10万吨、麻竹材14万吨、笋材40万吨以上。

【林下经济发展】 2021年，漳州市培育多种类型的林下经济经营主体，实施省级林下经济项目26个，开展省级新型林业经营主体标准化建设项目10个，市级示范社（场）建设2家，新增合作社、家庭林场124家。全市实现林下经济经营面积14.04万公顷，实现产值100.29亿元。诏安裕健龙公司获评“农业产业化省级示范联合体”“国家级林下经济示范基地”。

【场村共建】 2021年，漳州市在全省率先启动“场村共建，助力乡村振兴”活动，组织国有林场整合林业的政策、项目、资金、技术等要素，帮助周边村提高森林培育、森林经营水平，提升森林景观品质，带动发展林下经济、森林旅游等新产业，该举措得到省林业局肯定，并升级为全省国有林场“百场结百村”活动，列入全省林业全面推进乡村振兴八大措施之一。

（洪清锋）

·畜牧业·

【概况】 2021年，漳州市畜牧业产值202.49亿元，比上年增长13.2%，肉蛋奶总产量50.95万吨，比上年增长13.7%。全市生猪存栏144.1万头，比上年增长23.8%；生猪出栏225.5万头，比上年增长36.32%。全市13家设施蛋鸡新建改扩建项目新增产能156.5万羽。

【畜禽标准化示范创建】 2021年，漳州市农业农村局创建省畜禽养殖标准化示范场7家、首批省级美丽牧场5家、省级优质农产品示范基地17个、省级家禽产业体系示范基地4个。科技创新方面获得新型实用型专利3个，分别为一种具有温度控制的育雏鹅舍、一种便于清理粪便的蛋鸡养殖装置、一种肉鸡笼养用的层叠式鸡笼。

【生猪产业发展】 2021年，漳州市生猪存栏144.1万头、出栏225.5万头，能繁母猪存栏15.8万头。年内，漳州市在全省率先发文《漳州市大力促进生猪产业高质量发展有效保障市场供给三年行动计划（2019—2021年）》，全市农行系统生猪养殖贷款规模及增长率均居全省设区市首位。率先实行生猪生产红线制度，将最低生猪出栏量纳入“菜篮子”行政首长负责制考核；率先建立猪肉销区与生猪产区利益补偿机制，跨县建立生猪“菜篮子”基地；率先实施生猪养殖保险全覆盖政策，调动养殖场稳产扩产积极性。培育发展傲农、海新、温氏等一批生猪养殖大集团，推广“专业化种猪场+专业化育肥猪场”的“两点式”养殖模式。

【畜禽粪污资源化高效利用整市推进】 2021年，漳州市农业农村局在全省率先实施整市推进畜禽养殖废弃物资源化高效利用，全市畜禽粪污资源化利用率98%以上，规模养殖场粪污处理设施装备配套率100%。全年争取省级畜禽粪污资源化利用提升项目资金1138万元，其中龙海区538万元、东山县600万元。

（陈永贵）

【动物疫病净化】 2021年，诏安县的福建省鼎业生态农业有限公司奶牛“两病”净化通过省级验收，无布鲁氏菌病小区建设又获省农业农村厅批复；龙海区的漳州金伟峰畜牧发展有限公司、南太武畜牧有限公司，平和县的漳州温氏农牧有限公司芦溪种猪场、漳浦县的赵木兰养殖有限公司非洲猪瘟无疫小区建设获省农业农村厅批复。

（曾中华）

【动物卫生监督】　2021年，漳州市生猪产地检疫猪98.29万头、牛羊1500头、禽738.82万羽，屠宰检疫生猪65.84万头、牛羊1.24万头，合计检出病猪1346头（羽），全部进行无害化处理。落实入闽动物及动物产品指定通道制度，平和、诏安2个指定通道、省际检查站严格落实24小时值班制度，检查139车次，家禽21.75万羽。全市16家生猪屠宰企业均通过非洲猪瘟自检能力验证，屠宰生猪66.41万头。完成生猪定点屠宰场视频监测系统和生猪定点屠宰追溯信息系统建设。

（林云平）

·海洋与渔业·

【概况】　2021年，漳州市预计海洋生产总值完成1110亿元，比上年增长8.8%；渔业产值320.7亿元，比上年增长2%；渔民人均纯收入3.21万元，比上年增长7.1%。海洋经济重点项目投资完成260.76亿元。

2021年12月21日，大埕湾漳州诏安海域牡蛎吊养基地内，渔民在作业船上收割牡蛎　（肖和勇　摄）

【渔业发展】　2021年，漳州市海洋与渔业局推广标准化池塘、封闭式循环水养殖、生态立体混养等养殖新模式，推广绿盘鲍、牡蛎三倍体、云龙石斑等养殖新品种，新认定省级水产良种场4家、市级良种场3家。

【渔业项目推进】　2021年，漳州市海洋与渔业局启动海上养殖设施升级改造，全市改造塑胶渔排2.6万口、塑胶浮球筏式养殖4400公顷、深水抗风浪网箱11口。渔港建设提速晋位，渔港开工率71.4%，财政资金拨付率100%。

【渔业安全监管】　2021年，漳州市未发生渔业海上境外疫情输入事件，渔船安全生产“零死亡”，海上渔业生产形势稳定。全市1400多家生产主体全部纳入“一品一码”监管，水产品产地抽检合格率100%，连续10年保持97%以上。

【“海洋产业发展论坛”举办】
2021年11月1日，漳州市首届海洋经济人才项目对接会成功举办。对接会审核发布技术需求20项，主要包括海洋生物医药制造、水产品加工利用、深海养殖技术、海洋环境保护等类型，4个技术成果合作项目现场签约。

（林裕生）

·扶贫开发·

【概况】　2021年，漳州市以“摘帽不摘责任、摘帽不摘政策、摘帽不摘帮扶、摘帽不摘监管”为基本要求，统筹做好巩固拓展脱贫攻坚成果和有效衔接乡村振兴，保持主要帮扶政策总体稳定，确保工作机制和政策体系平稳过渡、有序衔接，确保不出现规模性返贫现象。全市183个脱贫村集体经济的经营性收入17.93万元，脱贫户人均年可支配收入1.68万元。

（苏英顺）

【教育扶贫工程】 2021年，漳州市累计安置脱贫劳动力公益性岗位就业1665人。全市各县（区）人社部门对有就业意愿的脱贫劳动力及时落实就业帮扶政策，就业18959人。

【健康扶贫工程】 2021年，漳州市精准扶贫医疗叠加保险补偿17957人，提供各类补偿1.23亿元，全市重大疾病补偿3742人，总报销金额7206.23万元，补偿比例98.29%。

【防止返贫监测】 2021年，漳州市受理农户申报（或发现疑似对象）2812户，涉及15个县（区、开发区、投资区）160个乡（镇）641个村，经审核符合条件纳入监测对象1户2人。推动不符合监测对象条件的“一键报贫”申报对象85户177人纳入城乡低保、41户59人得到临时救助。

【驻村工作】 2021年，漳州市第六批省、市、县实际选派驻村任职党员干部439名，其中：省派25名、市派51名、县派363名。安排市派驻点村每年每村财政资金50万元用于支持驻点村发展，全年安排2350万元。

【小额信贷帮扶】 2021年，漳州市新增贷款4103.08万元，新增扶持原建档立卡贫困户1195户。

【雨露计划】 2021年，漳州市符合雨露计划补助要求学生1552名，补助金额464.4万元，对象均为接受中职、高职教育的建档立卡贫困家庭子女。

（苏英顺）

·农村社会发展·

【乡村振兴战略】 2021年，漳州市持续深化省级乡村振兴7个重点县、12个特色乡镇、120个试点村建设，实施试点示范建设项目563个，全年累计完成投资7.48亿元。全市优化升级36条乡村振兴“串点连线成片”精品线路，至年底，464个项目完成投资额7.66亿元。

（彭宏椿）

【全国乡村治理示范村】 2021年全市被评为全国乡村治理示范村5个，分别为芗城区浦南镇双溪村、云霄县和平乡桃树村、诏安县四都镇西梧村、南靖县南坑镇南高村、龙文区郭坑镇洛滨村。

【农业生产社会化服务】 2021年，全市完成农业生产社会化服务300万元，完成服务面积2000公顷。

（邹建周）

【农村人居环境整治】 2021年，漳州市继续推进“厕所革命”，全市完成新建改造乡镇、农村公厕63座，累计完成投资1112.5万元。推进农村垃圾治理，推行以县域为单位，将村庄保洁、垃圾转运、农村公厕管护等打捆打包进行市场化运营管理，古雷、常山开发区实施市场化运营管理，推进11个乡镇落实全镇域农村生活垃圾分类机制。在农村污水治理方面，推动龙文等4个县区实施乡镇生活污水处理市场处运营管理，完成新建乡镇污水配套管网237千米，完成70个村庄生活污水处理设施建设。持续推进农村水环境整治，完成水土流失治理面积5066.67公顷，推进4条安全生态水系建设。在农房整治方面，完成既有农房（裸房）整治24559栋，完成549个村“多规合一”实用性村庄规划编制。进一步提升村容村貌，建设农村千米185千米，新建改扩建规模化集中式水厂3处，完成新建改建管网620.5千米，完成村庄“四旁”绿化

13.33公顷，寻找市级美丽庭院1977户。

（林振福）

【休闲农业】 2021年，漳州市新增中国美丽休闲乡村1个（华安县高安镇坪水村）、省级休闲农业示范点3个、福建省美丽休闲乡村3个、中国美丽乡村休闲旅游行精品景点线路1条。至年底，创建全国休闲农业和乡村旅游示范县2个，全国休闲农业和乡村旅游示范点3个，中国美丽休闲乡村7个，中国美丽乡村休闲旅游行精品景点线路5条，省级休闲农业示范点30个，福建省美丽休闲乡村13个，省级休闲农业示范乡镇6个，市级休闲农业示范点48个，漳州市十佳休闲农业示范点10个。因受疫情及大棚房整治影响，游客数量下降，至年底，全市尚存各类休闲农业经营主体247个，比上年减少37.15%；休闲农业从业人数1.35万人，上年度减少18.18%；年接待人数536.02万人次，比上年减少11.52%；营业收入13.17亿元，比上年减少11.44%，其中农副产品销售收入9.58亿元，比上年减少6.84%。

（周元超）

【厦漳山海协作项目建设】 2021年，厦门市安排厦漳山海协作帮扶资金300万元，安排10个基础设施建设项目，总投资404.7万元，支持漳州市农村基础设施建设、村居环境整治、公共服务提升等。

（苏英顺）

【农村建设品质提升】 2021年，漳州市农村建设品质提升6类19项重点任务完成投资34.88亿元。提升交通品质，全市新改建农村公路185.1千米，完成投资9.32亿元；推进完成2条农村客运公交化改造（平和1条、长泰1条），完成投资480.5万元。提升水环境品质，完成全市城乡供水一体化建设投资7.15亿元；完成千人以上农村集中式饮用水水源地保护范围摸排、划定185个；新建乡镇污水配套管网237.78千米，投资3.9亿元完成70个农村生活污水治理。提升居住品质，推动住建部门开展农村经营性自建房隐患整改467栋，行政村范围内所有房屋全面复查148.39万栋。提升风貌品质，完成552个村庄规划编制；东山县作为“崇尚集约建房”建设示范县，完成投资19118万元；完成整治裸房2.5万栋；推进华安仙都镇大地村，南靖船场镇西坑村、集星村、坑头村，和溪镇林坂村，诏安霞葛镇司下村等6个名镇名村或传统村落保护和整治提升，累计完成投资2623.5万元。提升管理品质，以古雷开发区为农村生活垃圾市场化运营管理试点项目，完成投资3066.08万元；推行11个镇全镇域落实农村生活垃圾分类机制试点，完成投资2300万元；完成“绿盈乡村”建设202个。建设样板工程，诏安县梅岭镇作为集镇环境整治示范项目，完成投资1735万元，南靖县和溪镇林中村作为新时代农村社区建设示范样板项目，完成投资328万元。

（林添晖）

·绿色食品·

【概况】 2021年，漳州市新增“三品一标”产品53个，平和琯溪蜜柚和云霄枇杷两个全国绿色食品原料标准化基地县成功续报；无公害农产品复查换证率、绿色食品续展率、有机产品再认证率达85%以上；“诏安红星青梅”获批农业农村部2021年农产品地理标志保护工程项目。

【品牌申报与监管】 2021年，漳州市农业农村局组织16次“三品一标”产品（无公害农产品、绿色食品、有机农产和农产品地理标志产品）专项抽查和市场监察活动，完成2批次56个绿色食品产品的市场监察和16个企业产品的抽查，合格率100%。深入28家绿色食品生产企业，实地检查企业生产的规范、投入品使用情况、标签使用的规范及认证管理，合格率100%。

续表4

漳州市 2021 年新增“三品一标”农产品认定一览表

表 4

序号	产品名称	证书编号	申请人全称	类型
1	白芽奇兰茶	LB-44-21081310325A	福建天醇茶业有限公司	绿色食品
2	凤凰单枞	LB-44-21021301338A	平和玉峰茶业有限公司	绿色食品
3	蜜柚	LB-18-21071308341A	平和县三绿果蔬有限公司	绿色食品
4	柚	WGH-FJ01-2100019	长泰县耕山家庭农场	无公害农产品
5	辣椒	WGH-FJ01-2100057	福建百汇绿海现代农业科技有限公司	无公害农产品
6	番茄	WGH-FJ01-2100058	福建百汇绿海现代农业科技有限公司	无公害农产品
7	苦瓜	WGH-FJ01-2100059	福建百汇绿海现代农业科技有限公司	无公害农产品
8	丝瓜	WGH-FJ01-2100056	长泰县瑞锦家庭农场	无公害农产品
9	毛叶枣	WGH-FJ01-2100049	漳州市上青农业开发有限公司	无公害农产品
10	橘	WGH-FJ01-2100055	长泰县瑞兰家庭农场	无公害农产品
11	火龙果	WGH-FJ01-2100102	南靖县炮生家庭农场	无公害农产品
12	西番莲	WGH-FJ01-2100103	南靖县炮生家庭农场	无公害农产品
13	葡萄	WGH-FJ01-2100104	南靖县炮生家庭农场	无公害农产品
14	丝瓜	WGH-FJ01-2100105	南靖县鑫宝园家庭农场	无公害农产品
15	番茄	WGH-FJ01-2100106	南靖县鑫宝园家庭农场	无公害农产品
16	辣椒	WGH-FJ01-2100107	南靖县鑫宝园家庭农场	无公害农产品
17	稻谷	WGH-FJ01-2100108	南靖县鑫宝园家庭农场	无公害农产品
18	苦瓜	WGH-FJ01-2100109	漳州凯丽成农业科技有限公司	无公害农产品
19	番茄	WGH-FJ01-2100110	漳州凯丽成农业科技有限公司	无公害农产品
20	辣椒	WGH-FJ01-2100111	漳州凯丽成农业科技有限公司	无公害农产品
21	红茶	WGH-FJ01-2100112	漳州福星茶业股份有限公司	无公害农产品
22	青茶	WGH-FJ01-2100113	漳州福星茶业股份有限公司	无公害农产品
23	火龙果	WGH-FJ01-2100114	福建省靖和农业发展有限公司	无公害农产品
24	甜椒	WGH-FJ01-2100124	龙海市颖川果蔬专业合作社	无公害农产品
25	辣椒	WGH-FJ01-2100125	龙海市颖川果蔬专业合作社	无公害农产品
26	诏安八仙茶	AGI03351	诏安县茶叶协会	农产品地理标志
27	甜椒	WGH-FJ01-2100362	诏安伟青农业有限公司	无公害农产品
28	茄子	WGH-FJ01-2100363	诏安伟青农业有限公司	无公害农产品
29	辣椒	WGH-FJ01-2100364	诏安伟青农业有限公司	无公害农产品

续表4

序号	产品名称	证书编号	申请人全称	类型
30	肉牛	WGH-FJ02-2100132	诏安合盛养牛专业合作社	无公害农产品
31	生猪	WGH-FJ02-2100126	漳州市鑫鑫畜牧养殖有限公司	无公害农产品
32	生猪	WGH-FJ02-2100138	东山县金坑养猪有限公司	无公害农产品
33	生猪	WGH-FJ02-2100136	东山兴牧农业种养有限公司	无公害农产品
34	杏鲍菇	WGH-FJ01-2100389	龙海市荣盛福食用菌有限公司	无公害农产品
35	空心菜	LB-15-21051305684A	漳州双第百盛农业发展有限公司	绿色食品
36	南瓜	LB-15-21051305685A	漳州双第百盛农业发展有限公司	绿色食品
37	苦瓜	LB-15-21051305686A	漳州双第百盛农业发展有限公司	绿色食品
38	韭菜	LB-15-21051305687A	漳州双第百盛农业发展有限公司	绿色食品
39	苋菜	LB-15-21051305688A	漳州双第百盛农业发展有限公司	绿色食品
40	白菜花	LB-15-21051305689A	漳州双第百盛农业发展有限公司	绿色食品
41	萝卜	LB-15-21051305690A	漳州双第百盛农业发展有限公司	绿色食品
42	瓠瓜	LB-15-21051305691A	漳州双第百盛农业发展有限公司	绿色食品
43	茄子	LB-15-21051305692A	漳州双第百盛农业发展有限公司	绿色食品
44	马铃薯	LB-15-21051305693A	漳州双第百盛农业发展有限公司	绿色食品
45	包菜	LB-15-21051305694A	漳州双第百盛农业发展有限公司	绿色食品
46	芋头	LB-15-21051305695A	漳州双第百盛农业发展有限公司	绿色食品
47	冬瓜	LB-15-21051305696A	漳州双第百盛农业发展有限公司	绿色食品
48	生菜	LB-15-21051305697A	漳州双第百盛农业发展有限公司	绿色食品
49	地瓜叶	LB-15-21051305698A	漳州双第百盛农业发展有限公司	绿色食品
50	西兰花	LB-15-21051305699A	漳州双第百盛农业发展有限公司	绿色食品
51	芥菜	LB-15-21051305700A	漳州双第百盛农业发展有限公司	绿色食品
52	结球白菜	LB-15-21051305701A	漳州双第百盛农业发展有限公司	绿色食品
53	黄瓜	LB-15-210513056702A	漳州双第百盛农业发展有限公司	绿色食品

【品牌创建】 2021年12月，“诏安红星青梅”荣获2021年度福建十大农产品区域公用品牌，漳州天福茶业有限公司的“天福乌龙茶”、平和县三绿蜜柚有限公司的“三绿蜜柚”获得2021年度福建名牌农产品称号；下河杨桃、华安坪山柚、南靖丹桂茶、南靖金线莲、南靖嘉宝果、南靖麻笋、诏安红星青梅、龙海浮宫杨梅等8个产品入选全国名特优新农产品目录。

（林　蔚）

·农业科技·

【农业科研建设】 2021年，漳州市全面完成“国家食用菌产业技术体系”漳州综合试验站年度工作任务。福建省科技厅项目

"猪肚菇工厂化生产品种筛选及配套技术研究与示范""有棱丝瓜种质资源收集与新品种选育""福建道地药材长泰砂仁资源收集与利用研究"等结题。提高宽叶弹簧草组培苗移栽成活率方法、试管微扦插繁殖玉扇锦方法等两项生物技术研究获得国家授权发明专利。

【农业科技服务民生】 2021年，漳州市农科所12名市级科技特派员、8名省级科技特派员到龙文、漳浦、芗城、诏安等县区挂钩科技服务，研发集成食用菌、蔬菜等产业配套栽培技术，发动科技人员深入基层推广农业"五新"技术。开办培训班及专家参与授课等，开展技术咨询服务，培训农技人员、农民2533人次以上。

【闽疆、闽宁人才交流合作】 2021年，漳州市选派3名援疆农业技术人才进疆提供农技服务，选派2名农业专技人员赴宁夏开展对口协作工作。

【优秀农村实用人才】 2021年，漳州市农业农村局研究制定《漳州市优秀农村实用人才遴选实施细则》，遴选2021年度漳州市优秀农村实用人才19人。

【农业系列职称评审评委库建设】 2021年，漳州市农业农村局根据新的政策文件区分农学、园艺、植物保护、水产、畜牧、兽医、农业资源环境、农业机械化、农产品加工与质量安全和农村合作组织管理等10类专业，完成征集漳州市农业系列中级职称评委库委员87名。

（林世忠）

【农友之声】 2021年，《农友之声》栏目全年播出49期，时长1320分钟，遴选接入热线135个，网络问题362个，回复497个，累计发布科技专题及相关新闻信息200多条，与受众线上互动近千例。

（朱旭辉）

2021年5月10日，华安县农业农村局对当季主要食用农产品进行抽检
（华安县农村农业局 供图）

·漳州与台湾农业交流合作·

【概况】 2021年，漳州市开展漳台农业融合发展推进行动，全年新批办台资农业项目32个，注册合同台资3381.6万美元，分别比上年增长28%和153%；5家台资农业企业增资扩产，增加台资471.4万美元；引进台湾农业良种55个，先进技术25项，推广面积522公顷；接待台湾农业团组18批台胞345人，其中台湾青年67人。

【基地建设】 2021年，漳州市农业农村局组织各县（区）筛选上报"推广基地"建设项目45个，经省农业农村厅审核确定建设闽台农业融合发展推广基地30个，获省级补助资金190万元。龙海区建设一批闽台农业融合发展推广基地。华安县2021年闽台农业融合发展推广基地台资漳州佺美农业开发有限公司，打造高品质的生态观光茶园，面积30.67公顷。

【产业园建设】 2021年，漳浦农机产业园组织举办"海峡两岸农机招商视频会"，为3家台企补助省级建设项目资金536万元，启动二期18.53公顷的征迁及农机展示馆建设。南靖兰花产业园为6家台企补助省级建设项目资金447.3万元；新引进7家台资兰花企业，带动全县新引进15个台资农业项目，注册合同台资1053.6万美元。

【漳浦台创园】 2021年，“蝴蝶兰研发组培中心”项目投入生产研发。漳浦台创园打造“惠台惠农”示范园，为种养殖台企办理电费优惠约400万元、补助贷款贴息约270万元、农业企业项目补助经费500万元。协调农业银行，为台资漳州大唐生物科技有限公司发放贷款300万元，为25家台农台企争取农行贷款授信额度1.96亿元。年内，漳浦台创园获全国台湾农民创业园发展建设第三方评价第一名。

【闽台示范县建设】 2021年，漳州市引进台湾农业良种27个、先进技术15项、推广面积233.33公顷。云霄县通过推行“公司（合作社）＋基地＋农户”产业化经营模式以及技术服务、信息服务、订单服务等形式，新增台湾农业五新技术推广面积133.33公顷。

【漳台交流合作】 2021年，漳州市农业农村局、市关工委等联合举办海峡两岸新型农民2021年高素质农民培训班，培训学员150人，其中台胞10人。台商协会组织60多名台商在东山县召开“学习全国两会精神”座谈会。漳浦台创园召开3次台胞台企座谈会。举办“两岸携手合作·共筑乡村振兴”闽台农业交流会暨惠台政策解读培训会和“好物村村播”2021年南靖县助企惠农直播带货特训营，邀请30多名台商参会和17家台资农业企业参展。

（周俊贤）

·农业机械·

【概况】 2021年，漳州市农业机械部门受理购机补贴申请3830份，受益农户2960人，补贴机具5016台（套），补贴资金2113.93万元。全市完成上级下达的农机购置补贴“零结余”和农机报废补贴全覆盖的目标。完成主要农作物机耕面积6.25万公顷（其中水稻4.55万公顷）、机插面积2.43万公顷（其中水稻2.05万公顷）、机收面积4.65万公顷（其中水稻4.15万公顷），主要农作物综合机械化率72.28%，水稻综合机械化率79.42%。全市有农机专业合作社40家，农机专业合作社作业服务面积2.87万公顷。

【推广与培训】 2021年，漳州市农业机械服务中心推进水稻及特色农业产业全程机械化示范基地建设。全市确定8个水稻生产全程机械化示范点和10个特色农业产业（水果、蔬菜、茶叶、食用菌、畜禽）生产全程机械化试点。水稻机械直播和无人机飞播全市累计举办9场演示会，作业面积18.53公顷，培训人数540人。

【惠农政策】 2021年，漳州市申请报废补贴申请77份，受益农户72户，补贴机具77台（套），补贴资金42.78万元。

（吴　勇）

·水土保持·

【概况】 2021年，漳州市完成水土流失治理面积1.62万公顷（其中水利部门完成5926.67公顷，林业、自然资源等部门完成1.02万公顷）；完成水土保持生态清洁小流域建设（安全生态水系）19.02千米，投入1.36亿元，占计划129%。以国家水土保持重点建设工程（南靖、平和、华安）、省级水土流失治理重点（云霄、诏安、长泰、南靖、平和、华安）、水土保持生态村（长泰区陈巷镇石室村、高新区九湖镇恒春村、云霄县东厦镇东崎村、漳浦县大南坂镇农一社区）等项目为重点，争取上级补助3120万元，全面完成省委省政府、市委市政府为民办实事任务和水土流失综合治理任务。

【水土流失区非柴燃料补助】 2021年，漳州市水利局按照省、县财政各承担50%的资金筹措比例，每人每年补助200元的标准，对平和、诏安、云霄等3县的重点水土流失区建档立卡贫困对象1313人（其中诏安931人、平和106人、云霄276人），实施水土流失区非柴燃料补助，共补助资金26.26万元。

【水土保持补偿费征收职责划转】 2021年，漳州市水土保持补偿费征收职责划转税务部门征收。年内，漳州市水利局联合漳州市税务局印发《漳州市水土保持补偿费征缴工作流程》。

【水土保持预防监管】 2021年，漳州市审批水土保持方案报告书（表）395个，征收水土保持补偿费1286.81万元，其中市级审批的生产建设项目水土保持方案报告书（表）7个，征缴入库水土保持补偿50.75万元，已审批项目的水土保持补偿费征收率100%；开展生产建设项目现场检查563次，现场检查196批次，印发整改通知88份。

【水土保持科普教育】 2021年，漳州市水利局深入漳州职业技术学院、漳州河长制研究院、芗城区华元社区等开展水土保持法律和科普知识宣传，在《中国水利报》《福建日报》等刊稿7篇，在中国水土保持生态建设网站刊发信息6篇，多角度开展水土保持宣传系列活动。

·水利·

【概况】 2021年，漳州市完成水利投资46.65亿元，其中重大项目完成34.90亿元，面上项目完成11.75亿元。争取中央、省级资金6.25亿元，地方专项债1.5亿元。全市新开工水利重大项目28个，基本建成15个。

【重点水利项目】 2021年，漳浦县朝阳水库工程完成投资3.5亿元。古雷区域引水工程实现供水，附属调配站工程完成投资7400万元。东山岛外引水第二水源工程完成投资1.06亿元。闽西南水资源配置工程中九龙江调水工程（“南引工程”）分三期进行建设，其中试验段开工。九龙江防洪工程漳州段四期（华安段）完成投资2022万元。

【民生水利项目】 2021年，漳州市14个县（区）农村供水保障工程完成投资7.2亿元。龙海区内云水厂获评全国“农村供水规范化水厂”，诏安县水利局获评水利部“全国农村饮水安全脱贫攻坚先进集体”。8个安全生态水系项目建设完成投资5911.35万元。全市水利部门治理水土流失面积5926.67公顷、投资4306.32万元，长泰区通过2016—2020年度全国水土保持规划实施情况现场评估，获优秀等次。

【工程运行管护】 2021年，漳州市22个在建重大项目接入水利基建项目管理平台。龙津溪引水工程（C2标段）、长泰枋洋水利枢纽工程（C4标段）分获2021年度“闽水杯”水利优质工程金奖和银奖。完成水库大坝安全鉴定84座、大中型水闸安全鉴定评价报告审定17座。404座小型公益性水库实施物业化管护。年内，漳州市水利局督导排查整改水利安全生产问题1738项，《水利安全生产监管系统简易操作手册》被福建省水利厅发文推广。

【水旱灾害防御】 2021年，漳州市水利局完成23座中型水库汛期防洪调度运用计划和汛期应急预案的审批。组织2轮抗旱专题调度，跨县域协调平和东川水库向峰头水库调水700万方，有效应对历史罕见旱情。启动水利应急响应12次，成功防御15场暴雨、13场强对流天气、4个影响台风（其中“卢碧”台风登陆东山）。市九龙江洪水预警报中心获评全国水旱灾害防御工作先进集体。

【河湖治理】 2021年，漳州市市、县、乡河长巡河3.1万人次、河道专管员巡河42万人次。开展暗访帮扶问题整改611个，“四乱”问题整改476个，西溪、北溪综合执法巡查问题整改149个，销号率100%，完成九龙江西溪流域水质提升治理项目15个。中央环保督察水电站生态问题整改完成交账销号，6座小水电站获安全标准化达标电站称号。完成全市流域面积50平方千米以上河流81条114段的管理范围划定工作。

【“河长智库”】 2021年，漳州市水利局建立“河长智库”，包括课题研究专家33人、业务指导专家28人、综合执法专家19人，专业范围覆盖10余个技术领域。

【水资源管理】 2021年，漳州市审核通过市、县两级最严格水资源管理制度考核工作自查总结报告，并报送省政府和省水资源管理委员会。年内，全市共征收水资源费2917.84万元，征收率达100%。漳州市水利局完成2020年水资源公报编制审核并向社会发布。

【节水工作】 2021年，漳州市印发《漳州市节约用水工作联席会议制度》，云霄、长泰获评水利部第四批节水型社会建设达标县。闽南师范大学、漳州卫生职业技术学校两所节水型高校创建初验通过并上报省节水办复核。开展重点用水企业水效能领跑者遴选工作，22家企业确定为福建省节水型示范企业或节水型达标企业。

【依法审批行政】 2021年，漳州市水利局办结行政审批和公共服务事项85件，审批水土保持方案报告书395个。完成生产建设项目水土保持设施自主验收78个，完成全省首单水土保持补偿征收职责划转工作。取缔非法采砂点和堆砂场25处，查办水事违法案件66件，罚没金额213万元。

【水库移民】 2021年，漳州市水利局完成水库移民后期扶持“十四五”规划编制工作。年度发放移民直补资金3319.62万元，拨付移民后期扶持项目资金约1.5亿元。开展移民村人居环境整治和资产型生产开发项目建设，使全市255个水库移民安置村受益，受益人口超过30万元，其中水库移民55003人。

（陈 涛）

责任编辑：蔡婉玲

工 业

·综述·

【工业发展】 2021年，漳州市规模工业增加值比上年增长10.9%。全市累计工业用电量比上年增长17.73%。全市34个工业大类行业中，27个行业增加值比上年增长，增长面79.4%。培育新增新上规模以上工业企业290家。工业企业实现营业收入比上年增长27.3%。

【企业对接】 2021年，漳州市新对接民企产业项目366个，计划总投资1445.28亿元。其中，制造业项目325个，计划总投资996.13亿元。年内，漳州市工业和信息化局（简称漳州市工信局）组织企业参加全省民企发展大会，签约民企项目6个，计划总投资363亿元。

【企业技改】 2021年，漳州市工信局组织推荐漳州市技改项目申报省重点技改项目，被列入省级重点技改项目178个，总投资285.2亿元，年度投资98.2亿元。漳州科华技术有限责任公司通过国家级技术创新示范企业认定。

【“双创”基地建设】 2021年，漳州市打造闽南硅谷和“双创”基地，建设语堂数字经济、中科智谷、芯云谷等一批信息化产业园区，获评省级新一代信息技术与制造业融合发展新模式新业态标杆企业7家，工业互联网示范平台1个，20个项目入选“5G+工业互联网”典型应用场景，500家企业完成“上云上平台”，350家运用数字化、网络化、智能化手段提升传统产业企业，软件和信息技术服务业逆势增长。

【物资保障】 2021年，漳州市在库储备包括口罩、防护服，消毒液，医用手套鞋套等价值1300余万元物资。在漳州台商投资区新冠肺炎疫情防控期间，调拨（出库）包括测温仪、读卡器、转运箱、核酸采样管、口罩、防护服、消毒液等价值597万元医疗物资。

【工业园区建设】 2021年，漳州市工信局持续推进漳州市工业园区三年行动计划，完善16个工业园区功能配套，推动园区集约绿色创新发展。全市954个园区标准化重点项目完成投资1270.7亿元，新建成厂房1685.68万平方米。漳州台商投资区、漳州古雷港经济开发区被列为省工业园区标准化建设试点。

【汽车汽配】 2021年,漳州市汽车制造规模以上企业27家，规模工业总产值243.09亿元，比上年增长71.3%，产业占全市规模以上工业总产值比重2.1%。规模以上工业产值占全市规模以上工业总产值的3.4%，汽车制造产业龙头企业有正兴车轮、正新橡胶、金龙客车、新福达汽车等。

·特殊钢铁工业·

【概况】 2021年，漳州市特殊钢铁产业规模以上工业企业31家，规模以上工业总产值占全市规模以上工业总产值的10.4%，行业涉及黑色金属冶炼铸造、钢压延加工和铁合金冶炼。

【特殊钢铁产业集中区】 2021年，漳州市特殊钢铁产业龙头企业有三宝钢铁、福欣特殊钢、凯景钢铁等，为全省不锈钢板薄板和铁合金生产加工的重要基地，初步形成以下产业集中区：以三宝钢铁为中心的钢铁生产基地；以福欣不锈钢为主的不锈钢生产基地，福欣不锈钢建成炼钢、热轧、退酸三大工程，具有国际先进的不锈钢冷轧生产线；以首钢凯西、凯景、统一马口铁等薄板压延加工及印刷涂布等板材生产基地。

·石油化工工业·

【概况】 2021年，漳州市规模以上石化企业208家(占全市规模以上工业企业8.73%)，实现工业产值831.4亿元(占全市规模以上工业产值11.95%)。石油化工、炼焦和核燃料加工业企业8家、产值69.5亿元;化学原料和化学制品制造业企业99家、产值557亿元;化学纤维制造业规模以上企业2家、产值9.3亿元；橡胶和塑料制品业规模以上企业99家、产值195.6亿元。

【漳州市石化产业发展推进会召开】 2021年2月25日，漳州市石化产业发展推进会在漳州宾馆召开。会议指出，“十四五”期间，漳州市将把“大石化”产业作为“三大三新”产业体系最重要的支撑，全力推动发展，打造世界级产业集群。力争到2025年，全市原油加工能力达到2600万吨/年、乙烯生产能力达到350万吨/年、对二甲苯生产能力达到520吨/年，实现全市石化产业全产业链产值达1500亿元。

（谢 霁）

·电力工业·

【概况】 2021年，漳州地区全社会用电量306.64亿千瓦时，比上年增长15.9%。发电量44.85亿千瓦时，比上年下降20.83 （其中水电发电量11.37亿千瓦时、风电发电量6.93亿千瓦时、火电发电量6.93亿千瓦时、生物质能6.64亿千瓦时、太阳能5.46亿千瓦时）。国家电网公司福建省电力有限公司漳州供电公司（简称国网漳州供电公司）售电量278.69亿千瓦时。

【新设备投产】 2021年，漳州市新增电厂（电站）2座，新、改建220千伏线路6条，总长161.85千米；新、改建110千伏线路16条(含支线)，总长135.79千米；新、改建35千伏线路5条，总长22.54千米。新投运220千伏变电站1座、主变压器1台，220千伏主变压器增容1台，新增变电容量240兆瓦；新投运110千伏变电站1座、主变压器10台，主变压器增容1台，新增变电容量518.5兆伏安；新投运35千伏主变压器2台，新增变电容量20兆伏安。

【电网建设】 2021年，国网漳州供电公司竣工投产 35千伏及以上输变电工程 30 项，新增变电容量 111 万千伏安、线路长度 119.46 千米。220 千伏海园输变电、东林—海园线路等重点工程提前建成投产，总山 220 千伏变电站增容改造项目获得核准。试点推进配网“三化两全”建设经验在国调交流，全省率先建成“大二次”体系。完成闽粤联网工程换流站征地任务；完成北电南送特高压长泰丹岩站址调整；漳州核电 500 千伏送出工程塔基交地过半；110 千伏漳州北部片区垃圾发电厂送出等3项清洁能源项目有序启动送电。促成全省首批纯电动重卡和首个整区屋顶分布式光伏开发战略合作，7 个分布式光伏合作项目装机容量 7.76 兆瓦，屋顶光伏项目取得零的突破。完成69个老旧小区、39 个单电源小区改造；建成乡村电气化富民项目33个。

【改革创新】 2021年，国网漳州供电公司加快数字化转型，自主开发大数据应用BI（商业智能）看板21个，研发流程机器人19个，2个入选国网典型案例库，“漳州龙高中心AI智慧数字化建设样板间”入选国网样板间建设库。加快增量配电试点改革，古雷能源公司正式揭牌成立。落实电价市场化改革政策，实施首次代理购电。完成36个大班组大工种建设、13个大区域协作组织搭建，推进长泰—东区区域运检中心建设。组建市级供应链运营中心，深化现代智慧供应链场景落地应用。主动对接行政区划调整，优化供电所管理。建立内模绩效全融合“12333”多维绩效数说评价体系；26个成果在省质量管理小组活动经验交流会上获奖，《防继电保护压板误分合夹具的研制》成果被推荐为质量管理行业最高国家级奖项。

（蒲 乾）

·装备制造工业·

【概况】 2021年，全市规模以上装备制造企业371家，实现可比价增长15.7%，占漳州市规模以上工业产值的12.1%。海山重工自主研发的多种机型均通过国家起重运输机械质量监督检验中心的性能测试和鉴定，产品填补福建省机械制造领域的空白。

【省内首台套重大技术装备】 2021年，漳州科华技术有限责任公司的一体化供电管理系统（KH-GDGL）、漳州明建机械设备制造有限公司的动/静超高压灭菌处理设备（MJHPP+600-60L/S）、福建龙溪轴承（集团）股份有限公司的LSA（L）20DEM1T/M1K舱门可调拉杆、福建一帆新能源装备制造有限公司的大功率海上风机塔筒（用于10兆瓦以上风机）被列为2021年省内首台套重大技术装备。

·食品工业·

【概况】 2021年，漳州市食品规模以上工业企业602家，约占全市规模以上工业企业数的25%；实现规模以上工业产值近1700亿元，比上年增长13.6%，占全市规模以上工业的25%。

【第三届中国食品名城漳州食品交易会召开】 2021年5月28—30日，第三届中国食品名城漳州食品交易会暨第二届龙海国际休闲食品博览会在龙海区食品博览园召开。交易会设置综合食品、休闲食品、冻干食品、原辅材料、食品机械五大专业展区，有567家企业参展，设有585个展

2021年5月28日，第三届中国食品名城（漳州）食品交易会暨第二届龙海国际休闲食品博览会在龙海博览园开幕 （漳州市工信局 供图）

位，其中特装展位160个，并设置“中国休闲食品名城（龙海）线上直播室”。交易会期间意向订单金额36.7亿元，1.5万名专业采购商到会洽谈，线上直播带货活动吸引800多万人次围观。

【中国·东山水产网上全球直播活动召开】 2021年4月15日，中国·东山水产网上全球直播活动在东山马銮湾金沙楼举办。此次活动旨在加快培育外贸基地国际竞争新优势，推进全县外贸基地提质增效，克服全球疫情对外贸水产加工企业造成的不利影响，发挥跨境电商平台优势，帮助企业开拓国际市场、获取海外订单，提高东山水产产业全球知名度和影响力。本次活动通过现场直播、场外工厂等方式，聚集近9万家采购商的关注，收到600多封海外采购商的询盘，意向成交金额300万美元。

·二轻集体工业·

【概况】 2021年，漳州市钟表、工艺美术品制造等行业实现销售产值分别为14.18亿元、65.46亿元，实现工业总产值分别为14.53亿元、67.81亿元。年内，漳州市二轻集体工业联社（简称漳州市二轻联社）筹集资金166万元投入市工艺美术馆建设，实行馆企一体化运营模式。投入20余万元建设“漳州八宝印泥”宣传展示厅，进一步提升八宝印泥知名度和企业形象。

【直属企业管理】 2021年，漳州市二轻联社实施市八宝印泥厂目标管理办法（2021—2023年），激励调动员工积极性，促进提质增效。制定出台《漳州市二轻直属停产企业留守人员薪酬发放实施方案》等制度，明确停产企业留守人员工作职责、薪酬发放标准。整合资源，依托漳州市二轻直属企业服务中心，采用集中管理模式，进一步精简留守管理人员，集中6家未处置停产企业统一办公，年节约支出20万元。

【资产运营监管】 2021年，漳州市二轻联社实行企业资产运营管理季报分析制度，对重点直属企业资产运营状况进行动态跟踪。推进内部控制体系建设，强化风险防范，组织对8家直属企业进行财务专项检查，对2家直属企业进行财务审计，发出整改通知书3份，督促相关企业加强整改，堵塞漏洞。加强对直属企业房产、商标运营租赁的指导和监管，促进集体资产提质增效。对市六塑厂、市乐器厂等危旧厂房及时开展维护、修缮，修缮后年增加租金收入7万元，确保集体资产保值增值。

【企业改制】 2021年，漳州市二轻联社启动市乐器厂改制，由市二轻经济发展总公司筹集资金300万元解决市乐器厂34名职工安置工作，完成市第二蚊香厂改制扫尾工作和企业注销关闭相关手续。

【首届工艺美术名人评审认定】 2021年，漳州市二轻联社

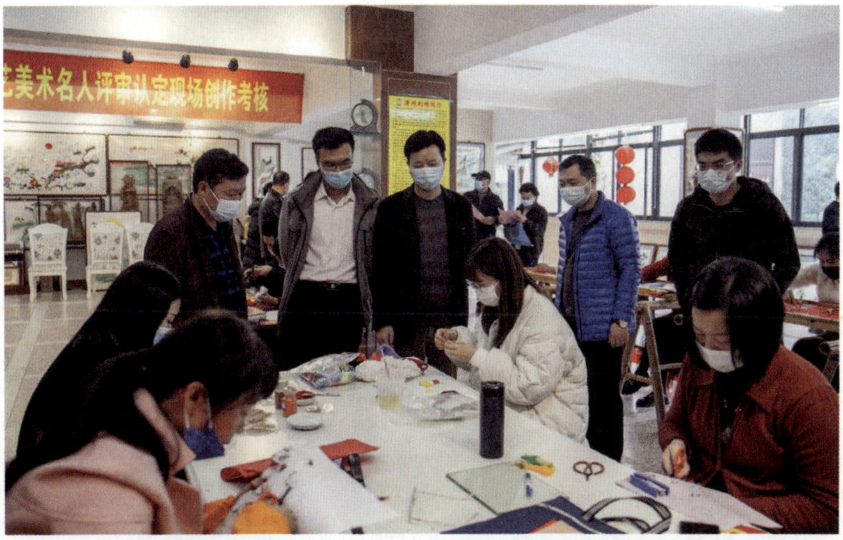

2021年8月，漳州市工信局、市二经联社组织开展漳州市首届工艺美术大名人评审认定工作 （漳州市二轻联社 供图）

联合漳州市工信局组织开展漳州市首届工艺美术大师（名人）评审认定工作，吸引漳州工艺美术领域近百名手工艺人报名参加。经过各县（区）、开发区工艺美术主管部门及漳州市工艺美术协会（学会）组织申报、初审、推荐，专家评审委员会评审，共46人符合条件。

【组织工艺美术企业和艺人参展参赛】 2021年，漳州市二轻联社筹集专项经费支持，鼓励企业和艺人参加缺席多年的中国（莆田）海峡工艺品博览会。共组织26家企业、近400件作品参展，设置9个展位，集中展示漳州工艺美术产品特色和丰富内涵。征集包括民间工艺、陶瓷、木雕等42件工艺精品参加第十五届福建省工艺美术精品“争艳杯”大赛和2021年“中匠杯”中国工艺美术创意设计大赛，共有21件作品获奖，其中金奖3个、银奖5个、铜奖4个、优秀奖9个。

【职工服务保障】 2021年，漳州市二轻联社协调解决市羽毛球厂、市二轻供销公司、市皮鞋厂、市镜艺厂等162名职工房产、货币分房等历史遗留问题。核算、退还市洗衣机厂6名职工代垫的社保金、医保金共5.62万元。慰问企业特困职工26人、困难户4户、特困企业2家，发放慰问金70200元；为26名归侨退休职工申报、发放生活补贴31200元；发放2名困难企业军转干部慰问金及体检费；为职工办理档案资料、特殊工种证明、房改证明、失业证明等153人次。

（邹思敏）

责任编辑：蔡钰臻

商贸服务业

·商贸服务·

【概况】 2021年，漳州市社会零售总额完成1804.6亿元，比上年增长6.3%。全市限额以上批发业销售额1833.3亿元，比上年增长50.9%；限额以上零售业销售额393亿元，比上年增长24%；限额以上住宿业营业额17.7亿元，比上年增长31.8%；限额以上餐饮业营业额27.8亿元，比上年增长38.6%。

【消费促进】 2021年，漳州市开展乐购漳州消费月、汽车消费补贴、汽车下乡展销会、全闽乐购美食嘉年华、年货节、漳州云上美食街、“漳州味·神州行”等线上线下促消费活动，拉动消费超8亿元。

【农村电商】 2021年，漳州市电商网络零售额231.5亿元，比上年增长30%。年内，漳州市商务局开展农村电商助力乡村振兴提升行动，南靖县被列为2021年国家级农村电商示范县。打造杨梅、蜜柚、地瓜等特色农产品“线上花果山品牌”。

【商贸流通】 2021年，漳州市商务局引导夜间经济发展，打造市级夜间聚集示范区，引导各地提升夜间经济消费载体。漳州古城步行街获评省级特色步行街。诏安四海食品有限公司的黄金兴蜜饯、漳州芗江酿酒有限公司芗江保健酒、漳州市板桥酒业有限公司老笃诚民记保健酒被评为省级老字号。新华都胜利路店和碧湖万达获评福建省绿色商场。

（陈明师）

2021年4月21—23日，世界食品（深圳）博览会在深圳举行，漳州组织19家食品企业参加。图为紫山食品展位受到消费者青睐

（漳州市商务局 供图）

·粮食储备与供应·

【粮食储备】 截至2021年年底，漳州市地方储备粮实际库

存35.32万吨，其中稻谷21.68万吨，小麦7.72万吨，玉米5万吨，成品粮6460.6吨，食用油3000吨。

【粮食轮换】 2021年，漳州市地方储备粮轮换计划8.88万吨，截至年底，完成轮出8.88万吨，完成轮入8.88万吨。

【粮食购销】 2021年，漳州市总购进折合原粮402.43万吨，比上年增长2.42%。其中，购进稻谷（含大米，折合稻谷）78.9万吨、小麦70.46万吨、玉米134.05万吨、豆类102.21万吨、大麦、高粱等其他谷物16.81万吨。全市总销售折合原粮127.42万吨，比上年增长48.82%。

【粮食应急供应保障】 2021年，漳州市依托粮食企业，建立起由216个应急供应网点、22个应急加工企业、26个应急配送中心和20个应急储运企业构成的应急供应网络，实现应急供应网点乡镇全覆盖。

【粮食仓储】 2021年，漳州市备案仓库容量（不含中储、省储）57.2万吨，其中标准化仓库容量49.8万吨，落实气调储粮仓库容量44.52万吨，实现充氮气调储粮22.6万吨，准低温储粮仓库容量43.64万吨，实现准低温储粮26.5万吨，绿色储粮技术推广应用走在全省前列。

【优质粮食工程实施】 2021年，福建兴浦米业有限公司、福建胜兴米业有限公司被中国粮食行业协会评为第十批“放心粮油”示范企业，被福建省粮食行业协会认定示范加工企业12家、示范配送中心5家、示范销售店3家，新增加1个中国好粮油产品（秋实麦香素面）和2个福建好粮油产品（双锦金丝香米、香稻米）。福建漳州岱山国家粮食储备库被选定为全国绿色储粮标准化试点单位。

【粮油质量监管】 2021年，漳州市粮食和物资储备局（简称漳州市粮储局）对2019年、2020年份的存粮进行逐仓核查，地方储备粮库存数量真实、质量良好、储存安全、管理规范。开展“亮剑2021”专项执法行动，制定下发《漳州市粮食流通“亮剑2021”专项执法行动方案》，组织2021年度粮食执法督查政策业务视频培训，提高基层执法督查人员能力。开展粮油质量监管，检验检测粮油样品936批次，质量合格率98%以上。开展粮食购销领域专项执法检查258次，检查企业637家次，出动检查人员1304人次，其中，漳州市粮储局组织检查56次，检查企业210家次，出动人员349人次。

【粮油加工】 2021年，受贸易战影响，漳州市粮油加工企业加工量有所下降。共加工粮食138万吨。其中，稻谷85万吨，比上年增加32万吨；小麦53万吨，与上年持平。

（黄 睿）

·供销合作·

【概况】 2021年，漳州市供销社系统实现销售总额430.15亿元，比上年增长24.03%，社有企业利润总额595.3万元，比上年增长137%。诏安县和鑫果蔬专业合作社被评为国家级农民合作社示范社。诏安县新绿果蔬种植专业合作社联合社被评为全国总社系统农民专业合作社示范社。

【疫情防控保供促销】 2021年，新冠肺炎疫情防控期间，漳州市供销合作社（简称漳州市供销社）选派4名党员干部支援台商投资区开展疫情防控工作，参与漳州市疫情防控工作领导小组市场供应保障组工作，建立工作专班，加强农资保障工作的指挥调度、统筹协调和督促落实，确保农资供应量足价稳质优、服务好。年内，落实各类化肥储备10.3万吨，累计供应农用肥料153.9万吨、农药1.68万吨、农膜地膜6710吨，保障全市农业生产

2021年12月24—26日，漳州市供销社组织52家农业企业、农户代表，参加福建省供销社在福州举办的“一县一周·特产惠农”展示展销会。图为展销会现场　　（漳州市供销社　供图）

需要。全市供销系统先后开展14场农资科技下乡活动，累计赠送优质化肥70余吨，发放宣传材料6000份。争取市、县两级财政淡储贴息资金161.5万元，落实化肥淡储25.8万吨。

【“三位一体”试点工作新突破】　2021年，漳州市供销社联合漳州市委农办、漳州市地方金融监管局、中国人民银行漳州市中心支行、漳州银保监分局印发《漳州市开展生产、供销、信用“三位一体”综合合作试点方案》。组织市、县两级供销社与农村信用社签订战略合作协议，与省农村信用社漳州办事处联合印发关于借鉴推广《诏安县创新“三社联动”机制，聚合资源服务乡村振兴》经验做法的通知，推动各县（区）供销社因地制宜探索开展“三位一体”综合合作试点。

【为农服务】　2021年，漳州市供销社开展乡镇惠农综合服务中心试点建设4家、改造提升基层社13家、新领办引办农民合作社82家、新建庄稼医院5家、农村综合服务社34家/建设供销特色农业产业园9个。全年全市供销系统新增土地托管面积648公顷、社会化服务面积2247公顷，电商销售68.2亿元，比上年增长59.21%。年内，漳州市供销社组织52家农业企业、农民合作社、家庭农场和农户生产的240多种名特优农产品参加福建省供销社在福州举办的“一县一周”漳州专场展示展销会，现场销售94.3万元，订单100多万元。整合“新网”“惠农”项目资金，启动“保供促销工程”项目资金，实施省级“保供促销工程”、市级“新网工程”“惠农工程”项目25个（省级4个、市级21个），与市财政局联合下达专项补助资金349万元（省级149万元、市级200万元），项目建设进展顺利。

（韩漳智）

·烟草专卖·

【概况】　2021年，漳州市烟草专卖局（公司）全年税利总额比上年增长0.2%，11项行业对标指标优于全省平均水平。年内，漳州市烟草专卖局被评为2016—2020年全国依法治理创建活动先进单位，1人获评“全国卷烟打假先进个人”。

【营销网络建设】　2021年，漳州市烟草公司优化精准货源投放模式，市场状态保持良好。全年市场价格保持平稳，社会库存保持2周以内，客户盈利率12.5%，客户满意度保持在88分以上；完成营销上云全省行业试点工作，累计发展“e福通”客户3488户，覆盖面10.17%，在全省e福通客户测试中平均成绩排名全省第一；年内建成“海丝新晟”零售终端45户、雪茄烟体验终端5家、农网现代零售终端3352户、农网示范片2个；开展职业化零售客户训练营3期，参与零售客户3.4

万户，覆盖面99%；围绕连锁门店、联营批发、集团业务三条主线推进非烟经营，海晟公司全年实现销售比上年增长23.77%，税利比上年增长42.8%，其中非烟销售比上年增长44.7%。

【打假打私】 2021年，漳州市烟草专卖局承接长驻云霄卷烟打假工作，与云霄及周边7个县（区）签订《卷烟打假综合治理捐赠框架协议》。年内，全市共查获制假烟机6台，比上年下降63%；查获假烟20704件（其中海上走私假烟12381件），比上年增长105%；查获烟叶烟丝163.5吨，比上年下降21%；查获假烟标识928万张，比上年增长40%；破获国际网络案件16起，办理省督案件22起，完成国家烟草局重大案件17起，“3·17”案件获评全省烟草“十佳专卖精品案件”。

【市场监管】 2021年，漳州市烟草专卖局保持市场监管高压，综合治理真烟异常流动，开展“守护成长”专项行动，推进许可证管控力度，辖区内卷烟市场经营秩序平稳良好。年内，全市共查获异常流动卷烟1424件，查获5万元以上真烟案件113起，取缔违法大户42户，查处一起向未成年人售烟案件，劝导124户持证零售户下架电子烟；全市10家县（区）单位完成辖区合理布局规划修订，建立许可排队预约制度，开发许可证到期提示程序，优化改进许可服务，城区、漳浦行政服务大厅被评为全省十佳专卖行政服务大厅。

（陈晓宇）

·盐业专营·

【概况】 2021年，漳州市实现销售总量6.6万吨，其中小包装碘盐销售8239.95吨、大包装食盐销售5.8万吨。

【盐业市场营销】 2021年，漳州盐业有限责任公司全面推进网格化管理工作，详细收集客户信息。做好盐民村闽盐供应工作，持续向盐场周边村民供应闽盐系列盐产品。

【盐政工作】 2021年，漳州盐业有限责任公司出动2850次，出动人数12604人，巡查餐饮店24880家、商超食杂店24028家、食品加工厂1327家、学校434家。巡查发现重大违规线索7件，重大线索涉嫌盐产品的28.84吨，漳州市市场监督管理局受理案件数480件，办结案件数473件，其中行政处罚案件31件，罚款数额3.5万元，没收盐产品19.87吨；责令整改案件43件。漳州芗城区法院对假冒“闽盐”案件当事人进行判决，对其中参与制假人员6人进行有罪判决，上网追逃1人。

【社区电商平台盐政管理】 2021年，漳州盐业有限责任公司加强对社区平台、食盐电子商务的管理，约谈社区电商平台11家次，责令改正5家，行政处罚2起，罚款2050元，没收闽盐自然盐26件。

（邹国武）

责任编辑：江细珍

经贸合作

·对外贸易·

【概况】 2021年，漳州市进出口总额1054.2亿元，比上年增长30.1%。其中，出口690.8亿元，比上年增长28.4%；进口363.3亿元，比上年增长33.4%。进出口顺差327.5亿元，比上年增加58.5亿元。主要出口商品中，机电产品出口229.4亿元，比上年增长20.2%；农产品出口234.8亿元，比上年增长36.2%；高新技术产品出口38.58亿元，比上年增长10.8%。主要出口目的地中，出口美国148.37亿元，比上年增长11.3%；出口欧盟81.3亿元，比上年增长22.0%；出口东盟161.16亿元，比上年增长61.7%。

【市场开拓】 2021年，漳州市商务局对区域全面经济伙伴关系国家（RCEP）出口238.09亿元，比上年增长42.84%，占全市出口的34.46%；对“一带一路”国家出口199.17亿元，比上年增长48.73%，占全市出口的28.83%；对欧盟出口81.3亿元，比上年增长21.98%，占全市出口的11.77%；对日本出口48.39亿元，比上年增长17.38%，占全市出口的7%；对美国出口148.37亿元，比上年增长11.26%，占全市出口的21.48%。

【跨境电商】 2021年，漳州市加快推进跨境电商综试区建设，在漳州市跨境电商公共服务平台备案企业77家，其中通关企业27家，通关总货值7.5亿元。漳州跨境电商大数据展示中心、“1210”模式进口零售分拣作业线、漳州跨境电商孵化园等一批项目建成并投入使用。

·招商引资·

【概况】 2021年，漳州市实际利用外资22.8亿元，合同外资30.4亿元。新签约产业项目1326

2021年11月7日，漳州市丹夫集团有限公司与新西兰恒天然集团在进博会展会现场签订框架合同 （漳州市商务局 供图）

2021年4月2日，“大开放、大工业、大漳州”创业招商大会召开。（沈昊鹏 摄）

个，总投资4456.1亿元，新开工项目1039个，新竣工投产项目920个。

【招商活动】 2021年，漳州市落实“一把手”招商、点对点招商、小分队招商，市主要领导亲自挂帅，带队赴粤港澳大湾区招商，利用进博会、投洽会开展小分队招商。全年各县（区）主要领导带队外出招商127次，对接洽谈项目297个，推动落地项目61个。举办创业招商大会，现场签约40个项目，总投资659.3亿元。参加中国国际投资贸易洽谈会，签约外资合同项目35个，总投资36.3亿美元。用好台港澳侨资源，组织台湾百大企业漳州行、中外企业家福建行“海洋之旅”等活动，赴澳门开展经贸促进活动，在深圳、东莞、厦门、泉州、上海等异地漳州商会设立招商联络处，组织75名招商专员进行专题培训。对接项目资源48个、客商263人次。

·投资与合作·

【对外投资】 2021年，全市新批境外投资企业3家，注册资本1718万美元，中方投资额1728万美元。其中，新设项目 2个，投资额1717.87万美元；增资项目1个，投资额1275美元。

【漳台经贸合作】 2021年，全市新备案台资项目93个，注册合同15.59亿元；台资项目到资12.39亿元。

【漳港澳经贸合作】 2021年，全市新设立港资项目25家，合同港资9.2亿元，实际到资7.1亿元。

【对外劳务合作】 2021年，全市签订劳务合同810份，合同金额6450万美元，共外派劳务人员2071人次，实现营业额4211万美元，期末在外人数为4651人。

（陈明师）

责任编辑：江细珍

财政·税务

·财政·

【概况】 2021年，漳州市一般公共预算总收入384.5亿元，比上年增长9.7%，其中地方一般公共预算收入246.18亿元，比上年增长12.6%。全市一般公共预算支出421.5亿元，同口径比上年增长10.6%。全市政府性基金收入221.37亿元，比上年下降5.3%；支出255.65亿元，比上年下降5.5%。全市国有资本经营预算收入10.09亿元，比上年增长31.2%；支出1.73亿元，比上年下降65.8%。全市社会保险基金预算收入131.41亿元，比上年增长16.8%；支出130亿元，比上年增长14.1%。

【基层正常运转财政保障】

2021年，漳州市财政局严格“三保”支出预算执行，强化日常监测、资金调度和支出监控，下沉本级自有财力转移支付给县区16.3亿元，加大对困难县区调度倾斜，兜牢“三保”底线。全市获得上级转移支付资金158亿元，市级累计向县区调度库款186亿元，比上年增长5%；各县区“三保”支出195.6亿元，“三保”保障到位。市本级调入资金9.4亿元和预算稳定调节基金5.3亿元，盘活存量资金3.05亿元，确保收支平衡、运行平稳。

【市场主体纾困发展财政服务】

2021年，漳州市财政局统筹安排2610万元鼓励稳岗用工，受益企业810家次。全市发放中小微企业纾困专项资金贷款27.29亿元，及时解决726家中小微企业暂时流动性困难，并通过财政贴息减免企业利息负担2729万元；委托市场化运营应急周转、小微贷、政融保3支市级政府性引导基金，发放应急周转金3笔7650万元，协助发放小微贷1.28亿元，惠及企业102家次；鼓励银行等金融机构为15.13亿元贷款提供政府性融资担保、受益企业1541家次；修订完善产业引导基金管理办法，提高基金使用效率，全年新增实体企业投资2.18亿元。继续执行降低增值税税率、增值税留抵退税、个人所得税专项附加扣除等制度性减税政策，新增减税降费14.34亿元。优化政府采购营商环境，减免978个政府采购项目投标保证金7976万元、履约保证金1.08亿元，缓解中小企业资金压力。

【疫情防控经费财政投入】

2021年，漳州市市县两级财政累计投入疫情防控资金6.05亿元。其中，市本级1.43亿元，县区4.62亿元。实际支出4.33亿元，有效保障疫苗接种、核酸检测、医疗救治、疫情防控人员补助、设备物资购置等防疫工作开展，支持城市核酸检测基地建设、朝阳医院改扩建和方舱医院改造；筹集疫苗及接种费用专项资金8.49亿元，已上缴省疫苗采购款5.41亿元，加快推进全民疫苗接种及重点人群第三针加强接种；及时启动财政应急保障机制，开通防控资金支付“绿色通道”，支持流调队和应急调派工作，有效遏制疫情散发。

【项目建设投资财政统筹】

2021年，漳州市本级预算安排25.08亿元，优先支持在建、民生、重点项目建设；统筹安排2.66亿元，支持市区老旧小区改造、老旧背街小巷整治提升和既有住宅增设电梯，推动市区公共交通事业发展和“四好农村路”建设养护。配合发改部门做好地方政府债券申报工作，全市新增债券155.57亿元（不含再融资债券），规模排名全省第三，其中专项债券135.32亿元、一般债券20.25亿元，支持222个重点项目建设。

【外经贸稳定发展财政促进】

2021年，漳州市财政局拨付出口信保扶持等奖补资金超1亿元，用于降低收汇风险，引导外贸企业积极参加境外重点展会，优化跨境电商公共服务和利用外资载体平台，免除外贸吊装移位仓储费用，正向激励通关便利化，促进出口企业转型升级，帮助漳州本地产品开拓国际市场，支持漳州台商投资区保税物流中心（B型）运营。

【扩大内需消费财政推动】

2021年，漳州市财政局统筹安排1400万元促进稳产保供，支持“引粮入漳”，加强粮食风险基金管理和应急体系建设，维持猪肉等农副产品价格稳定、市场供给有序。累计下达促消费财政资金6606万元，支持开展“你消费、我买单”个人消费发票抽奖等活动，发放“全闽乐购”和“乐购漳州”消费券，补贴1万多台乘用车。共带动零售、住宿、餐饮、文娱、旅游、住房（刚需）领域消费52.9亿元，拉动汽车、购物消费16.67亿元，惠及“全闽乐购”消费用户24.2万人。

【创新驱动发展财政支持】

2021年，漳州市财政局统筹安排1.93亿元，落实企业研发经费分段补助、科技重大专项补助、科技小巨人领军企业研发费用加计扣除、高新技术企业出入库奖补、购买科技服务等政策，受益企事业单位1192家次、项目261个。

【工业引领发展财政奖补】

2021年，漳州市财政局统筹安排2.16亿元，兑现市级工业发展奖补政策，推动数字漳州建设，从稳增长奖励、技改创新、中小企业发展、品牌争创、节能循环、信息化等方面支持工业增长，对工业企业技改贷款给予财政贴息、风险补偿，助力“突出工业、突破工业”。

【农业特色发展财政扶持】

2021年，漳州市财政局统筹安排16.42亿元，支持农田水利、水土保持、防汛、水库移民后期扶持等工程建设，用于特色现代农业发展、高标准农田建设补助、农业渔业资源及生态保护、动植物疫病防控、提升农业气象服务、河道专管员补助等，落实河湖长制，加快现代农业和海洋经济发展、培育新型农业经营主体。

【服务业提升发展财政鼓励】

2021年，漳州市财政局统筹安排4207万元，用于省级示范商圈和商务特色镇建设、提升中心城区农贸市场建设管理水平、鼓励企业利用电商拓展市场等工作，兑现服务业提升发展十二条。拨付资金1307万元，用于旅游集散服务中心、文化旅游惠民消费、旅游示范基地培育、旅游风景区项目建设、全域旅游考核奖励和旅游宣传促销等，提升旅游公共服务水平。

【区域协调发展财政助力】

2021年，漳州市财政局统筹安排5836万元，保障援宁援疆援藏等对口支援任务落实，促进山海协作。

【社会基本民生财政改善】 2021年，漳州市财政局统筹安排13.77亿元，支持办好20件市委、市政府为民办实事项目。投入6678万元，落实就业创业优先政策，共3252家企业、13.63万人受益；以创业带动就业，为个人提供创业担保贷款支持，全市新增创业担保贷款375笔、金额5807万元。市本级累计投入3.03亿元，支持乡村振兴省级示范村建设，促进农村生活垃圾污水治理、农房裸房整治、村容村貌提升和老区苏区社会公益事业项目建设。落实生态环境目标责任，加强生态环境损害赔偿资金管理，出台不跨设区市流域生态保护补偿办法，获得海洋生态保护修复项目中央补助3亿元，九龙江流域（漳州段）山水林田湖草沙一体化保护和修复工程项目省级以上补助28.92亿元，资金分三年（2021—2023）下达，到位5.77亿元。向上争取省级资金7375万元，支持建设21所公办幼儿园、增加学位6800个；市本级安排6.83亿元，从2021年春季学期开始将高职院校年生均财政拨款标准提高到1.2万元，支持谷文昌干部学院、漳州三中龙文校区建设和漳州一中新高中部和职教园区教学设施设备更新；拨付1.61亿元支持中国女排娘家基地一期二期项目建设；安排1626万元，支持第十四届市运会、第十一届老健会顺利举办，及用于庆祝中国共产党成立100周年系列活动。将企业人均退休养老金提高到2535.3元、城乡居民基础养老金最低标准提高到135元、革命五老人员每月定补标准提高到1720元、城乡居民医保财政补助标准提高到600元、基本公共卫生服务财政补助标准提高到79元。落实保障性安居工程财政资金39.37亿元，支持新建各类棚改项目10625套。

【推进改革优化财政治理】 2021年，漳州市财政局印发实施《漳州财政“十四五”规划》《关于全面实施预算绩效管理工作的推进方案》等文件。推动实施交通运输、应急救援、医疗卫生等领域市与县财政事权和支出责任划分改革；以长泰、龙海撤县（市）改区为契机，加快预算管理一体化，开展零基预算改革试点，全面完成国库集中支付电子改革任务，市直单位基本实现非税收入收缴网络版票据系统升级；常态化落实财政资金直达机制，确保52.1亿元直达资金直接惠企利民。有效落实党政机关过紧日子要求，市本级年初预算一般性支出同比减少1.37亿元，压减16.6%。政府投资项目财政评审效率提升，共审结93个项目，108.37亿元，核减率9.6%，节约财政资金11.51亿元。加强财政内控内审，加快乡村振兴（扶贫惠民）资金在线监管系统建设，深入开展会计信息质量等专项检查，推动财会监督提质扩面增效，确保国家重大财税政策措施落地落实。

（吴崇炼）

·税务·

【概况】 2021年，漳州市税务部门累计实现各项收入469.73亿元，比上年增长22.17%。其中，税收收入326.9亿元，比上年增长16.46%；非税收入142.83亿元，比上年增长37.61%。按照地方财政口径计算，组织一般公共预算总收入322.52亿元，比上年增长14.59%。组织地方一般公共预算收入184.21亿元，比上年增长23.32%。采取“市局重点项目推进＋县局计划项目铺开”开展土地增值税清算，土地增值税增收23.1亿元，比上年增长140%，其中清算入库增收24.3亿元，比上年增长330%；加强跟踪督导和后续管理，企业所得税汇算清缴增收4.57亿元，比上年增长26.64%；非居民企业所得税比上年增收4.3亿元，比上年增长170%，其中扣缴近年来最大一笔股息红利所得税4.7亿元。

【非税收入管理】 2021年，漳州市税务局组织各项社会保险费收入129.2亿元，比上年增长39.9%。各项非税收入入库13.7

亿元，比上年增长18.9%。平稳完成非税收入项目划转工作，新接收的6项非税收入入库1.18亿元，分别为：水土保持补偿费收入2406万元，防空地下室易地建设费6068万元、城市绿化赔偿费201万元，大中型水库库区基金251万元和地方水库移民扶持基金17万元，排污权出让收入2429万元，土地闲置费435万元。全面落实申报审核制度，严格催报催缴，建立参缴率和缴费率征缴监督机制，坚持依法征收，规范征收职工基本养老保险费。漳州市企业职工基本养老保险费收入50.2亿元，比上年增长98.8%。

【税收征管改革】 2021年，漳州市税务局落实中办、国办印发的《关于进一步深化税收征管改革的意见》，深入推进精确执法、精细服务、精准监管、精诚共治和智慧税务建设。通过细化工作方案、明晰岗位职责、强化风险防控，确保电子专票平稳推行，新办纳税人同步核定电子专票票种率达98%。自主编写《稽查执法音像记录工作操作指引（试行）》，同步上线自制的“6+1”配套教学短视频和宣传片，持续推进税务执法规范化建设。严格贯彻“首违不罚”事项清单，首违不罚案件数量占同期不予处罚案件80%以上。打造“治理型”稽查，帮助企业规范财务制度。强化税收风险应对，完成10个项目186户风险应对，查补税款2.5亿元。

【税收法治建设】 2021年，漳州市税务局推动党政主要负责人履行推进法治建设第一责任人职责，切实发挥依法行政工作领导小组职能作用，统筹推进法治税务建设重点任务。全市系统17个单位通过福建省税务局行政执法信息公示平台向社会统一公布并实时更新市县两级税务机关的权力与责任清单，完善权力配置和运行制约机制。简化税务行政许可事项的办理程序，行政审批事项实现承诺办结率100%，实施容缺办理，畅通办事渠道，落实税务证明事项告知承诺制。推广运用税收执法说明理由制度，发挥重大税务案件审理作用，助力依法打击处理虚开骗税违法犯罪，不断提高审理工作质效，开展重大税务案件审理8户。

【税收营商环境优化】 2021年，漳州市税务局推动政策红利直达快享，新增减免税费14.34亿元，为188户企业办理增量留抵退税28.42亿元，为4849户制造业中小微企业办理阶段性缓缴税费3.3亿元。持续优化办税缴费流程，“非接触式”办税缴费的网报率连续4个月位居全省首位。落实财产和行为税10税合并申报，减轻纳税人填报负担。上线新出口退税系统，办理时间提速至5个工作日内。推动开展市不动产登记系统和税务系统的互联互通，实现不动产登记涉税便利化。持续深入开展“银税互动”，2021年累计帮助2703户小微企业获得银税合作信用贷款7641笔32.25亿元。

【税收宣传】 2021年，漳州市税务局加强“诚信兴商”宣传，实现A级纳税人占比不断提高，全市纳税信用A级纳税人7532户，占纳税人总数8.36%，比上年增长1.91%。打造暖民心税务宣传作品，在中央级媒体刊载报道10篇，在省级媒体刊载报道98篇，在中国税务报和总局官方微信发表56篇；一批独立制作的优秀短视频被国家税务总局官微、学习强国采用。

（李东　吴泽林　黄雅妮）

责任编辑：林松英

金融业

·地方金融监督管理·

【概况】 2021年，漳州市金融监管局编制《漳州市“十四五”金融业发展专项规划》，全面梳理44项行政审批和政务服务事项，推进融资租赁、商业保理公司分类处置。组织开展金融服务古雷提速发展大会等23场银企融资对接，促成银行与1331家企业达成融资意向3185.63亿元，发布金融产品146项，融资6391笔。

【重点领域支持】 2021年，漳州市金融监管局围绕古雷、云霄核电等重点项目，引导银行加大工业和制造业贷款投放，制造业贷款余额541.70亿元，比上年增长20%，比年初增加90.27亿元。普惠小微贷款余额591.72亿元，比上年增长29.32%，比年初增加134.24亿元。持续推进中小微纾困等专项行动，积极对接第四期纾困专项资金，成功落地纾困贷款705笔，金额26.27亿元，落地笔数及成功率均居全省前列。服务乡村振兴与科技创新，全市涉农贷款1771.78亿元，比上年增长16.29%，比年初增加248.73亿元。促成20家银行与160家企业达成合作意向，融资意向金额82.5亿元，全市高新技术企业贷款余额102.77亿元。

【金融风险防范化解】 2021年，漳州市金融监管局出台《贯彻落实打好防范化解重大金融风险攻坚战下一阶段工作任务分工的若干措施》，到年底，全市不良贷款余额30.41亿元，比年初减少1.67亿元，不良贷款率0.75%，比年初下降0.18个百分点，为历年来最低，连续两年保持在1%以下。

【交易场所清理整顿】 2021年，漳州市金融监管局推进海峡

2021年11月17日，漳州市金融支持科技创新政银企融资对接会举行

（漳州市金融监管局 供图）

（漳州）金融产权交易中心有限公司撤销关闭工作和存量业务风险处置。年内，海峡金交办理企业名称、经营范围及法定代表人等登记事项变更，去除企业名称中的“金融产权交易中心”字样和经营范围中的“金融产权交易服务”等内容，撤销关闭工作完成。

【对台金融服务】 截至2021年年底，漳州市累计颁发漳州市台商台胞金融信用证书142本，56家持证台企获信62.04亿元。全市55家台资企业办理试点业务1003笔，累计金额4.95亿美元，新增便利服务台资企业45家。签约目标规模200亿元的闽台产业发展基金，支持台资企业发展战略性新兴产业，推动台湾青年在漳、在闽创新创业。

（苏雄锋）

·银行业·

银行业监督管理

【概况】 截至2021年年底，漳州市银行业机构共有7个大类40家，分别为政策性银行1家、国有大型银行5家、股份制银行8家、邮储银行1家、城商行4家、信用卡中心2家、农村中小金融机构19家。银行业金融机构资产总额4883.23亿元，比上年增长13.91%；负债总额4676.37亿元，比上年增长13.54%。银行业金融机构本外币各项存款余额3858.82亿元，比上年增长10.5%。

【贷款增量新高】 2021年年底，漳州市各项贷款当年增量超600亿，创历史新高。全辖普惠型小微企业贷款增速高于同期各项贷款增速12.7个百分点。小微贷款平均利率5.63%，比上年下降0.39个百分点，综合融资成本比上年下降0.73个百分点，无还本续贷笔数占比上升7.16个百分点。全辖涉农贷款余额1771.78亿元，比年初增加248.23亿元，比上年增长16.29%，高于全省涉农贷款平均增速5.4个百分点。银行业累计新增支持疫情防控及企业复工复产贷款1929.69亿元；发放中小微企业应急贷款27.83亿元，惠及企业720家，帮扶就业人数4.20万人。辖内银行业绿色融资合计109.01亿元，比年初增加38.06亿元，其中绿色信贷余额105.77亿元。

【存贷款增长】 截至2021年年底，漳州市辖区银行业存贷款余额7908亿元，比上年增长13.26%。其中，存款余额3859亿元，比年初增长10.5%；贷款余额4049亿元，比年初增长17.48%。加强信贷资源配置，制定县域存贷比提升行动实施方案，全市存贷比104.95%，比年初上升6.23个百分点，其中存贷比较低的华安县、南靖县、平和县分别比年初提高10.65个、8.51个、7.34个百分点。加强企业帮扶，优化营商环境，控制综合融资成本，全辖银行业普惠型小微企业贷款平均利率5.65%，比上年下降0.41个百分点，综合融资成本比上年下降0.75个百分点；全辖银行业通过无还本续贷等方式累计为小微企业节约融资成本1.08亿元。

【金融服务】 2021年，漳州银保监分局建立部门协商联动机制，印发《金融服务乡村振兴提升行动方案》等4份文件，全辖银行业涉农贷款增速位居全省第2位。确定长泰区岩溪镇为“金融服务乡村振兴示范镇”，推动岩溪镇涉农贷款增长30.84%，高于各项贷款增速17.73个百分点。在全省率先设立首单“乡村振兴”责任保险。持续提升小微企业服务质效，在全省首推两轮地市级小贷险管理办法，为漳州市202家小微企业提供5.21亿融资保障，推动小微企业贷款余额980亿元，比年初增长25.74%。提升对台金融支持力度，出台“两项制度”作为落实“两个同等待遇”的具体举措，授信总额388.19亿元，比年初增长52.2%；贷款余额115.53亿元，比年初增长63.2%；授信总额、贷款余额均占全省一半以上。

【信用风险降低】　截至2021年年底，漳州市辖区银行业不良贷款率降至0.75%，比年初下降0.18个百分点，低于全省平均水平0.29个百分点，创2007年以来历史最低水平。

【社会融资规模平稳增长】
2021年，漳州市社会融资规模增加794.58亿元，比上年增加8.36亿元。从增量结构看，人民币贷款增加592.83亿元，外币贷款（折合人民币）增加9.62亿元；企业债券净融资90.59亿元，政府债券净融资90.94亿元，非金融企业股票融资6.96亿元；未贴现的银行承兑汇票减少3.25亿元，委托贷款减少44.09亿元。

【非银行业金融服务】　2021年，漳州市证券、期货企业累计开展股票、基金、债券交易1.65万亿元，比上年增长21.46%；累计实现保费收入92.24亿元，比上年增长6.7%，高于全省平均增速1.63个百分点。截至年底，全市证券、期货企业保有180.14万个证券、期货账户，比上年末增加19.17万个，比上年增长11.91%；5家小额贷款公司贷款余额4.91亿元，比上年增长4.5%；35家典当行典当余额4.92亿元，比上年增长7.7%；10家融资担保公司融资在保余额29.25亿元，比上年增长40.96%。

【银行业监管】　2021年，漳州银保监分局加强重点领域风险防控，开展经营用途贷款违规进入股市房市排查，核实疑点1502笔、涉及违规金额7.06亿元。在全省率先建立金融纠纷多元化解机制，联合市中级人民法院等部门签订备忘录，设立“一站两中心”（银行业保险业消费者权益保护服务中心各县区工作站，金融纠纷多元化解中心、涉农金融审判与司法服务中心），设立市消保中心、4个县域化解中心，调解成功546件，涉及金额6470万元，为群众减负383万元，金融纠纷调解数量位居全省前列。

（高玥琦　游志强）

银行和银行金融机构

【中国人民银行漳州中心支行】
2021年，中国人民银行漳州中心支行落实跨周期货币政策设计，累计发放再贷款、再贴现资金40.19亿元，运用两项直达工具政策撬动法人金融机构发放信用贷款12.88亿元、延期还本付息金额44.25亿元。拓展企业发债品种，落地全省首单专项乡村振兴债务融资票据和地市级首单权益出资型绿色债券，全年辖区企业在银行间债券市场发行债务工具191.6亿元。推动跨境人民币业务增量拓面，全辖人民币跨境实收实付金额比上年增长52.10%。

2021年，中国人民银行漳州中心支行履行经理国库职能，至年底，全市人行系统23个国库共

2021年11月8日，漳州市市场监督管理局与中国人民银行漳州市中心支行在漳州市市场监管局共同签署《关于》建立风险防范协作机制的合作备忘录》　（中国人民银行漳州市中心支行 供图）

办理预算收支业务539.57万笔、金额2619.60亿元，分别比上年增长11.5%和15.7%。全年实现公共预算总收入384.50亿元，完成公共预算支出496.77 亿元，分别比上年增长9.7%和11.1%。在全辖建设11个国库普惠金融示范乡镇、801个财政惠民惠农资金服务示范点,全年乡镇地区储蓄国债销售金额比上年增长123%。履行征信服务社会职能,全市人民银行征信系统收录约220万个自然人征信信息，共受理个人信用报告查询20.46万次、企业信用报告查询4019次，组织评定信用农户51.18万户、信用村1328个、信用镇61个。保障全市现金正常供应，发行基金调拨66次，调拨金额433.87亿元。改善支付服务环境，在全省率先创建114个农村普惠金融“助老适老”服务示范点。

2021年，中国人民银行漳州中心支行推动线上办理资本项目结汇支付、多笔外债共用一个外债账户便利化业务落地实施，全年全市银行办理外汇衍生品业务金额9.59亿美元，比上年增长96.82%。简化外债登记管理，支持全市企业融入境外低成本资金10.06亿美元。

2021年，中国人民银行漳州中心支行加强法人机构风险管理，全辖法人金融机构央行评级结果集中在3-6级。严厉打击跨境赌博和电信网络诈骗，推进“断卡”行动，促使银行发现涉案并采取风控措施5.55万户。协助公安机关成功破获漳州“608”开设赌场案、成功捣毁一涉嫌为涉赌涉诈资金提供取现服务的犯罪窝点，相关做法被人总行《支付结算工作简报》刊用。履行反洗钱履职，与漳州市人民法院、检察院和公安局签订《共同打击洗钱和恐怖融资犯罪协作备忘录》，推动洗钱罪案件立案10起、破案7起、起诉5起、判决4起。高压打击假币违法犯罪，协助公安机关侦破“2021·1·20运输假币案”，查扣假币面额211.92万元。

（游志强）

【中国农业发展银行漳州市分行】 截至2021年年底，中国农业发展银行漳州市分行各项贷款余额97.82亿元，比年初增加7.66亿元，增幅8.49%；贷款日均余额95.8亿元，比年初增长5.63亿元，增幅6.25%；不良贷款清零。

2021年，中国农业发展银行漳州市分行全力支持企业旧粮出库、新粮入库，及时足额投放储备粮油贷款2.87亿元；投放1.38亿元支持9家食品加工企业，促进农副产品市场保价稳供；服务实体经济发展，累计发放普惠小微企业9家，金额6231.96万元，发展普惠金融和民营小微企业贷款业务，累计为客户减免利息及各项结算业务费696.7万元。拓宽贫困人口就业增收渠道，累计投放扶贫贷款1.55亿元，支持基础设施建设，推动支农成果惠及民生，累计获批水利、农村交通、城乡一体化等基础设施贷款10笔、金额33.5亿元，发放20.54亿元，其中投放绿色信贷5.51亿元。

（戴俊玉）

【中国农业银行漳州分行】 截至2021年年底，中国农业银行漳州分行各项存款余额401.47亿元，各项贷款余额520.74亿元，增量超100亿元，存贷款总量突破900亿元。不良贷款余额2.52亿元，不良率0.48%，不良贷款实现“双降”。

2021年，中国农业银行漳州分行主动对接支持实体经济，累计获批项目28个，金额合计73.2亿元；储备项目40个，金额合计超100亿元。累计发放对公贷款140亿元，主要投向九龙江集团、交通发展集团、古雷石化、云霄核电、闽粤联网电力等。战略新兴产业贷款日均增量15.81亿元，增长率580%。

2021年，中国农业银行漳州分行创新推出“瑞担快贷”，加大新型农业经营主体信贷支持力度，新发放“农担贷”645户、金额2.64亿元，新发放“瑞担快贷”593户、金额2.5亿元，至年底，政府增信类农户贷款1444

户、贷款余额5.55亿元。普惠金融重点领域贷款余额43亿元，有贷户6626户，法人小微企业贷款户数887户，“首贷户”累计发放1432户，金额7.62亿元。

（林舒婷）

【中国银行漳州分行】 截至2021年年底，中国银行漳州分行本外币存款余额456.57亿元，本外币贷款余额377.21亿元。实现营业收入12.37亿元，净利润8.1亿元，经济增加值5.97亿元。全年累计清收转化表内外不良贷款2.53亿元，年末不良贷款余额1.06亿元，较年初减少1.06亿元；不良率0.28%，较年初下降0.38个百分点。

2021年，中行漳州分行持续加强困难企业帮扶，累计为33家企业提供纾困贷款1.69亿元，为112家企业提供延期还本付息服务。年底，普惠贷款余额21.63亿元，较年初新增7.15亿元。加大实体经济服务力度，年末制造业企业贷款余额98.08亿元，涉农贷款余额162.87亿元，新增绿色金融贷款5.80亿元。持续提供外汇专业服务，2021年投行业务交易量达57亿元、国际贸易结算量50.34亿美元、跨境人民币业务量42.65亿元、结售汇履约量43.63亿美元。新增社保卡制卡服务中心40个，升级农村金融服务点1033家，跟进三代社保卡升级换卡工作，至年底补换发三代社保卡17.69万张。

2021年6月15日，中国银行漳州分行参加漳州市银行业协会组织的“6·15”防范非法集资宣传日活动　（中国银行漳州分行 供图）

2021年，中行漳州分行新增长泰武安支行、升级漳州高新区支行营业网点。创新办理全国首笔以SOFR（有担保隔夜融资利率）为基准定价的美元出口贸易融资业务、全国首单“专项乡村振兴票据”、省内首笔出口信保保单融资业务，率先突破漳州市第一笔小微企业简易开户。

（陈嘉怡）

【中国工商银行漳州分行】

2021年，中国工商银行漳州分行实现营业收入14.47亿元，增幅9.62%；拨备前利润10.51亿元，增幅6.14%；净利润5.87亿元，剔除总行参数调整因素后为7.26亿元，增幅18.65%；中间业务收入2.07亿元，增幅7.56%。一般性存款余额335.34亿元，比年初增加12.44亿元；日均余额比上年增加32.09亿元，其中储蓄、对公存款分别增加9.08亿元、23.01亿元。储蓄存款余额170.56亿元，比年初减少6.17亿元。对公存款余额164.78亿元，比年初增加18.61亿元，其中公司、机构存款分别增加7.98亿元、10.64亿元。

2021年，中国工商银行漳州分行各项贷款余额551.21亿元，比年初增加67.18亿元；全年累计新投放121.66亿元。其中，个人贷款（含卡透）余额331.47亿元，净增23.59亿元；公司贷款余额207.03亿元，净增49.24亿元；票据贴现余额12.71亿元，净减5.65亿元。不良贷款余额4.21亿元，净减0.11亿元；不良贷款率0.76%，净降0.13个百分点。实现不良贷款额、不良率“双降”，11年来不良贷款率首次低于全省平均水平。拨备覆盖率较年初提升59.53个百分点至310.17%，较系统平均水平高4.1

个百分点，抵御风险的能力持续增强。法人、个人、信用卡不良余额分别为1.61亿元、1.55亿元、1.05亿元，不良率分别为0.73%、0.53%、2.75%。

（中国工商银行漳州分行）

【中国建设银行漳州分行】2021年，中国建设银行漳州分行）实现税前利润收入11.36亿元，实现主营业务收入20.93亿元，比上年增加1.4亿元。一般性存款（核心指标，下同）日均余额495.65亿元，当年新增54.83亿元，新增四行占比35.37%。各项贷款日均余额587.56亿元，当年新增61.21亿元。一般性存款、各项贷款时点余额保持四行首位，存贷款总量在同业中独家突破1100亿元大关。全年处置不良资产3.61亿元。

2021年，中国建设银行漳州分行制造业贷款（非贴）余额73.65亿元，比年初新增15.2亿元；制造业中长期贷款余额27.57亿元，比年初新增11.47亿元；绿色金融贷款余额27.79亿元，比年初新增14.86亿元；战略新兴产业贷款余额18.91亿元，比年初新增10.55亿元。全行申报获批龙海环投前期贷、福化古雷、古雷石化等大中型信贷项目储备26户，新增获批储备金额151.32亿元。

2021年，中国建设银行漳州分行普惠金融贷款余额64.03亿元，比年初新增15.5亿元；支持企业复工复产，累计为3199户小企业客户办理延期还本、无还本续贷业务27.80亿元。涉农贷款余额161.52亿元，较年初新增29.96亿元；裕农通信用卡新增客户数8228户，裕农通信用卡新增发卡数9680户、进件数19041户。

（李欣）

【邮储银行漳州市分行】截至2021年年底，邮储银行漳州市分行各项贷款余额224亿元，年新增40.66亿元，不良贷款率0.78%。截至2021年年底，邮储银行漳州市分行全辖自营个人储蓄存款平均余额新增5.31亿元，公司存款余额34.51亿元。全市地方债资金累计入账6.71亿元，取得代理漳州市市本级财政国库集中支付业务，实现漳州15个市县区国库代理资格的全覆盖。公司信贷余额43.85亿元，新发放绿色贷款3.51亿元，涉农公司贷款结余17.56亿元，个人经营性贷款余额64.76亿元，年新增10.08亿元，小企业法人贷款余额21.57亿元，年新增3.78亿元，消费贷款余额77.48亿元，年新增15.4亿元（不含平台类）。

2021年，邮储银行漳州市分行持续推动小额贷款、信用卡、手机银行、云闪付、公司存款、ETC（电子不停车收费）等重点业务项目拓展，全市邮银惠农经营贷业务年新增6479万元。小额辅助贷款余额2571万元；小额电商市场银速协同贷款结余2262万元，新增1229万元。邮政代理年累计引荐信用卡首卡2678户。代理网点激活手机银行客户4.08万户，发展快捷支付5.03万户。

（许芙蓉）

【兴业银行漳州分行】截至2021年年末，兴业银行股份有限公司漳州分行（简称兴业银行漳州分行）账面总资产438.79亿元，比年初增长15.78 %；本外币各项存款余额 421.05亿元，比年初增长15.94 %，其中对公存款 261.6亿元，比年初增长19.47 %；个人存款159.45亿元，比年初增长10.57 %。本外币各项贷款余额361.6亿元，比年初增长25.92 %，其中对公贷款余额206.64亿元，比年初增长35.5%；个人贷款余额154.96亿元，比年初增长15.07 %。不良贷款余额2.56亿元，比年初减少1.08亿元；不良贷款率0.71%，比年初下降0.56个百分点。涉农类贷款余额131.62亿元，比年初新增24.05亿元。

截至2021年年底，兴业银行漳州分行绿色金融融资余额比上年增长98%，绿色贷款余额比上年增长112%，实现翻番。绿色金融客户613户，比年初新增119户。在多个领域实现系统内及当地首单业务落地，即落地系统内首单工商企业屋顶分布式光伏项目贷款、漳州市首单（福建省第二单）权益出资型票据、漳州市首单“绿票通”业务，漳州市首单绿色PPP项目并成功入选福建省金融支持城乡建设绿色发展典型案例。

2021年，兴业银行漳州分行举办专场“服务漳州台商投资区政银企项目对接会”，出台《服务台胞台企行动方案》，上线金服云“对台金融服务区—漳州专区”。截至年末，共为20家台资企业授信18.96亿元；落地台商兴业贷、台商创业贷，金额2800万元。

（柯雪娇）

【漳州农商银行】 截至2021年末，漳州农商银行总资产310.22亿元，各项存款余额242.57亿元，比年初增加28.06亿元；各项贷款余额183.69亿元，比年初增加24.71亿元。实现财务总收入15亿元，利润总额5.12亿元，净利润4.28亿元，上缴各项税金1.53亿元。

截至2021年年末，漳州农商银行使用人行再贷款资金余额13.18亿元，申请再贴现资金余额6732万元，惠及小微企业1600多户，为小微企业节省利息支出1300多万元。通过“金服云平台”关注企业贷款722笔，授信笔数711笔，授信金额22.74亿元，发放贷款笔数711笔，放款金额21.57亿元。累计办理纾困贷款145笔，贷款金额5.3亿元，累计为企业节省利息支出1600多万元。支持新型农业经营主体贷款1.5亿元，绿色信贷余额3.92亿元，比年初增加0.81亿元。

2021年，漳州农商银行建立乡镇型福农驿站——乡村振兴综合服务站5个，社区型福农驿站——社区普惠金融服务站2个。在辖区内125个行政村开展整村授信工作，截至年末，累计整存授信预授信123个村，预授信户数13271户，金额10.78亿元。

（林文钊）

·保险业·

保险业监督管理

【概况】 2021年，漳州市保险业实现保费收入92.24亿元，比上年增长6.7%；全年赔付支出32.14亿元，比上年增长2.27%。全市保险主体57家，其中财产险公司20家，人身险公司23家，保险专业中介机构14家。

【服务实体经济】 2021年，漳州市银保监分局推动“政银保”模式高质量发展，开办以来累计为207家小微企业提供5.21亿元融资保障。推动工程投标电子保函平台上线运行，为3000余家企业释放流动资金500亿元。服务漳州“中国食品名城”战略，为600家企业提供18亿元食品安全风险保障。组织召开对台金融及绿色保险工作推进会，推动保险机构为台企提供风险保障84亿多元；强化减排减碳，累计为94家环污高风险企业提供风险保障37亿元。

【服务民生大局】 2021年，漳州市银保监分局致力服务民生，健康保险为居民新增风险保障金额1.36万亿元，累计赔付支出8.39亿元，城乡居民大病保险人均保额由2017年度的每人每年30万元调整为上不封顶。

【服务乡村振兴】 2021年，漳州市银保监分局推动成立全省首支农险无人机团队，助力灾后定损。首创农作物种植台风指数保险，提供风险保障172.5万元。推动全省首单“乡村振兴”责任保落地，为8000多人提供2331万元风险保障。

【首创全省“地理标志产业振兴保”】 2021年，中保财险云霄支公司、云霄县市场监督管理局与云霄县地理标志产业协会分别签署《地标产业振兴合作协议》《云霄枇杷地理标志产品保险合同》等，漳州在全省率先推动地理标志保险产品的指定和运用，“地理标志产业振兴保”正式落地漳州，为杨桃、枇杷地标产品提供2200万元地标被侵权损失及产品质量安全责任风险保障。

【保险业监管】 2021年，漳州银保监分局严管市场秩序，在全省首创“年度通报、季度联席”会议制度，累计召开会议6场次。组织保险机构签署家用新车份额、工程投标电子保函等自律公约，建立车险费用月度监测制度开展费率回溯。确定4家重点消保监管机构，提出明确压降目标，推动新单保费快速增长的同时投诉件大幅下降。开展从业人员清查工作、“内控合规管理建设年”、案件集中清理等专项工作，发现问题6类50余项并发出全辖通报。

（高玥琦）

保险机构

【漳州人保财险漳州市分公司】

2021年，中国人民财产保险股份有限公司漳州市分公司（简称人保财险漳州市分公司）实现保费收入19.6亿元，比上年增长6.45%，市场份额57.5%，累计上缴各类税收1.4亿元。

2021年，人保财险漳州市分公司承办漳州市城镇职工商业补充医疗保险以及漳州市城乡居民大病保险业务，构建多层次社会保障体系，为全市480万名群众提供大病补充医疗保险保障。

（韩小平）

【中国人寿保险股份有限公司漳州分公司】 2021年，中国人寿保险股份有限公司漳州分公司(简称人寿保险漳州分公司)实现股份总保费20.90亿元，比上年增长4.73%。续期保费占比76.29%，比上年增长6.46%。长险首年期交保费3.47亿元，比上年下降22.97%，其中十年期及上期交1.65亿元，比上年下降29.65%。短期险保费1.49亿元，比上年下降2.11%。理赔案件2.36万件，总赔款金额1.43亿元，理赔申请付费平均时效1.24天，出险支付平均时效53.53天，理赔调查平均3.05天，5日结案率99.57%。

2021年，人寿保险漳州分公司开展“保险+”各类帮扶，完成消费帮扶任务13.22万元。做好扶贫宝业务的理赔服务工作，赔付120件，赔付101人22.8万元。为老龄人口、妇女、计生家庭、学生等特殊群体提供保险保障服务，累计承保计生家庭16.79万户，女性安康险2.1万人，银龄安康险4.98万人，学生险18.06万人。赔付计生险1752件、1133.77万元，女性安康险16件、86.2万元，银龄安康险256人、32件、14.49万元，学生险3259人次、558.76万元。推进复工复产险、员福保销售，为11285人提供带有新冠责任拓展保险799件，承保复工复产险799件，员福保759件。

（蒋小玲）

【中国太平洋人寿保险股份有限公司漳州中心支公司】 2021年，中国太平洋人寿保险股份有限公司漳州中心支公司（简称太保漳州中心支公司）总保费收入4.95亿元。其中，个人代理渠道保费收入4.19亿元，（含新单保费6834.56万元），营销人员724人；团体渠道保费收入2340.97万元，（含短险保费收入1120.92万元）；银邮代理渠道保费收入5342.55万元，（含短期险保费2858.32万元）。

2021年，太保漳州中心支公司依托神行太保、太平洋寿险APP、微信公众号、微信小程序等平台加载“太慧赔”，打造自助化、智能化、无纸化的理赔服务体系，当日结案、即时支付。意外险、重疾险等保险责任范围扩展至新冠肺炎，并为因疫情受损出险理赔客户开通理赔绿色通道，简化流程，优先处理，能赔快赔。

（薛舒静）

责任编辑：林 倩

交通·邮政·通信

·公 路·

【概况】 2021年，全市完成道路客运量420.84万人次，比上年下降24.86%；客运周转量3.87亿人千米，比上年增长6.62%。完成货运量8425.81万吨，比上年增长13.79%；货物周转量93.57亿吨千米，比上年增长8.64%。公路客货运输换算周转量93.95亿吨千米，比上年增长8.6%。

【北隙岭隧道双洞贯通】 2021年6月22日，南靖县道马山线北隙岭隧道右洞贯通。南靖马山线改建工程是福建省在建重点项目之一，路线全长7.39千米，项目计划总投资6.4亿元，是串连起318省道与319国道、漳武高速与厦蓉高速的重要通道。其中，北隙岭隧道为县道马山线公路改建工程的关键控制性工程，全长1.81千米，双向4车道。

【市政府与省高速集团公司签订战略合作框架协议】 2021年11月10日，漳州市人民政府与福建省高速集团签署战略合作框架协议。按照合作协议，双方主要探索高速公路路衍资源与地方“文化、旅游、商贸”产业融合发展模式。

【厦漳同城大道漳州段“智慧眼”投入使用】 2021年12月，漳州公路应急保障分中心在厦漳同城大道设置的16个公共视频点投入使用。

·铁 路·

【厦门轨道交通6号线漳州延伸段隧道施工启动】 2021年5月20日，厦门轨道交通6号线漳州（角美）延伸段首台盾构机在台商投资区龟山站始发。厦门市轨道交通6号线漳州（角美）延伸段起于漳州台商投资区龙江明珠站，止于厦门市轨道交通6

2021年6月22日，南靖县道马山线北隙岭隧道双洞贯通

（张梦帆摄）

号线一期工程起点林埭西站（不含），总投资约84.07亿元。项目建成后，可无缝接驳厦门市轨道交通6号线。

【福厦（漳）高铁建设推进】 2021年，福厦（漳）高铁建设推进。福厦（漳）高铁正线全长278千米，涉及福州、莆田、泉州、厦门、漳州五地市，其中漳州段长27.6千米，投资48亿元。截至年底，漳州境内的征迁任务全部完成，进入工程施工阶段。

·水 路·

【概况】 2021年，全市完成水路客运量20.26万人次，比上年增长48.75%；客运周转量166.07万人千米，比上年下降5.51%；水路货运量115.12万吨，比上年增长76.54%；货物周转量9.89亿吨千米，比上年增长378.32%。漳州7个港区完成货物吞吐量5202.72万吨，比上年增长38.8%，其中外贸货物吞吐量1268.14万吨，比上年增长38.42%；集装箱吞吐量26.93万标箱，比上年下降16.13%。

【《厦门港建设世界一流港口工作方案》印发】 2021年6月，厦门港口管理局联合厦门自贸委、厦门发改委、漳州发改委、漳州自然资源局、漳州交通运输局等两市12个部门印发《厦门港建设世界一流港口工作方案》，提出将厦门港建成与国际接轨、高效便捷的国际航运中心的目标任务和工作措施。

【漳州首艘5.6万吨级轮船投入营运】 2021年7月底，漳州市交通发展集团有限公司权属企业—福建省漳州轮船有限公司“启宏”轮在舟山港扬帆起航，开启中国舟山至日本宇部的“海丝”首航，宣告漳州交通集团旗下最大轮船正式投入营运。“启宏”轮全长189.99米、型宽32.25米、型深18.10米、载重量56132吨、续航能力超过37040千米。“启宏”轮投入营运，可大幅度提升漳州航运业的整体运力水平，助推漳州海洋经济发展。

·交通基础设施建设与养护·

【交通基础设施建设】 2021年，漳州市完成交通基础设施投资156亿元。全年铁路完成投资33.2亿元。高速公路完成投资15.3亿元。普通公路完成投资56.5亿元，建成普通干线公路项目9个，新增通车里程62.9千米。港航建设完成投资13.45亿元，厦门港东山5000吨级对台客货码头、漳州核电3000吨级重件码头、古雷作业区北1号、2号泊位工程主体交工验收，古雷港区南15号—19号泊位、古雷航道二期已进入竣工验收准备。“四好农村路”建设完成投资9.3亿元，建成185千米、改造危桥17座。完成安全生命防护工程44千米。

【公路养护与管理】 2021年，漳州市完成投资3.12亿元，实施路面改造15.4万平方米，路面中修211.6千米，扎实开展裂缝封闭、坑槽修补等路面预防性养护工作。在2021年度普通国省道养护管理省级年终考评中，漳州市获综合评估全省第三名。

·交通管理·

【交通安全生产】 2021年，漳州市交通运输局深入开展安全生产专项整治三年行动集中攻坚和安全生产百日专项整治行动，建立“一县一册、一企一档”，排查隐患4406个，整改4404个，整改率达99.95%。全年未发生重大、特别重大安全生产事故，在建工程、内河水路运输继续保持零事故。

【“平安工地”示范创建】 2021年，漳州市交通运输局扎实开展“平安工地”示范创建，漳武高速南靖段等项目被评为“平安工地”省级示范项目。

【交通运输市场执法管理】 2021年，漳州市交通运输局开展交通运输市场执法管理，全市查获非法营运车辆414部、查处超限车辆4285辆、卸载货物121096吨，有效保障运输市场秩序。

【新冠疫情防控车辆保障】 2021年，漳州市交通运输局在台商投资区疫情防控期间执行转运任务195车次，转运人员3170人。开展点对点接送医务人员上门核酸检测108车次，服务医生276人。协调筹备货物运输车辆255辆，累计运送应急物资1183.63吨。

（林俊河）

·邮政管理·

【概况】 2021年，全市邮政行业业务收入完成26.01亿元，比上年增长5.65%。业务总量完成35.10亿元，比上年增长25.68%，其中，快递业务收入完成20.29亿元，比上年增长5.01%；业务量完成3.7亿件，比上年增长23.72%。培育“三金一银三铜”的快递服务现代农业明星项目。漳州花木、蜜柚、地瓜3个项目获评全国“2021年快递服务现代农业金牌项目”；漳州海鲜水产获评福建省“银牌项目”；云霄枇杷、龙海杨梅、龙海荔枝获评省“铜牌项目”。

【邮政安全】 2021年，漳州市邮政业安全中心发挥技术性支撑作用，全市60台安检机与省局平台完成联网对接，安检机联网24小时在线率达95%，对应安检机专用监控联网率达98%。

【邮政执法检查】 2021年，漳州市邮政局与公安、国安、消防部门开展联合检查9次，出动检查88人次。开展寄递渠道三项制度落实等专项治理，出动执法检查956人次，检查企业473家次，责令改正32起，立案处罚30起，罚款31.51万元，向有关部门移送案件线索1条，密切跟踪督导苏宁天天、速尔快递网络运行问题，密切关注极兔、百世网络整合情况，全年未发生聚集性上访事件。开展“邮政业扫黄打非·清流2021”专项行动,完成机要通信两轮全覆盖检查，下发责令改正通知书1份。开展重点题材邮票印制和销售服务专项监督检查60人次，检查网点56处。完成中国共产党成立百年大庆期间寄递渠道安保工作。

【邮政防疫保障】 2021年，漳州市邮政局督促企业落实疫情防控相关要求，处置石家庄、内蒙古、西安、浙江等地流入漳州市的涉疫快件，保障全行业未出现大面积网路阻断、未发生人群聚集性感染、未出现从业人员或邮件快件向外传播疫情的情况。

【快递服务】 2021年，全市快递服务制造业业务量近8445万件，拉动工业产值133亿元。全年处理各类申诉件562件，满意率100%。年内，漳州市邮政局分步实施快递进村“4113”工程，实现四直营品牌进村全覆盖。全市快递农产品业务量完成6142.66万件，拉动农业产值22.7亿元。实现许可、备案“一趟不用跑”，全年通过许可申请11次，分支机构备案35次，末端备案705家。全行业实现新增可循环快递箱(盒)使用量5.02万个，新增设置符合国家或地方标准包装废弃物回收装置的邮政快递网点数量103个，新能源或清洁能源汽车保有量143辆，电商快件不再二次包装比例达到90%。投资规模在1000万元以上的邮政快递业重大项目2个——中通漳州角美转运中心、极兔漳州角美转运中心。实现乡镇地区邮政委代办网点改自办清零，全市建制村实地投递打卡比例日均不低于99.5%。

【“基地+品牌+平台+渠道”服务模式打造】 2021年，漳州市邮政局打造“基地+品牌+平台+渠道”服务模式，先后建成4个农产品基地（白芽奇兰、琯溪蜜柚、浮宫杨梅、下河杨桃），其中全国邮政惠农合作试点县农品基地1个（白芽奇兰）。

【“警医邮”业务】 2021年，漳州市邮政局持续保持警邮、税邮、政邮合作县市全覆盖，邮政寄递服务全面进驻全市10个政务服务中心（服务大厅），11个邮政普遍服务营业场所开办“警医邮”业务。

【快递员权益保障】 2021年，漳州市邮政局落实习近平总书记关心关爱快递员批示指示精神。组织开展35场蔚然“撑”蜂系列慰问活动，覆盖737名快递员，推动企业为快递员购买保险超5200人次。督促快递企业从2021年9月起切实将派费上涨的0.1元落实到一线快递员。开展6期快递收发与派送专项职业能力鉴定考核，通过考核810人。

（卢林妃）

·邮政经营·

【概况】 2021年，全市邮政（不含邮储银行）实现业务收入6.3亿元。年内，中国邮政集团有限公司漳州市分公司打造司法集约化配送、同城配、国药堂、极速鲜、景弘5个“百万级”大项目，除新增的国药堂、景弘项目外，其余三大项目收入比上年翻番。打造“市—县—段道—支局（驿站）”四级营销队伍，以“网点+站点”的模式，延伸末端营销触角，打造融合邮政包裹收投功能的综合服务平台，强化市场覆盖。

【农村电商业务】 2021年，中国邮政集团有限公司漳州市分公司构建“网点+站点”经营模式，夯实站点基础。强化邮乐小店日常运营组织。组织“9·19”电商节活动，实现大单品批销、邮乐小店运营、全渠道农产品销售和营销转介成单等重点指标全面完成。

【协同项目推进】 2021年，中国邮政集团有限公司漳州市分公司在惠农合作项目方面，打造漳州水仙花、白芽奇兰等农产品示范基地，邮银联合成立“惠农专班”，促进135个茶农增收。政务服务项目方面，对接政务办事服务，警邮合作、税邮合作项目县域开办率100%。开通“海线”大同城邮路，拓展同城医药配送业务，持续做好片仔癀药业寄递业务，创造收入比上年增长451%。军民融合项目方面，与“中共漳州市委军民融合发展委员会办公室”签订战略合作协议，合作开展邮寄、金融等服务。

【邮政服务】 2021年，全市建成服务体验示范窗口5个。中国邮政集团有限公司漳州市分公司在5月19日中国旅游日举办《福建土楼》特种邮票首发仪式，助力打响“花样漳州”品牌。在全区转型网点叠加旅游全域卡、凯晨体检套餐等服务，丰富网点服务内涵。

2021年10月12日，圆通快递员在平和县运送平和蜜柚

（周若雯 摄）

【主题邮局运营】 2021年，中国邮政集团有限公司漳州市分公司新增云水谣主题邮局，联合第三方共同打造“新文创产品+服务升级+IP联动+主题活动”的服务体验。

【邮政服务疫情防控】 2021年，中国邮政集团有限公司漳州市分公司携手市总工会紧急筹备抗疫捐赠物资并即时送达漳州台投区；组织党员和志愿者协助地方入户开展防疫宣传；持续为青蛙王子、天醇等线上线下企业提供不停歇的发件服务和优质的运递服务；发挥邮政专业特色，提供警医邮、车牌寄递、网申发票寄递等无接触式服务。

【邮政服务乡村振兴】 2021年，中国邮政集团有限公司漳州市分公司健全三级物流体系，推进农品进城。新增乡村物流配套设施建设，率先在双第邮政支局开展“邮快合作”，被市邮政局作为样板在全市推广，全市“邮快合作”覆盖282个行政村，累计建成优质邮乐购站点57个，农品寄递业务量比上年增长27%，在平和建设“福建茶叶·白芽奇兰”全国农产品基地。

【绿色邮政建设】 2021年，中国邮政集团有限公司漳州市分公司落实绿色邮政“2582”工程，推广绿色包装，包装回收装置布放实现网点全覆盖，可循环快递箱（盒）使用量完成率、电商快件不二次包装率、省内可循环中转袋和一联电子面单使用率等各项指标全面达标。

（徐丽琼）

·通信·

中国电信漳州分公司

【概况】 2021年，中国电信漳州分公司服务用户373.57万户，全年收入规模13.29亿元，上交漳州利税2.55亿元，拉动社会就业1.12万人。

【网络建设】 2021年，中国电信漳州分公司累计投资超3.5亿元，建成5G基站超1600个、164套室内分布系统。实现市区、所有县城的基本连续覆盖和发达乡镇的5G 热点覆盖和重点楼宇的5G 室内覆盖。推进4G/5G 网络共建共享，宽带光网建设累计建成千兆光端口1.52万个，容量达90多万户，覆盖全市所有乡镇、行政村。光缆线路7.6万皮长千米，宽带平均速率205.2M。云能力建设为天翼云提供12个大类58项丰富的云产品应用。累计投资超2000万元，建设芯云谷数据中心机房（近900个机柜）、IDC（互联网数据中心）机房，建成漳州云桌面节点2400路。

【客户服务】 2021年，全市居民家庭宽带速率均100M起步，最高1000M，平均单价最低降至0.11元每月每兆；手机流量最低至1元1G；政企客户专线资费比上年下降18.4%、宽带资费比上年下降21.37%，均超额完成15%降费目标。年内，中国电信漳州分公司免费为91万用户开通“谢绝来电”功能，骚扰电话比上年下降38.89%。

【荣获“2021年通信行业用户满意企业”称号】 2021年12月3日，中国通信企业协会发布2021年信息通信行业推进用户满意工程活动创建单位名单，中国电信漳州分公司名列其中，为全省通信行业唯一获评单位。

【新冠疫情防控服务】 2021年，中国电信漳州分公司响应漳州市委市政府通信保障需求，累计出动应急保障人员2300人次、应急车辆338车次、紧急受理开通147个单位业务安装需求，支撑疫情防控工作。将核酸检测平台部署在天翼云上，确保系统平稳安全运营。优化改善核酸检测点周边网络，为台商投资区366个新增核酸检测点开通网络，有效应对突发话务。推广“抗疫产品十件套”，整合天翼云会议、小区短信等十项产品。配合各级政府部门发送防疫短信累计1152万条。响应封控区和隔离点网络

2021年6月5日，中国电信漳州分公司员工开展5G网络装置工作

（中国电信漳州分公司 供图）

通信，安装开通宽带、智能门磁、监控等产品；支持全市学校开展云课堂在线教学活动。

【信息化应用】 2021年，中国电信漳州分公司在智慧政务方面，承建漳州政务互联网云平台，系统推进漳州36个委办局政务信息系统、网站等平台上云；承建漳州市住建局信息化管理系统二期项目，整合33个住房业务应用系统，同时搭载国密安全系统，属全省住建系统首单。在智慧社区方面，在EPC（工程总承包）项目中融入智慧社区管理平台，惠及18个小区。在国产信创服务方面，承接首批信创项目12个。在“互联网+民生”方面，承接并运营“民生110”——“12345”便民服务中心。推出智慧挪车服务，由“114”话务平台集约受理挪车需求。

【乡村振兴】 2021年，中国电信漳州分公司投入超2800万元，推进农村地区5G、平安家园监控等基础设施建设与升级，全市农村区域均具备接入千兆光网能力。助力政府打造智慧乡村建设，先后建成台商西边村智慧乡村、南靖靖城智慧乡镇等智慧乡村项目。对2638户扶贫优惠套餐用户延续4折优惠，累计年优惠近200万元。实施消费帮扶，采购挂钩帮扶贫困地区农产品83.5万元。

【网信安全】 2021年，中国电信漳州分公司加强警企联动，累计提供82条线索，配合公安机关捣毁6个诈骗窝点，抓获犯罪嫌疑人8人，缴获“络漫宝”设备10台、“类猫池”设备6台、“多卡宝”设备2台。向全网客户发送防诈骗宣传短信近700万条，发布安全贴士165次。

（宋 瑶）

中国联通

【概况】 2021年，中国联通漳州分公司移动网在网用户54万户、宽带用户14万户、固定电话用户1.3万户；4G/5G基站总数8000个，5G实现市区、县城室外连续覆盖和乡镇热点覆盖，5G人口覆盖率69%；4G人口覆盖率99.2%；宽带总端口数达到42.71万个，FTTH端口占总端口数92.4%；千兆端口占总端口数11.3%。

【网络建设】 2021年，中国联通漳州分公司升级智能网络，核心网HLR（归属位置寄存器）用户容量160万户，移动交换容量124万户，互联网出口带宽400G。构建新沃云行业云基座，行业云算力达到2880vCPU（虚拟处理器），存储1008太字节，边缘云MEC（多接入边缘计算）算力达到336vCPU，存储20太字节。

【提速降费】 2021年，中国联通漳州分公司推进匠心网络新基建，4G质差小区比例由5.2%降低至0.7%。降低产品使用资费，截至年底，移动网流量单价比上年下降63%，家庭宽带比上年下降7%。全面向广大中小企业和双创企业，大幅下调专线资费，企业宽带和专线使用费比上年下降10%。

（方雅娟）

·广电网络·

【概况】 截至2021年年底，全市广电网络主干线4516.4千米（其中，国干线448千米、省干线97千米、市干线672千米，县—乡镇干线3299.4千米），双向覆盖端口127.67万户，数字电视实际用户87.38万户（其中，双向数字电视实际用户28.3万户，有线电视网络互联网用户24.4万户）。

【广电网络服务】 2021年，福建广电网络集团漳州分公司与市民政局联合为低保、优抚对象免费赠送机顶盒、免费安装电视宽带，惠及群众3.9万户，对192个老旧小区进行线路改造，对16个行政村进行农村人居环境整治。启动智慧广电乡村工程、乡村振兴联网工程项目建设，全市双向网覆盖率达91%。启动二手房+水电气广电联动过户，通过信息共享，让市民群众在不动产登记窗口就能一次性办理联动过户。创建“爱家驿站”13家，举办16场特色公益活动，芗江新村营业厅荣获“2022—2024年度福建省直青年文明号”称号。

【转型升级】 2021年，福建广电网络集团漳州分公司依托省级融媒体平台功能和大数据，完成11个县级融媒体平台建设，推进融媒体进高校。加速推进网络迭代，实现广电网络光纤化，强化干网数据传输处理能力和等级安全性。推动互动电视分平台建设，实现节目内容定制化、电视服务专属化和运维保障专业化。

（付梦诗）

责任编辑：杨少毅

口岸管理

·漳州海关·

【概况】 2021年，漳州海关共办理进出口报关1.01万票、181.77亿元，分别比上年增长40.1%、73.5%；出入境检验检疫7.64万批、206.89亿元，分别比上年增长4.8%、0.03%，检验检疫不合格51批、10.97亿元；税收入库17.11亿元，比上年增长45.96%；签发原产地证书2.64万份、119.99亿元，为企业减免关税3.05亿元；办理减免税审批47票、货值1.24亿元，实际减免税额1673.78万元；办理报关单位注册登记380家；加工贸易手册备案40.1亿元，比上年增长71.68%；稽、核查作业465起，追补税16起、527.5万元；出口食品备案企业共374家，其中对外注册企业41家；监管进出境船舶404航次，比上年下降8.4%；口岸检疫供船食品168批次，供退物料共1045批次，查获非洲猪瘟猪肉13艘次。

【新冠肺炎疫情防控】 2021年，漳州海关严格口岸疫情防控，组建作业专班及预备梯队，编发风险评估报告，组织4次应急演练和桌面推演、5次技能培训和考核，协助漳州边检、码头公司开展5次安全防护培训；提升硬件设施水平，指导督促港口经营企业对海关脱卸单元进行3次升级改造，合理设置风险分区，配备全身镜、流程图、置物架、医疗废弃物垃圾桶和自动手部洗消装置，投入使用全新一代移动式口岸检疫方舱设备；对1艘来港染疫船舶和1艘来自高风险地区的船舶进行严格流调采样排查，紧急处置2艘次船员突发疾病送地方医院救治情事；落实“四个减少”“应检尽检 ”“应种尽种 ”等要求，张贴警示标语，做好内部防护，慰问专班人员及家属，组织线上文体活动和心理调适等。

【优化营商环境】 2021年，漳州海关优化行政审批服务，实现报关单位备案、变更“一网通办”，推进企业注销便利化工作；落实改革举措，优化办事流程，压缩通关时间；及时向漳州市政府报送进出口数据监测分析预警，协助快速检测“大头娃娃”事件所涉抑菌霜样品、进口电煤等。全年，辖区进口整体通关时间2.69小时，比上年压缩46.14%，出口整体通关时间0.96小时，压缩69.35%；推广“两段准入”通关模式，监管进口粮食231.86万吨、63.17亿元，比上年增长34.78%、86.43%，创历史新高；年内新增恒丽电子、万利达、和宜物联科技3家企业为海关高级认证企业，首次采取“企业自查结果认可模式”开展AEO（经认证经营者）企业保税货物盘库核查；支持重点项目，指导中科智谷等重点大型企业入驻漳州台商投资区B保中心，监管漳州台商投资区B保中心业务，全年进出口8221票、4.18万吨、21.73亿元，比上年分别增长4.3倍、3.6倍、1.1倍；推动漳州首个网购保税进口海关集中作业场所落地运营，实现跨境电商“1210”模式“零”突破；帮扶传统产业，为39家水产品出口企业办理对外注册资质，帮助2家企业恢复对韩出口，恢复平和蜜柚输俄通道，研发出口蜜柚间歇式二次挑选平台，并协助漳州市政府建立“失信退出”机制；与漳州市商务局、芗城区法院及海关缉私部门等联合举办5场海关信用管理、知识产权、减免税政策、行业标准宣讲会。

【出入境检疫监管】 2021年，漳州海关按照“四个最严”要求，强化进出口食品监管，全年开展食品化妆品监督抽检49批，出口动物源性风险监测抽检样品55个；不断压实企业食品安全主体责任，对7批次境外通报及时开展核查，约谈5家企业，督促企业整改，推动出口食品质量提升。严格检疫监管，维护国门安全，完成48种动植物安全风险监控，设置59个植物疫情监测点，全年检出检疫性有害生物 380种次，查获非洲猪瘟疫区猪肉952千克，首次在全国口岸大宗进口货物中截获玉米矮花叶病毒；派员参加海关总署组织的中国盆景输美准入谈判，完成1家供港水生动物养殖场注册申请，结合《中华人民共和国生物安全法》颁布实施，开展国门生物安全宣传活动。发挥“哨点”作用，加强旧机电、特种设备、医疗器械等高风险产品监管，聚焦“安卫环”要求，严把进出口商品质量安全关，退运251台无能效标识进口电机，严格落实法检目录调整政策，首次检出不合格出口化肥；开展危化品安全隐患排查，暂停10家查验场所不合规企业现场查验，相关情况及时通报应急管理部门和地方政府，有效防范遏制重特大安全生产隐患。

【扶持特色农产品出口】 2021年，漳州海关促进辖区特色农产品出口。帮扶平和县研发出口蜜柚间歇式二次挑选平台、推荐35家企业蜜柚出口美国和哈萨克斯坦；出台《漳州海关出口花卉风险评估结果》《漳州海关出口蜜柚检疫监管方案》等规范性文件，指导辖区企业正确进行商品编码归类，提高出口货物通关便利化水平，电子底账申报实现即报即放；开展出境竹木藤草企业分类管理，推动活鱼恢复出口韩国，为蜜柚获准恢复输俄罗斯提供技术支持。全年共监管出口食品农产品5.5万批、123.05亿元，比上年增长2.7%、17.5%。

【试点建立“一线工作站”】

2021年，漳州海关在长泰经济开发区成立“一线工作站”，将“海关服务窗口”搬到生产型企业较为密集的区域一线。通过与长泰经济开发区签订合作备忘录，制定《一线工作站管理办法》，成立科技指导、政策宣讲、通关协调3个工作小组，推行“听企业讲、到企业看、替企业想、为企业办”的一线工作法，解决企业遇到实际困难。

【科技助力海关监管新模式】

2021年，漳州海关创新采用船舶供退物料监管“云监管”模式，运用视频与通话方式，对保税油供船、污油水回收作业现场进行视频抽查；透过实时画面，及时对企业现场供退作业和人员防护情况进行监管，全年共监管船舶供退物料90余批次。探索“互联网＋稽查”工作新模式，通过向企业宣讲“互联网＋海关”项目稽核查业务功能模块，对低风险企业采用邮寄、电话、微信等手段实现证据材料在线传输、远程智能面洽审核，减少对企业生产经营活动的人工干预，降低企业路程、时间和经营成本，实现疫情防控期间稽查作业不停工的目标，全年共施行“互联网＋稽查”模式40余次。

【建立海关检疫监管业务实训点】 2021年，漳州海关建立集“教、学、练、战”为一体的实训教学模式。5月，分别位于漳州海关和驻招银办事处的厦门海关食品农产品监管实训点和进境木材检验检疫实训点建成使用；通过组建教员团队，汇编整理执法依据，梳理监管流程，形成各类产品监管作业要点，实现产品监管“标准化”；采用“实务讲解—案例剖析—现场实操—研讨交流”的方式开展理论教学和跟班实训，采取导师传帮带、实地观摩、以干代培等形式实施培训；实训点可为厦门关区从事相关业务的人员及初任关员提供岗前培训、在岗轮训、现场实操锻炼、实验室鉴定等相关技能培训，培养“本职领域精通、相关领域熟悉、全领域了解”的复合型人才，提升不合格产品的检出率和精准度。全年辖区进境木材检出长林小蠹、橡胶材小蠹等检疫性有害生物10船、20批次，比上年增长42.85%和33.33%。

（王亚芬）

·东山海关·

【概况】 2021年，东山海关累计监管进出境船舶560艘次、船员3634人次，分别比上年下降1.41%、12.67%。监管出口水产品货值30.1亿美元，比上年增长62.2%。全年签发检验检疫证书11682份，比上年增加13.7%。签发自贸区原产地证书3800份、10亿美元，签证量比上年增长68.4%。

2021年4月21日，东山海关关员对海上鲍鱼养殖场开展核查

（李子涵 摄）

【新冠肺炎疫情防控】 2021年，东山海关举行东山口岸监管作业规范月活动，开展防护用品穿脱及口咽拭子采样演练，组织开展“14+7+7”天模式管理水运专班轮战，累计11班次、26人次，登临检疫运输工具117艘次。完成当年首艘入境船舶（中国籍“东山25号”轮）整船采样，办理“外转内”船舶经营航线变更手续。联合市县两级新冠疫情防控指挥部及口岸各联检部门，为“海之星86”轮上7名外籍船员办理下船入境检疫手续。开展进口冷链商品新冠病毒检测采样及预防性消毒监管，累计监管进口冷链食品及包装新冠病毒核酸检测采样12次，检出进境动物病毒性神经坏死病毒，严防疫情叠加风险。开展进口冷链商品预防性消毒64票、193柜。查发“汉荣356”“汉荣361”轮在港期间船员擅自上下船情事，相关处置获漳州市政府肯定。

【水产业出口帮扶】 2021年，东山海关监管出口水产品货值突破30亿美元，比上年增长62.2%，其中出口鲜活水生动物57批、300多万美元，比上年分别增长约96.6%、21.9%。年内，东山海关指导辖区6家进境水生动物隔离检疫场全部通过海关总署考核组验收，助力进境亲虾、石斑鱼苗等优质种质资源引进56批次。针对鲜活水产品“鲜、活、急”特点，采取提前申报、24小时预约查验及船边验放、随检随放等便利化措施，量身定制查验监管方案，特批出口活鱼装载船靠泊养殖渔排，降低传统出口监管作业方式多次装卸带来的鲜活水产死亡风险，实现零延时无感通关。

【营商环境优化】 2021年，东山海关持续压缩通关时间，全年出口整体通关时间0.89小时，比上年压缩35.7%，居海运现场首位；进口整体通关时间3.68小时；推进改革创新，“两步申报”“提前申报”应用率位居关区前列，汇总征税率约90%，位居厦门关区首位；复制自贸区成功经验成效明显，“船边直提”“抵港直装”列入漳州市重点项目；B2B出口业绩再创新高，跨境电商出口额比上年增长超50%，占漳州市跨境电商出口额80%。

【特色农产品出口服务】 2021年，东山海关加快出口食品农产品生产企业注册、审批，2021年度新增备案出口企业29家，东山关区水产企业对外注册总量达300家次，居厦门关区首位。出口青梅制品1.03万吨、9380万美元，分别比上年增长45.3%、52.5%；出口竹木草制品1367批、2.17亿美元，分别比上年增长61.4%、26.4%。

【全员打私】 2021年，东山海关加强重点业务分析研判和风险布控，查获比例提升。首次查获的非法进境固体废物，首次在入境食品中检出未申报的转基因成分，首次在对台小额贸易食品中查获蔬菜种子非法进境。持续关注食品进口安全，全年累计查获不合格进口食品31批次，占总关约四成，退运不合格食品、活鱼等36批。

（陈紫微）

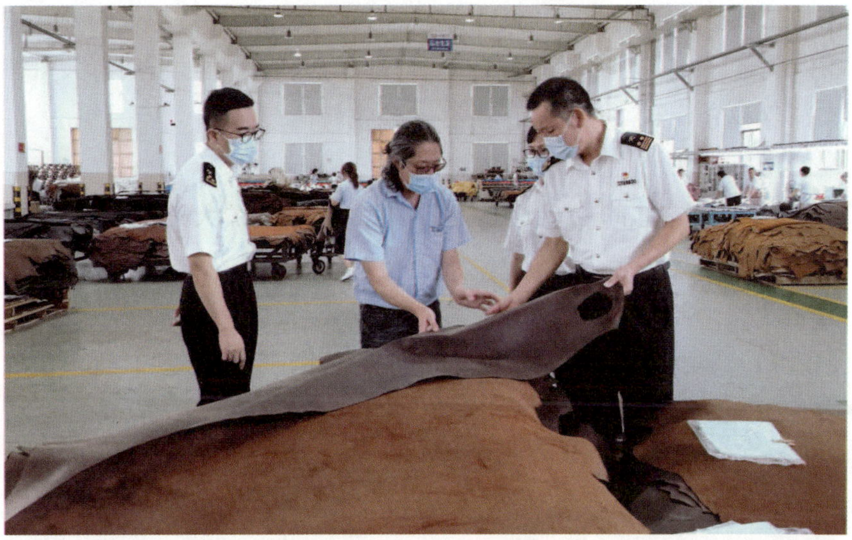

2021年10月19日，古雷海关关员现场指导企业皮革加工贸易生产经营

（王振宇 摄）

·古雷海关·

【概况】 古雷海关为厦门海关累计监管进出境船舶226艘次，比上年增长55.86%；进出境人员5064人次，比上年增长53.59%。监管进出口货量552.16万吨，比上年增长65.34%；进出口值34.18亿美元，比上年增长177.89%；征税39.23亿元，比上年增长296.72%。开展进出口检验检疫监管9280批，比上年增长12.20%；货值5.83亿美元，比上年增长59.94%。

【营商环境优化】 2021年，古雷海关推广“互联网+海关”线上服务，完成公共服务事项2128项，比上年增长38.45%；引导企业提前申报，报关单提前申报率100%；简化船舶申报手续，大幅压缩单证数量；全年海关进口平均通关时间1.84小时，比上年压缩7.02%；深化关税保证保险成效，降低企业缴税成本，办理关税保证保险42票，担保金额14.47亿元；落实大宗商品重量鉴定、进口原油“先放后检”等便利举措，油轮卸载时间节约2—5个小时；力促惠企税政“直达直享”，分3批次为辖区两家企业退税10.7亿元。

【稽核查业务】 2021年，古雷海关增设法律事务科，开始承接辖区内企业稽核查业务。全年办结稽查作业4起、主动披露作业3起，实现追补征税款155.48万元。

【加工贸易监管】 2021年，古雷海关辖区共有加工贸易企业26家，保税仓库1家；办理手册备案23份，手册变更100份，核销手册23份，核注清单10069份。辖区加工贸易进出口总值26.23亿元，比上年增长30.04%。其中进口货值9.69亿元，比上年增长52.92%；出口货值16.54亿元，比上年增长19.79%。加工贸易内销征税1411.58万元，比上年增长86.58%。

【新冠肺炎疫情防控】 2021年，古雷海关全年登临检疫88艘次，比上年增长57.14%，监管换班船员113人次；开展流行病学调查69人次，采样67人次；未发现新冠肺炎确诊病例。推行出口证书“不见面”办理，配置文件消毒柜作为材料接收和证书发放的“中转站”，保障漳州地区疫情形势严峻期间企业各类证书办理不受影响。

【古雷口岸公共卫生核心能力建设】 2021年，古雷海关推动制定《古雷港经济开发区应对口岸突发公共卫生事件应急预案》，指导督促码头业主完善口岸疫情防控区域设置，建设口岸医学排查室、隔离留验室、传染病快速检测室等，与有专业资质的医疗废弃物处置机构签订垃圾储运协议；购置口岸核生化监测、医学媒介生物监测、供船食品快速检测等各类设施设备超过40种。12月，古雷口岸通过厦门海关自评验收。

【古雷口岸扩大开放】 2021年，古雷海关从口岸疫情防控、口岸公共卫生核心能力建设、海关监管作业场所建设、进出口危化品监管、安全生产等方面，指导帮扶漳州港口岸古雷港区古雷作业区南15—19号泊位（以下简称“古雷南15—19号泊位”）开放，通过“一船一报”开展临时作业16艘次，保障园区原料供应及成品出口。年内，古雷南15—19号泊位新增外贸作业点对外开放市级验收通过。

【农林渔特色产业进出口服务】

2021年，古雷海关开辟保鲜蔬菜出口绿色通道，专岗受理、随约随检，检验检疫出口保鲜蔬菜7.98万吨，比上年下降5.90%；货值1.58亿美元，比上年增长2.49倍。对辖区77家出口食品生产企业及其种植养殖基地提供技术指导支持。实施“智能审核+自助打印”新模式，签发原产地证书2048份，比上年增长45.04%；涉及货物金额1.46亿美元，比上年增长26.82%；助力企业出口享惠667.18万美元，比上年增长99.74%。支持优良品种引进，监管进口优质斑节对虾亲体、南美白对虾和罗氏沼虾虾苗等45批，比上年增长8倍。审核更新11家出口食品生产企业自检自控方案，帮扶企业新增出口食品13种。

【“直提直装”通关模式】

2021年，古雷海关实施进出口“直提直装”模式（即企业提前申报，进出口货物直接卸货提离或运抵装船），缩短货物通关时间。监管货物24批次，货重33.21万吨。其中，进口20批次，货重31.57万吨，主要为石脑油、丙烷、丁烷等；出口4批次，货重1.64万吨，为工业用乙烯。

【联盛浆纸一体化项目通关支持】 2021年，古雷海关支持联盛浆纸一体化成套设备进口，为联盛浆纸（漳州）有限公司办理减免税设备备案总额度8亿美元。年内，古雷海关办理首批进口设备减免税手续，为企业减免税款超5万元，这是古雷海关设立以来办理的首票减免税审核确认业务。全年监管3批次、总值3054.4万元减免税设备进口。

【安全生产】 2021年，古雷海关全年开展监管场所实地巡查51次、视频巡查109次，督促企业落实安全生产主体责任；实施危险化学品包装使用鉴定19批次，查检危险化学品包装1580余件；配备核素识别仪、表面沾污仪、快速检测箱等设备，有效提升检测能力。

【动植物疫情防控】 2021年，古雷海关开展盐渍牛皮炭疽杆菌和盐渍猪皮非洲猪瘟疫病监测8次；开展进境原皮目的地查验499批次，比上年增长69.73%；开展进境水生动物隔离期监管135次，疫病监测45批次；封存猪肉及其制品105批次、总重1.39吨，严防非洲猪瘟口岸输入；持续关注沙漠蝗、红火蚁、舞毒蛾等动植物疫情发展动向，开展口岸国门生物安全监测，加强疫区船舶监管力度，压实企业主体责任。

（张冬锋）

·漳州海关缉私分局·

【概况】 2021年，漳州海关缉私分局深入开展“国门利剑2021”行动，刑事立案17起（其中非涉税案件13起），案值9810.44万元，涉税262.8万元，抓获犯罪嫌疑人35人，逮捕8人，刑拘10人，取保31人；移送起诉案件9起25人，移诉案值9427.24万元，移诉涉税621.47万元；总署缉私局一级挂牌管理案件2起。行政立案13起，案值1.97亿元，涉税108.09万元，罚没141.37万元。分局侦办的“忠诚2104”专案水客走私部分多次被中国新闻网以及省市等多家主流媒体宣传。协查协办24起。

2021年3月23日，漳州海关缉私分局开展“忠诚21—04”打击“水客”走私集中收网专项行动。图为现场查扣LV（路易威登）等20种世界名牌

（漳州海关缉私分局 供图）

【海上偷运走私打击】 2021年，漳州海关缉私分局通过情报经营，开展三轮“忠诚21—02”打击走私煤炭专项行动，立案侦办6起走私境外煤炭案，现场查扣涉嫌走私境外煤炭4570.88吨，查证走私境外煤炭近10万吨、铁矿粉5500吨。该案被海关总署缉私局列为一级挂牌管理案件。

【枪、毒走私打击】 2021年，漳州海关缉私分局紧盯“中央关注、社会关切、群众关心”的突出走私问题，通过控制下交付，查发毒品走私刑事案件1起；查获走私枪支配件行政案件1起。加强与漳州国安部门在快递渠道购买走私枪支进境的线索经营，向北京等地公安机关移交相关案件线索并刑事立案1起、行政立案2起，查获疑似枪支8把。

【涉税走私打击】 2021年，漳州海关缉私分局参加厦门海关缉私局组织开展的“忠诚21—04”打击“水客”走私集中收网专项行动，查获“水客”走私奢侈品案1起，现场查扣LV等20种世界名牌奢侈品4077件；查获邮递渠道走私名牌手表案1起。

【涉濒走私打击】 2021年，漳州海关缉私分局在漳州市龙海区查获1起涉嫌走私禁止进口物品案，现场查扣从德国走私进境的珍稀植物的仙人球一批。

【反走私综合治理】 2021年，漳州海关缉私分局及时向漳州市打私办通报走私风险提示，配合地方政府对走私风险高的区域开展整治，漳州市政府对辖区重点地区实施挂牌整治经验做法获全国打私办肯定。推深全员打私工作，筑牢监管主阵地“堤坝”，年初在经营案件中发现并梳理出一批涉嫌买卖海关业务数据的公司，及时上报总署缉私局，维护海关业务数据安全。加强与地方相关职能部门协作配合，做好案件线索移交工作，向有管辖权的地方公安局移交成案线索3条。

（黄定灿）

·漳州出入境边防检查站·

【概况】 漳州出入境边防检查站主要担负715千米海岸线上1个一类口岸（含招银港区、后石港区、东山港区、古雷港区4个港区），6个台轮停泊点（龙海浮宫、漳浦旧镇、云霄礁美、东山铜陵、东山冬古、诏安宫口）、2个台轮避风点（漳浦六鳌、漳浦佛昙）及4个台轮维修点（龙海国安、紫顺、兴明、祥发4家船厂）的出入境边防检查任务。辖区内设有招银、古雷、东山等3个边检执勤点。出入境船舶类型以货轮为主。

【口岸服务】 2021年，漳州出入境边防检查站跟进口岸建设和企业发展需要，完成后石港区3号、古雷6—15号泊位多艘外轮临时进靠作业勤务。主动跟进后石港区3号、东山城垵作业区、古雷南8号和南15—19号等泊位申请对外开放工作,提出配套设施建设意见，确保口岸建设“一次到位”。制定《对台工作十项措施》，其中台轮停泊点整改撤并措施被《漳州市2021年对台工作要点》收纳编发。

【口岸管控】 2021年，漳州出入境边防检查站运用海港系统、船讯网等数据平台核查涉疫船舶、人员轨迹，保持对海上违法犯罪活动严打高压态势。落实国家局《执法执勤工作防范新冠疫情操作规范》，修订完善突发紧急情况下的防疫处置预案5份，持续巩固防疫成果。防疫工作情况得到漳州市主要领导批示肯定。

（庄奕彬）

·漳州海事局·

【概况】 2021年，漳州辖区船舶航次报告记录数32126条，比上年增加23.98%。国际航行船舶进出口岸查验1250艘次，比上年增加10.82%，港口货物吞吐量4812.71万吨，比上年增加48.82%，其中外贸货物1232.78万吨，比上年增加26.41%。

【区域发展战略服务】 2021年，漳州海事局保障29451艘次船舶、3963.02万吨货物安全进出港，其中，载运危险货物船舶1049艘次，危险货物吞吐量1943.11万吨。年内，保障漳州核电、中信重工等重点项目大件设备安全运输，推动古雷南15—19号泊位口岸开放，采取“一船一议”“临时口岸开放”等方式，服务8艘大型液化品船靠泊作业。完成辖区2家游艇俱乐部（华毅游艇、骏燊游艇）备案，依托俱乐部和游艇警戒中心，抓好休闲旅游船舶源头管理和动态管控，保障海上休闲旅游船舶安全运营。

【海事侧营商环境优化】 2021年，漳州海事局发挥海事专业优势，帮助古雷石化企业解决货物不适载问题，保障20艘次7万多吨重芳烃顺利出港，对到港的44艘次300万吨凝析油进行检测认定，为企业免缴船舶油污损害赔偿金92万元。运用“互联网+政务服务”，打造“5S”（优质服务理念、真诚态度、专业技能、便捷方式、满意度）政务服务窗口，推出“最多跑一趟”“一趟不用跑”办事清单以及预约办理、并联办理等服务措施，政务服务好评率达96%以上。推进“多证合一”改革试点工作，为行政相对人减流程、减材料、省时间，顺利签发33艘船舶的国内航行船舶证。推进“双随机、一公开”监管工作，积极开展政务服务“好差评”工作，不断提升工作效率和服务质量，全力打造漳州辖区海事侧市场化、法治化、国际化营商环境。

【船员产业发展服务】 2021年，漳州海事局促成辖区船员培训机构重启大副、大管轮高级船员培训，解决新业态船舶操作人员未持证难题，持续推进游艇操作人员开班培训，351名学员顺利获得全国通用游艇驾驶证。与市总工会联合举办全省首届海员技能比武竞赛，通过严把船员培训、考试、发证关，提升了社会就业率。全年辖区组织船员考试160期、5229人次，核发船员类证书1302本。

【物资运输保障】 2021年，漳州海事局保障电煤运输船206艘次、油船273艘次，电煤1209.52万吨、油561.23万吨安全进出港，协调国际航行船舶中国籍船员换班791人次，保障重要生产、生活物资运输畅通。

【安全监管】 2021年，漳州海事局坚决守好海上疫情防线，及时有效处置“新*斯”轮、“奥*特”轮等疫情感染事件，第一时间掐断疫情感染源。统筹抓好长期逃避海事监管船舶专项整治、水上无线电秩序管理专项整治、内河船舶非法参与海上运输专项整治等专项活动。完成24项水上交通安全隐患整改销号，成功抵御台风“卢碧”正面影响，

2021年5月27日，漳州海事局保障大型危化品传播靠泊古雷港区，接卸凝析油、燃料油等原料 （肖水西 摄）

漳州辖区未出现人员死亡或失踪的水上交通事故。推进客渡运安全治理，促成老旧、停用的7个渡口、4条渡运航线撤渡撤线，完善玉枕渡口和浯屿陆岛交通码头安全设施设备，增配玉枕渡船AIS（船舶自动识别系统）设备，淘汰2艘老旧客船。抓好防范商渔船碰撞工作，开展水上安全知识进渔村、“商船渔船船长面对面”等活动，建立商渔船安全协作对话平台，推动漳厦两地海事、海洋部门签订《防范商渔船碰撞合作协议》，完善防范商渔船碰撞工作机制，降低商渔船碰撞事故发生率。

【涉砂领域重点整治】 2021年，漳州海事局深入开展海域非法违法采砂专项行动、涉海非法采（运）砂船舶“清零”行动，结合打击非法采运海砂“雷霆2021”专项行动，推进脱管船舶注销登记，通过采取夜间执法、屯兵驻守、联合巡航、驻船看押等措施，严厉打击涉砂违法行为，遏制涉砂事故多发态势。

【应急处置】 2021年，漳州海事局加快推进东山湾水域船舶交通管理系统完善工程建设，新建2艘海巡船艇列编使用。完善《漳州市海上搜救应急预案》，健全搜救值班、海上险情报告及处理等相关工作制度，推进海上搜救应急志愿者队伍建设，壮大海上搜救成员单位。依托漳州VTS（船舶交通服务），全面提升海上信息服务、交通组织和应急处置能力，年内跟踪监控船舶71140艘次，交通组织7363 次,交通应急处置127 次,避免险情 61次，成功救助遇险人员150人，人命救助成功率达98%,比上年提升1.2个百分点。

（杨攀攀）

·厦门港口管理局漳州协调中心·

【概况】 2021年，漳州六港区完成投资13.44亿元，完成货物吞吐量5202.72万吨，集装箱吞吐量完成26.93万标箱。

【规范审批】 2021年，厦门港口管理局漳州协调中心坚持审批服务便民化,清理取消审批不必要环节，压缩时长、提高效率；深化漳州港区水运工程建设项目并联审批。漳州行政服务办理处受理及办结83件,实现一趟不用跑全程网办23件，占比27.7%。

【项目服务】 2021年，厦门港口管理局漳州协调中心协调解决厦门港东山5000吨级对台客货码头、漳州核电3000吨级重件码头、古雷作业区北1号、2号泊位工程主体交工验收，古雷港区南15—19号泊位竣工验收、古雷航道二期竣工验收准备工作，古雷海腾南2号、9号码头夜航，招银外贸进口粮食压港问题，推进液化天然气（LNG）项目码头工程建设。

【企业帮扶】 2021年，厦门港口管理局漳州协调中心推行“全年无休、无纸化、网上办、电话办、预约办”引航调度服务港航企业制度，调度船舶2743艘次，港区无滞港现象，无生产事故。实降费减税，减轻企业负担，收费免除地方政府留存部分2539.52万元。

【执法检查】 2021年，特别是在重大节日期间，厦门港口管理局漳州协调中心联合辖区各港航中心出动安全检查10场次，出动执法检查人员48人次，发现并督导整改闭环隐患52处，完成各项专项任务。扎实开展交通运输执法领域突出问题专项整治行动，港区安全形势平稳、有序，未发生任何安全事故。

【疫情防控】 2021年，厦门港口管理局漳州协调中心强化疫情防控平战模式快速转变能力，落细防境外输入、防偷渡、船舶涉疫垃圾、生活污水的收集转运及处置、企业外包人员、高风险岗位人员的管理工作，组织疫情防控专项检查督导3场次，实现漳州片港区“零失管、零感染”。

【绿色环保】 2021年，厦门港口管理局漳州协调中心推动《厦门港口和船舶垃圾污染物接收转运及处置工作建设方案》在漳州港区发布实施。迎接生态环保任务指标考核，落实生态环境保护目标责任书和入海排污口污染源头排查整治，开展港口码头岸电工作调研，推动岸电工作规范建设和管理。

【港口推介】 2021年，厦门港口管理局漳州协调中心编印《扬帆奋进》宣传画册，在《闽南日报》、广播电台先后刊发《干字当头实为先 再启征程冲向前——全方位推动港口高质量发展，全力助推漳州现代化滨海城市建设》《厦门港口管理局漳州协调中心开展码头岸电改造工作》等专版，宣传港航干部职工疫情防控期间坚守防疫第一线，推动高质量发展，让港航的旗帜在水上防控一线高高飘扬。

【港航企业登上守信红榜】 2022年4月，厦门港口管理局对外公布2021年度厦门港航企业信用等级评价结果，漳州港区72家参评企业中，有21家达到AA级信用等级，获得2021年“厦门港守信港航企业”证书。被评为AA级企业可享受项目招投标加分、财政补贴优先、行业办理绿色通道、信用贷款参考等一系列优惠。

（林紫卿）

责任编辑：时万侠

开发区

·漳州招商局经济技术开发区·

【概况】 2021年，漳州招商局经济技术开发区（简称漳州开发区）完成地区生产总值116.7亿元，比上年增长9%；规模以上工业总产值完成153亿元，比上年增长39.2%；外贸出口总值完成46亿元，比上年增长217%；一般公共预算总收入12.91亿元，比上年增长32%；地方一般公共预算收入8.02亿元，比上年增长36%；固定资产投资完成26亿元，比上年下降17.6%。年内，福建省政府与招商局集团签署新一轮战略合作协议。

【产业发展】 2021年，漳州开发区交通设备制造业完成22.72亿元，比上年增长1.9倍；粮油食品加工业完成41.86亿元，比上年增长40.65%；金属制品加工业完成64.97亿元，比上年增长1.42倍。全年产值10亿元以上规模的企业达5家。引进中玻玻璃、中南高科产业园等19个产业项目，合同投资额49.06亿元。20个项目开工，11个项目竣工投产。新增纳统“四上”（现阶段中国统计工作实践中对达到一定规模、资质或限额的法人单位的一种习惯称谓）企业19家，“四上”企业总数比上年增长19%。第二产业比重比上年增长4.5%。双鱼岛全面启动二级开发。

【疫情防控和复工复产】 2021年，漳州开发区坚持“人民至上、生命至上”，打好疫情防控人民战争、总体战、阻击战，全区保持“零疑似、零感染、零确诊”，有效处置2起国际船舶船员涉疫事件。新冠病毒核酸检测实验室建成投入使用。组织召开企业家交流恳谈会，累计收集问题34项，解决完成率91.2%。结合“3+2”产业发展方向，新增出台、修订7项产业政策。全年发放惠企补贴8375万元，推进4个省级重点技改项目建设，2个项目新增纳入省级重点技改项目库；福建陆海生态科技中心有限公司、漳州蓝旗亚智能设备有限公司、漳州北极光数字科技有限公司、福建秦劲川交通设备有限公司、威驰腾（福建）汽车有限公司5家企业成功申报国家级高新技术企业。

【基础设施建设】 2021年，漳州开发区持续优化港航设施，招银航道扩建二期工程开工；后石航道二期工程完成军用光缆迁改及疏浚工程交工验收；四区码头项目完成前期研究论证及谈判工作。厦漳城际轨道R3线纳入福建交通强国先行区建设重大项目谋划，推出厦门湾“海上巴士”月卡，开通至漳州、厦门市区跨区公交。基础设施建设项目完成投资2.11亿元，四区四号路、寨山七路等建成投入使用；完成实验幼儿园总园、大径许厝水产研究所周边截污整治等工程。区内首家综合性购物商场“中闽百汇”开业。

【社会管理】 2021年，漳州开发区持续加强社会管理。厦大附中高考实现本科达线率100%，首获全市文科状元；南滨学校中学部、厦大附小一期等一批教育工程扩建，增加学位1280个。开发区第一医院全年门急诊量超15万人次，比上年增加47.5%。按时足额发放城乡居民养老金396.4万元，发放被征地人员养老金1331万元，各类救助金、低保金2226.2万元；在全市率先完成社保扶贫任务，困难人员参保及代缴率100%，城乡居民参保率100%；发放就业补助资金75.02万元。完成生活污水截污纳管项目多处，推进入海排污口及大气污染整治，空气优良天数比例99.7%；危险废物规范化管理处置率达100%。全年未发生重大安全生产事故。连续8年保持新增“两违”零增长。信访及时受理率、按期答复率、群众满意率均达100%。

【招银、后石港区被列为福建沿海港口布局规划发展重点港区】

2021年1月15日，福建省政府印发《福建省沿海港口布局规划（2020—2035年）》，规划发展全省11个重点港区，位于漳州开发区的招银港区、后石港区双

2021年1月15日，福建省政府印发《福建省沿海港口布局规划（2020—2035年）》，招银、后石港区被列为福建沿海港口布局规划发展重点港区。图为后石港区　　（漳州开发区宣传部 供图）

双入列。招银港区位于漳州开发区一区，核心主体是漳州招商局码头有限公司，是全国十大木材进口港口、东南沿海最大的木材集散地、第一批全国粮食现代物流建设示范单位、全国第一批进境粮食指定口岸和福建省级示范物流园区。漳州招商局码头已形成粮食、木材、钢材、砂石和集装箱五大核心货种。后石港区3号泊位位于漳州开发区四区，由漳州招商局厦门湾港务有限公司投建，总投资12.7亿元，使用岸线长422米，用地面积40公顷，建设规模为15万吨级（水工主体按20万吨预留），设计货物年吞吐能力为450万吨，疏运货物主要以粮食、木材等货物为主，是厦门湾最大的深水散杂货码头，主要服务于闽南、闽西、粤东等周边区域临港工业，以及江西、湖南等地企业内外贸货物的港口物流需求，进一步推动厦门湾南北两岸港口协同发展。

【中信重工最大风电导管架首次装船出运】 2021年5月4日，由中信重工漳州公司为中交第三航务工程局有限公司生产的两台2029-012/1吸力式导管架正式发运。风电导管架是海上风电场建设的重要基础设施，由中空的腿柱和连接腿柱的纵横杆组成，是海上风塔的水下桩基和上部塔筒的连接段。此次发运的吸力式导管架长44米，宽37米，高88米，单体重量达2000吨，是中信重工制造的重量和尺寸最大的单体钢结构部件。

【厦门港后石航道二期（疏浚工程）通过交工验收】 2021年12月17日，厦门港后石航道二期工程（疏浚工程）交工验收会议召

开，经充分研究讨论，该项工程符合《水运工程质量检验标准》（JTS257-2008）检验合格规定，同意通过交工验收。该工程的交工验收满足后石港区建设大型深水泊位的规划，加快后石港区深水泊位建设的步伐，为后石港区停靠大型船舶提供重要的配套进出港通道,提升后石3号泊位的货物吞吐能力，进一步完善漳州开发区对临港工业区的配套服务功能。

【双鱼岛启动全岛开发】 2021年11月18日，投资280亿元的双鱼岛开发启动暨项目奠基仪式举行。双鱼岛作为国务院批准的首例经营性用海项目，建设旅游度假、康养运动、高端社区为一体的生态型岛屿，致力打造国际高端休闲度假目的地。仪式的顺利举行标志着双鱼岛全岛二级开发序幕正式拉开。双鱼岛二级开发将按照“北动南静”的理念规划分为“一湾、两片、四区”。包括一个内湾水系，东西两片岛屿，主题娱乐区、滨海休闲区、滨水运动区、健康生活区四大功能片区。

（戴宇腾）

·常山华侨经济开发区·

【概况】 2021年，常山华侨经济开发区（简称常山开发区）实现地区生产总值36.78亿元，比上年增长13.2%；规模以上工业总产值87.90亿元，比上年增长30.3%；规模以上工业增加值23.49亿元，比上年增长30%；固定资产投资14.73亿元，比上年增长17.5%；一般公共预算总收入2.49亿元，比上年增长23.9%；地方一般公共预算收入1.65亿元，比上年增长29.7%；完成进出口额42.31亿元，比上年增长43.42%；实际利用外资2593万元；社会消费品零售总额4.23亿元，比上年增长13.3%；城镇居民人均可支配收入38272元；农村居民人均可支配收入21665元。

【产业发展】 2021年，常山开发区完成工业投资7.96亿元，比上年增长52.5%；技改投资3.5亿元，比上年增长81.6%；实现工业税收1.22亿元。全力支持外贸企业拓展线上市场、开拓国内市场，外贸进出口总额达到42.31亿元，比上年增长43.42%，其中出口39.5亿元，比上年增长60.18%。全面促进市场主体持续健康快速增长，新增市场主体406户，比上年增长18.71%。兑现各类惠企政策资金650万元，新增减税减费426.3万元。加快现代服务业发展，新增限上商贸企业5家，乌山湾田园度假区项目开工建设。特色现代农业提质增效，新增现代农业企业3家、生产基地300公顷，完成金猴椅省级生态农业项目和大统省级闽台水果推广基地建设。

【重点项目】 2021年，常山开发区全年完成“五个一批”（谋划一批、签约一批、开工一批、投产一批、增资一批）项目37个，总投资47.96亿元，9个市级重点项目超额完成年度投资任务。完成土地征收308.79公顷、报批377.68公顷，处置耕地“非农化”4.77公顷，处置批而未供土地294.5公顷，处置闲置土地3.71公顷。

【城乡建设】 2021年，常山开发区实施以梧园、双山、柘林为主打造乡村振兴“串点连线成片”示范线，年度投资965万元推进22个项目建设。开展农村人居环境整治提升五年行动及乡村建设品质提升行动，划定水源保护区3个、验收行政村污水处理设施4个。推进基础设施建设，投资3.36亿元实施城乡建设品质提升项目36个，覆盖道路建设、污水处理、城区排水等多个领域，新建改造道路2.2千米；建成农村污水处理站8座，尾水排放均达到一级A标准；铺设污水管道30千米，实现开发区城区污水管网全覆盖。优化城市环境功能，完成裸房立面整治120栋，整治屋顶水箱103个，完成房地产投资5000万元，商品房销售

436套。

【风险防范】 2021年，常山开发区严守“外防输入、内防反弹”疫情防控底线，疫情防控工作保持零确诊、零疑似记录，新冠疫苗全员接种率96.14%，其中60岁以上接种率85.55%。推进中央、省、市环保督查反馈问题整改，坚决落实能耗“双控”政策，空气质量优良天数比例99.4%，农村生活污水处理设施全覆盖，农村千人以下饮用水水源地保护区完成划定并制定应急预案。开展安全生产专项整治三年行动、安全隐患大排查大整治行动、景区与非景区景点安全管理专项整治行动，全年未发生各类生产安全事故。严守粮食安全底线，耕地保护、高标准农田建设、粮食储备、大棚房整治等涉粮工作有力有序。严守防范化解金融风险底线，不良贷款率0.69%，金融风险总体可控。

【社会事业】 2021年，常山开发区完成年度为民办实事项目19项。妥善处理工伤案件，化解各类劳资矛盾纠纷，认定各类工伤案件36起，处理各类欠薪案件40件。新增领取被征地养老保障金人数105人，城乡居民养老保险参保率95.6%。全年发放城乡低保、特困供养、临时救助等社会救助资金300万元。常山中学高中楼及连廊工程竣工投用，核酸检测实验室投入使用。开展20个不可移动文物点保护工作。

【常山华侨经济开发区归侨侨眷联谊会揭牌】 2021年1月1日，常山华侨经济开发区归侨侨眷联谊会揭牌并投入使用。归侨侨眷联谊会的成立，为广大归侨侨眷和海外侨胞、港澳同胞提供一个交流联谊的平台。

（王雅云）

·古雷港经济开发区·

【概况】 2021年，古雷港经济开发区（简称古雷开发区）实现地区生产总值130亿元，比上年增长18%；规模以上工业总产值449.9亿元，比上年增长42.3%，规模以上工业增加值比上年增长42%；建筑业总产值5310.2亿元，比上年增长3.39倍；农林牧渔业总产值42.7亿元，比上年增长1.6%；固定资产投资176.8亿元，比上年增长6.8%，其中，房地产投资2864万元，比上年增长2.02倍；社会消费品零售总额60.5亿元，比上年增长11.4%；进出口总值145亿元，比上年增长95.6%；实际利用外资10.2亿元，规模占全市近60%；地方一般公共预算收入19.9亿元，比上年增长15.9%；城镇居民人均可支配收入44003.3元，比上年增长7.9%；农村居民人均可支配收入25806.9元，比上年增长11.7%。蝉联“中国化工园区30强”，获评“‘十三五’化工园区发展进步奖”，荣膺“中国最具投资价值园区奖”。

【项目建设】 2021年，古雷开发区启动实施总投资3406亿元产业项目“三年行动计划”。总投资700亿元的古雷炼化一体化二期项目签订合作框架协议。全年新签约项目17个，总投资超900亿元，其中新签约福建能化集团系列项目、厦门国贸福建聚酯新材料项目等产业项目7个，总投资627.5亿元，年产值738.3亿元，年税收49.6亿元。全年开工建设项目9个，合计总投资299.5亿元，其中恒海新材料（桐昆聚酯项目）总投资120亿元，海泉化学（省能化集团系列项目）总投资108亿元。年内，总投资275亿元的福海创PX、PTA项目实现产值362.85亿元。总投资37.5亿元的奇美ABS及AS、总投资3亿元的新阳科技等一批重大项目投产。

【园区配套】 2021年，古雷开发区启动实施总投资489亿元产业配套项目“三年行动计划”，产业项目所需的供水、供电、供气、码头、管廊、污水处理等公用配套全面实施。港口码头方面，古雷石化南15—19号码头建成投用，新增年码头吞吐能力780万吨；航道三期工程全面竣工，具备30万吨级油船全潮通航能力。供电方面，列入国家试点的增量配电改革项目有序推进，古雷能源科技公司取得配售电类电力业务许可证，正式揭牌运营；古雷石化基地供电电源第二通道—东林—海园220千伏电力线路建成投用，电网安全供电能力由50万千瓦提升至100万千瓦，可满足园区项目生产所需双电源双回路供电需求。污水处理方面，日处理2万立方米的北部工业污水处理厂投产。供气方面，华润燃气一期项目顺利供气，新增日供气36万立方米。管廊方面，16.75千米石化公共管廊、15.4千米电力主管廊全线贯通投用。

【营商环境】 2021年，古雷开发区深化“放管服”改革，正式实施相对集中行政许可权改革试点，将发改、建设、市场监管等6个领域共360项行政许可事项，划入行政审批局集中办理，实现“一枚印章管审批”；推行“窗口无否决权”和“否决逐级快速上报”制度，设立“企业开办一件事一站式”综合窗口和“工程建设项目”综合窗口，通过简化环节、优化流程和数据共享，实行“前台综合受理、后台分类审批、综合窗口出件”模式，共受理“一件事”套餐服务135件，及时办结率100%；全年发布的2151个审批事项，法定时限由42492天压缩至承诺时限3865天，压缩比例达90.90%，企业开办审批实现“1天＋零成本”；4个自助政务服务站点建成投用，构建“15分钟便民利企服务圈”，打造“区内事区内办”服务格局。年内，兑现古雷石化、福海创等7家企业增值税增量留抵退税16.37亿元；兑现奇美化工等公司外资到资奖励552万元；兑现腾龙芳烃、翔鹭石化、福华气体等7家企业优惠政策奖励1471万元。

【安全监管】 2021年，古雷开发区深入开展安全生产专项整治三年行动和安全隐患大排查大整治，完成第四至六轮国务院危化品重点县专家组反馈问题整改277项，在全国危化品安全生产53个重点县综合指标评价位列第八名。全区733栋重大安全隐患房屋整治销号完成率100%。启动“智慧古雷”顶层设计规划。园区入选应急管理部“工业互联网+危化安全生产”试点园区。

【社会治理】 2021年，古雷开发区扎实推进市域社会治理现代化试点和常态化扫黑除恶专项斗争，巩固拓展城乡社区网格治理“2＋N”模式。12月22日，漳州市公安局古雷开发区分局正式挂牌。全区建立53支292人的巡防队伍，全天候、全方位加强治安巡逻。全区公众安全感满意率达99%，“12345”便民服务平台诉求满意率达99.29%。

【生态环保】 2021年，古雷开发区深入打好污染防治攻坚战，辖区集中式饮用水源保护区祖妈林水库水质监测优良率100%；近岸海域环境质量持续保优，4个国省控海洋水质考核断面均达到海水水质第一类标准。完成其他造林更新57.67公顷、封山育林38公顷、森林抚育74.2公顷。全年环境空气质量优良率为98.9%，园区企业大气污染物排放监督性监测全部达标。启动实施人居环境整治百日攻坚行动，投入2200万元率先在漳州市实现全域农村保洁市场化运作，实现生活垃圾日产日清；辖区26户家庭入选市级“美丽庭院”；投入444万元开展河道清淤疏浚专项整治，完成3个村庄生活污水治理设施建设；组建“海上环卫队伍”，累计出动732艘次打捞船舶，10543人次，清理海漂垃圾约6752吨；完成11座农村公厕建设，整治既有裸房737栋。第二轮中央生态环境保护督察反馈古雷炼化一体化项目围填海历史遗留问题完成整改，通过市级验收和省级行业审查。总投资2700万元的古雷石化基地有毒有害气体环境风险预警体系试点项目通过生态环境部、省生态环境厅专家组联合验收。

【民生事业】 2021年，古雷开发区加强公共卫生和重大疫情防控救治体系建设，古雷开发区疾控中心开工建设；投入227万元新购置核酸快速检测方舱，核酸日混检能力达10万人份；全区新冠疫苗接种实现应接尽接，全年保持无确诊、无疑似病例发生。巩固脱贫成果，投入专项产业扶贫资金84万元，解决就业200余人，完成72户贫困人口危房改造项目，全区694户2047名建档立卡贫困人口稳定脱贫。启动实施总投资115亿元民生事业项目“三年行动计划”，漳州一中古雷分校揭牌成立，总投资2.2亿元的欢乐岛全国社会足球场试点项目部分建成投用，成功承办中国足协女子乙级联赛；总投资12.5亿元的港城大道通车。推进农村生活污水收集与处理、城乡供水一体化等项目建设，沙西第二中心幼儿园、杜浔第二中心幼儿园、沿海大通道至省道漳东线沙西段连接线、区第一医院旧住院楼装修改造等为民办实事项目建成投用。

【荣获“十三五”化工园区发展进步奖】 2021年6月2—4日，2021中国化工园区与产业发展论坛在山东烟台召开。古雷开发区入选“2021年化工园区30强”，获“十三五”化工园区发展进步奖。

2021年11月1日，古雷石化公司首船乙烯单体销往台湾

（古雷新闻中心 供图）

【中沙古雷乙烯项目合资合同签约】 2021年8月，中沙古雷乙烯项目合资合同正式签约，签约仪式以视频连线“云签署”方式举行。项目总投资420亿元,作为国家重大外资第三批专班项目、国家第二轮中沙产能与投资合作重点项目，由沙特基础工业公司（SABIC）、福建能化集团和漳州九龙江集团按51%、25%、24%股比合资建设，主要在古雷石化基地投资建设并运营一座世界级大型石化联合体，建设一套年产150万吨乙烯装置，配套建设一系列下游生产装置。

【海峡两岸最大石化产业合作项目古雷炼化一体化一期项目建成投产】 2021年8月18日，古雷炼化一体化一期项目正式建成投产。该项目总投资345.7亿元，占地342.8公顷，建设80万吨/年乙烯裂解及下游9套化工装置和配套公用工程，达产后年产值约250亿元、税收约60亿元。2017年12月项目开工建设，2021年5月28日项目实现中期交工。项目从中期交工到投产仅用不到100天时间，创下近年中国石化大乙烯中期交工开车新纪录。11月，项目生产的4300吨乙烯单体产品销往台湾，打通“古雷—高雄”石化产品通道，是古雷石化基地设立以来首次实现对台石化产品销售。

【液体散货化工码头建成投用】 2021年3月30日，福建省重点项目古雷南15—19号泊位工程通过交工验收。项目建设规模2个5万吨级、1个2万吨级、2个5千吨级液体散货泊位及相应配套设施，码头岸线长1126米，年设计吞吐量780万吨，项目总投资11.6亿元。项目历时1年8个月的施工，于2019年8月1日正式开工，2020年12月通过码头主体工程验收。项目主要填补古雷开发区缺乏低温液体散货专用泊位的历史，为古雷炼化一体化项目能源需求提供良好的物流保障，改善古雷港区港口基础设施条件，促进漳州石化产业公共港口物流服务水平。

（魏文彬 陈瑞强）

·漳州台商投资区·

【概况】 2021年，漳州台商投资区（简称台商投资区）实现地区生产总值407.80亿元，比上年增长9.8%；规模以上工业总产值971.48亿元，比上年增长15.3%；一般公共预算总收入35.19亿元，地方一般公共预算收入22.65亿元；固定资产投资160.19亿元；进出口总额166.12亿元，比上年增长15.43%；实际利用外资1.2亿元；社会消费品零售总额73.8亿元；城镇居民人均可支配收入44755元，比上年增长9.0%；农村居民人均可支配收入24696元，比上年增长11.3%。

【三大产业】 2021年，台商投资区四大主导产业完成产值822.25亿元，比上年增长26.68%，拉动规模以上工业总产值增长21.9个百分点；战略性新兴产业产值465.33亿元，比上年增长45.04%；新增新上规模以上工业企业22家。创新能力持续提升，完成技改投资33.89亿元；新培育国家级高新技术企业17家，全区国家级高新技术企业总计46家，科技小巨人企业9家；全社会研究与试验发展经费支出12.8亿元，比上年增长29%。现代服务业不断做强，台投区餐饮烹饪协会成立；扶持拓展跨境电商业务，台商区保税物流中心（B型）完成进出口业务10636票，总货值5.05亿美元；全市首个国际快件监管中心投入使用。落实乡村振兴战略专项资金3000万元，省、市级乡村振兴试点项目完成投资704万元，编制完成“多规合一”实用性村庄规划4个，推广吴宅村“1+N”食用菌产业工厂化种植，沙洲岛无土栽培蔬菜生产基地初具规模。

【项目建设】 2021年，台商投资区新签约项目106个，总投资237.1亿元，其中中节能双碳产业园等6个项目投资10亿元以上，华昌大型综合体投资上百亿元。新开工项目25个，建成或部分建成项目17个；固投项目入库91个，总投资211.5亿元；13个省级续建重点项目、59个市级重点项目均超序时完成；福欣特钢二期竣工建成投产；厦门地铁6号线漳州（角美）延伸段全线开工，站点建设和盾构区间贯通取得重大进展。落实减税降费11.97亿元；兑现惠企政策资金9553.7万元；向上争取获批专项债、财政预算内资金3.52亿元；政银企对接会达成贷款意向27.07亿元；征地42.22公顷，征收房屋863宗，建筑物附属物881宗，获批土地95.27公顷、林地4公顷。

【改革创新】 2021年，台商投资区深化“放管服”改革，推进相对集中行政许可权改革试点，巩固提升开发区体制机制改革成果。实施厦漳泉政务服务、省内通办“异地代收”试点改革，创新推广“企业+N秒办”、工改“一条龙”审批，招投标模式电子化，“窗口无否决权”机制，98.31%的事项实现“一趟不用跑”，超92.99%的事项全程网办，为企业、群众办事提供更大便利。围绕“万才聚漳”计划，实施人才驱动战略，引进省、市级高层次人才4人。加快两岸融合步伐，委托厦大台湾研究院完成“深化两岸融合发展与自由贸易试验区建设研究”课题调研；与兴业银行签订战略合作协议，为台企提供授信额度逾50亿元，促成6家台企签约，授信额度27亿元。

【城乡环境】 2021年，台商投资区加快城市更新，完成全区城市更新专项规划、城市更新单元文化和产业布局研究和开发策略方案，34个城乡建设品质提升工程完成投资16.07亿元；完成棚户区改造1149套，城市道路、绿道10千米、公园绿地5公顷；新建改造城乡公共停车泊位240个，全区首个智慧停车系统于龙池片区试点使用；对接市级编制国土空间规划，建成区计划扩大到75.8平方千米。发展楼宇经济、地铁经济，夜间经济，华侨城欢乐美港、国贸智谷等配套项目顺利推进。社头、龙江标准化园区打造取得阶段性成果；处置批而未供土地58.4公顷，清理闲置厂房3.3万平方米。

2021年9月22日，漳州台商投资区集中隔离点项目完成首批100套隔离房间建设。图为隔离房间内部环境 （杨瑞 摄）

【民生事业】 2021年，台商投资区全年财政民生支出17.9亿元，占总支出78.1%。12个为民办实事项目完成投资6.3亿元。完成“我为群众办实事”实践活动127项。在角美镇现有社区居委会的基础上，析置、增设社区居委会6个，调整社区居委会1个。培文小学等4所学校开工建设，角美中学改扩建二期等3个教育项目建成投用。升级改造全区44个村（居、场）退役军人服务站，建设金鸿社区居家养老服务站。加大历史资源保护传承，推进天一总局旧址修缮，举办“海上丝绸之路与角美古镇研讨会”，厦门大学历史学人才培养实践教学基地落户漳州台投区。落实义务教育“双减”政策，课后延时服务全面推行。新增幼儿园学位270个，中小学学位1043个。普惠性幼儿园占比96%，提高3个百分点；完善义务教育助学制度，落实“两免一补”、困难家庭子女就读补助等惠民政策，发放助学金149.7万元，惠及学生2713人。发放残疾人、优抚对象抚恤补助984.85万元，对教育、卫生系统省外籍员工留区过年进行补贴。

【疫情防控】 2021年，台商投资区严格落实“外防输入、内防反弹”，强化联防联控、群防群治，科学精准做好常态化疫情防控工作。年内，新冠肺炎确诊病例3例，均为普通型。9月16日出现第一例确诊病例后，迅速启动应急预案，突出“快严实细”，综合运用大规模核酸筛查、封闭封控举措，创新“家家访”“五户联保”网格化管理、三公（工）联网协同机制，仅用2天就稳控住疫情，15天全域恢复低风险地区。

【社会治理】 2021年，台商投资区坚持管源头保稳定，常态化扫黑除恶、综治维稳持续推进，政法队伍教育整顿扎实有力，完成中国共产党成立100周年等重大活动期间信访安保维稳工作。推进安全生产隐患大排查大整治和专项整治三年行动，开展景区和非景区景点隐患排查整治。扛稳粮食安全重任，保证“米袋子”充足供应。持续打好污染防治攻坚战，完成两轮中督信访件、角美污水处理厂反馈问题整改销号。河长制严格执行，在全市林长制考核位列优秀等次。全年整治耕地“非农化”2.84公顷，补充耕地28公顷。强化金融风险防控，核销不良贷款3.63亿元，不良贷款率降至0.4%。

【“屋顶分布式光伏开发战略合作项目”落地】 2021年7月9日，漳州台商投资区与国网福建综合能源服务有限公司签订“屋顶分布式光伏开发战略合作项目”。合作双方将严格按照国家绿色能源发展规划，共同科学、有序地开发漳州台商投资区区域内光伏绿色能源项目。

【新时代文明实践中心揭牌】 2021年12月29日，漳州台商投资区新时代文明实践中心暨角美镇新时代文明实践所正式揭牌。新时代文明实践中心总投资100万元，总面积360平方米。中心成立志愿服务总队，配备8支常备志愿服务队伍和3个有特色的民间志愿服务组织，实践所配备6支志愿服务队。新时代文明实践中心揭牌启用，标志着漳州台投区新时代文明实践工作全面铺开。

（黄安庆）

·漳州高新技术开发区·

【概况】 2021年，漳州高新技术产业开发区（简称漳州高新区）完成地区生产总值153.8亿元，比上年增长11.8%；规模以上工业产值275.17亿元，比上年增长26.9%；规模工业增加值85.98亿元，比上年增长26.6%；固定资产投资127.76亿元，比上年增长11.8%；社会零售品总额66.85亿元，比上年增长9.2%；一般公共预算总收入15.1亿元，比上年增长11.19%；地方一般公共预算收入6.84亿元，比上年增长33.15%。市场主体27275户，其中企业6120户。2021年度国家高新区综合排名位居第102名（全国共157个）。

【项目建设】 2021年，漳州高新区组织集中开竣工活动5场，推动开工项目62个，竣工项目74个。完成房屋征迁48万平方米，完成土地征收261.33公顷，报批土地258.33公顷，处置批而未供土地69.33公顷，处置闲置土地36.2公顷，清理闲置厂房完成9.8万平方米。累计向上争取资金约4.2亿元，争取地方政府债券5400万元，三大区属国企完成融资118.4亿元，保障重点项目建设资金需求。

【产业招商】 2021年，漳州高新区组织外出招商14次，赴北京、长三角、珠三角等地考察企业超40家。开展驻深圳招商，促成到高新区考察企业34家，引进立佳智能终端生产基地、澜海智能终端生产基地等4个项目。开展基金招商，引入冠能发光材料、奥咨达医疗器械等4个项目。全年组织集中签约活动4场，签约项目50个，总投资375亿元。

【科技创新】 2021年，漳州高新区拥有国家高新技术企业60家，比上年增加93.5%；年末区内共有科技型中小企业128家（占全市总量的22.3%），比上年增加30.6%；新认定福建省科技小巨人企业17家。甲骨文双创基地获省级科技企业孵化器、众创空间认定，并获省科技厅向上推荐国家众创空间备案；众创园获省科技厅向上推荐国家科技企业孵化器认定。

【城乡建设】 2021年，漳州高新区持续提升城市功能配套，漳州金峰大桥、马洲大桥建成通车，芝山大桥基本完工，圆山大道全面加快建设。完成漳州烈士陵园和南湖南山山体景观改造，重现漳州古八景“南山秋色”。持续提升城乡环境，整治既有裸房1529栋；处置“两违”建筑783宗，面积36.9万平方米；处置耕地“非农化”14.04公顷，查处违法占用耕地图斑694宗。加强城市精细化管理，打造南大道、纬五路、龙江岁月、花卉交易市场等4个精细化管理街区。

【环境整治】 2021年，漳州高新区围绕西溪上坂国控断面水质提升，持续攻坚推进农村污水处理PPP项目等污水处理设施，建成马洲和林前污水处理厂等大型污水处理设施，投用农村污水处理设施73座、污水管网约173千米，实现农村居民生活污水纳管19604户，占应纳管率70%，农村生态环境得到根本性改善。扎实推进各级生态环境督查问题攻坚整治，解决群众反映的生态环境污染问题，89件群众投诉件100%按时办结，55个市级层面生态环保督察反馈问题全部完成整改。

【改革创新】 2021年，漳州高新区实施相对集中行政许可权改革，全区行政部门23个大项、155个子项、186个孙项审批事项划转集中至行政审批局，实现“一枚印章管审批”。深入实施“一件事”集成套餐服务改革，推动公司设立登记、二手房交易等7个事项集中办理，缩短时长43天，减少材料42份，实现“一窗受理、协同办理、一次办成”。持续创新项目审批服务模式，健全完善多测合一、准入会商、中介服务等平台机制，推出图证齐发、多审合一、模拟验收、审批“1+N服务”等10项新举措，实现“审批流程再优化”。

【民生事业】 2021年，漳州高新区织密织牢疫情防控责任监督网、出行监控网、隔离监管网、健康监护网、物资监测网“五张网”，开展全区全员核酸检测，累计完成新冠疫苗接种344.4万针次，保障群众身体健康和生命安全。加快补齐民生短板，靖圆中心卫生院完成改造，颜厝卫生院主体竣工。加强基础教育设施投入，建成投用颜厝中心第二幼儿园，修缮原草坂中学作为新初中校区，全年新增幼儿园学位540个、中小学学位800个。加紧涉迁群众回迁工作，安置房屋3919套、面积43万平方米。研究出台《漳州高新区安置房产权登记办证工作实施方案》，破解安置房办证难题，加快解决1.23万户安置户办证问题。完善稳就业机制，全年城镇新增就业2335人。

【漳州高新区片区开发建设启动】 2021年9月11日，市委召开市委专题会议，研究启动漳州高新区站前总部经济产业园、南湖“双创”产业园、靖圆“一药一智”产业园等三大片区开发建设工作，强调按照“总体规划、分步开发、封闭运营、滚动平衡、产城互动、产业优先”原则，同步推进三大片区开发建设。10月，漳州高新区片区开发建设工作指挥部成立。三大片区启动区总规划范围935.87公顷，需征用农用地455.8公顷，涉迁建构筑物8730宗、面积249.74万平方米（其中第一期的农用地428.4公顷，建构筑物征迁量为6594宗、面积180.16万平方米），涉及14个村，5305户16278人。截至年底，三大片区启动区全部完成红线放样、编号丈量、土地测绘以及“一户一表”登记等前期工作。

【漳州南江滨路全线通车】 2021年1月4日，漳州市南江滨路项目竣工，实现全线6个标段主路辅路双贯通。南江滨路东起规划东环城路，途经九龙江大桥、漳州大桥、战备大桥、水仙花大桥，西至南靖靖城新大桥，全长20.08千米，总投资89亿元，是贯穿漳州高新区东西走向的城市主干道和交通大动脉，建成后对拉开高新区整体路网框架、全面提升高新区乃至全市的区位和交通优势具有重大意义。

【特色夜间经济综合体龙江岁月投入使用】 2021年1月，漳州高新区打造的夜间经济综合体龙江岁月一期投入使用。龙江岁月项目总用地约50公顷，其中一期用地范围约15.33公顷，位于战备大桥以东，鹭洲路以西，南江滨路以北，以区域内旧工业、水月亭、鹭洲旧街、古码头、旧造船厂等历史乡愁记忆为支点，以环境整治、建筑风貌改造、完善功能配套、消除安全隐患、盘活文化资源为载体，植入地方美食、夜间经济、夜休闲文化等经济业态，让老旧城区有机重生，打造城市外滩新形象，营造具有持续性活力的时尚水岸。项目一开放就成为市区休闲娱乐新热门打卡点，促进九龙江南岸夜间经济繁荣发展。8月27日，漳州高新区龙江岁月项目（二期）建设启动大会召开，标志着项目二期建设全面启动。

【花卉绿植抖音直播基地落户高新区】 2021年6月23日，漳州花卉绿植抖音电商直播基地授牌开业仪式在高新区众创园举行，这是花卉绿植类抖音电商直播基地，标志着高新区平台经济发展取得突破。基地主要借助抖音短视频平台，采取“线下商家基地+线上直播孵化”模式，构建区域绿植园艺品类内容电商产业集群，并辐射东南地区的花卉绿植行业，推动产业带商家融入内容电商生态，促进花卉绿植产业转型升级。

【首届荔枝文化节开幕】 2021年7月2日，由漳州高新区管委会主办的“美‘荔’从这里出发——漳州高新区荔枝文化节”在荔枝海生态文化园开幕。此次荔枝文化节创新“荔枝＋旅游＋运动”模式，活动内容丰富，包括魅“荔”音乐节、活“荔”趣味定向悦跑、荔枝采摘节、靓“荔”汉服秀、给“荔”生态市集和荔海趣玩游乐项目等，持续6天。举办荔枝文化节，有利于打响荔枝品牌，促进特色产业与旅游融合，推动乡村振兴。

2021年7月2日，美“荔”从这里出发——漳州高新区荔枝文化节开幕。图为开幕会上运动员开跑现场 （漳州高新区 供图）

【漳州首个水仙花保护法规出台】 2021年，漳州高新区持续推进水仙花原产地保护区土地流转，成功将水仙花原产地保护区规模由2020年的100公顷扩大至220公顷，彻底扭转水仙花原产地土地被蚕食的问题。同时，市人大常委会持续推动水仙花保护管理立法，2021年10月28日，《漳州水仙花保护管理办法》经漳州市第十六届人民代表大会常务委员会第四十七次会议通过。2021年12月15日，该管理办法经福建省第十三届人民代表大会常务委员会第三十次会议批准，将从2022年3月1日起正式施行。

（朱加良 沈梦露）

责任编辑：张慧华

城乡建设

·城市建设·

【概况】 2021年，漳州市住建局推进实施城市建设品质“五大提升、十大样板”803个项目，累计完成投资380.21亿元，累计519个项目完工，272个项目在建。其中，中心城区（芗城、龙文、龙海、长泰、漳州高新区、台商投资区）316个民生基础设施建设项目累计完成投资223.83亿元，累计208个项目完工，105个项目在建。全市累计完成新建改造道路121.5千米，雨水管网137.7千米、污水管网154.7千米、供水管网139.9千米、燃气管网128千米，新增建设绿道131.5千米，新增城市公共停车泊位3974个。

【中心城区城市建设】 2021年，漳州市中心城区570个城建项目累计完成投资501.08亿元，累计新开工项目172个、新完工项目162个。其中，芗城区属地实施247个项目，累计完成投资205.20亿元；龙文区属地实施184个项目，累计完成投资189.05亿元；高新区属地实施131个项目，累计完成投资95.24亿元。实施新浦路芗城段道路改造提升、新华南路人行道改造等道路改造提升，北环城路龙文段、建元东路龙文段全线贯通；马洲大桥、芝山大桥基本建成，促进九龙江南北岸互联互通和“跨江展翼”发展；实施完成15条背街小巷综合整治、30个老旧小区二次供水设施改造。

【园林绿化项目建设】 2021年，漳州市实施城市园林绿化项目125个，累计完成投资10.57亿元，完成新建改造郊野公园1.12平方千米、公园绿地103.33公顷、福道131千米，完成68个口袋公园、65处立体绿化建设，实施龙文区建元东路（龙文南路—东环城路）特色园林风情路及南靖县中山花漾街建设项目花漾街区样板工程建设，推进漳州西湖生态园景观工程、九龙江西溪沿岸龙文碧湖等段综合治理和生态修复工程、香蕉海绿道、九十九湾绿道等项目实施。

【园林绿化品质提升】 2021年，漳州市实施市区西溪亲水公园、江滨公园等12个公园共84处的便民服务改造提升，在西溪亲水公园因地制宜建设城市菜园果园花园，实施市区7个高速出入口绿化和照明景观综合提升，完成胜利路、钟法路、江滨路及迎宾大道（高速东至西溪大桥段）等道路及重要景观节点花化彩化提升。

【供水行业管理】 2021年，漳州市完成新建改造供水管网139.9千米。市区完成30个老旧小区二次供水设施改造任务，保障城市供水安全“最后一公里”；全市城市水厂实现出厂水、管网水水质在线实时监测，实时掌握供水水质情况，出现超标自动警报，供水管理更加精准可控；推动各地规范落实二次供水定期清洗消毒制度和开展监督检查（一季度清洗消毒一次）。构建行业主管、部门协同、政企联动的“获得用水”营商环境建设机制，推动供水企业实行内部体制改革、一站式办理，提前介入指导工程项目开展供水接入外线工程规划设计，做好外线工程的提前配套，实现工程项目“0-1-1-0”（零份材料、一个环节、一个工作日、外线零费用）用水报装创新机制。

【城市黑臭水体整治】 2021年，漳州市以创建黑臭水体治理示范城市为抓手，全面落实“控源截污、内源治理、生态修复、活水保质、长制久清”治理措施。开展污染源排查整治，完成6738户排水户的深度排查建档工作。实施管网排查修复，完成建成区810千米市政雨污水管道清淤和CCTV（中央控制工业管道内窥摄像）检测。开展排口逆向溯源工作，对沿河旱季有水排口进行溯源整治，市区内河完成674处排口的溯源排查和整治工作。累计对建成区葫芦潭、脚桶港、诗浦港、泗州河、浦头港主港、浦头港支渠三湘江等56千米河道进行清淤整治，完成清淤28.04万立方米。完成东墩污水处理厂二期B区扩建项目建设，新增污水处理能力6.5万吨/天，全厂污水处理规模达到26万吨/天。逐步构建完善“源头—管网—水厂—河道”一张图，继续推进“管网维护一污染源巡查一污染源管理”闭环管理机制。

2021年9月21日，漳州市供排水中心联合市城管局开展市区有物业管理的和供水公司统建统管的居民小区二次供水设施抽查与督导

（漳州市供排水中心 供图）

【污水处理设施建设】 2021年，漳州市开展排水管网排查建档，针对排查发现的管网接驳、破损等结构性缺陷进行修复改造。加大污染源收集和截污纳管力度，提高城市生活污水处理厂进水浓度和污水集中收集率。全市10座城市生活污水处理总量14376万吨，比上年增加6.5%，其中市区东墩污水处理厂总处理污水量达6335万吨，比上年增加25.5%，进水BOD（生化需氧量）平均浓度82.52毫克/升，比上年增长4.7%；市区污水集中收集率66.81%，比上年增加16.25个百分点。完成市区东墩污水处理厂二期B区扩建项目建设，新增污水处理规模6.5万吨/天，全厂总处理规模达到26万吨/天。

【漳州获评“国家节水型城市”】 2021年1月，住房和城乡建设部、国家发展改革委员会发布《关于命名第十批（2020年度）国家节水型城市的公告》，漳州榜上有名，成为福建省继厦门、泉州之后第三个国家节水型城市。国家节水型城市是城市节约用水工作的最高荣誉称号。

·村镇建设·

【农村“厕所革命”提升】 2021年，漳州市住建局完成投资1160万元，新建乡镇公厕10

座,农村公厕53座。着力建立健全农村公厕日常管理长效机制，推行将农村公厕纳入村庄日常保洁，并强化落实“一长两员”管理制度。鼓励有条件的地区购买社会服务，实行专业化管理。

【乡镇生活污水垃圾治理】

2021年，漳州市按照增量规范与存量提升并重、厂站与管网并重、建设与运维并重的原则，推进乡镇生活污水提升治理。全市共有龙文区、长泰区、南靖县、东山县等4个县（区）以县域为单位实施乡镇生活污水市场化运营管理，新建乡镇污水配套管网243千米。鼓励推行农村生活垃圾治理市场化运作，强化保洁员管理，不断完善提升常态化保洁、收集、转运处理水平。古雷开发区、常山开发区推行以县域为单位将村庄保洁、垃圾转运、农村公厕管护打捆打包市场化运营管理。全市11个乡镇推行全镇域落实农村生活垃圾分类机制。

【农房整治】 2021年，漳州市持续推动裸房专项整治示范村工程三年行动，推进50个裸房专项整治示范村及25177栋农村裸房整治工作。强化农村建筑风貌管控，市本级编制《漳州市新农房风貌建设技术指南》，15个县区编制完成农房建筑立面图集并经县级政府审查发布实施，11个县区完成示范房建设。

【农村危房改造】 2021年，漳州市住建局联合市财政局、民政局、乡村振兴局出台《关于加强农村低收入群体等重点对象住房安全保障工作的通知》，明确职责分工，推进巩固拓展脱贫攻坚成果同乡村振兴有效衔接，保障农村低收入群体等重点对象住房安全。年度完成50户农村低收入群体重点对象危房改造，危改档案录入全国农村危房改造信息管理系统。

【传统村落保护】 2021年，漳州市开展村落调查摸底，支持引导各地申报列入传统村落名录，45个村庄被列入中国传统村落名录，75个村庄被列入省级传统村落名录。推动各县区完成74个传统村落保护规划编制。出台《漳州市传统建筑工匠管理试行办法（试行）》，向社会公布两批25名漳州市传统建筑工匠，为传统建筑保护修缮、建造技艺传承提供机制保障。逐步开展传统建筑修缮、传统街巷恢复等保护工作，结合农村人居环境整治，完善必要的基础设施和公共服务设施，改善传统村落的环境面貌。

【闽台乡建乡创】 2021年，漳州市探索海峡两岸乡建乡创融合发展新路，鼓励支持县乡引入台湾建筑师团队作为城乡建设顾问开展陪护式指导，助力漳州市乡村振兴。全市共有9个项目引入台湾建筑师（含文创）团队开展乡建乡创陪伴式服务，获得省级财政资金补助450万元。

·住房保障·

【住房保障工作制度建设】

2021年，漳州市住建局将省住建厅公布的《2021年公租房棚改项目清单》下发到各县（区）、开发区（投资区、高新区），制订年度工作计划，提出项目建设进度、发放城镇住房货币补贴等一系列要求，明确责任单位、责任人员和完成时限。强化调研工作机制，建立棚户区改造工作进度情况月报、周报、日常督查巡查、质量安全抽查等工作制度，动态管理，实时跟踪、推进。不定期开展全市保障性安居工程的专项调研。

【争取棚户区改造资金】 2021年，漳州市累计争取上级各类棚户区改造补助资金12.18亿元，其中中央保障性安居工程基础配套补助资金3亿元、中央和省级保障性安居工程专项补助0.95亿元、政府专项债券资金8.23亿元。市级财政预算资金5.45亿元、公积金增值收益提取0.32亿元等用于支持棚改建设。

【保障性安居工程】 2021年，漳州市开工建设保障性安居工程建设计划项目11个10665套（户），基本建成12319套（含往年开工结转2021年续建基本建成套数），累计完成投资69.47亿元。

·房地产市场·

【房地产市场监管】 2021年，漳州市商品房销售面积696.2万平方米，商品房价格基本平稳。完成房屋征迁350.95万平方米。年内，漳州市住建局修订《市直管项目商品房预售资金监管实施细则》，强化预售资金收支全过程的监管把控，17家开发企业申请设立预售资金监管账户，涉及预售许可59个。联合8个部门启动整治规范房地产市场秩序三年行动，建立健全联合整治的工作机制，重点整治房地产开发、房屋买卖、住房租赁和物业服务等4个方面。推进个别风险项目信访维稳、复工复产、工程监管等化解处置工作。持续开展中介机构备案和从业人员实名登记，新增备案房地产中介机构557家。全市新建商品房合同网签备案实行“全市通办”“全程网办”“一趟不用跑”，得到省住建厅推广。

【商品房投资】 2021年，漳州市完成房地产开发投资586.32亿元，比上年下降13.6%；市区完成房地产开发投资198.13亿元，比上年下降17.4%。全市房地产新开工面积721.72万平方米，比上年下降27.8%；市区房地产新开工面积113.73万平方米，比上年下降68%。全市房地产施工面积4629.37万平方米，比上年下降0.6%；市区房地产施工面积1304.81万平方米，比上年下降7.8%。全市房地产竣工面积593.66万平方米，比上年增加47.2%；市区房地产竣工面积262.59万平方米，比上年增加77.9%。

【二手房销售】 2021年，漳州市二手房成交面积274.52万平方米，比上年下降6.43%，其中，二手住宅成交面积233.2万平方米，比上年下降6.83%；市区二手房成交面积97.13万平方米，比上年下降10.34%，其中，二手住宅成交面积86.76万平方米，比上年下降5.62%。

【房地产去库存】 2021年，漳州市商品房存量面积为963.04万平方米，去化期限为20个月。其中，商品住房存量面积为713.77万平方米，去化期限19个月；非住宅存量面积为249.2万平方米，去化期限为25个月。市区商品房存量面积为219.15万平方米，去化期限为15个月。其中，商品住房存量面积为134.45万平方米，去化期限12个月；非住宅存量面积为84.7万平方米，去化期限为21个月。

【国有土地上房屋征收】 2021年，漳州市住建局开展房屋征收项目（含集体）210个，征收总面积350.94万平方米，完成拆除净地总量349.38万平方米。漳州市芗城区古城东入口改造提升、龙文区闽南老家安置地（龙江雅苑安置房）、云霄县人和路东段改造建设等3个项目依法实施补偿，达到和谐征收示范项目创建标准，被省住建厅认定为2021年度全省和谐征收示范项目。

·住房公积金监管·

【住房公积金归集】 2021年，漳州市公积金新增开户单位1867家，新开户职工5.06万人，实缴单位9779家，实缴职工36.39万人，缴存额60.62亿元，截至年底，缴存总额439.84亿元，缴存余额157.92亿元。

【住房公积金提取】 2021年，漳州市有12.6万名缴存职工提取住房公积金，提取额41.03亿元。

【住房公积金贷款】 2021年，漳州市发放公积金贷款1200笔5.43亿元，住房公积金贷款余额127.34亿元。发放住房公积金贴息贷款8300笔42.1亿元，公积金贴息贷款余额89.9亿元。全市实现增值收益1.39亿元，贷款风险准备金余额5.45亿元，累计提取城市廉租住房（公共租赁住房）建设补充资金7.45亿元。

·建筑业和工程建设管理·

【概况】 2021年，漳州市实现建筑业产值781.51亿元，比上年增加13.3%。建筑业增加值511.45亿元，拉动漳州市生产总值10.2%。解决就业26.01万人，比上年增加6.6%。入库税收总额23.1亿元，比上年增加6.5%。年内，漳州市出台《漳州市促进建筑业持续健康发展六条措施》及7份配套文件，从鼓励企业晋级创优、巩固本地市场份额、推动企业增产增效、支持总部基地建设等方面给予政策支持。

【龙头企业培育扶持】 2021年，漳州市评选出22家建筑业龙头、32家建筑业准龙头企业予以重点扶持，全市一级总承包资质企业产值占总产值的50.8%。

【资质等级提升】 2021年，漳州市住建局实施资质提升计划，推行资质安许“一件事”合并办理和全程无纸化审批，提高审批效率50%以上，新增资质等级建筑企业152家，超额完成“六比一看”新增120家的目标任务，指导6家企业晋升总承包一级资质，晋级通过率100%。

【行业转型升级】 2021年，漳州市住建局通过明确经营性用地装配式建筑比例，推动6个装配式生产基地建设，合计投资17亿元。全市城镇绿色建筑占新建建筑比例达到87.43%。

【企业服务】 2021年，漳州市住建局走访企业11次，协调解决8个问题，推动七建总部经济大厦开建，指导兴岩集团申报特级资质，协调省住建厅迁入2家市外高等级资质企业。开展行业招商，8家市外一级企业迁入漳州市。通报表扬77家抢险救灾表现突出企业，推动本地建企全省信用综合排名平均往前20名，提高企业中标概率。

【工程造价管理】 2021年，漳州市住建局提供业务咨询服务，组织协调29场次，协调解决争议案值达6500万元以上。调研咨询企业60家，抽检工程造价咨询成果文件共12期63份。指导举办造价业务公益讲座1期、技能竞赛1场，组织200多人参加。发布《漳州建设工程材料信息》12期信息近5万条。开展合同履约行为评价，每季度评价率均达100%，评价545个次项目，发出整改通知书92份，累计扣分4073分。

【建设工程质量安全监管】 2021年，漳州市在建受监项目1044个，全市各级监督机构进行双随机检查2234次，涉及1044个项目，发出责令改正通知单2517份，发出违规事实确认单2228份。对项目经理记2.16万分，施工单位记2.16万分，总监记1.55万分，监理单位记1.55万分，其中市本级共对项目经理记1312.05分，施工单位记1312.05分，总监记1087.9分，监理单位记1087.9分，落实“差异化”监管。全市工程质量安全领域行政立案查处91起，处罚金额498.39万元，对建机一体化企业立案处罚7起，处罚金8.6万元，约谈建机一体化企业13次。通过“漳视新闻”曝光存在违规施工行为的建筑工地5个，立案查处1起。要求各项目部每月开展不少于1次的全员安全培训教育，拍摄视频存档备查，监督机构责任联络员参加指导。年内，举办“2021年漳州市建筑施工安全监管人员业务培训暨新《安全生产法》视频宣贯会”。全市在建项目责任主体组织项目部全员安全培训教育2304场。邀请省级专家开展全市视频安全教育培训。

【建筑施工扬尘污染防治】

2021年，漳州市住建局加强漳州市建筑施工扬尘治理力度，中心城区派出8940人次，检查3712个次项目，发现3770条问题，发出1558份责令整改通知书，其中全面停工整改40份，局部停工26份，约谈130家企业，立案处罚15起，处罚金额43.5万元，企业通常行为信用扣分50分。无人机巡查25次，检查360个次项目，发现395个问题，全部整改完毕；线上巡查49次，检查4892个次项目，发现问题146个，均整改完成。

·勘察设计和建设科技·

【勘察设计行业管理】 2021年，漳州市住建局引导扶持勘察设计企业通过资质升级、增项等方式提升市场竞争力。核准9家勘察设计单位10项资质，其中，首次申请资质的6家，资质增项的3家。全市勘察设计单位中，具有工程勘察综合甲级资质的有1家、勘察专业甲级资质3家、乙级8家、丙级2家；工程勘察劳务9家；具有工程设计建筑行业甲级的1家、乙级1家，建筑专业甲级资质的有6家、乙级2家、丙级3家；具有工程设计市政专业乙级资质的有3家和丙级2家；其他水利、电力、公路等设计资质有18家；具有工程设计专项资质50家，资质范围涉及建筑装饰、建筑幕墙、建筑智能化、风景园林、轻型钢结构等专项设计资质。

【施工图审查工作】 2021年，漳州市住建局推动施工图数字化审查，基本实施施工图数字化审查。年内，福建省及漳州市施工图审查机构审查通过漳州市工程项目2134项。其中，勘察工程733项；建筑工程839项，总建筑面积2139.1万平方米；市政工程148项；专项工程414项。漳州市两家施工图审查机构共审查通过漳州市工程601项，占总项目的28.6%，其中，勘察工程354项，占勘察工程总项目的48.3%；建筑工程247项，占建筑工程总项目的29.4%；建筑面积474.56万平方米，占总建筑面积的22.2%。

【工程抗震设防】 2021年，漳州市住建局严格执行《建筑工程抗震设防分类标准》（GB 50223）和《中国地震动参数区划图》，落实各方主体责任，将抗震设防作为施工图审查的重要内容之一。“女排娘家”基地项目和漳州市片仔癀科技大楼建设项目两个项目通过由福建省建筑工程技术中心组织的超限高层建筑抗震专项审查。

【建筑节能与绿色建筑发展】

2021年，漳州市住建局严格执行《福建省公共建筑节能设计标准》（DBJ 13—305—2019）、《福建省居住建筑节能设计标准》（DBJ 13—62—2019）和《福建省绿色建筑设计标准》（DBJ 13—197—2017）等标准规范。结合勘察设计质量检查，开展建筑节能和绿色建筑监督检查。全市通过施工图审查绿色建筑项目465项，建筑面积1639万平方米；竣工绿色建筑254项，总面积1066.1万平方米，竣工绿色建筑面积占当年新建民用建筑面积比例87.43%。

【绿色建筑评价标识认证】

2021年，漳州市共有漳州锦绣碧湖D区（9—16号、24号、25号楼）等3个项目获得一星级绿色建筑设计评价标识，漳州市职业教育园区等2个项目获得二星级绿色建筑设计评价标识，漳州一中高中部（行政楼）等2个项目获得三星级绿色建筑设计评价标识，漳州大唐名门印象（住宅部分）等3个项目获得一星级绿色建筑运行标识。

【建设科技工作】 2021年，漳州市住建局组织申报住建行业科技计划项目，共有漳州市行政服务中心、漳州市医院高新区院区、龙海市芦州大道二期及锦江道西段工程—A段等10

个项目申报全省住建行业科技示范工程，包括建筑信息模型（BIM）、装配式建筑等类型。推荐申报施工企业技术中心，组织推荐福建荣冠环境建设集团有限公司和福建昱勋建设有限公司申报福建省企业技术中心（建筑施工企业）。

（侯伟超）

·城市管理·

2021年8月13日，省电视台《新闻启示录》栏目专题采访市城管局牵头开展的整治物业服务企业侵占住宅小区公共收益的经验做法

（漳州市城管局 供图）

【概况】 2021年，漳州市城管局智慧城管参展第四届数字中国建设峰会，芝山街道垃圾分类示范片区创建省级评估优秀、城市治理2项创新实践案例入选住建部“城市治理方式创新研究课题”、智慧城管2项实践案例分别荣获华夏建设科学技术奖一等奖、三等奖。

【垃圾分类扩容增效】 2021年，龙海、长泰撤县（市）建区后，新中心城区652个生活小区、507个公共机构、82个公共场所全部纳入生活垃圾分类覆盖范围。年内，漳州市城管局出台经费保障管理办法，落地经费保障1550万元。芗城区芝山街道探索“互联网+垃圾分类”管理新模式，搭建垃圾分类大数据平台，获省级示范片区评估优秀；碧湖街道出台奖惩激励方案，110个垃圾屋安装可视化监管系统，收集端新建垃圾屋180座；运输端投入运输车辆110部，处置端建成启用厨余垃圾预处理中心。

【老旧小区改造】 2021年，漳州市城管局继续推进老旧小区改造，全市77个项目100个老旧小区纳入改造范围，涉及建筑550栋、建筑面积207.76万平方米，惠及居民约2.4万户。牵头市区既有住宅增设电梯，推动延续加装电梯补贴政策，核发施工许可证69件，受理财政补贴48件，发放财政补贴519万元。

【专项整治】 2021年，漳州市城管局城管部门牵头负责物业服务企业侵占住宅小区业主公共收益专项整治，全市累计排查物业服务企业346家、物业小区648个，追回物业小区公共收益5901万元。督促整改物业服务企业184家，涉及物业小区343个，处罚并曝光企业1家。该做法受到省住建厅高度肯定，在全省复制推广。福建电视台《新闻启示录》栏目专程到漳采访报道，黄金栏目全省宣传。配合“静夜守护”城市夜间噪声污染专项整治、经营性停车场专项整治，全市累计劝导并制止工地夜间施工789次，处罚建筑施工噪声污染案件23起，劝导商业活动噪声1090次，餐饮和文化娱乐场所噪声809家次，公共场所广场舞和唱歌等噪声扰民794次；排查停车场56家，拆除违法设置地锁38个，违法建设铁皮搭盖15平方米，开具违停处理通知书3378张，搬离违停非机动车（含电动车）2430辆，拖离违停机动车714辆，规范摆放非机动车5100余辆。

【环卫保洁】 2021年，漳州市城管局督促整改直运问题1231处，商户餐厨垃圾桶不规范1438处。华安（北部）生活垃圾焚烧厂点火运行，至此，全市建成投产垃圾焚烧发电厂4座，日处理生活垃圾能力4725吨。全市焚烧处理生活垃圾180.49万吨，其中原生生活垃圾161.56万吨，日均4426.3吨。启动南靖垃圾填埋场治理，完成诏安、云霄陈腐垃圾挖运处置，第二轮中央环保督察信访件86件全部销号清零。落实省级环保督察问题整改，配合台商区陈年垃圾挖运处置，挖运4.5万吨。加强公厕道路指示牌增设及维护，做好公厕保洁和维护工作，每日全覆盖巡查主城区210间公厕，发现整改问题4080处。

【物业管理】 2021年，漳州市城管局指导推动36家物业企业成立党支部，增强物业企业公益属性和社会责任。强化漳州智慧城管物业管理系统管理，全市368家物业服务企业、868个物业服务项目及其项目负责人全部采集入库，构建全市物业服务行业数据库。出台《漳州市物业管理专家库管理办法》，征集入库物业管理专家105名，其中初级78名、中级3名、高级24名，规范人才建设，提升行业管理的决策水平和监管技能。运用社会信用评价，累计53家物业服务企业和166名项目负责人被信用减分。畅通群众举报投诉渠道，全市累计处理物业服务投诉5709件。

【住宅专项维修资金管理】

2021年，漳州市市本级累计审核住宅专项维修资金申报材料817件，核准351件，金额356.2万元；归集住宅专项维修资金21539笔，金额10523万元；维修工程预算、决算造价审核140笔，审前申请金额244.8万元，审后拨付金额194.7万元，为业主节约住宅专项维修资金50.1万元。年内，漳州市城管局向市本级（芗城区、龙文区）业主发送住宅专项维修资金短信14万余条，及时告知账户余额和增值、支用情况。

【智慧城管运行】 2021年，漳州市城管局重新修编并实施《漳州市城市综合管理监督指挥手册》，规范智慧城管暨城市综合管理服务平台运行，受理案件214679件，处置率、结案率均达98%以上。完善优化提升智慧城管子系统，建筑垃圾智能监管子系统接入855路企业自带的车载视频，实现建筑垃圾车辆全程全方位监控。智慧物业管理系统，增加专家库管理，录入行业专家信息105人。对接新修《主城区生活垃圾分类工作考评办法及细则》，优化生活垃圾分类考评子系统。推动智慧城管“市县一体化”，协助平和县争取省级补助资金200万元，平和县数字城管项目通过初验并投入试运行。

【建筑垃圾管理】 2021年，漳州市城管局贯彻执行《漳州市建筑垃圾管理办法》，全市44家车企，534辆车辆纳入平台监管，实时监测智能管理，入库车辆100%安装北斗定位系统，第一时间预警处置，累计主动警报568次。主动对接龙海、长泰两区城管局，推动4家车企33辆车辆入库备案。指导县（区）城管部门，推动云霄、诏安、漳州开发区、高新区、台商投资区对标市区模式，19家车企206辆车辆入库备案。加强巡查，形成全方位监管格局，累计查处违法运输车辆158辆，指导整改工地覆盖128处，督促清洗污染路面116次，立案处罚81件。

【审核审批优化】 2021年，漳州市城管局驻行政服务中心窗口强化办事人员业务技能，主动延长服务时间，推行“窗口无否决权”服务，获得主动评价率、非常满意评价率指标“双100”。优化办事流程，细化梳理行政审批服务事项，绑定并发布服务事项19项；深化“互联网+政务服务”，实现电子证照网上调取，调增“一趟不用跑”服务事项达85%以上；精简审批环节，优化审批程序，审批时间缩减至法定时限40%以内，其中商品住宅专维金使用备案缩短至5个工作日办结，住宅专维金账户更名、城市生活垃圾经营性清扫收集运输服务审批等事项压缩至1天。

【燃气用气服务提升】 2021年，漳州市城管局联合市住建局等部门成立指导服务组，深入县（区）调研，获得用气指标大幅提升，报装办理手续不超过2个，申请材料不超过2份，报装时间缩短至3—5个工作日。将获得用气接入企业开办套餐，纳入“一件事”改革范围。在社区居委会、小区物业服务中心投放“燃气蓝牙充值宝”1000个，覆盖所有通气小区，方便16万户用气居民燃气缴费。免费发放带充值功能的NFC卡，同步安装、更换物联网表，累计发放23466张NFC（近距离无线通讯技术）卡、新增（更换）21887个物联网燃气表。

【市容仪容督查】 2021年，漳州市城管局组织文明执勤、重点工作跟踪等19项专项督查，常态化督查主城区“牛皮癣”治理、道路清扫保洁、垃圾清洁直运、智慧城管信息采集等4项工作，发现问题1009个。长期督查着装及仪容仪表，不定期督查26次，发现问题不规范着装46人次。受理热点问题，处置信访件22件，12345诉求件183件；共办理市人大代表建议（议案）、政协委员提案25件；派发“芗里芗亲”群防任务32批次，组织72批次429人次参加文明交通劝导。

【文明城市创建】 2021年，漳州市城管局牵头市创城指挥部市容环境整治组，召开市容市貌专项整治推进会，巡查采集案件28873起，专项普查案件15次、案件13585起，协调解决疑难案件525件。集中专项攻坚，整治电动车乱停放455起，纠正人行道机动车违规停放车辆56辆，清理僵尸车82辆，纠正飞线充电26起，整治圈占公共停车位13起，整治店外占道经营245起，流动摊贩194起，乱堆乱放5起，纠正督促商家整改乱排污水问题22处，整治建筑工地夜间施工19起，清理牛皮癣23722张，拆除微“两违”19宗，督促整改工地裸露、未净车出场等问题12个，查处违法车辆8部，督促整改公共厕所残留水渍等问题1774处，垃圾桶满溢等问题2353处，餐厨垃圾桶设置不规范问题1811处，督导规范收运餐厨垃圾1126户，实地抽查224个物业小区，督促整改1567条问题，协调环境集团清洗道路430万平方米，增设果皮箱500个。

【“门前三包”】 2021年，漳州市累计修补人行道8.5万平方米，设置隔离栏48千米，增设机动车停车位2751个、施划非机动车停车线7.3万米，补植树木花草79万株，维修绿化设施1.6万平方米，维修亮化设施32万平方米，整治“牛皮癣”20万处，广告招牌1万块，圈占车位8274处，门前搭建1563起，遮阳雨篷5997处，占道经营17万起，车辆违停13万起，箱体美化115个，空中三线136处，油烟噪声5451起。

【“百路千村”全域提升】 2021年，漳州市围绕“百路千村”全域提升、老旧小区微“两违”、主城区“破墙开门”开展“两违”整治。处置“两违”9552宗、848.4万平方米。出台“百路千村”环境全域提升行动方案，全市整治道路项目231个，“四清四化”范围覆盖1088个行政村（居），里程数2106千米。整治问题24387个，其中“四清”整治10125个，面积120.4万平方米；“四化”整改14262处；中心城区微“两违”整治1582个。配合老旧小区改造拆除微“两违”407宗、面积2.38万平方米；开展各类产业园区违法建设整治活动，摸排“两违”案件60宗，面积47930平方米，完成整治53宗，面积38230平方米；梳理重大安全隐患房屋17857宗，核实属于“两违”45宗，全部处置。针对

"破墙开门"乱象，开展专项整治，累计排查物业小区610个，封堵"破墙开门"397宗。省治违办派发漳州违法建设图斑信息230件，已处置230宗，完成处置率100%；年中，明察暗访，罗列问题清单3401条，印发督办，已整治3388宗，完成处置率99.6%；现场核查处置面积超1万平方米的案件79宗。

【"两违"智能监管平台运用】 2021年，漳州市城管局将巡查发现"两违"录入系统，严格案件办理跟踪。随机抽查案件办结情况，每月通报，逐步优化完善监管机制，"两违"智能监管平台APP群众使用量40122人次，接到举报信息10382条，认定为"两违"案件6110起，结案6034起，结案率98.7%。

【城市管理法制建设】 2021年，漳州市城管局草拟《漳州市户外广告设施和招牌设置管理办法》，于2021年4月22日经漳州市第十六届人民代表大会常务委员会第四十次会议通过，2021年5月27日经福建省第十三届人民代表大会常务委员会第二十七次会议批准，9月1日正式施行。年内，协助市人大常委会修改《漳州市市容和环境卫生门前三包责任区管理若干规定》《漳州市建筑垃圾管理办法》等法规，提交省人大常委会审议通过。开展养犬管理和住宅小区立法调研，形成调研报告。持续推进"三项制度"，完成视音频办案室建设，指导诏安、南靖制定执法全过程记录制度。审核普通程序类违法案件160起，重大案件集体案审18起。发生行政诉讼2起，全部胜诉（撤诉）。制定轻违不罚、首违不罚清单，调整燃气类、供排水类自由裁量基准，共修订调整事项29个，调整基数31个；协调东山、诏安撤销行政处罚决定各1起。

【专项执法】 2021年，漳州市城管局开展专项执法。专维金执法方面，排查芗城、龙文两区83个小区2万多户购房人，督促补缴住宅专维金1881万元。燃气执法方面，摸排18家次燃气经营企业、427家次液化气供应站、9家次汽车加气站，2家次LNG气化站，129家餐饮店，14个涉气施工工地，查处5家违规储存燃气的液化气供应站和1家施工单位破坏燃气管道的违法行为，现场督促整改燃气安全隐患87处，处罚6起。供排水执法方面，排查工地134起（次）、洗车店57起、餐饮店2229起、医疗机构71起、美容美发行业83起、休闲保健行业3起；配合市供排水中心等有关部门开展联合执法行动110次，促进办理排水许可证1550份，处罚66起。

【户外广告和招牌设置管理】

2021年9月1日，《漳州市户外广告和招牌设置管理办法》正式实施，漳州市城管局户外广告整治开展692次，下达整改通知书617份，规范外广告（招牌）1003块，审批备案户外广告设施和招牌设置2875件，拆除户外广告2239块，店招店牌2617块，横幅158条，督促店家自行整改85起。确立户外广告"示范街"22条。清理"牛皮癣"小广告78.95万处。

【安全生产】 2021年，漳州市城管局持续深入开展安全生产专项整治三年行动和安全隐患大排查大整治，全市累计排查城镇燃气一般隐患2062个，全部完成整改。查扣液化石油气钢瓶3686支。行政处罚46起，处罚金额74万元。停业整顿供应站点4家，取缔关闭"黑气点"9个。施工现场安全监护申请1269次，现场监护1509次，立案处罚第三方破坏燃气管道3起，全市增补燃气警示标志和安全警示牌79405处；"双随机、一公开"检查6次，抽查46家次燃气企业，整改251个问题。围绕岁末年初、湖北十堰"6·13"燃气爆炸事故、重要活动期间等专项检查，检查并督促问题整改586个，做到立查立改。

（蔡建福）

责任编辑：蔡钰臻

环境·资源

·生态环境保护·

【概况】　2021年，漳州市生态环境局推进全市生态环境保护。年内，推进芗城、龙海等4个地区实施国家生态文明建设示范市县创建工作，芗城区创建工作通过省级预审。年内，南靖县获第五批“国家生态文明建设示范县”称号；东山县获生态环境部第四批“绿水青山就是金山银山”实践创新基地称号，在全省率先挂牌成立市级生态环境系统“绿水青山就是金山银山”学习教育基地。

【“绿盈乡村”建设】　至2021年年底，漳州市累计完成1341个“绿盈乡村”创评工作，占全市村庄数量的82.5%；推荐115个高级版“绿盈乡村”，占全市村庄数量的7.1%。

【乡村生态环境治理】　2021年，漳州市共实施乡村生态振兴重点项目24个，全年完成投资8.6亿元。全市各级生态环境部门核定16家排污单位初始排污权，收储4个项目排污权化学需氧量60.39吨、氨氮638.8千克、二氧化硫756.41吨、氮氧化物1834.23吨。

【流域治理】　2021年，漳州市生态环境局组织开展九龙江西溪流域水质提升三年整治专项行动，攻坚城镇黑臭水体、农村生活污水、生态环境保护修复等方面短板。会同市海洋与渔业局、市河长办开展渔业资源增殖放流，在九龙江西溪流域干流、支流投放19.7万尾鲢鳙、108万只河蚌、15万只中华绒螯蟹等滤食性生物，推进“以鱼养水，以鱼洁水”生态目标。开展农村水源专项整治，完成185个农村饮用水源地保护范围划定。持续推进入河排污口整治，原水利部门移交的740个入河排污口已完成整治704个，整治完成率95%。

【海洋治理】　2021年，漳州市生态环境局持续推进近岸海域污染防治工作，开展入海排污口分类整治，全市近岸海域优良水质面积比例为92.1%，水质状况级别优。实施诏安湾综合整治，八尺门海堤实现贯通。开展海漂垃圾综合治理，组建全市统一的专业化海上环卫队伍，累计投入3392万元，出动打捞船舶1.27万艘次，清理人员9.8万人次，清理海漂垃圾3.13万吨。开展美丽海湾建设，东山马銮湾－金銮湾入围全国18个美丽海湾初选名单。

【污染防治】　2021年，漳州市委、市政府继续抽调市直有关单位近30名领导干部（包括处级以上领导8名），对各地落实突出环境问题整改情况开展新一轮市级专项督查，推动中央、省级环保督察，截至年底，督查发现的148个问题立行立改126个。强化媒体监督威慑，漳州电视台、闽南日报等累计报道曝光典型督查问题32次，在群众间引发热烈反响。持续开展全市污染源头整治工作，全市排查的18823个污染源头问题，完成整治18820个，745个污染源头治理支撑项目，完整项目数742个。

【环境监管】 2021年，漳州市生态环境局组织“清水蓝天”“生态环境执法大练兵”等环保专项行动，严厉打击各类生态环境违法行为，全年办理行政处罚案件300起，罚款金额2826.93万元；办理配套案件148件，查封扣押92件、限产停产3件、移送公安拘留37件、环境污染犯罪16件。其中行政处罚案件比上年提高18.8%；处罚金额2775.14万元，比上年提高54.1%。开展环境信访突出问题专项行动，全年办结12369环保投诉件992件、按时办结率100%，办理群众环境问题来信97件、办结率100%。

【行政审批】 2021年，漳州市完成环评审批771件，其中实行告知承诺制项目100个。开展排污许可“双百”行动，完成467家固定污染源排污许可证质量复核，完成197家典型行业排污许可执行报告规范性审核。

【“三线一单”方案编制】

2021年10月28日，《漳州市“三线一单”（生态保护红线、环境质量底线、资源利用上线和生态环境准入清单）生态环境分区管控方案》经市政府印发实施。管控方案坚持生态优先、绿色发展，全市按照优先保护单元、重点管控单元和一般管控单元三类划定环境管控单元247个，建立覆盖全市的“三线一单”生态环境分区管控体系，促进生态环境高水平保护和经济社会高质量发展。

【环境宣教】 2021年，漳州市生态环境局在《闽南日报》重要版面开设环保宣传专栏，在漳州广播电视报、漳州电视台新闻频道、福建新闻频道、福建日报、中国环境报推出专题报道；在“漳州生态环境”微信公众号开设《以案释法》专栏，主动曝光负面典型案例。5月20日起，开展“6·5”世界环境日系列宣传活动。

（陈 静）

·国土资源管理·

【概况】 2021年，漳州市自然资源局统筹推进耕地保护和粮食安全，推进违法用地专项清理整治。农村乱占耕地建房方面，纳入“点题整治”604宗全部查处到位。省自然资源厅约谈会通报94宗新增问题，查处到位93宗。自然资源部卫片图斑方面，总违法耕地面积42.27公顷，整改28.92公顷，违法占用耕地比例7.5%。省自然资源厅卫片图斑方面，根据系统数据显示，2020年7月至2021年8月，违法占用耕地图斑12165宗，查处整改10369宗，查处整改率85.24%。

【耕地占补平衡】 2021年，省下达漳州市补充耕地任务466.67公顷，至年底完成459.68公顷，备案208.23公顷。

【国土空间总体规划编制】

2021年，漳州市初步形成“1＋12＋13＋1”（1个市级总体规划、12个县/市直管开发区总体规划、13个专题、1个数据库）规划成果体系，支撑全市国土空间规划的“四梁八柱”基本形成。

【规划编制】 2021年，漳州市自然资源局开展《漳州市中心城区“十四五”建设规划（2021—2025）》扩区规划编制，长泰区、龙海区纳入中心城区规划范围。编制《大漳州山水格局及景观风貌专项规划》，系统性推进北部片区、东部新城、高新区站前总部片区、南湖双创产业园等重点片区城市设计。落实“两统筹、两统管”（县统筹、乡统管、地统筹、事统管）要求，完成549个村庄规划批复，完成备案率全省第一，阳光规划系统公开数量全省第一；审批农村村民住宅农转用15批次，面积9.39公顷。

【土地利用管理】 2021年，漳州市获批准农转用和土地征收项目用地233批次（含单独选址），面积1570.52公顷，其中省级以上重点项目858.03公顷，占54.6%。获批准土地征收成片开发方案37批次，面积5064.33公顷。完成批而未供处置982.27公顷，闲置土地处置309.33公顷，有效推进存量用地盘活。出让市级国有建设用地20宗，土地出让面积60.01公顷，出让收入66.94亿元。

【用海项目服务】 2021年，漳州市用海要素保障540.44公顷，其中确权审批用海项目11宗，面积331公顷，完成填海竣工验收项目4宗，面积209.44公顷。特别是古雷炼化一体化项目围填海历史遗留问题取得重大突破，处置区内有4宗填海项目用海获得国务院或省政府批准，获批海域使用面积219.15公顷，保障古雷炼化一体化项目顺利投产建设。

【矿产监督管理】 2021年，漳州市自然资源局重点推动机制砂矿出让生产，累计生产机制砂40.67万立方米，碎石55.71万立方米。

【不动产权登记改革】 2021年，漳州市自然资源局研究推行商品房项目“交房（地）即交证”模式，办理“交地即交证”3宗、“交房即交证”2宗。在全省率先开启不动产登记线下“全市通办”模式，实现“就近办”“一次办”。推动全市工业企业补办不动产权证38宗，帮助企业融资7.53亿元；办理工业企业不动产权属分割14宗，帮助企业融资4.95亿元。

【地质灾害防治】 2021年，漳州市自然资源局组织16个县级自然资源部门派出地灾防治支撑队伍技术人员91组4602人次，共巡排查地质灾害点及高陡边坡点2595处，应急处置4处。市局与气象部门联合发布地质灾害气象预警信息专报11期，累计转移受地灾威胁群众3052人，未发生因地质灾害发生人员伤亡情况。

【生态修复治理】 2021年，漳州市自然资源局推进完成全市废弃矿山综合治理面积56.63公顷；争取中央财政资金补助3亿元，开展漳州市（东山湾、诏安湾）海洋生态保护修复项目，东山八尺门退堤还海主体工程实施海堤开挖310米，实现海堤贯通、海水流通、海湾畅通，东山东南部沙滩二期工程完工验收、诏安城洲岛等海洋生态修复项目完成清算工作。

【历史文化保护提升工程】 2021年，漳州市自然资源局推动《漳州古城保护条例》立法实施，获批新增漳州市新行街历史文化街区、漳州市东美历史文化街区、漳州市南靖县中心街历史文化街区3条省级历史文化街区。争取2021年省级补助资金2250万元，下达市级专项保护奖补资金500万元，推动两街十村和一批历史建筑保护修缮。

【土地出让】 2021年，漳州市供应国有建设用地715宗，面积2961公顷。其中，住宅用地71宗，面积235公顷；商业服务用地34宗，面积65公顷；工业用地252宗，面积1194公顷；基础设施等其他用地358宗，面积1467公顷。

（贾 峰）

责任编辑：林 绿

科学技术

·高新技术及新兴产业·

【高新技术产业】 2021年，漳州市通过科技型中小企业评价企业575家，新增省级科技小巨人企业133家，新认定国家级高新技术企业220家。全市国家级高新技术企业总数达579家，备案省级高新技术企业377家。全市规模以上工业高技术行业增加值196.82亿元，高技术行业增加值占全部增加值比重达10.41%，纳入统计高技术企业152家。

【科技创新创业基地】 2021年，漳州市科技开发服务中心引进23家企业入驻漳州市高新技术创业孵化基地。已建成并投用众创空间60家，其中国家备案众创空间3家、省级众创空间26家、市级（示范）众创空间42家；国家级星创天地3个、省级星创天地8个。孵化面积20多万平方米、工位近5000个，入驻创业项目和企业650多个，创业人数5500余人，拥有创业导师400余人。

【“十四五”科技创新发展专项规划出台】 2021年12月29日，漳州市出台《漳州市“十四五”科技创新发展专项规划（2021—2025年）》，明确力推漳州市科技创新由跟跑为主的阶段向更多领域并跑、领跑并存的新阶段转变，全方位推动漳州高质量发展，争创国家创新型城市。具体要加强基础研究和源头创新，不断提高基础研究支出占全社会研发支出的比重，至2025年，漳州市科技进步贡献率达60%；组织实施科技重大攻关，立足重点产业共性技术需求，完善科技重大专项“揭榜挂帅”攻关机制，实施好关键核心技术攻关，“十四五”期间组织实施20个左右市重大科技专项（含“揭榜挂帅”），力争至2025年，工业战略性新兴产业产值占规上工业产值比重达20%；建设高水平科技创新平台，强化企业创新主体地位，大幅提高规上工业企业设立研发机构的比例，做大做强片仔癀、龙溪轴承等国家企业技术中心，力争至2025年，全市新增省级及以上重点实验室5家、拥有省级以上的新型研发机构达25家。

·科技计划项目与经费·

【科技项目立项与实施】 2021年，漳州市获国家级、省级以上科技项目立项66项，争取资金2728.15万元。其中，2020年中央引导地方发展专项资金2项资助经费250万元。530家企业享受2020年度企业研发投入分段补助资金总额18103.54万元（其中省级资金5536.42万元、市级资金5717.51万元、县级资金6849.61万元）。下达市级科技计划项目88项和兑现《漳州市人民政府关于进一步支持和促进创新驱动发展八条措施的通知》配套措施、企业研发经费投入分段补助经费、省级高新技术企业补助经费等科技专项，安排市级科技专项经费7364.92万元。

【漳州市科技企业获日内瓦国际发明大奖】 2021年，在年第48届日内瓦国际发明展上，漳州市2家科技企业获日内瓦国际发明奖奖项。其中，台商投资区科技企业罗丽芬控股参展的“一种用于改善糖尿病合并肝损伤及肝纤维化之草本植物复方提取物及其用途”等4个项目分别获该届国际发明展一金三银奖项，由大闽食品（漳州）有限公司自主研发的人参（人工种植）提取物、低热型甜味剂—罗汉果甜苷获本届国际发明奖奖项。日内瓦国际发明展于1973年创办，是世界上举办历史最长、规模最大的全球科技界盛事，由国际知识产权组织和瑞士联邦政府共同举办。本次获奖，代表着国际学术界和评审团对该企业技术创新和商业应用价值的高度认可。

【第十届中国创新创业大赛（福建赛事）举办】 2021年9月10—11日，第十届中国创新创业大赛（福建赛区）暨第九届福建创新创业大赛决赛在漳州高新区举行。此次大赛于6月份启动，历时3个月，最终24家成长组企业及8家初创组企业进入总决赛，最终评出一等奖2名、二等奖4名、三等奖6名。该届大赛漳州组织104家企业参赛，6家企业入围省决赛。其中长泰区东方醒狮新动力电池有限公司、漳州高新区泓光半导体材料有限公司分别斩获成长组一等奖和二等奖，芗城区漳州科华电气技术有限公司斩获初创组二等奖。此外，福建蓝海黑石新材料科技有限公司、福建海山重工有限公司、福建伯利赛克莱生物科技有限公司等3家漳州企业还分获决赛优胜奖，福建浦台信息科技有限公司等14家参赛企业获评优秀企业。

2021年3月23日，漳州科技大讲堂暨漳州市众创空间孵化器联盟成立大会在高新区甲骨文（漳州）技术人才双创基地举行

（漳州市科技局 供图）

·科技服务·

【科技特派员工作】 2021年，漳州市选认省级个人科技特派员336名、市级个人科技特派员346名、县级科技特派员1157名，组建省级团队（法人）科技特派员141个、市级团队(法人)科技特派员74个，覆盖117个乡镇、1589个行政村，实现科技特派员创业和技术服务行政村全覆盖。实施省级团队（法人）科技特派员后补助项目8个、市级项目15个，争取省级科技经费250万元、市级科技经费150万元。创建科技特派员利益共同体23个，建成省级科技特派员助力产业融合发展示范点1个、转型示范点2个。

【科技扶贫】 2021年，漳州市科技局在云霄、诏安、平和3个原省级扶贫开发工作重点县选认省级个人科技特派员92名、市级个人科技特派员75名，打造团队（法人）科技特派员31个。全市1800多名科技特派员深入实施“我为群众办实事”活动,服务农村合作组织573个，累计推广新技术757项、引进新品种636个，直接服务农民2.9万多名，新建示范基地371个，开展科技培训1288场次、37200多人次，推动农业科技成果转化应用。

【“双创”人才扶持】 2021年，漳州市按照《关于营造有利于创新创业创造良好发展环境的实施意见》，实施本地人才培养工程，评出2021年度“双创之星”10名、“首席科技官”13名。

·科技交流与合作·

【科技合作】 2021年，漳州市深化闽宁合作，选派2名干部到宁夏挂职，与海原县开展科技型企业产学研合作，促进香水梨饮料研发等项目的对接合作，协助海原县建立首家众创空间。对外合作项目立项3项，中科院STS（科技服务网络）计划配套项目立项3项，省级科技成果购买补助项目立项5项。

【“蓝火计划”】 2021年，漳州市科技局组织全市食品行业部分重点企业到江南大学、集美大学开展校地科技合作，达成共建工作站、项目合作等14个合作意向。组织企业参加火炬科技成果直通车、中国国际高新技术成果交易会等活动。举办“陕西高校科技成果走进漳州活动”，20余名专家到漳州进行成果发布和项目对接等活动，6个科技项目和2个国家级技术转移中心漳州分中心现场签约。

·科技成果与奖励·

【科技成果奖励】 2021年，漳州市11项科技优秀成果获2020年度福建省科学技术奖，其中一等奖3项、二等奖4项、三等奖4项。

【技术市场交易】 2021年，漳州市10家单位备案为漳州市技术转移机构，4家单位获批省级技术转移机构。年内，漳州市科技局组织16人参加省科技厅举办的技术经纪人培训班。累计完成合同登记共380项。其中，技术开发合同229项，技术转让合同19项，技术服务合同132项。合同金额2.1亿元，其中技术交易额2.08亿元。

【科技创新奖励】 2021年，漳州市对全市范围内符合《漳州市人民政府关于进一步支持和促进科技创新驱动发展八条措施的通知》奖励条件的漳州片仔癀药业股份有限公司等174家企业204个项目，兑现奖励资金3353.42万元，其中市级财政资金715.88万元、县级财政资金2637.54万元。

·科技成果与推广·

【科技与农业】 2021年，漳州市科技局组织实施“茄果类蔬菜基质栽培关键技术集成与推广”等农业类省级区域发展项目3个，“杏鲍菇工厂化菌包稳定性关键因子调控研究与示范应用”等星火计划项目14个，向上争取省级科技经费610万元，带动企业研发投入2557.3万元，新增海翔智谷星创天地、玫瑰花苑创业园星创天地、梅青春星创天地等6个省级星创天地。

【科技与金融】 2021年，漳州市高新技术企业协会分别与兴业银行、交通银行、中信银行、人保财险漳州市分公司等9家金融机构签署协议书，成立金融赋能专业委员会，为企业搭建与金融机构融资对接平台。推行“科技贷”，全市科技型企业获授信额度8.3亿元，发放121笔5.4亿元，缓解中小微企业融资难融资贵问题。

（陈元波 洪韬亮）

·地 震·

【概况】 2021年，全市有地震前兆台站（点）168个：测震台站4个，强震台10个，GPS观测台8个，烈度速报台13个，台阵1

个(含16个子台)，伸缩仪观测台1个，重力仪观测台1个，地磁观测台2个，地下流体观测台1个，流动地磁13个，流动重力33个，流动水准观测场地5个，流动GPS（全球定位系统）观测点20个，宏观观测点41个。

【地震活动】 2021年，漳州市及其沿海地区共发生ML≥1.0级地震114次，其中1.9≥ML≥1.0地震94次，其中2.9≥ML≥2.0地震15次，ML≥3.0地震5次，最大地震为1月3日发生在长泰古农农场的3.7级地震，地震主要分布在长泰地区及东山—漳浦海域。

【首届防震减灾广场舞和科普讲解大赛举办】 2021年，漳州市地震局改版《地震逃生自救歌》，获2021国际防震减灾科普作品大赛影视类（歌曲）三等奖、全省科普作品大赛一等奖。举办全市首届防震减灾广场舞和科普讲解大赛，防震减灾广场舞大赛做法被《中国应急管理报》报道推广，首派的选手获第五届全国防震减灾科普讲解大赛南部片区第一名和全国赛二等奖。

表5 漳州地区2021年ML≥2.0级地震目录一览表

发震日期	发震时间	北纬	东经	震级	参考震中
01-03	08:34	24.70°	117.70°	3.7	长泰古农农场
02-12	15:03	24.70°	117.70°	3.3	长泰古农农场
03-08	10:28	24.70°	117.70°	2.1	长泰古农农场
03-13	01:21	24.70°	117.70°	2.4	长泰古农农场
04-04	23:37	24.70°	117.70°	2.2	长泰古农农场
04-07	03:01	23.82°	118.47°	2.3	漳浦海域
04-10	17:11	23.35°	117.47°	2.1	东山海域
04-27	04:06	24.70°	117.70°	2.0	长泰古农农场
05-26	22:26	23.68°	118.05°	2.5	漳浦海域
05-28	05:53	23.88°	118.30°	3.0	漳浦海域
06-13	05:44	24.17°	118.22°	2.1	龙海海域
07-28	12:26	23.30°	117.42°	2.0	东山海域
08-02	08:20	23.33°	117.40°	2.9	东山海域
08-02	11:47	23.32°	117.40°	2.2	东山海域
09-06	19:17	23.35°	117.47°	3.1	东山海域
09-26	13:51	23.33°	117.45°	2.0	东山海域
10-11	14:20	23.97°	118.10°	3.3	漳浦海域
10-26	13:06	23.35°	117.42°	2.2	东山海域
10-29	11:57	23.35°	117.47°	2.1	东山海域
10-31	06:09	24.13°	117.50°	2.0	漳浦县西部地区

【地震应急桌面演练】 2021年5月12日，漳州市地震局组织23个成员单位模拟地震现场开展应急桌面推演练，开展地震应急避难场所疏散演练，检验地震应急处置和协调联动能力。修订印发漳州市地震应急预案，更新完善地震快速反应系统数据库实。

【漳台地震活动应对】 2021年，漳州市地震局快速应对长泰3.3级、3.7级地震和对漳州市有影响的台湾地震。开展长泰震群

2021年5月11日，漳州市防震减灾广场舞决赛在市区古城北广场举行

（漳州市地震局 供图）

分析研讨，在震中区域增建15个预警终端1个宏观观测点，全市累计安装预警终端2647个，在线率85.68%。

【防震减灾示范创建】 2021年，漳州市建成漳州市示范性综合实践基地（东山）防震减灾科普馆、南靖县防震减灾科普馆。漳州市实验小学通过2021年度国家级防震减灾科普示范学校认定，龙海区月港中心小学、市实小高新区分校、平和一中3所学校通过2021年度省级防震减灾科普示范学校认定，国家防震减灾科普教育基地漳州市科技馆（漳州市防震减灾科普馆）和国家防震减灾科普示范学校南靖二实小通过中期评估。

【福建省首次两栖震源气枪激发实验在漳州实施】 2021年11月3日，福建省首次两栖震源气枪激发实验在漳州市云霄县峰头水库实施。此次实验为省地震局承担的国家自然科学基金重大项目“陆地水体气枪震源系统的研发与集成”，通过研制一套小型陆地水体气枪震源技术装备，以满足不同地学探测尺度与精度系统地探测地壳结构和孕震环境，精细刻画福建及台湾海峡三维速度结构，提高福建省中强地震预警及震害防御能力。

（方宏芳）

责任编辑：江细珍

教育

·综述·

【概况】 2021年，漳州市各级各类学校2973所，全年招生289595人。年末，在校学生103.93万人；教职工8.56万人。幼儿园1907所（公办474所、民办1433所），246所学校附设园（班）421（个）；入园幼儿7.21万人，入园率99.16%，比上年增加0.15个百分点。在园幼儿21.56万人，幼儿入园率99.20%，普惠率94.75%，公办幼儿园在园幼儿占比59.59%。

小学825所（公办818所、民办7所），另有教学点159个，招生8.20万人，比上年增加0.64万人，在校学生42.04万人，比上年增加2.22万人，入学率100%。特殊教育学校10所，招生661人，在校生1450人。

普通中学209所（公办186所、民办23所），其中初中134所（公办123所、民办 11所），招生6.12万人，比上年减少400人；在校学生18.50万人，比上年增加2800人，毛入学率100%；初中学生三年巩固率100%。普通高中75所，招生3.05万人，比上年增加1100人；在校学生8.78万人，比上年增加 2000人。高中阶段毛入学率96.1%，比上年增加0.1个百分点。

中等职业学校14所（公办12所、民办2所），高校附设中职班4所，招生1.44万人，在校学生3.41万人。

市属高职院校5所，开放大学1所，全日制招生2.80万人，在校学生9.79万人（本科3.99万人、专科5.80万人），高等教育毛入学率58%，比上年减少1100人。

【教育改革】 2021年，漳州市教育局研究制定《深化新时代教育评价改革总体方案》工作清单和负面清单，全面梳理整改与之不一致的相关规章制度和政策文件。稳妥推进新高考综合改革，强化高三质量目标管理评价，举办全市应对新高考高中学科命题评卷培训和新高三年学科教师全员培训，依托英才名师工作室加强优秀生培养。推进新中考中招制度改革，首次将体育学科40分纳入中考中招录取总分（投档总分调整为800分）。继续实行公民办学校同步招生，首次实施芗城中心城区小学升公办初中多校划片招生。推行“名校办校区、办分校”等五种集团化办学模式，新设立漳州一中芗城分校、古雷港分校，龙师附小江滨分校、西桥分校。

【招生考试】 2021年，漳州市教育局组织高考24322人、研究生考试4137人、专升本考试5698人、成人高考14642人、高考外语口试12622人，中考初二61089人、初三59480人，普通高中学科会考41.62万人次、高职分类考试11242人。组织全省新任教师公开招聘考试（笔试）15781人，高等教育自学考试24063人次，全国计算机等级考试16667人次，大学英语四、六级考试48712人，中小学教师资格考试笔试33737人、面试8732人。组织普通话水平等级测试9357人次。获得空军招收飞行学员工作先进单位。

【体艺卫语工作】 2021年，漳州市教育局常态化开展大课间活动，推动落实每天校内、校外各一小时活动时间。推动青少年校园足球特色校创建活动，遴选优秀运动员参加全国青少年校园足球夏令营。组织2700多名中小学生参与全市阳光体育联赛。成功举办全市第三届中小学生艺术节，组织参加全省第七届中小学生艺术节等比赛。依托漳州卫生职业学院成立“漳州市儿童青少年近视防控研究中心”，举办近视防控宣传教育月活动，为市属10所中小学聘任兼职健康副校长。联合举办“爱我国防”大学生主题演讲比赛。举办推普周和中华经典诵写讲大赛、师生规范汉字书写大赛等活动，开展传承项目艺术实践活动，先后获得省第三届中华经典诵写讲大赛优秀组织奖、第四届曲艺丹桂奖少儿大赛优秀组织奖。

【“双减”工作】 2021年，漳州市教育局印发《漳州市整治校外培训机构不规范问题减轻中小学生课外负担工作方案》，整治校外培训机构，规范培训机构收费，加强账户资金监管，推进“营利转为非营利”工作，全市排查校外培训机构360家，建立白名单264家、黑名单64家，累计压减面向中小学生的学科类校外培训机构188家，完成营转非65家。联合八部门印发《推进城区中小学课后服务扩面提质工作方案》，推进课后服务扩面提质，按照“一校一案”指导全市中小学研究制定实施方案，全市应开展课后服务的622所义务教育学校全部开展，参与学生42万余人。加强中小学生作业、睡眠、手机、读物、体质等“五项管理”，全市中小学上午上课时间分别推迟到8：00和8：20，严格控制学生带手机进校园，提高作业质量，严格读物管理。

【项目建设】 2021年，漳州市126个补短板续建项目完成投资15.2亿元，完成率104.8%；交付使用33个，竣工验收40个，封顶装修42个，主体在建8个，基础动工3个。21个公办幼儿园项目完成投资2.26亿元，完成率113%；交付使用5个，竣工验收5个，封顶装修4个，主体在建2个，基础动工5个。35个中小学校舍安全保障长效机制项目完成投资1.11亿元，完成率111%；交付使用23个，竣工验收1个，封顶装修2个，主体在建4个、基础动工5个。新增公办学位中小学12000个、幼儿园6800个。年内，漳州市教育局联合其他部门下达2021年市本级城市教育费附加资金5000万元，支持学校项目建设。

【教师队伍建设】 2021年，漳州市教育局出台《漳州市中小学幼儿园教师职业行为负面清单（试行）》。新成立19个名师工作室，评选第七批市级学科带头人374名、研究型名师65名。获评第六届福建省“杰出人民教师”2名，新增正高级职称教师11名。全市新招聘中小学幼儿园教师1434名、紧缺急需教育人才41名。落实教师待遇保障，核增市直学校教师奖励性绩效工资总量和班主任绩效考核补贴7353.2万元，完成中小学教师职称评定1183人。

【教育资助】 2021年，漳州市发放学前教育助学金784万元、受益幼儿8699人次；义务教育家庭经济困难学生生活费补助1098.8万元、受益学生34771人次，营养餐补助金3052万元、受益学生61035人次；普通高中助学金922.96万元、受益学生7734人次，免学费资金304.06万元、受益学生4051人次；中职助学金366.96万元、受益学生3747人次；高校助学金2777.79万元、受益学生16545人次，励志奖学金1277.5万元、受益学生1424人次，国家奖学金44万元、获奖学生55人，2019年秋季学期至2021年秋季学期退役士兵国家助学金2157.43万元、受益学生15322人次；少数民族助学金119.95万元，受益学生2210人。争取社会、部门资助学生，其中联合市民政局、关工委资助高三毕业生50人、20万元，科华老区育才奖学金资助来自老区品学兼优的学生325名、108.5万元，福建富闽基金会资助高三毕业生60人、30万元。

【教育扶贫】 2021年，漳州市教育局加强乡村教师队伍建设，组织377人次名师参与送教送培下乡，开展讲座或示范课412场次；依托4个省级名师、名校长工作室挂牌成立首批4所“漳州市乡村教师培训实践基地校”；选派10名优秀教师到3个扶贫重点县支教，遴选51名优秀农村校长到厦门、福州和市直优质学校跟岗学习。继续开展小学优质教育资源孵化工程，64名农村小学种子校长、教师参加跟岗培训。

【信息化与装备建设】 2021年，漳州市教育局加强教育装备建设，指导市直学校装备采购方案83个，采购预算金额3833.84万元。推进教育信息化建设,开展教育信息技术课题研究，市级立项31件，推荐10件参加省评全部获得立项。实施中小学教师信息应用能力提升工程2.0；开展第十届“三优联评”活动。深化巡课教研系统应用。推进IPv6规模部署和应用，市教育局信息化应用案例《不动声色的课堂革命》被教育部确定为2021年度基础教育信息技术与教育教学深度融合（区域）示范案例，龙文区蓝田实验小学被确认为全国网络学习空间应用普及活动优秀学校，东山县、龙文中学入选全国智能研修平台应用试验区、试验校，漳州一中等8所学校被列入全国“中小学生阅读素养人文素养及影视戏剧教育研究课题试验”项目校，漳州一中等4所学校作品参加全国学生信息素养提升实践线上交流。

【行政审批】 2021年，漳州市教育局窗口共办理审核审批类4145件，接待来电、来访等咨询类500多人次；全流程网办与集团代办相结合的形式办理教师资格认定708件，发出1726本证书并同步生成电子证照，群众满意率100%。

【校园安全】 2021年，漳州市中小学幼儿园专职保安配备率100%，保安员100%持证上岗；中小学与城市幼儿园一键式紧急报警、视频监控系统达标率100%，并实现与属地公安机关联网。149所学校被评为省级平安校园，新一轮平安校园达标率已达96.7%。深化隐患排查整治，全市2954所学校排查整改一般隐患946项，存在重大安全隐患的47幢校舍全部拆除。联合开展“护校安园”行动，全市372辆国标专用校车全部按标准配备视频监控和行驶记录仪。抓好安全宣传教育，开展应急疏散演练8010场、消防安全培训3757场。

·基础教育·

【学前教育】 2021年，漳州市加快推进公办幼儿园发展，全市公办园在园幼儿占比达59.59%，比上年增加4.06%，位列全省前三位。举办游戏案例、优秀论文评选、教学技能大赛、课题研究成果研讨会、教育教学开放周等活动，在省游戏案例评选中14篇被评为优秀，2名教师荣获省第五届幼儿园教学大赛三等奖。10个学前教育研究课题获省级立项。

【义务教育】 2021年，漳州市教育局举办义务教育管理标准化视频培训会，新创建70所省级义务教育管理标准化学校。持续加强义务教育控辍保学工作，组织开展义务教育控辍保学情况大排查，排查出临界辍学学生1054人，于9月10日前全部劝返，实现辍学学生动态清零。完善特殊教育送教上门机制，全市适龄残疾儿童义务教育安置率达97.7%。

【高中教育】 2021年，漳州市高考本科录取率超全省平均水平，被清华北大实际录取学生20人。华安一中、漳浦一中通过省一级达标高中校评估验收，厦大附中、龙海一中成为福建省首批示范性普通高中，漳州一中、漳浦一中入选福建省第二批示范建设高中。

【职业教育】 2021年，漳州市教育局做好市属本科院校创建工作，市属高校办结7栋校舍不动产权证，漳州体育场、华阳体育馆移交，市体育中心划转至漳州职业技术学院，市人民医院划归漳州卫生职业学院管理。创建福建省高水平职业院校3所、高水平专业群13个和高职院校产业学院项目3个。优化中职学校专业建设，增设老年人服务与管理专业等16个专业，立项40个中职教育课题。在全省教师教学能力比赛中高职组获奖30项、中职组获奖16项。漳州电大正式更名为“漳州开放大学”。

【民办教育】 2021年，漳州市教育局印发《漳州市民办幼儿园评估管理办法（试行）》《漳州市民办幼儿园评估标准（试行）》，评选出漳州市一级民办幼儿园31所、二级民办幼儿园57所。批准设立漳州长运艺体高中学校、漳州艺术学校，批准复办漳州现代印刷职业技术学校，批准筹设漳州鼎立高级中学有限公司，批准变更漳州中山学校办学层次和办学地址。

（曾绍清 张文忠）

·高等教育·

闽南师范大学

【概况】 2021年，闽南师范大学设本科专业68个，录取本科新生5007名，其中全日制本科生4960名，预科生40名，港澳台招生7名；招收全日制研究生802名（硕士生795名、博士生7名），港澳台招生2名。全日制普通本科生、研究生20000余人，专任教师1343人，其中具有高级职称的教师658人，具有博士学位的教师567人，历年享受国务院政府特殊津贴专家13人，闽江学者33人，教育部“新世纪优秀人才支持计划”2人，另有省级以上优秀专家、教学名师等130余人。设1个一级学科博士点，1个服务国家特殊需求博士人才培养项目，7个一级学科硕士点，12个专业学位硕士点。4个学科（群）入选福建省高原学科，5个学科入选福建省应用型学科。设26个省（部）级科研创新平台和人文社科研究基地，6个省级高校科技创新团队，2个省级协同创新中心，2个科技成果转移转化机构。

【学科建设】 2021年，闽南师范大学获批博士学位授予单位，中国语言文学一级学科博士学位授权点，马克思主义理论、教育学、光学工程3个一级学科硕士点和翻译、资源与环境、汉语国际教育、风景园林、旅游管理、艺术6个专业学位硕士点。获批一流本科专业建设点国家级5个、省级6个，新文科研究与改革实践项目国家级1项、省级3项，省级一流本科课程15门，省级课程思政示范课程2门。

【科研工作】 2021年，闽南师范大学获批纵向科研项目450项，其中国家级项目22项，首次获批国家社科基金重大项目，项目总经费2057.26万元；签订横向技术合同244项，合同经费8838万元，到账经费3390万元。授权专利45项，获批福建省科技厅技术转移服务中心，受理4个专利成果转化，选派41名省级科技特派员、51名市级科技特派员和39个省科技特派员团队。发表中外文期刊论文912篇，资助学术著作出版69本。

【文化研究】 2021年，闽南师范大学获国家级、省部级项目16

2021年5月24日，全国台联系统干部暨优秀中青年台胞培训班开班式在闽南师范大学举办　（李俞柔　摄）

项，其中国家社科基金重大项目1项，获省社会科学优秀成果奖4项；编辑出版《台湾通史》（六卷本），在北京台湾会馆举办全国首发式；深化与全国台联等部委合作，开设8次培训班和研讨会，开办“圆山大讲坛”。“闽南文化与两岸交流研究”博士人才培养项目建设和自主设置目录外硕士点录取硕士研究生8人、博士研究生9人（其中台湾籍博士研究生2人）；毕业博士研究8人（其中台湾籍3人）、硕士研究生3人。“卓越闽南文化人才培养计划”开班，入选第二批国家语言文字推广基地，获福建省高等教育教学成果特等奖1项。

【开放办学】　2021年，闽南师范大学函授招生4978人，学历教育总收入2531万元，非学历教育培训项目总收入1849万元。与澳大利亚、菲律宾、越南、泰国、乌克兰的高校签订合作协议；与新西兰奥克兰大学合作成立奥克兰大学中国学习中心；推进1+1海外名校硕士预科项目、ISEC（网络信息安全教育认证培训）2+2国际本科课程项目和3+1全日制职业本科教育项目，在校非统招项目学生人数达到246人；接收来自美国、俄罗斯、韩国、马来西亚等16个国家共76名外国留学生修读汉语非学历课程和本、硕、博学历；招收中国港澳台地区学生25人在校修读本科或博士学历；在2021年“福建省第四届高校国际及港澳台侨师生文化艺术展演”中获一等奖1项、二等奖1项、优秀奖3项。

【《台湾通史》编辑出版】

2021年7月，闽南师范大学编辑出版的《台湾通史》（六卷本）在北京台湾会馆举办全国首发式。全书162万余字，是一部在广泛吸收海峡两岸研究成果的基础上全景展示台湾从远古到现代发展的通史著作。

（李书勤）

漳州职业技术学院

【概况】　2021年，漳州职业技术学院全日制在校生16448人，2021届毕业生就业率96.36%。教职工798人，其中高级职称227人（正高32人），博士21人，“双师型”教师451人。设立教学机构14个，专业46个。建有生产性实训基地及校外实习基地410多个。教学仪器设备总值1.7亿元。

【课题研究】　2021年，漳州职业技术学院承担市厅级以上课题39项（省级12项、市级23项、中国高等教育学会职业技术教育分会立项课题3项、教育部高校思想政治理论课教师研究专项项目1项）。技术成果转化对接服务企业19家，成果转化项目数10个。知识产权服务企业5家，申请授权专利52项。入选教育部首批瑞士GF（管路系统）智能制造创新实践基地项目和国家级示范性虚拟仿真实训基地培育项目。

【院区建设】　2021年，漳州职业技术学院完成漳州市体育场、华阳体育馆接转，新增土地面积12.09万平方米，建筑面积4.39

2021年12月29日，漳州市人民政府新闻办公室召开专题新闻发布会，发布漳州职业技术学院“双高计划”建设成果　　（雷滨　摄）

万平方米，固定资产总值4.87亿元；投资2500万元，完成学院东区实训基地3—6号楼以及卓业楼、博业楼、继业楼的建设、修缮、改造工作。

【师资队伍建设】　2021年，漳州职业技术学院引进博士12名，全职聘用台湾籍博士1名，聘请产业教授3名，技能大师5名，建设技能大师工作室12个。选派400余名教师参加各级各类师资进修培训，选派225名教师赴机关事业单位和漳州重点企业实践锻炼。在福建省教师教学能力比赛获一等奖2项、二等奖5项、三等奖4项，1支团队获“国赛”参赛资格。

【“果蔬加工”线上培训开展】

2021年，漳州职业技术学院与马来西亚国际文化交流中心在海外办学、师生交流、师资培训等方面开展合作，采用全英文教学，先后为乌干达、泰国食品企业开展“果蔬加工”线上培训，取得成效。

（朱晓帆）

漳州城市职业学院

【概况】　2021年，漳州城市职业学院全日制在校学生10039人，教职工445人，专任教师295人，其中副高级职称以上90人，取得硕士以上学位236人，省级教学团队2个，省级专业带头人2人，省级教学名师1人。

【招生就业】　2021年，漳州城市职业学院高职专科招生计划总数3659人，其中高职分类考试1099人、普通高考1601人（省内854人、省外747人）、二元制380人、高职扩招（面向退役军人）100人、五年专转轨479人。2021年学院师范类专业招生计划占全年计划57.14%。实际录取2949人，录取率80.6%。其中：高职分类考试录取1099人，录取率100%；普通高考福建省录取815人，录取率95.43%；省外录取295人，录取率39.49%；二元制录取194人，录取率51.05%；高职扩招（面向退役军人）录取67人，录取率67%；五年制转轨479人，录取率100%。五年制高职招生计划430人，五年专实际录取430人，录取率100%；实际报到415人，报到率96.51%。2021届毕业生2157人，毕业生就业人数2051人,就业率95.09%，专业对口率74.83%。

【技能竞赛】　2021年，漳州城市职业学院获第八届福建省高校师范生教学技能大赛二等奖2项、三等奖3项，获2021年度福建省职业院校技能大赛一等奖1项、二等奖4项、三等奖16项，获第七届福建省“互联网+”大学生创新创业大赛职教赛道铜奖2项，获首届福建省大学生文学创作大赛一等奖1项、优秀奖1项，获福建省第六届大学生艺术节书法大赛二等奖2项、三等奖1项，获第三届中华经典诵写讲大赛“笔墨中国”汉字书写大赛二等奖2项、三等奖1项、优秀奖4项。学院教师获福建省职业院校教师教学能力比赛高职组一等奖2项、三等奖6项，获福建省职业院校教师课堂教学技能竞赛二等

2021年12月25日，福建省职业院校技能大赛高职组艺术专业技能（键盘乐器演奏）比赛在漳州城市职业学院举办。图为比赛现场

（漳州城市职业学院 供图）

奖1项、三等奖2项，获第三届全市教育系统“八个相统一”引领下的思政课改创新研讨会优秀论文一等奖1项、三等奖2项。

【承办省级技能竞赛】 2021年，福建省人社厅主办的福建省职业技能大赛插花花艺师、广告设计师2个赛项在漳州城市职业学院举办，学院选手荣获广告设计师大赛金牌并获得“福建省技术能手”荣誉称号。省教育厅主办的福建省职业院校技能大赛艺术专业技能（键盘乐器演奏）赛项首次在漳州城市职业学院设立赛点。

【两名学生加入福建省书法家协会】 2021年，漳州城市职业学院两名学生加入福建省书法家协会，成为全省最年轻的省级会员。

（张佩琳）

漳州卫生职业学院

【概况】 2021年，漳州卫生职业学院全日制在校生10144人，校内教职工427人。设有“六系三部两中心”11个二级机构以及护理、临床医学、口腔医学、药学、中药学、医学检验技术、康复治疗技术7个专业群23个专业，其中有5个国控专业、5个省级示范专业，拥有中央财政支持的实训基地3个、省级财政支持的实训基地4个、省级生产性实训基地3个、实习教学基地164家。

【科学研究】 2021年，漳州卫生职业学院新增立项慢性病研究与服务中心、口腔数字化应用技术协同创新中心、护理职业教育与健康照护研究中心、基础医学科研中心等4个平台，形成“一系一平台”格局；现代中药重点实验室通过验收，获批福建省优秀科普教育基地。成功立项省市级项目26项、院级项目28项，教师发表论文90篇（其中A类3篇、B类10篇），获授权发明专利6项，实用新型专利85项，软件著作权10项。

【获批国家职业技能等级认定单位】 2021年，漳州卫生职业学院获批国家职业技能等级认定单位，负责养老护理员、育婴员、口腔修复体制作工、中药炮制工、药物制剂工、眼镜定配工、眼镜验光员、保健按摩师（含反射疗法师、脊柱按摩师、足部按摩师3个方向）等8个职业10个工种的国家职业技能等级认定，成为漳州市唯一可开展口腔修复体制作工、眼镜定配工和眼镜验光员工种认定资格的单位。

【聚善堂中药产业学院揭牌】 2021年，聚善堂中药产业学院正式揭牌成立，校企共同编撰《福建省中药学专业职业技能测试标准》。

【体育艺术中心建成】 2021年，漳州卫生职业学院体育艺术中心建成投入使用。占地5381.2平方米，总建筑面积17182.7平方米，项目总投资7000万元，场馆内观众座位3316个。

（马华明）

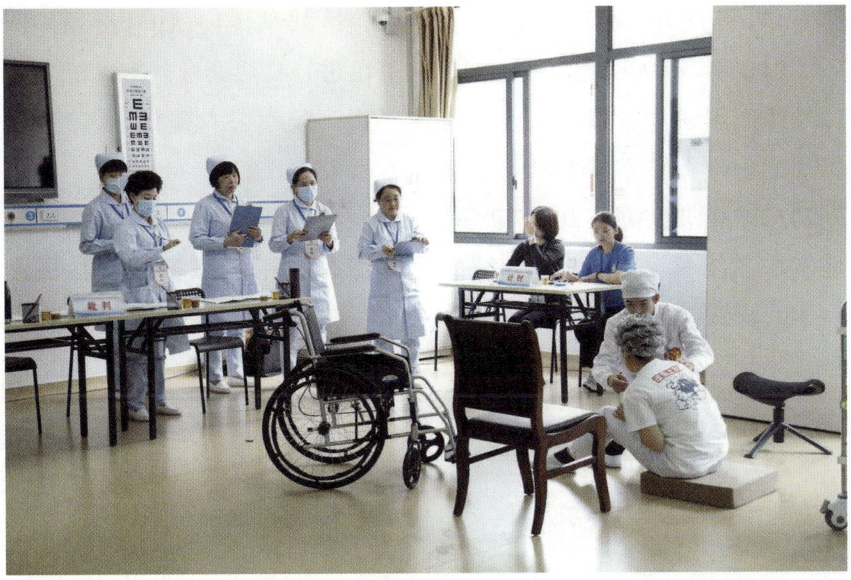

2021年3月26—27日，福建省职业院校技能大赛护理技能赛项（高职）在漳州卫生职业学院举办 （洪艺君 摄）

漳州开放大学

【概况】 2021年9月22日，经漳州市人民政府批准，原福建广播电视大学漳州分校更名为漳州开放大学。11月2日，举行揭牌仪式，这是福建省首家正式更名挂牌的地市级开放大学。至2021年年底，共有教职工60人、在校生2191人。

【全省全民终身学习活动周开幕式举行】 2021年11月2日，福建省全民终身学习活动周开幕式在漳州开放大学举行。活动由福建省终身教育促进委员会主办，福建开放大学承办，福建省终身教育服务中心，漳州市教育局和漳州开放大学协办。采取在线直播和线下活动相结合的形式开展，参与人数达15000多人次。

【获批职业技能考核鉴定资格机构】 2021年，漳州开放大学获得福建省职业技能考核鉴定机构的资格。11月，通过福建省职业技能鉴定指导中心遴选，入选福建省首批专项职业能力统一考核试点，可面向在校生及社会人士开展劳资管理、食品安全操作规范控制、垃圾分类处置、家庭教育指导等专项职业能力项目技能进行考核鉴定。

【“丹霞文化”弘扬】 2021年，漳州开放大学“漳州丹霞书院遗迹”被列入第四批市级文物保护单位名单，“丹霞读书会”被评为国家级终身学习品牌及福建省全民阅读示范点，“丹霞文化园”创新基地入选第一批福建省终身教育创新基地名单，1名特聘教师及1名开放教育学员获省级“百姓学习之星”荣誉称号。

（苏莉）

漳州科技职业学院

【概况】 2021年，漳州科技职业学院共有教师近500人、在校生1.1万人，开设38个专业及方向。

【校企合作】 2021年，漳州科技学院与漳浦县农业农村局承办2021年（中央资金）高素质农民培训专业生产型、火龙果果园管理与鲜果采摘培训，与厦门幼儿教育行业协会签订协议，培养幼教行业。与学友共创（福建）孵化器管理服务有限公司签订校企合作协议，搭建校企共育人才的新平台。

【技能竞赛】 2021年，漳州科技学院获“天府杯”2021年福建省职业院校技能大赛（高职组）中华茶艺赛项一等奖，获海峡两岸大学生职业技能大赛茶文化旅游产品设计竞赛团队一等奖1项。个人一等奖1项，获“南方测绘杯”首届全国测绘地理信息职业院校大学生虚拟仿真测图大赛团队特等奖1项、单项特等奖2项、单项一等奖1项。获2021年福建省职业院校技能大赛一等奖1项。

【学生公寓西区项目落成启用】 2021年9月，漳州科技学院学生公寓西区项目落成并启用，总建筑面积2万平方米，总投资5000万元，能够满足2298名学生住宿和1400人用餐需求。

（柯立民）

漳州理工职业学院

【概况】 2021年，漳州理工职业学院新生报到4300多人，其中三年专3700多人，五年专600多人。招生人数福建省专科院校排名前五，民办院校全省第一。

【纵向科研项目获批立项】

2021年，漳州理工职业学院23项纵向科研项目获批立项，包括福建省教育科学“十四五”规划2021年度课题3项、2021年度福建省职业技术教育中心职业教育教学改革课题2项、2021年福建省中青年教师教育科研项目10项、福建省职业技术教育学会2021年度课题7项、漳州市2021年度哲学社会科学研究规划课题1项。

【新校区首期工程动工建设】

2021年，漳州理工职业学院新校区教学楼1—10号封顶，图书馆进行二层梁板施工，教学科研楼、教学艺术楼封顶，1—11号宿舍楼开工。

【漳州市中华职教社“社员之家”在漳州理工职业学院成立】

2021年5月，漳州市中华职教社“社员之家”在漳州理工职业学院成立，并举行“社员之家”授牌仪式。

（蔡非可）

责任编辑：林　倩

文化旅游

·综 述·

【文化旅游经济】　2021年，全市旅游接待总人数5157.98万人次，比上年增长8.2%，总收入555.52亿元，与上年持平。规模以上文化娱乐业营业收入6.12亿元，比上年增长38.8%。旅行社总收入1.18亿元，比上年增长12%。景区从业人员工资总额比上年增长9.7%。

2021年7月28日，漳州市歌仔戏芗剧传承保护中心在漳州市艺术馆演出芗剧《吕布》　（漳州市文旅局 供图）

【文化旅游市场监管】　2021年，漳州市文化和旅游局（简称漳州市文旅局）围绕为中国共产党成立100周年和党的十九届六中全会召开，重点突出“静夜守护”、文娱领域、文旅市场、校园周边市场、侵权盗版“剑网2021”、景区和非景区景点安全管理等专项整治，强化意识形态阵地监管和未成年人保护，着力规范文化、文物、出版、广电、旅游市场秩序，共出动执法人员6459人次，检查经营单位3706家次，查办案件100起，旅游类案件由2020年零案件，到2021年办理13件。

·社会文化·

【文化场馆】　截至2021年年底，全市文化系统共有公共图书馆11个，文化馆13个，国有博物馆（纪念馆）13家，非国有博物馆1家，县级图书馆乡镇分馆45个、文化馆乡镇分馆37个，优秀示范图书馆分馆11个。全市公共图书馆图书总藏量199万册。农家书屋1572家，2家获“福建省首届示范农家书屋”称号，6家确定为“福建省老区‘红色书屋’建设项目”。剧场、影剧院30个，年度电影票房收入9814.47万元。

【文化惠民】　2021年，全市文旅系统开展文艺展演活动926

场，满足人民群众的精神文化需求。实施农村电影公益放映20525场，受益人数达10万多人次。全市建有百姓大舞台13个，全年演出20多场。

·文化艺术·

【文艺精品创作】 2021年，漳州市文旅局选送的芗剧现代戏《谷文昌》入选中共中央宣传部、文化和旅游部、中国文学艺术界联合会共同举办的“庆祝中国共产党成立100周年优秀舞台艺术作品展演”。参加第八届福建艺术节暨第28届戏剧会演，获奖项34个，其中一等奖11个，芗剧现代戏《李林》获优秀剧目奖。东山县潮剧传承保护中心创排的节目《借车》获第三届“华东六省一市现代地方小戏大赛”银奖。

【文艺展演展览】 2021年，漳州市文旅局举办“国际博物馆日”福建主会场活动、福建省文博领域数字化高峰论坛、“大美漳州”全国中国画作品展、漳州市庆祝中国共产党成立100周年文艺晚会等大型活动，完成“我们的中国梦——文化进万家”宣传党的十九届六中全会精神漳州市文艺轻骑兵下乡演出等系列展演活动。

2021年3月20日，漳州灯谜艺术博物馆新馆揭牌成立。图为游客参观博物馆
（漳州市文旅局 供图）

【文艺院团深化改革】 2021年，漳州市文旅局对完善调整市内国有文艺院团社会效益评价考核细则，完成全市9个国有文艺院团社会效益评价考核工作。改变以往财政拨款方法，实行政府购买国有文艺院团服务方式，激发国有文艺院团积极性。

【漳州市第三届摄影艺术展举行】 2021年1月18日，漳州市第三届摄影艺术展在漳州牛庄展示馆举行，摄影题材包括工业振兴、都市风光、美丽乡村、民俗纪实、百姓家常等，通过摄影艺术全面记录漳州市发展的新成就、新气象，展览免费开放至1月22日。展览由市文学艺术界联合会主办，市摄影家协会承办，主办方从全市106位作者选送的1500幅作品中精心挑选150幅作品和17幅特邀评委作品，评选出金奖5幅、银奖10幅、铜奖15幅、优秀奖20幅。

【漳州灯谜艺术博物馆新馆揭牌】 2021年3月20日，漳州市灯谜艺术博物馆新馆揭牌成立。展馆位于漳州古城台湾路漳南道巷，开放时间为周一到周五，9：00—12：00，15：00—17：30，面向市民免费开放。馆内收藏有古今中外的灯谜资料3万余件、历代谜家简要事迹碑刻、海内外重要灯谜活动碑刻、谜圣张起南和谜贤高伯瑜的半身铜像、春灯源流图碑刻、印章谜108枚、名人手书谜2070笺以及文化名人书画佳作等。张超南撰、张起南书之“山辉书屋”楠木楹联、高伯瑜捐献的毕生珍藏历代谜学古籍和国粹一号端砚为镇馆三宝。作为世界遗产大会非遗文旅路线的重要备选参观点之一，展现福建省对非遗文化保护的成果。

·文化交流·

【漳台文化交流】 2021年，漳州市文旅局完成闽西南五市(台北、高雄)旅游形象店重新布展工作，推进“花样漳州”品牌走进台中东海大学、台湾朝阳科技大学等18所高校。举办两岸南词交流云端访谈和新年音乐会、第九届“同名村·心连心”联谊活动暨“两岸好声音·共筑复兴梦”文艺展演等活动，促进漳台文化交流。

【为美国学生作专题线上讲座】 2021年10月上旬和12月中旬，应驻美大使馆邀请，漳州市布袋木偶传承保护中心在线上分别举办“‘传播中国文化，坚定文化自信’专题线上授课”和“中国传统布袋木偶艺术走近美国‘Z世代’线上讲座”活动，受到美国30多个中小学校上千名青少年学生及老师称赞，得到中国驻美大使馆2次发函赞誉。

·文化遗产保护·

【概况】 2021年，漳州市已登记不可移动文物4731处，其中世界文化遗产1处，全国重点文物保护单位27处39个点，省级文物保护单位151处，市（区）级文物保护单位1036处。拥有世界

漳州市第四批市级文物保护单位名单及保护范围一览表

表 6

序号	名称	年代	地址	类别	简 介	保护范围
1	壶屿石桥	元至清	漳州台商投资区角美镇桥头村	古建筑	位于台商投资区壶屿惠民港桥头社与桥西社交界处。始建于元代中期，由欧厝社“天门宫”德霖高僧向各乡社募捐建造，清道光十九年（1839）重修。桥为花岗石结构，总长为 33 米，宽 4.2 米，有 2 个桥墩、3 个桥洞，每个桥洞用 5 条花岗岩石铺成，条石长 12 米，宽、厚各 0.8 米，重约 20 吨。桥两侧各有石栏杆和石狮 1 对，桥正中有一石碑，碑上方横书“壶屿桥欧厝乡”，下竖排刻写“龙溪同安交界碑”。桥东侧立有一块清道光二十九年（1849）所立的《重修壶屿大桥碑记》	石桥周围四至各延伸 10 米
2	昇平楼	明至清	华安县沙建镇宝山村	古建筑	位于华安县沙建镇宝山村。始建于明万历二十九年 (1601)，明清时期均为龙溪二十五都昇平保文圃社郭氏族人聚居之所，20 世纪 90 年代楼内居民陆续迁出后，于 2004 年收归当地村委会使用，实行对外免费开放。楼坐东北朝西南，系三层单元式石楼，平面呈圆形，占地面积 1719 平方米。楼直径 45 米，主楼分内外两环，外环三层，内环为平房。楼外墙用花岗岩条石砌成，墙厚 1.23 米，高 10.5 米，上半部嵌两圈凸出条石。每单元在外墙一层均设有“藏兵洞”，可从里往外眺望。外墙二层设竖条小窗，三层开方形窗。楼内共分成 20 单元，每单元一至五开间不等，共有居室 120 间。楼内天井有井 1 口，地面用条石铺成山区碾米用具“土砻齿”纹样，成八卦图案，形制特殊。楼外围有护厝平房，外墙东和西向各筑一耳楼，现存东侧耳楼基础	环楼墙外檐滴水位起，圆周各 12 米内为文物保护范围

续表 6

序号	名称	年代	地址	类别	简 介	保护范围
3	华安林氏红瓦祖祠	明至清	华安县仙都镇中圳村	古建筑	位于华安县仙都镇中圳村，由仙都林氏第十三世孙茂山公率族人于明隆庆年间肇建，清代和民国时期均有修缮，1980 年由中国台湾林氏宗亲捐资小修。宗祠坐西北向东南，两落一进院。占地面积 890 平方米，建筑面积 385 平方米，悬山顶，燕尾脊，前厅面阔 5 间，进深 2 间。主堂面阔 5 间，进深 4 间，前厅和主堂的明次间各设四楅穿斗抬梁混合式梁架，制安梭柱并采用减柱式做法，梁架大木保留清初木构建筑法式特征。红瓦祖祠是华安林氏的开基总祖祠，也是中国台湾、新加坡、印度尼西亚、马来西亚等地林氏后裔共同奉祀的祖地祠堂	文物本体建筑四周外檐滴水位起，南至 20 米，北至 5 米，东至 7 米，西至 15 米内为文物保护范围
4	高车童氏宗祠慎德堂	清	华安县高车乡高车村	古建筑	位于华安县高车乡高车村，始建于清康熙十七年（1678），屡有修葺。1999 年由中国台湾童氏宗亲回乡发起重修，维修后建筑保持清初始建时期风格，保存状况完好。建筑坐西北向东南，两落一进院，东侧设有横屋厢房一排。建筑面积 86.25 平方米，悬山顶，燕尾脊。建筑小巧精致，选址独特，坐落旷野之中，四周无其他民居杂处。童氏宗祠慎德堂具有十分深厚的涉台渊源关系。高车童氏族人在历史上的迁台族人众多，早在明末就开始渡台垦荒，后裔遍布台北、台中、新北、桃园、基隆各地	文物本体建筑四周外檐滴水位起，四至各 10 米内为文物保护范围
5	翠林楼	清	南靖县南坑镇新罗村	古建筑	位于南靖县南坑镇新罗村长林自然村。现存建筑为清代中期重建。楼坐西北朝东南，占地面积约 176 平方米，建筑面积 133 平方米。建筑布局为中间椭圆形土楼 1 座，左、后侧各一列护厝，天井及外埕均由鹅卵石铺就。楼内径仅 5.2 米，高不足 8 米，共 3 层，每层 12 开间，共 36 间，设 1 个大门及 1 处梯道，通廊式，底墙厚 1 米	整座土楼围墙四周各向外延伸 5 米
6	春山保障楼	清	南靖县南坑镇村雅村	古建筑	位于南靖县南坑镇村雅村海仓自然村。现存建筑为清代风格。楼坐西朝东，平面呈正方形。高 4 层合 14.8 米，单层 22 开间，共 88 间房。大门门顶处设防火灌水道，门额刻“春山保障”，共 4 个梯道，分组式走廊，最上层为通廊式，外墙角设 4 个瞭望台。楼内天井地面由平整大石块铺就，中设一水井。楼外墙面由条石砌至地面近 3 米高，上端用青砖包砌至顶，墙内夯土，底层墙厚 2.3 米。该楼集砖、石、土、木于一身	整座土楼围墙四周各向外延伸 5 米
7	志洁行芳旌节坊	1922 年	漳州台商投资区角美镇桥头村	古建筑	位于台商投资区寮东社东，始建于 1922 年，是华侨郭春秧（字祯祥）为其祖母许氏抚孤守节 51 年而立。坊为石仿木结构，重檐悬山顶，三门四楼四柱，正楼四坡顶，边楼 2 层，未置楼间而置三面出檐的楼顶盖，造型精美。正匾镌刻民国大总统徐世昌题写的“志洁行芳”四字。匾额“恩荣”，横匾“清赠资政大夫郭其雨之妻，赠运使衔郭河北之母，赠运使衔郭祯祥之祖母许氏立。”坊柱镌刻康有为题“苦节之贞玉树生阶添兰桂，大耋长寿紫纶表里降云霄”等名人撰写对联	整座牌坊四至各延伸 20 米

续表 6

序号	名称	年代	地址	类别	简介	保护范围
8	仙岭乡苏维埃政府旧址——丹桂堂	1929年	南靖县奎洋镇仙岭村	近现代重要史迹及代表性建筑	位于南靖县奎洋镇仙岭村，旧址建筑系奎洋尤氏宗祠丹桂堂，始建于清初，1980年和2013年两次重修，现存建筑保持清代风格。宗祠坐东向西，平面二进。占地面积635米，建筑面积127平方米。悬山顶，燕尾脊，前厅与主堂皆面阔3间，进深2间。前设祠埕，后有化胎，中设天井，两侧过水廊房，南侧为一座面阔3间的护厝。民国18年（1929），闽西特委领导人邓子恢派共产党员谢光辉从龙岩适中到奎洋秘密开展革命运动，在仙岭组建闽南游击队仙岭中队。同年8月在丹桂堂召开大会成立南靖苏区的第一个苏维埃政权——仙岭乡苏维埃政府。此后革命活动呈星星火燎原之势影响（龙）岩南（靖）漳（平）根据地，与闽西苏区连成一片，成为闽西南党组织和红军游击队的重要革命根据地。民国21年（1932）4月，中国工农红军东路军挥师东征漳州返回瑞金时，红军部队也于当年5月28日驻扎在丹桂堂	文物本体建筑四周外檐滴水位起，东、西各至20米，南至5米，北至10米为文物保护范围
9	庄西言故居	二十世纪初	南靖县奎洋镇霞峰村	近现代重要史迹及代表性建筑	位于南靖县奎洋镇霞峰村下楼自然村，堂号顺德堂。建筑始建于20世纪初，为面阔3开间的单体平房，坐东北朝西南，建筑面积100平方米。台基卵石铺砌，山墙土坯砌筑，面层抹灰，屋面青灰板瓦。明间前廊内凹，左右厢房分别隔有前后室，山墙直接搁檩，开前后窗。现故居辟有专题陈列。庄西言（1885—1965），著名爱国侨领，为抗日救国做出卓越贡献	文物本体建筑四周外檐滴水位起，四至各5米内为文物保护范围
10	六诏坞	1936年	华安县仙都镇先锋村	近现代重要史迹及代表性建筑	位于华安县仙都镇先锋村龙尾171号，由时任福建省国民政府咨议林晋升与印度尼西亚华侨林金猴共同建造。建筑坐西向东，土木结构，双坡顶布灰瓦。占地面积900平方米，建筑面积891平方米，面阔33米，进深27米。主体建筑由院门、庭埕、前厅、过水廊房、天井、正堂、护厝组成。前厅明间内凹，面阔5间，进深3柱；天井、台基条石铺砌；主堂为双层阁楼式，面阔5间，明间外敞，次间及梢间辟为耳室。六诏坞雕刻、装饰较为精美，院门花岗岩条石上浅浮雕有石兽、石联；前厅前廊狮象斗雕刻细腻，惟妙惟肖；建筑内部梁架及雀替花鸟纹雕饰古朴大方	文物本体建筑四周外檐滴水位起，向东12米，向西、北、南各3米为文物保护范围

续表 6

序号	名称	年代	地址	类别	简 介	保护范围
11	南炮台	1840年	漳州开发区招商大道与南滨大道交界处	近现代重要史迹及代表性建筑	位于漳州开发区招商大道与南滨大道交界处的镜台山，与厦门胡里山炮台隔海相望，形成犄角之势，扼守厦门港南水道，为厦漳泉之咽喉，是历史上厦门港要塞的主要组成部分。清道光二十年（1840）由闽浙总督邓廷桢倡建，光绪二年（1876）、光绪十七年（1891）等多次扩建。现存炮台平面呈椭圆形，南北向，炮台城墙于2009年重修，周长约245米，墙高约7.25米，三合土夯筑，保存较好，东面和东南面城墙外底部可见两层三合土台基。鸦片战争期间，南炮台曾于清道光二年（1840年）八月二十四日击溃进犯厦门湾的英军；民国26年（1937）9月3日，南炮台打响闽南抗日战争第一炮，为击沉日军驱逐舰“若竹”号和厦门保卫战的告捷立下不可磨灭的功绩	文物本体四周各延伸10米
12	成德楼	1941年	华安县仙都镇招山村	近现代重要史迹及代表性建筑	位于华安县仙都镇招山村，系印尼华侨林文图于民国30年（1941）所建，建筑形式上兼有五凤楼民居与土楼民居特征，风格上具有中西合璧的融汇，建筑整体保存完好。成德楼坐西北朝东南，沿中轴线由前埕、前楼、天井、东西边楼、后楼和东西两侧翼楼组成，占地面积达1842平方米，建筑面积1624平方米，悬山顶马鞍脊板瓦屋面。主体建筑面阔5开间，前楼进深3间，后楼进深2间。前楼高二层，主楼和东西边楼高均为3层，边楼3层为轩亭形制。成德楼规模宏大，系招山村著名的华侨建筑之一	文物本体建筑四周外檐滴水位起，东、西各至7米，北至5米，南至15米内为文物保护范围
13	仁德楼	1947年	华安县仙都镇招山村	近现代重要史迹及代表性建筑	位于华安县仙都镇招山村，系印尼华侨林开松嘱托民国35年（1946）回乡守孝的林金声于民国36年（1947）所建，建成后屡有修葺。建筑形式兼有五凤楼民居与土楼民居特征，建筑整体保存完好。仁德楼坐西北朝东南，沿中轴线由前埕、前楼、天井、东西边楼、后楼、后院和东西两侧翼楼组成，占地面积2460平方米，建筑面积1826平方米，悬山顶马鞍脊板瓦屋面，主体建筑面阔5开间，前楼进深3间，后楼进深2间，总面阔46.3米，总进深25.6米。前楼、边楼、主楼及东西翼楼均高2层。仁德楼规模宏大，建筑上不仅保留闽南传统文化特色，还融入了南洋建筑风格	文物本体建筑四周外檐滴水位起，东、西至各6米，北至12米，南至15米内为文物保护范围
14	漳州丹霞书院遗迹	清至近现代	芗城区新华南路漳州电大校园内	古遗址	丹霞书院创建于清乾隆二年（1737），由漳州知府刘良璧倡建，是漳州府创办的公办书院，至清光绪三十一年（1905）废止。位于漳州市新华南路40号漳州电大校园内遗存部分丹霞书院遗迹，由古井、石砌方潭组成。古井于2018年校园整治时，出土浮雕井栏并予以修复。井沿四面高浮雕图案精美，刻工精细。石砌方潭，又名半月池，平面呈直角梯形，水系呈南北走向，后期经修建加固。丹霞记忆馆（校部楼）和六角亭为附属文物	文物本体外延，四至各5米为文物保护范围

续表 6

序号	名称	年代	地址	类别	简 介	保护范围
15	戴弘亮墓	明至清	长泰区陈巷镇古农村	古墓葬	位于长泰区陈巷镇古农村，始建于明代。戴弘亮，明代长泰五大地理名师之一，为侍郎坂社戴氏开基祖。墓坐东朝西，平面呈“风”字形，总占地面积为9120平方米，由墓围、墓丘、墓碑、墓桌、墓亭、墓手、墓埕组成，三合土夯筑，墓后有亭，亭内有泥灰塑人物造型，龟背形墓堆前有三合土墓桌，墓桌有麒麟浮雕，墓手五级。墓前有埕，埕前有墓池。墓南100米处为戴遁庵享堂，又称墓庵，清代、民国及近年稍作修缮，现基本保持明代风格。坐东北向西南，单檐悬山式屋顶，石、砖、木结构，由前厅、天井、正堂及过水廊道组成，梁架为抬梁式，雕刻精美，建筑面积438平方米，堂内的墙壁镶嵌有《劝世文》、《遁庵公家训》石碑文，神龛供奉戴弘亮神像，梁上悬挂历代戴氏名人匾额。墓庵前10米处竖“大明冠带太老遯菴戴公神道”石构神道牌坊1座。戴遁庵享堂、神道牌坊为附属文物	以墓堆中心延伸，向东21米，向西57米，向南22米，向北16米为保护范围

级非物质文化遗产2项（漳浦剪纸、送王船入选联合国教科文组织“人类非物质文化遗产代表作名录”），另外“福建木偶戏传承人培养计划”（包括漳州布袋木偶戏）入选联合国教科文组织“保护非物质文化遗产优秀实践名册”。漳州市有国家级17项、省级90项、市级以上175项。漳州市有国家级代表性传承人12人，省级86人，市级184人。毛主席率领红军攻克漳州纪念馆（中共福建临时省委旧址）被中共中央宣传部命名为全国爱国主义教育示范基地，漳浦县绥安镇获评“中国民间文化艺术之乡（剪纸）”。

【世遗展示展览】 2021年，漳州市文旅局开展文化遗产摄影展、海丝贸易番银展等10项线上展示展览活动，完成《文化和自然遗产在福建漳州》专题片拍摄制作，并在第44届世界遗产大会现场滚动播出，宣传漳州文化遗产。

【“非世遗类”专项调查】 2021年，漳州市文旅局组织开展“非世遗类”土楼调查工作，调查“非世遗”文物类土楼424座，并委托编制完成“非世遗”土楼专项调查报告。开展石窟寺调查工作，调查石窟寺23处，复查石窟寺8处，新发现石窟寺15处。

【文物保护工程实施】 2021年，漳州市完成东路军领导机关旧址二期3号楼、河坑土楼群春贵楼修缮工程、五更寮土高炉群修缮工程、平和南胜窑环境整治、陈政墓安防、南山宫安防等工程。

【专题展览入选建党百年精品展】 2021年，漳州市文旅局策划推出的专题展览“战旗猎猎永飘扬——中国工农红军闽南独立第三团历史陈列”入选中央宣传部、国家文物局“建党百年精品展”推介项目。

·新闻出版·

【概况】 2021年，漳州市文旅局完成333家印刷企业、298家出版物发行单位年度核验工作。落实《福建省新闻出版局关于做好2021年印刷发行管理工作的通知》要求，加强行业监管。闽南日报社荣获新华号最具影响力媒体称号、“新华社融媒体产品优秀传播奖”。福建桥南实业有限公司获评首届福建省示范印刷企业称号。

【建党百年宣传】 2021年，闽南日报社围绕建党百年策划“奋斗百年路 启航新征程”“学党史 悟思想 办实事 开新局”等重大主题宣传，推出报纸“百年百版”，刊发300多篇相关稿件及《党史上的今天》《学史明理 学史增信 学史崇德 学史力行》等主题公益广告。漳州新闻网推出“百岁老人话党恩”“诵读红色家书、致敬百年华诞”等系列视频，紧密结合漳州实际，全方位展示中国共产党的百年伟大成就和宝贵经验。开展“永远跟党走——百名记者讲党史”活动，组织创作MV《没有共产党就没有新中国》，营造知史爱党、知史爱国的浓厚氛围。

【新冠疫情防控宣传】 2021年，闽南日报社全力做好新冠肺炎疫情防控宣传工作。疫情防控期间，闽南日报社在重要版面开辟“筑牢共同防控疫情的严密防线”“党旗在防控一线高高飘扬”等专栏，漳州新闻网、微信公众号、客户端等全媒体平台刊发相关稿件、推文700多篇（条），其中16条推文阅读量为10万余人次；视频号推出数十条短视频，浏览量 500万余人次。其中，《蒙面侠》中英文版先后在央视频、央视移动网、新华社终端号、学习强国、人民号、新华号等平台推送，累计浏览量170万余人次。

【对外宣传】 2021年，漳州新闻网全程现场网络视频和图文直播市委和市政府7场关于漳州市“回眸十三五 奋进新征程”、市委党史学习教育等内容的系列新闻发布会，累计浏览量676.73万次。4月16日，闽南日报社在全省9个地市党报中率先推出英语播报节目《漳州新闻周报》，9月14日起改为双语播报版，常态化将周报推送到新华社丝路英语频道。截至2021年12月31日，播出37期，成为漳州对外信息推送的重要平台和漳州对外形象展示的重要窗口。

【书刊发行业发展】 2021年，漳州市文旅局组织开展书刊发行企业参加示范书店评选，晓风书屋——漳州市芗城区不止是书店、诏安县南诏一品文化图书城、龙海石码临风书屋获评首届福建省示范书店。

【全民阅读活动】 2021年，漳州市文旅局开展2021年省全民阅读“七进”示范点（示范基地）推选活动，漳州市晓风书屋获评福建省全民阅读示范基地；漳州电大丹霞读书会、漳州市实验小学高新区分校获评福建省全民阅读示范点。

【庆祝中国共产党成立100周年漳州市经济社会发展成就图片展开展】 2021年6月26日，“奋进新时代 建设新漳州——庆祝中国共产党成立100周年漳州市经济社

2021年7月1日，游客在漳州市艺术馆欣赏奋进新时代 建设新漳州——庆祝中国共产党成立100周年漳州市经济社会发展成就图片展

（李林 摄）

2021年，漳州人民广播电台记者深入县区采访“红色人物”

（漳州人民广播电台 供图）

会发展成就图片展”在漳州市艺术馆开展。此次展览由市委、市政府主办，市委宣传部、市委党史和地方志研究室、市发改委、市文旅局、市文联、闽南日报社、漳州城投集团承办。展览分为“不忘初心 红色印记”“经济建设 辉煌成就”“政治建设 砥砺奋进”“文化建设 守正创新”“社会建设 民生福祉”“生态文明建设 宜居宜业”等六大板块，展出300多幅摄影佳作，全方位展现漳州在经济、政治、文化、社会和生态文明建设等方面取得的辉煌成就。整个展览持续30天，吸引全市217个团体、近1万人参观。

【“漳州经济论坛”首办】 2021年4月2日，由闽南日报社主办的“漳州经济论坛”在漳州召开，漳州新闻网联合新华社现场云、漳州新闻网视频号对论坛盛况进行现场直播。经济论坛的新闻报道稿件被推送到新华社“财经”频道、“丝路”英语版频道，其中新华社终端号以题为《漳州经济论坛》的报道、《“创业者说”聚焦创业创新之道》的单条作品浏览量均超100万人次。

（邹璐璐）

·广播电视·

【概况】 2021年，漳州市各级广播电视台紧扣庆祝建党百年，推出“奋斗百年路 启航新征程”“主播说党史”“全市主播一起读党史”“我为群众办实事”“党史有声，共读百年光辉”“红歌颂党恩”等主题宣传活动，创作20件公益广告作品参评全省扶持项目，3件作品获三类扶持，漳州人民广播电台获“优秀传播机构”二类扶持。

【文化媒体融合】 2021年，漳州市县两级广播电视媒体深度融合发展。漳州电视台用好融媒体中心，持续做好网络直播常态化，推动台、报、网融合发展，案例《内建外联、合纵连横——漳州电视台媒体融合亮点与成效》成为2021年度福建省广播电视媒体融合典型案例，“漳视新闻”微信公众号影响力稳居全省媒体号前列。漳州人民广播电台推进“短频快”行动，制作播出短音频、短视频在电台传统节目和新媒体平台同步传播，《融媒体直播中心多元化演绎》获全省广播电视媒体融合专项一类扶持。漳浦县融媒体中心获福建省乡村振兴直播产业基地建设项目扶持。

【影视精品推优】 2021年，漳州市创作的14件微视频参加福建省广电系统“理想铸丰碑 我说新福建”主题活动，其中，漳州电视台选送的《澳角渔说》和漳浦县融媒体中心选送的《小河豚游出大振兴》被评为优秀作品。10件作品入围福建省广播电视剧“信仰的力量”百集微广播剧，其中漳浦县融媒体中心《红色漳浦》作品获一等奖。漳州电视台纪录片《东征凯歌》获“百年丰碑 福建故事”全省短纪录片一类作品和纪录片剧本扶持，经福建省委组织部推荐至中央组织部，参加第十六届全国党员教育电视片观摩交流活动。10集大型电视纪录片《九龙江上起歌声》入选2021年度福建省广播电视局第二季度优秀国产纪录片推荐播映作品目录。在2021年各级作品评奖活动中，漳州人民广播电台15件作品获得省级以上奖项，其中作品《95后“网红”为古老乡村振兴注入新活力》荣获2020年度福建新闻奖一等奖，《我的萝卜爸爸》荣获福建微广播剧优秀作品一类优秀作品；漳州电视台10件作品获省级以上奖项，其中微视频《水仙花》获得福建省广播电视艺术奖一等奖，纪录片《云上山哈》、电视文学节目《漳州美如画》、对台闽南语节目《超燃！顺风送王》获得福建省广播电视艺术奖二等奖。

【乡村振兴宣传】 2021年，漳州市文旅局通过“村村响”、APP以及“学习强国”福建平台播出，参与“村村美·奋进新征程”全省广播大联播活动，满足基层群众精神需求。发挥市县广播电视台优势，制作大量农村和乡村振兴题材广播电视精品节目，加大乡村振兴宣传。

【《每天教你一句闽南话》系列情景微广播剧推出】 2021年，漳州市文旅局与漳州人民广播电台联合策划推出《每天教你一句闽南话》系列情景微广播剧，宣传闽南文化。该栏目立足漳州本土的语言、民间文化，以生活化的内容和自然的演绎为特色，通过创新的节目形态，让广大受众了解闽南地区的语言传统和文化习俗等。

【纪录片《女排娘家》播出】

2021年11月15—19日每晚八点，纪录片《女排娘家》在中央广播电视总台中文国际频道《国家记忆》栏目播出。该纪录片共5集，每集30分钟，由漳州电视台与中央广播电视总台联合摄制，围绕中国女排“祖国至上、团结协作、顽强拼搏、永不言败”的精神风貌，以中国女排从漳州体育训练基地出发夺得首次世界冠军为主线，展示40年来中国女排的奋斗发展历程，讲述“娘家”漳州人民支持中国女排的情感。

（许培玲 胡小玲）

·旅游业·

【旅游产业项目推进】 2021年，漳州市文旅局推进20个文化旅游项目被列入省文化旅游重点项目，完成投资26.36亿元。成功创建全国乡村旅游重点村1个，福建省全域生态旅游示范县1个、福建省“金牌旅游村”5个、福建省“全域生态旅游小镇”2个、省级旅游休闲街区2个；新增国家AAAA级旅游景区1家、国家AAA级旅游景区2家，各县区A级景区全覆盖。

【旅游宣传营销】 2021年，漳州市文旅局策划组织有影响力的宣传推广主题活动，运用电视、电台等平面媒体，依托微博、微信、抖音等全市文旅系统新媒体矩阵，在漳州火车站，市区公交亭，福州地铁1、2号线，厦门地铁1号线投放“花样漳州”灯箱、看板广告，与移动、电信、联通合作向入漳的游客发送文化旅游宣传欢迎短信，包装推介世遗土楼、蓝色滨海、绿色田园、红色文化等优质旅游产品和旅游线路，扩大花样漳州影响力。

【“+旅游”品牌创建】 2021年，漳州市文旅局配合市工信局推荐的同溢堂药业有限公司、福建永源酿酒有限公司、福建省诏安四海食品有限公司等3家企业被认定为2021年度省级工业旅游试点企业；配合市海洋与渔业局推荐的云霄县红树林之梦·民宿休闲渔业基地、云霄县长洋水乡渔村生态旅游度假区、东山县埕英村“水乡渔村”休闲渔业基地、东山县铜陵镇马鞍屿休闲渔业基地、南靖县漳州阿伟水族休闲渔业等5家基地被认定为第十四批福建省“水乡渔村”休闲渔业示范基地。

【伴手礼体验店建设】 2021年，漳州市文旅局指导漳州市旅游投资集团推进“花样漳州”伴手礼进A级景区工作，搭建“花样漳州”线上商城，促进伴手礼销售渠道多元化发展。梳理、规划八大类36种伴手礼新品，与南靖土楼、东南花都、十里蓝山、白塘湾、彩蝶湾达成初步合作意向，推进伴手礼进旅游景区。

【10条红色旅游精品线路发布】

2021年5月16日，漳州市文旅局举办庆祝中国共产党成立100周年暨花样漳州红色文化旅游宣传推广启动仪式，发布10条红色旅游精品线路，分别为红色经典之旅、世遗文化之旅、红色康养之旅、不忘初心之旅、文化传承之旅、家国情怀之旅、致敬谷公之旅、革命烽火之旅、拼搏腾飞之旅、柚海茶香之旅。

【花样漳州红色文化旅游研学】

2021年6月，漳州市文旅局举行“探寻红色印迹 传承红色基因”——花样漳州红色文化旅游研学暨“百团万人行”活动，漳州市副市长吴卫红等领导以及来自厦门大学和漳州职业技术学院120名师生参加，并开启为期2天的重温峥嵘岁月红色研学之旅。

（林志仁）

责任编辑：江细珍

卫生·体育

·卫生健康·

【新冠肺炎疫情防控】 2021年，漳州市组建8支市级流调队、56支县级流调队720人，开展流行病学个案调查3391例，排查 密切接触者。新增龙海区城市核酸检测基地和2辆移动检测车，配备96通道扩增仪217台、PCR（聚合酶链式反应）检测人员750人、储备采样人员 8593人，全市核酸日最大检测能力提升到20.2万份，满足3天内（应急状态下1天内）完成全员核酸检测需要，全年开展核酸检测1091万人次，平均每天3万人次。推进新冠疫苗接种，推广华安首创疫苗流动接种车主动靠前服务的做法。

【疾病防控】 2021年，漳州市艾滋病持续保持低流行状态，94.5%艾滋病病毒感染者得到抗病毒治疗。严重精神障碍患者救治管理水平稳步提升，报告患病率4.5‰。慢性病综合监测体系进一步完善，保持碘缺乏病消除和地氟病控制状态。全市儿童预防接种率持续保持在95%以上，数字化规范化预防接种门诊达106家，覆盖率80%以上。

【体制改革】 2021年，漳州市公立医院综合改革获省下达的改革正向激励资金1029万元。各县总院组织1289名医生下沉基层医疗机构，各县的“六大中心”为基层医疗机构出具诊断 46.7万人次。漳州市提升基层医疗服务能力工作成效在全省推进医改工作会上获得肯定，漳浦县政府代表漳州市在会上作典型经验交流。紧密型医共体建设及家庭医生签约工作在全省视频培训班上作经验推广。

【医政管理】 2021年，漳州市投入4743万元，开展30个市级临床重点专科和10个培育专科建设。专科门诊量147.3万次，专科住院量达12.77万人次，专科三、四级手术达3.18万人次。全市10家县级公立综合医院全部达到县医院医疗服务能力基本标准，其中5家达到推荐标准。推行临床路径管理，全市二级以上公立医院实行临床路径管理的出院患者占患者总数61%。

【基层卫生】 2021年，漳州市共有20家基层医疗机构达到“优质服务基层行”基本标准，5家乡镇卫生院达到“优质服务基层行”推荐标准，2家社区卫生服务中心达到社区医院建设标准。漳州市龙海区榜山卫生院、漳浦县旧镇中心卫生院、云霄县陈岱中心卫生院、南靖县靖城中心卫生院、长泰区岩溪中心卫生院等5家基层医疗卫生机构在2021年“优质服务基层行”活动中受到国家卫健委通报表扬。各县总院下派基层医疗机构医生数1289人，六大中心为基层医疗机构出

2021年11月3日，漳州市卫生应急队伍到云霄县人民公园开展急救宣传暨义诊活动　（漳州市卫健委 供图）

具诊断46.71万人次。全市老年人健康管理率79.02%，高血压患者规范管理率93.44%，糖尿病患者规范管理率93.27%。基本公共卫生服务项目人均经费从74元提高到79元。

【妇幼保健】　2021年，漳州市完成3个省级普惠托育机构示范点建设，其中龙文区悦芽托育中心被确定为省级试点示范单位。市财政安排预算 200万元作为市级普惠性托育补助资金。生殖医学体外受精（胚胎移植和卵泡内浆内单精子显微注射）技术实现零的突破。3家市级救治网络成功接收并抢救县级转诊的危重症孕产妇 26 例。2011—2020 年妇女儿童发展纲要29项卫生健康指标达标率 100%。

【综合监督】　2021年，漳州市查处无证行医案件24件，累计处罚没款85.2万元。生活饮用水卫生监测18批246份，饮用水卫生合格率100%。各部门联合检查医疗机构156家次，立案查处违法医疗广告案5起，清理违法广告35幅，处罚没款1.25万元。开展居民膳食和食物量调查，全域监测 16个食品类别样品共691份，监测项目覆盖食品中的重金属、农兽药残留、禁用药物等124 项。

【卫生应急】　2021年，制定《漳州市应对冬春季新冠肺炎疫情应急预案》《漳州市应对新冠肺炎疫情应急预案（第4版）》2部应急预案。全市投入 8740万元，组建紧急医学救援、突发传染病防控、心理危机干预救援、核辐射等4类30支队伍582人，配齐应急救护设备物资并开展能力培训和实战演练16场，全年共组织对各类活动、会议保障75场（次）。“5G＋智慧急救”平台被国家工信部、国家卫健委列为全国5G＋医疗健康应用试点。妥善处置突发事件，累计协调处置诸如病毒疫情、手足口疫情、食物中毒、交通事故、安全事故等各级各类突发事件14起，救治伤员（病人）148人。

【中医药事业】　2021年，漳州市创建 8 个省级精品中医馆。漳州中药炮制特色技术成功入选福建省第七批非物质文化遗产代表性项目名录。漳州市中医院作为全省唯一一家市级中医医院被列入2021年度省级中医药康复服务能力提升工程项目单位。漳州市第二中医院晋升三级中医医院。漳州市代表队在福建省中药传统技能大赛和药膳制作技能大赛中荣获团体二、三等奖。龙文区获“全国基层中医药工作先进单位”称号。

【社会办医】　2021年，漳州市共有社会办医疗机构78家，床位数8626张，占全市医疗机构床位总数的29.3%，比上年提高1.7%。年内，漳州市卫健委为漳州市5家社会资本办医院争取持续运营补助资金323.35万元。

【爱国卫生】　2021年，漳州市开展第33个爱国卫生月活动，全年组织发动群众7万人次，清除卫生死角3万处，清理“十乱”600万处，清理垃圾杂物6万吨，治理病媒滋生地7000个，出动病媒生物防制人员6万人次，投入“四害”消杀用药500吨。年内，市卫健委组织对龙海区白水镇等18个乡镇、127个村、63个社区创建省级卫生乡镇（卫生村、卫生社区）进行评估考核，龙海区国家卫生城市通过复审考核。加强改厕指导，推进尾水治理与农村污水治理衔接，全市农村无害化户厕普及率达到99.72%。

【职业健康】 2021年，漳州市卫健委等10个部门联合制定《漳州市尘肺病防治攻坚行动实施方案》，建立《漳州市职业病防治工作联席会议制度》，将尘肺病防治工作纳入脱贫攻坚的重要内容。开展主题为“共创健康中国·共享职业健康”的第19个“职业病防治法”宣传周活动、职业病防治四大项目监测。

·人口计生·

【概况】 2021年年末，全市常住人口507万人，比上年末增加1.0万人。出生4.41万人，人口出生率8.69%，人口自然增长率2.08%。15—49周岁育龄妇女120.2万人，比年初减少1.9万人，占总人口22.93%，其中已婚育妇89.48万人，比年初减少3.2万人，占总人口17.07%。已婚育妇综合避孕节育率57.42%，长效避孕节育率46.03%。

【计划生育家庭奖励扶助】 2021年，漳州市农村部分计划生育家庭奖励扶助38905人（其中低保户2691人），兑现金额4991.5万元；城镇部分计划生育家庭奖励扶助36706人，兑现金额4449.1万元。计生家庭特别扶助（省级）2334人，市级兑现金额200.28万元；计划生育家庭特别扶助（市级增加）2779人，市级兑现金额414.84万元。手术并发症补助58人，市级兑现金额2.12万元。独生子女法定奖励发放196人，市级兑现金额7.49万元。2015年以前二女节育户奖励发放131621人，市级兑现金额473.84万元。农村部分计划生育家庭贡献奖9585人，市级兑现金额34.51万元。计划生育家庭新农合补助58.9万人，市级兑现金额353.43万元。

（潘丹丹）

·体 育·

【群众体育】 2021年，全市开展各类全民健身活动247场次，参与人数3.7万人。年内，市体育局加快体育协会组织发展，新成立4个市级单项体育协会、1个民办非公企业社会组织，至年底，全市有市级单项体育协会（含民办非公企业社会组织）45个。培训40名二级社会体育指导员，组织社会体育指导员开展乡村志愿服务，至年底，全市社会体育指导员11946人。2021年9月，漳州市体育局等8个单位获评“2017—2020年度全国群众体育先进单位”。

【竞技体育】 2021年，漳州市出台新周期的《2021—2024年度漳州市竞技体育奖励办法》。举办中小学生阳光体育联赛7场，参赛人数3800名以上。组织参加2021年福建省青少年体育锦标赛，参赛项目28个。承办省青少年田径锦标赛、游泳冠军赛，参赛运动员1500人以上，规模为历届省年度赛之最。与福建省漳州体育训练基地联合承办中华人民共和国第十四届全运会排球男子成年组资格赛、全国青少年U17女子排球锦标赛等4场全国性排球赛事。创新“体教融合”共同培养新机制，与4个市直学校（漳州一中、漳州二中、漳州三中、市实验小学）共建6支运动队，招收运动员38名。初步完成福建省第十七届运动会备战选才工作，注册运动员7262名。

【漳州运动员揽金夺银】 2021年，卢云秀在东京奥运会获女子帆板RS：X级金牌，实现漳州

2021年5月29日，漳州市第十四届市运会（青少年部）羽毛球比赛在漳州一中体育馆落幕。图为比赛现场　　　　（黄子君　摄）

历史上夏季奥运会奖牌、金牌“零”的突破。韩悦获世界女子羽毛球团体锦标赛（尤伯杯）冠军。中国人民共和国第十四届全运会，漳州运动员21人24次获得比赛录取名次，其中，梁永达获全运会男子南拳南刀南棍全能项目金牌；卢云秀获女子帆板RS：X级金牌；韩呈恺、欧烜屹、张嵩烨获羽毛球男子团体金牌，9人获铜牌。全国第十一届残运会暨第八届特奥会，漳州运动员获14枚金牌、9枚银牌、10枚铜牌。

【市运会和市老健会】 2021年，漳州市举办漳州市第十四届运动会，青少年部举行15个项目比赛，3835名运动员参加，16人破9项市青少年田径纪录、17人破7项青少年游泳纪录；5个开发区独立组团参赛，开创省内推行非行政区划单位独立参加青少年竞技比赛的先河；行业部举行8个项目比赛，916名运动员参加。举办第十一届老年人健身大会，开展10个项目交流展示活动，1227名运动员参加。

【体育设施建设】 2021年，漳州市出台《漳州市健身设施建设补短板五年行动计划》，制定《2021年漳州市全民健身场地设施建设项目实施方案》，完成长泰区、华安县2个续建智慧体育公园建设，新建龙海区、漳浦县2个智慧体育公园。漳州“中国女排娘家”基地项目一期工程的中国女排精神展示馆建设完成。古雷欢乐岛社会足球场完成23片标准足球场、10片5人制足球场建设任务。东山南极岛冰雪世界投入运营。东山县海洋体育旅游休闲文化产业基地项目完成海域泊位、潜水平台、帆船航海展示区和船舶文化展示区建设。

【体育产业发展】 2021年，漳州市成功举办第七届业余羽毛球混合团体赛、中国·东山岛企业家帆船赛等体育品牌赛事。年内，市体育局策划生成漳州长泰半月山国际马术俱乐部项目和漳州东山径里山地自行车训练基地项目。漳州泰里斯体育器材有限公司成功申报2021年全省数字经济“瞪羚”创新企业，可穿戴智能运动装备项目获评国家级体育产业示范项目，福建鹭凯生态农庄有限公司获评国家级体育产业示范单位。

（吴舒婷）

责任编辑：蔡婉玲

人力资源

·就业创业·

【概况】 2021年，漳州市人力资源和社会保障局（简称漳州市人社局）积极开展“稳就业 提技能 保民生——2021漳州人社在行动”系列活动。全市城镇新增就业5.23万人，完成年计划的137.54%；城镇登记失业率3.92%，低于5.50%的全年控制目标，就业局势基本稳定。发放各类稳就业补贴4.51亿元，惠及53.11万人次。芗城区东铺头街道金宝社区入选国家级充分就业社区。

【高校毕业生就业创业】 2021年，漳州市招募省级“三支一扶”派遣92人，开发基层公共管理和社会服务岗位78个，招收高校毕业生45人。279个见习单位设置见习岗位707个，新吸纳786名青年人员参与见习，发放补贴919万元。为2572名2021届毕业生发放求职创业补贴514.4万元。首次安排100万元用于扶持市级创业孵化基地，漳浦浦台创业园获评市级创业孵化基地，资助资金20万元。诏安硒博士众创空间获评全国创业孵化示范基地。在省级创业资助基础上，市级再安排100万元扶持大中专毕业生创业，13个项目获评省级创业资助项目、54个项目获评市级资助。全市离校未就业高校毕业生8574人，已实名制登记就业8552人，实名制登记就业率99.74%。

【企业用工服务】 2021年，漳州市人社局在每月15日、30日举办公益性招聘会的基础上，每周五再增办一场招聘会。组织开展191场招聘活动，5800多家次用人单位参加，提供岗位9.7万多个，达成初步意向3.8万多人次。

【企业稳岗支持】 2021年，漳州市人社局支持企业稳岗，为3911家企业发放稳岗返还3804.74万元，为105家企业发放春节期间一次性稳就业奖补651.75万元，为38家企业发放引进劳动力奖补54.55万元，为63家企业发放外出招聘一次性补贴19.3万元，为24家企业发放创业带动就业补贴19.2万元。

·人力智力·

【人才引进】 2021年，漳州市人社局申报确认省级高层次人才121人，省级工科类青年专业人才认定89人，海外优秀青年来闽交流3人。申报确认市级高层次人才378人，入选市主导产业技术人才325人，招引名校优生63人，市优秀教育卫生毕业生3人。推荐1人入选省“雏鹰计划”青年拔尖人才、1人入选省百千万人才工程，指导诏安县太平镇农业农村服务中心入选省级专家服务基地。

【职业技能提升】 2021年，漳州市人社局面向职工、就业重点群体、脱贫人口等各类劳动者，开展职业技能培训，组织职业技能培训9.45万人次，完成计划数3.6万人次的262.5%。在全省率先发放首批职业技能电子培训券，首创专业技术人员参加职业技能培训与继续教育学习学时贯通使用。完善技能人才评价机制，开展国家职业资格鉴定、职业技能等级认定及专项能力考核2.48万人次，取证2.06万人次，新增高技能人才3015人。夯实技能人才培养平台，成功创建漳州技师学院，福建华夏高级技工学校由厦门迁址漳州台投区，筹设漳州新鸿源技术学校获省人社厅批复。注重赛训结合，漳州理工职业学院入选第46届世界技能大赛中国集训基地。

【人才服务】 2021年，漳州市人社局推荐1158名专业技术人员参加省人社厅各系列高级职称评审。组织13场各级各类的职称评审会议，通过评审取得中级职称2545人、初级职称208人。办理9批196人的大中专毕业生资格确认。推进职称制度改革，将市属企业初级专业技术职务任职资格确认权限下放至各县（区）人社（职改）部门。

·人事管理·

【概况】 2021年，漳州市专业技术人才总量为171919人，其中高、中、初级专业技术人才分别为17470、72555、81894人，比例为10.16∶41.2∶48.64。共核定29个事业单位的岗位设置（调整）方案，为市直167个事业单位1402名专业技术人员办理职称聘任备案手续。年内，市人社局审批正常晋升职务（职称）、特岗津贴、工作调动、转正定级、军转套改、工人技术等级晋升等工资业务累计约6100单。开展事业单位工作人员年度考核晋升薪档工资审批工作，共审批市直事业单位329个，1.1万人，月人均增资82元。

【防疫医务人员福利保障】 2021年，漳州市人社局保障疫情防控医务人员待遇，核定市医院2020年度工资总额为10.01亿元，比上年增加16.72%；市中医院2020年度工资总额为1.33亿元，比上年增加7.98%。发放市疾控中心临时性工作补助83人次8.4万元，发放卫生防疫津贴467人次60.5万元。

【规范评比表彰】 2021年，漳州市人社局健全评比达标表彰管理制度。推荐13个集体、16名个人申报10个国家级表彰项目，推荐91个集体、178名个人申报14个省级表彰项目。完成2个当年度市级表彰项目，表彰集体98个、个人191名。

·劳动关系·

【概况】 2021年，漳州市人社局推进实施集体合同制度，建立工资集体协商制度，全市劳动合同签订率98.45%，已建工会的企业集体协商建制率动态保持在85%以上，职工百人以上的建会企业集体协商建制率保持在90%以上。年内，获省级和谐劳动关系工业园区1个、省三方四部门评选认定和谐劳动关系乡镇3个、省级模范和谐劳动关系企业18家。

【劳动关系“和谐同行”三年行动计划推进】 2021年，漳州市人社局“和谐同行”百户企业培育共同行动计划，培育完成35家企业；服务万户新企用工计划，完成1059户新企提供用工服务指导；重点企业用工指导计划，服务指导走访重点企业729家；金牌劳动关系协调员打造计划，完成114名劳动关系协调员培训；金牌协调劳动关系社会组织打造计划，协调劳动关系社会组织培育14家，申报2个金牌协调劳动关系社会组织；企业薪酬指引计划，对1家企业进行技能人才薪

2021年4月30日，漳州市人社局联合漳州市中级人民法院等六部门在市中级人民法院召开劳动争议诉源治理工作联席会

（漳州市人社局 供图）

酬分配指导服务等。

【欠薪治理专项行动】 2021年，漳州市人社局围绕整治在建工程项目拖欠工程款、农民工工资问题，保障农民工权益开展“点题整治”。全市处理群众反映欠薪问题176件、部门排查发现问题61件，为945名农民工追偿工资941万元，督促5家企业落实工资保证金制度、5家企业设立工资专户，移送公安机关侦查拒不支付劳动报酬9件。

【劳动争议处理】 2021年，漳州市人社局在全省首创劳动争议全链条诉源治理机制，实现劳动争议案件一站式接收、一揽式调处、全链条解决。全市共处理劳动争议案件3384件，涉及职工4165人。

（蓝月彬 林 颖）

责任编辑：杨少毅

社会民生

·居民生活·

【居民收入】 2021年，全年居民人均可支配收入33818元，比上年增长9.3%。其中，城镇居民人均可支配收入43309元，比上年增长8.2%。农村居民人均可支配收入23582元，比上年增长11.7%。居民人均可支配收入中，工资性收入18809元，比上年增长9.5%；经营净收入8408元，比上年增长10.7%；财产净收入2138元，比上年增长5.3%；转移净收入4462元，比上年增长7.7%。

【居民消费】 2021年，全年居民人均生活消费支出22894元，比上年增长13.5%，其中，城镇居民人均消费支出28907元，比上年增长11.1%。农村居民人均消费支出16409元，比上年增长18.9%。在生活消费支出中，食品烟酒支出比上年增长8.0%、衣着支出比上年增长2.9%、居住支出比上年增长13.0%、生活用品及服务比上年增长12.7%、交通通信比上年增长20.4%、教育文化娱乐比上年增长43.8%、医疗保健比上年增长9.8%、其他用品和服务比上年增长3.1%。

·医疗保障·

【概况】 2021年，漳州市基本医疗保险参保人数483.86万人。其中，职工医保参保人数79.58万人，城乡居民医保参保人数404.28万人。职工医保统筹基金收入22.65亿元，支出21.97亿元；城乡居民医保基金收入36.40亿元，支出40.69亿元。签订医保定点医疗机构370家，零售药店1041家，村卫生所1649家。

【基本医疗保险】 2021年7月1日起，按照2020年全省全口径城镇单位就业人员年平均工资73517元计算，漳州市职工医保（含生育保险）月缴费基数上限调整为18379元，下限调整为3676 元，补缴基数按3676元/月执行，城镇灵活就业新增参保人员缴费基数为3676元/月。2021年度城乡居民医保参保个人缴费标准为每人每年280元，政府补助标准为每人每年600元，2020年9月1日至2021年6月30日缴费的，参保人员按个人缴费标准缴费；2021年7月1日起缴费的，参保人员按个人缴费金额和财政补助金额之和缴费。

【医疗保险】 2021年，漳州市城乡居民大病保险起付标准由10000元提高至14737元。漳州市医保局开展新一轮城乡居民大病保险招投标工作，全年支付城乡居民大病保险保费2.54亿元；开展城乡居民医保意外伤害保险（试点）招投标工作，全年支付意外伤害保险（试点）保费

6825.6万元；全年支付职工大额医疗费用商业补充医疗保险保费近2亿元。

【城乡医疗救助】 2021年，漳州市城乡居民基本医保医疗救助累计救助81.5万人次，救助金额1.68亿元，其中资助参保19万人次、5321.2万元，特殊门诊医疗救助56.37万人次、2859万元，住院医疗救助6.07万人次、8504万元，一次性定额救助508人次、128.63万元，重特大疾病救助38人次、22.13万元。

【药品和医疗服务价格管理】 2021年，漳州市继续跟进国家和省级组织药品耗材集中带量采购，全市纳入带量采购药品259个品种、高值耗材种类12个，全市医疗机构通过带量采购政策分别节省药品、高值耗材采购费用约3.53亿元、1.59亿元。核定新增经皮穿刺胸椎背根神经节射频术等47个医疗服务项目价格，规范、完善血细胞分析等670个医疗服务价格项目，全市医疗服务价格项目8272个。

【医保支付方式改革】 2021年，漳州市医保局稳步推进以按病种收付费为主的多元复合医保支付方式改革，出台实施第五批共42个按病种收付费中医病种，全市按病种收付费病种数扩大至572个，调整与实际费用偏差较大的29个病种收费标准，全市县（区）级公立医院按病种收付费出院参保人次数平均占比55.76%。

【经办服务】 2021年，漳州市医保局在全市15个县（区）医保分中心推进“一件事”集成套餐服务改革，推进85%的医保服务事项实现“全市通办”，开通厦漳泉“异地代收代办”服务，创新设立“台港澳医保服务专窗”。全面上线国家医保信息平台，大力推进医保电子凭证应用推广，全市激活医保电子凭证301.94万人，全部定点药店和超过2000家医疗机构（含村卫生所）支持医保电子凭证扫码结算。持续扩大异地就医结算服务范围，全市开通普通门诊跨省联网定点医疗机构208家，基本实现普通门诊费用跨省直接结算统筹地区全覆盖。在东山县中医院等6家医院增设服务站，实现全市二级及以上公立医疗机构均有设立医保服务站。

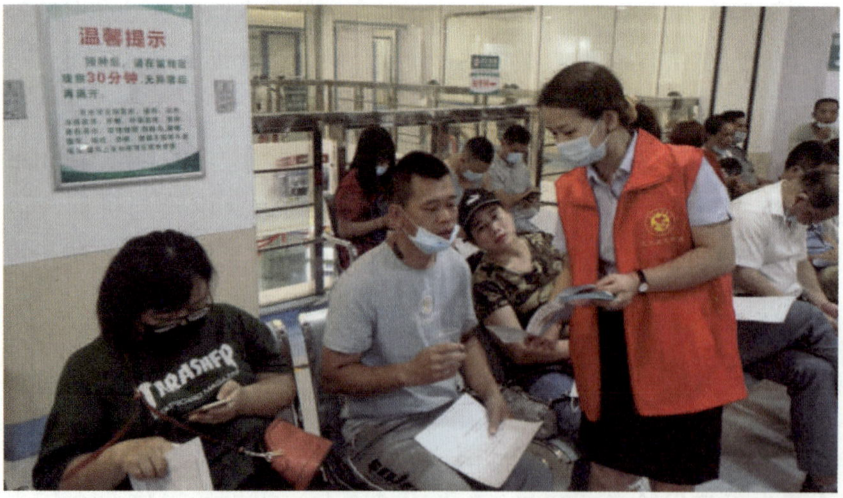

2021年6月24日，龙文医保系统工作人员在辖区内各个疫苗接种点积极组织开展医保电子凭证推广活动　　（龙文医保中心　供图）

【疫情防控医疗保障】 2021年，漳州市医保局三次下调全市新冠病毒核酸检测价格，一人一检测、五混一检测、十合一混采价格分别从每人次95元、30元、15元降至每人次39元、8元、8元，抗体检测项目价格从每人次50元降至30元。落实国家要求做好新冠疫苗及接种费用保障工作，全年上解新冠病毒疫苗费用专项资金5.4亿元，拨付疫苗采购费用3.89亿元和疫苗接种费用3808.51万元。

（胡志军）

·社会保障·

【概况】 2021年，漳州市基本养老保险参保人数计352.4万人。其中，企业职工养老保险参保人数111.45万人，机关事业养老保险参保人数15.29万人，城乡居民养老保险参保人数225.66万人；工伤保险参保人数85.85万人；失业保险参保人数53.53万人。

【基金收支】 2021年，漳州市企业职工养老保险基金收入55.03亿元，支出56.58亿元，累计结余11.52亿元；机关事业养老保险基金收入31.95亿元，支出33.21亿元，累计结余11.7亿元；城乡居民养老保险基金收入17.21亿元，支出14.15亿元，累计结余34.3亿元；工伤保险基金收入3.19亿元，支出3.34亿元，累计结余0.46亿元；失业保险基金收入2.1亿元，支出2.71亿元，基金滚存结余6.45亿元。

【提前退休审批】 2021年，漳州市人社局办理提前退休审批179件、其中特殊工种提前退休129件，因病非因工提前退休50件。

【被征地农民社保审查】 2021年，漳州市人社局审查被征地农民社会保障措施实施情况279宗，涉及征地面积1447.58公顷（其中耕地707.67公顷），涉及保障人数9244人，预留养老保障金及提高的安置补助费5.85亿元，预留按规定列入预算安排的资金（不低于上一年度国有土地有偿使用收入1%的标准）1.59亿元。

【工伤认定】 2021年，全市受理工伤认定6049件，办结5505件，其中市本级受理工伤认定申请236件，作出工伤认定结论222件（其中8件为“快办”件）。

【社保基金监管】 2021年，漳州市人社局健全完善社保基金内部控制制度，严格防控基金运行风险。上级下发的12.97万条疑点信息全部核查，发现问题29个、涉及51人、涉及金额38.81万元，追回31.31万元。

【惠企惠民政策落实】 2021年，漳州市人社局发放失业补助金1.03亿元，惠及12.11万人次，发放失业保险金0.89亿元，惠及7.55万人次。阶段性降低失业保险费率，实施期限延长至下一年度4月30日，为全市企业减轻负担9000万元。完成2021年企业和机关事业单位退休人员基本养老金调整工作，惠及16.49万名企业退休（职）人员和4.96万名机关事业单位退休（职）人员，月人均分别增加132元和188元。

（蓝月彬　林　颖）

·社会福利·

【概况】 2021年，漳州市民政局发放困难残疾人生活补贴和重度残疾人护理补贴1.84亿元，惠及困难残疾人6.09万人、重度残疾人6.98万人。截至年底，全市各类养老床位3.72万张，平均每千名老年人拥有养老床位数39.3张。

【社会救助】 2021年，芗城、龙文两区按照8664元/年，其他县（区）按照7908元/年的标准认定低保对象，全年为9.62万名城乡低保对象发放低保金4.53亿元。全市开展临时救助32885人次，支出救助金0.59亿元。

【特困人员集中供养】 2021年，漳州市民政局引导生活不能自理的特困人员进入机构进行集中供养，其中半护理特困人员集中供养标准为芗城、龙文两区2464元/月（其他县区2250元/月），全护理特困人员集中供养标准为芗城、龙文两区3580元/月（其他县区3267元/月）。全市为1.1万名特困人员发放供养金1.53亿元，全市生活不能自理特困人员集中供养率达到74.4%。

【养老服务】 2021年，漳州市新建养老服务照料中心1所、标准化社区居家养老服务站12所、农村幸福院19所、长者食堂31所；改造提升8所农村区域性养老服务中心，完成特殊困难老年人家庭适老化改造2142户。推进养老服务机构建设，南靖县福利中心和乡镇敬老院“公建民营”顺利移交，高新区迦乐养老院建成投用。

【医养融合发展】 2021年，漳州市有医养结合型养老服务机构21家，与村卫生所一起建设的农村幸福院258所，距离在200米以内的391所。

【医养结合工作】 2021年5月，漳州市民政局会同市委编办、市卫健委、市医保局、市财政局、市教育局、市人社局制定印发《漳州市医养结合工作实施办法（试行）》，建立关口前移科室、开通医保延伸端口、建设医养结合床位等多项在全国先行先试的政策措施，经验做法在全省养老服务提质增效培训班上做典型发言介绍。2021年9月，省政府办公厅印发《福建省政府办公厅关于加快推进医养结合发展若干措施的通知》，确定漳州市为福建省医养结合综合试点地区。

【农村留守儿童关爱保护】 2021年，漳州市配齐乡镇儿童督导员和村（居）儿童主任，建立90个农村留守儿童家园关爱保护示范点，3139名农村留守儿童、3116名困境儿童监护责任得到落实。发放孤儿和事实无人抚养儿童保障补助资金2964.06万元，惠及孤儿322人、事实无人抚养儿童1476人。

【未成年人保护】 2021年，根据新修改的《中华人民共和国未成年人保护法》，漳州市未成年人保护委员会办公室从教育部门调整至民政部门。年内，漳州市民政局与市检察院、市妇联协同创建的“春蕾安全员”机制经验做法在全国未成年人保护工作推进会暨示范创建部署会上做典型交流，代表漳州市参加省政府绩效创新项目评审，并获得第一名。

【精神障碍患者救治】 2021年，漳州市民政局加强精神障碍患者救治工作，全年接收肇事肇祸精神病患者167人次。

【流浪乞讨人员救助】 2021年，漳州市民政局加强流浪乞讨人员救助工作，持续开展“大爱寻亲、温暖回家”寻亲专项行动，全年护送21名流浪乞讨对象平安返乡。

·社区工作·

【概况】 2021年，漳州市新增社区14个，截至年底，共有516个社区、1556个村。

【村（居）换届选举】 2021年，漳州市共有509个社区（2021年底新成立的7个社区不参与换届选举）、1556个村全部完成村（社区）换届选举工作。

【村规民约（居民公约）施行】 截至2021年年底，漳州市1556个村、516个社区均制定村规民约（居民公约）。其中南靖县三下村和东山县石埔村两个村的村规民约被评为福建省第一批优秀村规民约。

【社区治理】 2021年，漳州市民政局利用市级社区建设“以奖代补”资金300万元，补助全市21个社区建设综合服务场所。全市建成规范化社区374个、标杆社区135个，其中芗城区延安北社区、龙文区荣昌社区、南靖县江滨社区等3个社区工作法被省民政厅推广。

【常态化城乡社区协商工作机制建立】 2021年，漳州市民政局探索建立常态化社区民主协商工作机制，推动全市社区（村）设立民主议事厅2072个。

·社会组织管理·

【概况】 2021年，全市提交年报（年检）社会组织2276家，其中社团764家（市本级260家）、社会服务组织1485家（市本级72家）、慈善组织27家（市本级10家）。

【社会组织监管】 2021年，漳州市民政局持续开展打击非法社会组织工作，提请省民政厅发布“漳州市闽医传承研究中心”“全国中医药卫生人才专业技能委员会”2家涉嫌非法社会组织名录。

【社工站建设和志愿服务】 2021年，漳州市122个乡镇（街道）实现社会工作服务站建设全覆盖。开展志愿服务工作，截至年底，全市有志愿者83.13万名，全国志愿服务信息系统登记人数占比16%。

·民政事务·

【婚姻登记】 2021年，漳州市办理结婚登记22993对，办理离婚登记5732对。完成中华人民共和国成立以来婚姻登记历史数据补录133万对，完成100%；完成1978年以来婚姻登记历史数据补录127万对，完成100%。

【老区工作】 2021年，漳州市下达补助资金200万，完成革命老区村水泥路建设100千米；修缮老区革命遗址项目22个，新增挖掘老区革命遗址50个。走访慰问革命“五老”人员及遗偶1126人，发放慰问金（物资）55万元。开展“阳光1+1牵手”专项行动，组织120个社会组织与110个老区村进行结对帮扶，截至年底，成功结对120对。

【慈善管理】 2021年，漳州市民政局开展“慈善手拉手”专项行动，实施扶贫、助学、助医、助老、扶幼等各类慈善项目137个，受益群众19.95万人次。持续推动慈善助老超市建设，截至年底，芗城区、长泰区、华安县3家慈善助老超市投入运营。

（杨荣宗）

·老龄工作·

【概况】 至2021年年底，漳州市户籍老年人口92.68万人，65岁以上老年人63.83万人，占全市总人口的比例分别为17.68%、12.18%。户籍百岁老人405人。老年人口超10万人的有龙海、漳浦、诏安、平和。

【老龄保障】 2021年，漳州市继续推进漳州银龄保险专项承保工作，与中国人寿漳州分公司持续加强合作互动，合力推进老年人意外伤害保险工作，截至12月31日，全市累计承保81063人，保费182.11万元，其中承保80岁以上60162人，70岁以上16513人，60岁以上4388人，提供保障5.8亿元。

【老龄医养】 2021年，漳州市卫健委联合市民政局遴选21个医养结合试点单位，开展医养结合工作试点；组织相关医疗机构进行安宁疗护终线调查，完成调查任务211份。在推进东山县中医院、漳州正兴新来福养护院安宁疗护试点基础上，在漳州芗城正兴老年病医院、龙海和睦护理院、云霄庆泰老年病医院等3家医疗卫生机构开展试点工作。

【老年健康服务】 2021年，漳州市卫健委推动基层医疗机构为辖区内老年人提供包括家庭医生签约、健康体检、体检报告单解读、慢性病随访等健康服务；推动有条件的社区设立社区医疗卫生服务站建设，在芗城区芝山镇惠民社区、通北街道和平里社区、南坑街道御龙社区设立“社区卫生服务点”，龙文区毅阳社区等11个社区设有卫生室。组织基层医疗机构相关人员开展失能老年人评估服务应用子系统线上培训，完成全市65岁及以上失能老年人健康评估与服务项目，完成健康评估1374人，开展服务人数1158人。

【老龄健康宣传】 2021年，漳州市卫健委在全市开展老年健康宣传周活动，发放宣传材料3万份。在芗城区南坑街道群裕社区、漳浦县赤湖镇东城村分别对辖区内65岁以上的100多名老年人开展老年人心理健康知识讲座，发放老年健康用品，开展心

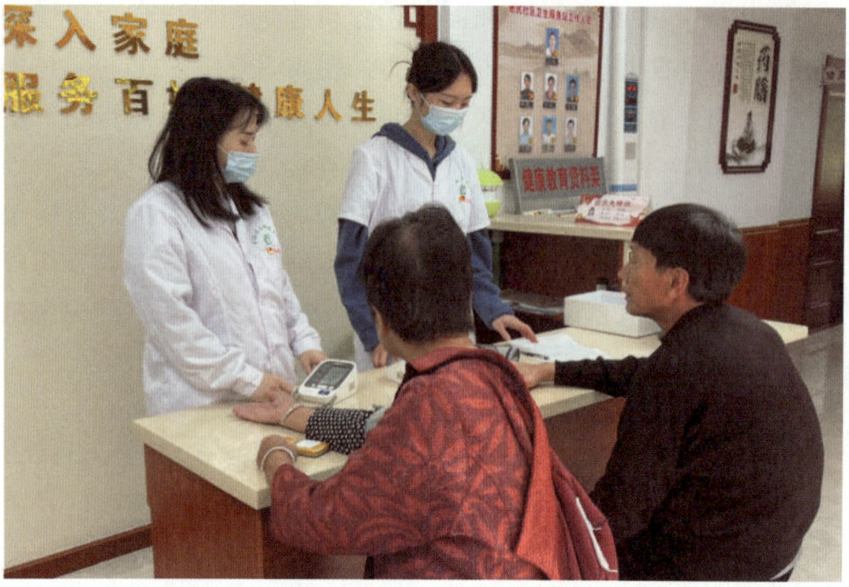

2021年6月24日，龙文医保系统工作人员在辖区内各个疫苗接种点积极组织开展医保电子凭证推广活动　　　　（龙文医保中心　供图）

理健康评估，实施心理咨询、心理治疗等必要的心理干预和转诊服务。

【老年友好社区创建】　2021年，芗城区芝山镇惠民社区、龙文区蓝田街道毅阳社区、诏安县建设乡建华社区、漳浦县绥安镇城西社区、东山县西埔镇中兴社区等5个社区被国家卫健委老龄办命名为全国示范性老年友好社区。

（潘丹丹）

·民族事务·

【概况】　2021年，漳州市常住人口有46个少数民族成分，分布在11个县（区）、5个开发区（投资区）。全市有3个民族乡（龙海市隆教畲族乡、漳浦县湖西畲族乡、赤岭畲族乡），33个民族村（芗城区宏道村、松洲村、茶铺村，龙海区屿上村、红星村、新厝村，云霄县坡兜村，漳浦县京野村、杨美村、油坑村、赤岭村、前园村、石椅村、山坪村、土塔村、大行村、石坑村、顶坛村、丰卿村、山后村、下浦村、后洞村、苏溪村，诏安县港头村、美营村、汀洋村、深湖村、太平村、四都村，华安县官畲村、坪水村，平和县土田村、合溪村），3个农场作业区（石步溪作业区、和坑作业区、大南坂农场蓝厝作业区）。全市少数民族人口约7.72万人，占全市总人口的1.52%。

【少数民族乡村振兴】　2021年，漳州市下达中央、省、市三级少数民族专项资金1164万元，重点扶持民族乡村发展特色产业项目、公共基础设施、生态环境保护等建设。扎实开展挂钩帮扶工作，36个市直机关发挥职能优势，扶持民族村发展经济社会事业，帮扶资金415万元。

【少数民族特色村寨建设】

2021年，漳州市继续加大力度扶持少数民族特色村寨、乡村振兴示范村、乡村振兴文化旅游型样板村，提升全市民族特色村寨建设水平。坪水、石椅、送坑3个村被命名为中国少数民族特色村寨。

【少数民族乡村文化事业】

2021年，漳州市民宗局在漳州职业技术学院新增1处少数民族体育活动场所，重新命名并加强资金扶持6个少数民族传统体育训练基地。开展族谱对接，完成《漳浦蓝氏种玉堂族谱》新编印发。组织开展全市民族乡村文化振兴人才培训，聘请党校、高校专家学者进行专题授课，加强民族乡村文化人才队伍建设。

【少数民族团结进步】　2021年，漳州市民宗局开展民族团结进步宣传月活动，先后组织30名民族干部和少数民族代表人士参加全省民族团结互学互检、铸牢中华民族共同体意识等交流学习。成立锦绣社区城市民族工作站。

·宗教事务·

【概况】 2021年，漳州市主要有佛教、道教、天主教、基督教四大宗教。全市有市级爱国宗教团体5个。年内，依法登记管理的宗教活动场所、宗教教职人员经省、市、县各级爱国宗教团体认定并经政府宗教工作部门备案，宗教信徒约44.2万人。37座民间信仰活动场所被纳入省级联系点，30座民间信仰活动场所被纳入省民宗厅备案登记管理。

【宗教事务治理】 2021年，漳州市民宗局开展宗教政策法规学习月活动，做好《福建省宗教事务条例》《宗教团体管理办法》等学习宣传贯彻工作。开展审批设立未完成建设登记管理的宗教活动场所清理督查工作。开展“文明进步和谐生态寺观教堂”创建活动，组织宗教场所负责人及民宗部门负责人到福州参观学习交流场所建设管理经验，提升规范化管理水平。

【全省民间信仰活动场所负责人培训班暨现场交流会在漳召开】 2021年12月19—20日，全省民间信仰活动场所负责人培训班暨现场交流活动在漳州谷文昌干部学院举办，各设区市民宗局和平潭综合实验区党群工作部分管领导、业务骨干及省厅列入备案登记的民间信仰活动场所负责人等约100人参加培训。主要通过开展相关业务培训，交流民间信仰工作中好的经验做法，规范全省民间信仰管理工作。

（李燕华　洪婉琳）

责任编辑：刘丽玲

县区概况

·芗城区·

【概况】　芗城区位于漳州市西北部。2021年辖2个镇、8个街道，土地面积264.59平方千米。年末户籍人口49.03万人，常住人口64.2万人，人口自然增长率1.6‰。

【国民经济发展】　2021年，芗城区实现地区生产总值780.19亿元，比上年增长7.8%。其中，第一产业增加值12.89亿元，比上年增长7.1%；第二产业增加值336.19亿元，比上年增长8.4%；第三产业增加值431.11亿元，比上年增长7.3%。农林牧渔业总产值23.61亿元，比上年增长7.7%。规模以上工业总产值1039.57亿元，比上年增长10.3%；规模以上工业增加值比上年增长10%。固定资产投资269.04亿元，比上年增长8.1%。社会消费品零售总额313.29亿元，比上年增长5.7%。外贸出口额66.36亿元，比上年下降0.29%。实际利用外资8157万元，比上年下降25.85%。一般公共预算总收入33.14亿元，比上年增长13.3%，其中地方一般公共预算收入18.87亿元，比上年增长22.5%。城镇居民人均可支配收入48764元，比上年增长8%；农村居民人均可支配收入23586元，比上年增长11.9%。

【重点项目】　2021年，芗城区签约亿元以上项目29个，累计上报“五个一批”（谋划一批、签约一批、开工一批、投产一批、增资一批）项目41个，总投资298.94亿元，其中开工项目31个，投产项目8个。全区形成食品加工、冶金新材料、高端装备制造、电子信息四大主导产业，培育32家规模以上工业企业，区属规模以上工业企业达到225家。科华技术有限责任公司入选

2021年9月7日，科华技术有限责任公司工人在无尘生产车间作业

（芗城区 供图）

全市首家工信部服务型制造示范企业，三宝集团、傲农集团蝉联“中国民营企业五百强”荣誉称号，福建万安实业集团有限公司等3家公司入选省第四批绿色工厂名单。实施技改项目50个，完成投资58.93亿元，新增国家级“专精特新”小巨人企业4家、省科技小巨人企业20家。

【城乡建设】 2021年，芗城区西湖片区6个安置房项目完成建设，新增住宅8991套，18条道路加快推进，景观湖体基本成形。金峰大桥、腾飞路等10条新改建市政道路完工投用，国省干道联六线、联十四线建成。新增停车位370个、垃圾屋147座，完成38个老旧小区、12条背街小巷改造，新开工棚户区改造420套，新改建农村户厕1180户。整治交通乱象1.8万起，处置“两违”（违法用地、违法建设）面积59万平方米，完成裸房整治719栋。

【社会事业】 2021年，芗城区落实“双减”（减轻学生作业负担、压减学科类校外培训机构）政策，实现义务教育阶段课后延时服务全覆盖。金峰实验小学（二期）等8所学校年内建成投用。成立教育发展基金会，以芗城实小、闽师大附小为龙头校推进集团化办学。实施14个医疗卫生健康项目，6家基层医疗机构完工投用，东铺头、通北2家社区卫生服务中心在全省率先建成首批“社区医院”。2所街道养老服务照料中心完工投用，试点建设6所幸福大食堂。漳州灯谜艺术博物馆建成免费开放。成立芗城区反诈骗中心，积极构建全民反诈新格局；创建11个党建引领市域社会治理示范社区，常态化开展扫黑除恶专项斗争。浦南镇双溪村入选第二批全国乡村治理示范村名单。

【社会保障】 2021年，芗城区持续巩固拓展脱贫攻坚成果，接续推进108个民生补短板“三年行动”项目和35个为民办实事项目。国企退管工作稳步推进，城镇登记失业率控制在4.55%，全年发放养老、失业保险金、失地农民保障金和城乡低保金8.2亿元。深入推进安全领域专项整治，全面落实粮食安全责任，健全食药安全监管体系，深入推行“白条入市”（形成活禽集中检疫、定点宰杀、冷链配送、冰鲜带标入市的禽类肉产品供应模式）“一品一码”（一个批次产品有唯一的追溯码）“明厨亮灶”（餐饮服务提供者采用透明玻璃、视频等方式，向社会公众展示餐饮服务相关过程的一种形式），人民群众安全感更有保障。

【生态文明建设】 2021年，芗城区打好蓝天保卫战，三宝脱硫脱硝除尘技改、福建糖业75蒸吨燃煤锅炉超低排放改造等项目竣工投用。加强道路、建筑工地扬尘整治，全区空气优良率达97.8%。打好碧水保卫战，完成丰山溪、恒坑溪支流等4个流域治理项目，累计清理河漂和岸上垃圾60万吨，仙景溪污水接驳工程、溪里溪安全生态水系建设等项目完工投用。加强农村生活污水治理PPP项目运管维护，划定千人以上农村饮用水源地保护区2个。打好净土保卫战，完成870宗、1443.69亩土地卫片违法图斑核查整治。

【金峰开发区升格】 2021年，金峰开发区正式升格为副处级单位，园区综合发展水平考核评价跃升福建省第六，实施园区基础配套项目35个，完成投资47.88亿元。

【芝山镇惠民社区入选全国示范性老年友好型社区】 2021年11月，2021年全国示范性老年友好型社区名单公布，芗城区芝山镇惠民社区入选。芝山镇惠民社区针对辖区老年人口多、低保户多、残疾人多等特殊性，建有居家养老服务中心、全区首家社区卫生服务站、一站式便民服务中心、“近邻党建”活动室，为社区居民提供“贴心、舒心、暖心”的服务。

（戴智杰）

·龙文区·

【概况】 龙文区位于漳州市中部，2021年辖5个街道、1个镇、1个省级开发区。土地面积126平方千米。年末户籍人口20.16万人，常住人口30.62万人。人口自然增长率3.5‰。

【国民经济发展】 2021年，龙文区实现地区生产总值375.89亿元，比上年增长9.1%。其中，第一产业增加值5.12亿元，比上年增长7.4%；第二产业增加值137.66亿元，比上年增长6.5%；第三产业增加值233.1亿元，比上年增长10.5%。农林牧渔业总产值8.77亿元，比上年增长8%。规模以上工业总产值375.33亿元，比上年增长10.9%。固定资产投资236.41亿元，比上年增长7.6%。社会消费品零售总额235.24亿元，比上年增长6.4%。外贸出口额44.29亿元，比上年增长4.4%。实际利用外资4028万元，比上年下降74.06%。一般公共预算总收入21.06亿元，比上年增长20.4%，其中，地方一般公共预算收入13.89亿元，比上年增长21.0%。城镇居民人均可支配收入49807元，比上年增长8.2%；农村居民人均可支配收入25234元，比上年增长10.3%。

【重点项目】 2021年，龙文区新开工项目107个，建成或部分建成项目115个；5个省级续建重点项目、45个市级重点项目均超序时完成。向上争取资金11.99亿元，保障11个重点项目建设。新签约产业项目59个、总投资169.3亿元，博宝特机器人、景田纯净水等项目落户龙文。

【城乡建设】 2021年，龙文区实施城建项目184个，年度投资187.3亿元。新建成城市道路8条，新改建城市道路10.78千米、农村公路2.53千米，新增公共停车位350个、口袋公园7个，完成裸房整治393栋，第三自来水厂一期、东墩污水处理厂二期（B区）建成投用。实施乡村振兴“串点连线成片”试点示范项目19个，打造扶摇、口社文旅农旅融合特色样板村。在全省率先开展农村集体资产抵（质）押融资试点工作。在全市率先完成农村集体产权制度改革，成立43个村级股份经济合作社。

【社会事业】 2021年，龙文区建成2所小学（漳州市第三实验小学、龙师附小龙文分校北校区）、扩建1所小学（市二实小迎宾校区），新增学位3780个；建成公办幼儿园1所（国贸天成配套幼儿园），新增学位360个；两所九年一贯制学校（通源学校、龙溪学校）开工建设。正华医院、福隆社区卫生服务站建成投用。“何阳拳”传承人郑木春入选第五批省级非物质文化遗产代表性传承人，“陈淳传说”入选第七批省级非物质文化遗产代表性项目。

【社会保障】 2021年，龙文区开展省级城乡社区近邻服务试点，创新“五社联动”（社区、社会工作者、社会组织、社区志愿者、社会慈善资源的联动）社区服务模式，临时救助困难群众523人次160.7万元。发放基础养老金4233万元、发放被征地农民养老保障金6607万元、城乡低保金1036万元、特困供养金429.7万元，城乡低保标准达到每年8664元。建成社区食堂2所、社区居家养老服务站2个、街道养老服务照料中心1个。锦绣社区治理和“护企110”创新项目入选“福建省社会治理创新50例”。

【生态文明建设】 2021年，龙文区推进山水林田湖草沙一体化治理项目。全区17条支渠、24个村居黑臭水体整治及43个居住小区雨污改造纳入市区水环境综合整治项目，完成17个村庄截污纳管，建成区黑臭水体基本消除。北溪、西溪流域平均水质达到Ⅲ类水质考核标准，小流域Ⅲ类水质达标率和集中式饮用水源水质达标率均达100%，空气优良率

2021年10月27日，吾悦广场项目在龙文区开工建设。图为项目现场
（图片来自龙文区融媒体中心）

97.6%。

【“e企通”政企服务平台上线】 2021年8月30日，龙文区推出“e企通”政企服务平台，创新建立“线上接单、线下纾难解困”的服务模式，让企业少跑腿快办事，政府服务更高效。其中，政策“免申即享”、产业园“虚拟注册”、数字化招商等服务理念均为漳州市首创“e企通”政企服务平台。

【吾悦广场开工建设】 2021年10月27日，吾悦广场项目在龙文区开工建设。该项目是新城控股进驻福建省的第三个项目，位于九龙大道以东、长福路以南、步港路以北、龙溪路以东。项目总投资60亿元，总用地面积约12.57万平方米，总建筑面积约51.8万平方米，是集购物、办公、商务、教育、居住、休闲、餐饮、娱乐等全业态为一体的城市综合体。

（林建金 陈华俐 杨伟强）

·龙海区·

【概况】 龙海区位于漳州市东部。2021年辖9个镇2个乡2个场。土地面积979平方千米。年末户籍人口59万人，常住人口53万人。人口自然增长率4.79‰。

【国民经济发展】 2021年，龙海区地区生产总值656.68亿元，比上年增长8%。其中，第一产业增加值63.40亿元，比上年增长7.4%。第二产业增加值386.55亿元，比上年增长7.5%。第三产业增加值206.73亿元，比上年增长8.9%。农林牧渔业总产值106.53亿元，比上年增长8.0%。规模以上工业总产值805.48亿元，比上年增长11.0%。固定资产投资158.82亿元，比上年增长9.5%。社会消费品零售总额172.97亿元，比上年增长6.7%。外贸出口额24.81亿元，比上年增长9.8%。一般公共预算总收入30.85亿元，比上年减少3.2%；其中地方一般公共预算收入18.11亿元，比上年减少8.1%。城镇居民人均可支配收入44755元，比上年增长9.0%；农村居民人均可支配收入24696元，比上年增长11.3%。

【重点项目】 2021年，龙海区部署实施“百个项目百日攻坚”行动，86个重点项目完成投资163.38亿元。其中，38个本级项目完成投资25.26亿元，48个漳州市级以上重点项目完成投资138.11亿元，10个省级重点项目完成投资41.33亿元。新增入库项目120个，完成投资额169.4亿元。持续推进“一把手”招商、以商引商等工作机制，成功举办“拢来龙海、给你精彩”招商投资大会、第三届中国食品名城(漳州)食品交易会暨第二届龙海国际休闲食品博览会，全年招引项目116个，总投资超过500亿元，保罗大健康产业园、东南网架装配式钢结构绿色建筑产业基地等相继签约落户。围绕“两新一重”建设（新型基础设施建设，新型城镇化建设，交通水利等重大工程建设），积极对接国家部委和省直相关部门，争取一般债券资金1.77亿元、专项债券19.92亿元。

【城乡建设】 2021年，龙海区以撤市设区为契机，一体推进滨海城市、畅通城市、美丽城市和全国文明城市创建。实施“一江滨两新区”城市建设重点项目86个，累计完成投资35.8亿元；实施城市建设品质提升项目48个，累计完成投资33.56亿元。完成平宁路道路改造工程、龙江大道连接线道路工程、海澄树人路连接线及村道提升改造工程等。完成背街小巷改造提升工程改造16条，城市截污纳管项目约10.2千米。明发国际大酒店、万科城市综合体项目相继开业。后港历史文化街区一期基本完工，“四馆一中心”主体工程完工，职校扩建二期工程完成验收。持续推进农村人居环境整治，开展村镇建设和环境整治，累计投入4.6亿元，完成农房抗震改造试点任务1000栋和裸房整治4268栋。165个行政村累计新建公厕346座，完善镇区污水处理设施管网建设12.9千米。

【社会事业】 2021年，龙海区创建龙海图书馆东园分馆和港尾分馆、龙海文化馆东泗分馆。完成年度1980场公益电影放映任务，实现全区165个行政村“一村一月一场公益电影‘2131’放映工程”目标。疫情防控有力，全域实现疫情“零发生”。全年举办福建省全民健身运动会暨龙海赛区活动16场，投入74.5万元，3000多人次参加。组队480名运动员参加漳州市第十四届运动会全部15个项目比赛，获金牌99枚。成立龙海教育投资公司，全面推行义务教育阶段课后延时服务，4所幼儿园竣工投用，新增学位1080个。投入210万元为农村义务教育阶段学校完善多媒体设备。

【社会保障】 2021年，龙海区强化困难群体兜底保障，落实各类救助保障资金1.54亿元。民生支出占比达67.4%，年初承诺的25项为民办实事项目基本兑现。创建漳州市级“美丽庭院”190户、推进农村人居环境补短板项目3个。在10个乡（镇、场）15个村（管区）创建省级乡村振兴示范项目44个，完成24个，累计投入3852万元。

【生态文明建设】 2021年，龙海区持续打好污染防治攻坚战，水质方面，县级饮用水源Ⅰ—Ⅲ类水质达标率100%，国控九龙江河口达到Ⅲ类、南溪浮宫桥断面水质均值为Ⅳ类；省“以奖促治”小流域港尾汤溪寮山桥断面水质均值Ⅴ类。空气质量方面，空气质量优良率99.2%，六项指标全部达到国家二级标准。第一轮中央环保督察接到信访件135件（含台投区、高新区），已全部完成整改；第二轮中央生态环保督察，接到交办信访件100件，全部完成整改销号。

【龙海撤市设区】 2021年2月，省政府正式批复同意撤销龙海市，设立漳州市龙海区，以原龙海市的行政区域为龙海区的行政区域。2021年4月21日，龙海撤市设区授牌授印仪式举行。龙海撤市设区，是做大做强漳州城市内核的客观需要，是漳州经济社会发展到一定阶段的内在要求，撤市设区的龙海是漳州市中心城区通江达海的重要城市组团。

【龙海区召开第一次党代会】

2021年7月27—29日，龙海区召开撤市设区后的第一次党代会。会上，龙海区委提出“当先锋、振雄风”的发展目标，强调要以“突出工业、突破工业”为支撑，以“全域提升、全面发展”为方向，大力实施“工业强区、港城新区、生态立区”发展战略，全力打造“高质量的工业发展新港城、高品质的厦漳融合示范区、高颜值的生态文旅宜居地”，为以后龙海区的高质量发展提供了新思路、新方向。

【万科广场开业】 2021年11月27日，龙海万科广场正式开业。

2021年7月28日，中国共产党漳州市龙海区第一次代表大会召开

（龙海区 供图）

龙海万科广场是福建首个万科广场，同时也是龙海最大体量的一站式家庭体验型购物中心，商场共200家品牌店入驻，其中55%是首进龙海。同日，龙海首届全民购物节暨龙海万科乐购嘉年华盛大启幕，为期38天的购物节，采取政府搭台、企业唱戏的方式，陆续投放千万消费补贴，有效提升龙海中心城区商气人气，促进全区服务业发展、经济繁荣。

（郭帝延）

·长泰区·

【概况】 长泰区位于漳州市东北部。2021年辖4个镇1个乡（城区辖1个镇）。土地面积912.67平方千米。第七次全国人口普查户籍人口21.13万人，常住人口22.82万人。

【国民经济发展】 2021年，长泰区地区生产总值375.2亿元，比上年增长7.5%。其中，第一产业增加值22.3亿元，比上年增长4.7%；第二产业增加值256.6亿元，比上年增长6.6%；第三产业增加值96.3亿元，比上年增长10.5%。农林牧渔业总产值43.3亿元，比上年增长5.2%。规模以上工业总产值630.5亿元，比上年增长10.4%。固定资产投资155.4亿元，比上年增长15.1%。社会消费品零售总额99.3亿元，比上年增长14.7%。实际利用外资3004万美元。一般公共预算总收入22.2亿元，比上年增长20.9%；其中地方一般公共预算收入13.5亿元，比上年增长20.4%。城镇居民人均可支配收入45141元，比上年增长8.4%；农村居民人均可支配收入24643元，比上年增长10.9%。

【城乡建设】 2021年，长泰区把握“撤县设区”发展新机遇，扁平化推进溪东等四大重大片区、约10平方千米新城建设和旧城改造。武德西路、安泰南路等4条“断头路”全线打通，竞成花园、锦江小区等老旧小区改造完工。制定实施《乡村振兴“长泰样板”建设实施方案》，27个村庄完成规划编制，8个“绿盈乡村”精心打造。加快推进城乡供水一体化，主管网铺设111.4千米，农村公路新改建16.8千米。推进352个乡村振兴项目建设，建设3条乡村振兴示范线。实施“两治一拆”行动，拆除“两违”305宗、53.72万平方米，全区裸房8212栋，整治动工6381栋，完工5090栋，19个村庄率先实现“无裸房”，获评全国村庄清洁行动先进县，农村生活垃圾处理模式入选第三批国家新型城镇化综合试点地区经验。

【社会事业】 2021年，长泰区启动创建国家健康促进区，区总医院及基层分院发热门诊建成使用。教育项目投入1.18亿元，五中教学楼、一中兴泰分校等先后投用，新增学位6000个。全面落实“双减”政策，实施城区学校午餐工程、课后延时服务，惠及学生8680人。林墩智慧体育公园等一批文体设施竣工投用，姚伯福获得全国第十一届残运会跆拳道金牌。

【社会保障】 2021年，长泰区财政民生支出19.45亿元，比上年增长12.3%。12件为民办实事项目完成投资8.5亿元。城镇新增就业4800人，城镇登记失业率控制在市下达目标内，发放省外籍员工留泰过年补贴577.6万元。城乡居民医保补助标准提高到每人每年600元以上。区社会福利中心前期建设扎实推进，3所乡镇敬老院主体建成。

【生态文明建设】 2021年，长泰区严格执行河湖长制，农村生活污水处理设施及收集管网基本建成，银塘污水处理厂试运行，流域水环境质量总体达标。化肥施用量减少2.5%，危废物处置率96%。吴田山废弃矿山生态修复方案获批。全面推进林长制，组织开展植树造林三年行动。全区城区环境空气优良天数优良率100%，龙津溪国控洛滨断面水质均值达标，县乡两级水源地水质达标率100%。推动天柱山中央环保督察反馈问题全面整改，按时间节点彻底完成销号。持续加快绿色低碳发展，20家企业排污许可完成总量核定，获评全国第四批节水型社会建设达标区。开展重点耗能企业“百千万”行动（国家、省、地市分别对“百家”“千家”“万家”重点用能单位进行目标责任评价考核），坚决执行阶段性有序用电，调控负荷19.83万千瓦，实现“双控”（控制能量消耗总量和强度）目标。

【长泰撤县设区】 2021年2月，国务院和福建省政府正式批复同意撤销长泰县，设立漳州市长泰区，以原长泰县的行政区域为长泰区的行政区域。4月21日，长泰举行“撤县设区”衔牌揭牌仪式，标志着建县1066年的长泰完成“县”的历史使命，融入“大漳州”、开启“都市新区”建设。

【国省干线联十一线长泰段公路二期工程开工】 2021年4月22日，国省干线联十一线漳州长泰段公路二期工程开工。该工程是长泰“撤县设区”后首个开工的重大基础设施项目，是落实党史学习教育“我为群众办实事”活动的具体举措，是长泰区委、区政府实施“融漳接厦”战略的标志性工程，对于推动厦漳泉都市圈发展、加快“大漳州”建设、拉开长泰城市框架、深入融入市中心城区具有重大的现实意义。

【长泰籍科学家张智勇荣获国家级奖项】 2021年11月3日，2020年度国家科学技术奖励大会在人民大会堂举行，现场公布获奖名单，长泰籍科学家张智勇获得国家科学技术进步一等奖。

【长泰创办长者食堂】 2021年，长泰区以满足老年人多元化的养老服务需求为出发点，遵循公益性原则，采取“政府搭台建设、爱心企业（慈善机构）或个人资助、社区（农村）或社工机构运营”的形式，在全区范围内以村（居）为单位，建设运营“长者食堂”，由新时代文明实践志愿服务队参与，为有膳食需求的老年人提供用餐服务，提升老年人的生活幸福感和归属感，让老年人共享社

长泰西部新城区——文体中心全貌（郑友亨 摄于2021年10月9日）

会的发展成果。

（李 文）

·漳浦县·

【概况】 漳浦县位于漳州市东南部。2021年，漳浦县辖17个镇4个乡。土地面积2148.84平方千米。年末户籍人口94.88万人，常住人口 85.00万人，人口自然增长率2.88‰。

【国民经济发展】 2021年，漳浦县地区生产总值583.61亿元，比上年增长9.8%。第一产业增加值97.84亿元，比上年增长5.7%；第二产业增加值223.15亿元，比上年增长10.4%；第三产业增加值262.62亿元，比上年增长10.8%。人均地区生产总值68700元，比上年增长9.6%。农林牧渔业总产值182.57亿元，比上年增长5.8%。规模以上工业总产值854.1亿元。固定资产投资320亿元，比上年增长17.1%。社会消费品零售总额233.12亿元，比上年增长5.5%。外贸出口额44.11亿元，比上年下降1.03%；实际利用外资12.12亿元，比上年下降36.6%。一般公共预算总收入50.38亿元，比上年增长4%；其中地方一般公共预算收入36.63亿元，比上年增长12.1%。城镇居民人均可支配收入44003元，比上年增长7.9%；农村居民人均可支配收入25807元，比上年增长11.7%。

【重点项目】 2021年，漳浦县签约总投资10亿元以上项目8个，规模以上工业总产值854.10亿元。总投资超300亿元的联盛纸业林浆纸一体化项目在漳浦实现落地建设，成为继古雷石化后首个落地漳浦的百亿级工业大项目。天福集团产值突破30亿元，福船一帆新能源装备制造有限公司入选全省战略性新兴产业企业百强，同溢堂药业获评省级“专精特新”中小企业，香洲皮革入选省级重点上市后备企业。

【城乡建设】 2021年，漳浦县朝阳水库、天福医院、港城大道、龙湖大道人行天桥、疾控中心实验大楼、佛昙农贸市场等一批为民办实事项目取得实质性进展，马坪仙都、湖西后洞、赤岭山坪等10个偏远老区村、少数民族村、水库移民村自来水入户问题得到有效解决，稳妥有序推进不动产登记历史遗留问题处置。

【社会保障】 2021年，漳浦县参加城镇职工基本养老保险人数11.63万人，发放养老金4.67亿元；参加工伤保险9.62万人，发放工伤保险费3287万元；参加城乡居民社会养老保险41.93万人，发放养老金2.10亿元；参加失业保险5.53万人，发放失业金2325.55万元。全年累计发放城乡低保等各类救助资金1.07亿元，城镇登记失业率控制在5.2%以内。

【社会事业】 2021年，漳浦一中晋升为省一级达标高中学校。漳浦籍体育健儿勇夺东京奥运会、全运会金牌各1枚及全国特奥会奖牌12枚（4枚金牌、4枚银

2021年11月，福船一帆新能源装备制造有限公司入选全省战略性新兴产业企业百强　　（图片来自漳浦县融媒体中心）

牌、4枚铜牌），实现漳浦运动史上奥运金牌、奖牌零的突破。绥安镇获评中国民间文化艺术（剪纸）之乡，六鳌镇入选省级全域生态旅游小镇。湖西畲族乡获评省级民族团结进步模范集体。石榴车本入选第四批省级传统村落名录，大车鼓、闽南传统瓦窑烧结技艺入选第七批省级非物质文化遗产代表性项目。

【生态文明建设】 2021年，漳浦县推进第二轮中央生态环保督察问题整改提升，坚决遏制耕地“非农化”，整治违法占用耕地图斑2054宗，拆除农村乱占耕地建房172宗；严格落实河湖长制，推进水质提升治理项目18个，整治入河排污口86个，划定“千人以上”农村集中式饮用水水源保护区19个，鹿溪、南溪流域水质稳定达标；创建绿盈乡村23个，森林覆盖率达55.13%。

【万辰生物科技股份有限公司上市】 2021年4月19日，漳浦县企业万辰生物科技股份有限公司在深交所创业板上市。这是漳州市第六家A股上市企业，也是漳浦首家A股上市企业。万辰生物创立于漳浦台湾农民创业园，专注于鲜品食用菌的研发、工厂化培育与销售，有漳州和南京两大生产基地，产品主销华东、华南、华中地区等。此次万辰生物首次公开发行股份数量3837.50万股，发行价格7.19元/股，合计融资约2.76亿元，60%募资将用于漳浦县项目投资。

【漳浦籍运动员首次获得奥运会金牌】 2021年7月31日，在东京奥运会女子帆板RS:X级奖牌轮比赛中，漳浦籍体育健儿卢云秀夺得该项目金牌，为中国代表团拿下第20枚金牌，这是漳州史上首枚奥运金牌。

【漳浦县产业招商大会举行】

2021年12月3日，漳浦县2021年产业招商大会在绥安镇举行。此次大会落实签约项目87个，总投资436.92亿元，项目涉及重工业制造、化工材料、民生配套等领域。大会举行项目集中签约仪式，现场集中签约项目13个，总投资257.83亿元。

（林雪芬）

·云霄县·

【概况】 云霄县位于漳州市东南部。2021年，辖6个镇3个乡1个开发区（城区辖2个镇）。土地面积1053.08平方千米（含常山）。年末户籍人口46.8万人（含常山2.17万人），常住人口38.76万人（不含常山2.39万人）。人口自然增长率 0.357‰（含常山）。

【国民经济发展】 2021年，云霄县地区生产总值199.97亿元（不含常山），比上年增长0.1%。其中，第一产业增加值42.33亿元，比上年增长6.9%；第二产业增加值67.12亿元，比上年减少12.7%；第三产业增加值90.51亿元，比上年增长8.7%。农林牧渔业总产值78.60亿元，比上年增长7.5%。规模以上工业总产值98.85亿元，比上年减少25.8%。固定资产投资138.25亿元，比上年增长15.0%。社会消费品零售总额107.77亿元，比上年减少1.8%。外贸出口额8.35亿元，比上年减少39.47%；实际利用外资649万元，完成率3.6%。一般公共预算总收入11.16亿元，比上年增长7.1%，其中地方一般公共预算收入7.87亿元，比上年增长14.4%。城镇居民人均可支配收入38272元，比上年增长7.9%；农村居民人均纯收入21665元，比上年增长11.6%。

【重点项目】 2021年，云霄县举办4场项目集中开竣工、4场招商项目集中签约。164个县级重点项目加快推进，滨北路、中国农商博览城等66个项目开工建设，龙泽仁兴、利众诚食品（二期）等65个项目竣工投产（投用）。闽粤联网工程、华龙科技文化园陆续开工。签约“三维”项目（中央直属企业、民营企业、外资企业投资项目的简称）34个，其中生产性项目30个。获得中央预算内资金1.41亿元、各类财政补助14.67亿元，8个项目获得专项债额度19.86亿元。

【城乡建设】 2022年，云霄县下港片区改造推进，圣城一号、大唐印象等高品质住宅小区接续落成。县城路网加速升级，国道324线（城关段）、国道357线（陈岱—常山段）、莆政路提升改造等项目建成通车，振云高架桥“东大门”、云漳大桥“北大门”、御史岭“南大门”、世坂大桥“西大门”等重要城市门户改造全面完成。第二自来水厂建设快速推进，新建供水管道15千米、污水管道12.5千米，新增公共停车位253个。特色示范建设有力推进，培育优化3条“串点连线成片”示范线。棪树村进入第二批全国乡村治理示范村镇名录，坡兜村获评全省乡村振兴实绩突出村、金牌旅游村，云霄县乡村振兴热度指数排名进入全省前十。坚决查处农村乱占耕地建房问题，整治“两违”77万平方米、清理违法图斑2589个。严格落实“四个不摘”要求，累计向困难群众发放补助5535万元，脱贫成果有效巩固。

【社会事业】 2021年，云霄县新改建公办幼儿园3所，新增学前学位720个，就读公办园幼儿占比提高至60%。县疾控中心落成投用，全年新增床位63张。向东渠精神教育实践基地、党校新校区建成。云霄健儿在全国残运会暨特奥会上斩获5金3铜。公共安全视频监控建设实现县域全覆盖，获评全国信访“三无”县。

【社会保障】 2021年，云霄县民生支出23.62亿元，占财政支出的82%，全面完成21项为民办实事项目。全年新增城镇就业941人、转移农村劳动力9170人。

【生态文明建设】 2021年，云霄县抓牢抓实中央和省、市生态环保督察、国家海洋督察、土地例行督察反馈问题整改工作，完成问题整改146个，整改率90%，红树林保护区退养工作进入扫尾攻坚。开展污水管网拾遗补阙工作，实施九美泵站生态补水项目，小流域年度均值Ⅰ—Ⅲ类水质比例100%。完成农村集中供水饮用水水源地保护范围划定工作，县级集中式生活饮用水水源地水质100%达标。开展非法采砂洗砂集中整治行动，规范94家砂石料加工经营场所，完成废弃矿山生态修复2.67公顷、造林绿化5.1万公顷，治理水土流失3.13万公顷。

【产业发展】 2021年，云霄县出台《加强招商引资和促进工业经济增长八条措施》《加快总部经济发展的若干措施》，召开民营企业发展大会，完成工业投资100亿元、技改投资12亿元。园区标准化建设提质增速，总投资20亿元的富佳宝食品科技园建成投用。以“互联网+”为导向，线上线下融合发展，招引企业入驻电商产业园，创新无担保“电商快递贷”，新增限额以上批餐企业25家、规模以上服务业企业3家，新增限额以上电商企业6家，实现电商交易额38.13亿元。以全域旅游为引领，催生11条精品旅游路线，全年接待游客257万人次、旅游总收入25.8亿元。现代农业再添4个农产品产地初加工中心、7个优质农产品标准化示范基地和2个对台农业融合发展示范基地，地标商标增加至39个。

【云霄县第二届线上枇杷节开播】 2021年2月15日，由和平乡党委、政府主办，县工信局、电商办、融媒体中心、文体旅局、妇联、共青团联合协办的“茶果飘香·打卡和平”——云霄县第二届线上枇杷节暨和平乡文旅推介会在和平乡棪树村举行。活动中，70余名本土网红主播齐聚和平，在各大平台上向粉丝们现场推介和平乡特色枇杷及其他一村一品农特产品，2个小时的直播活动中，网友点击量超过60万人次。

【云霄县乡村振兴现场会开幕】 2021年4月14日，由云霄县委、县政府主办，下河乡党委政府、县民宗局承办的云霄县乡村振兴现场会在全县唯一少数民族村坡兜村开幕。会场现场举办“幸福下河、快乐山哈”畲族风情群众性文艺演出，安排有文创作品、摄影长廊、农特产品和畲族风味小吃等特色展区。直播带货、音乐走村、红歌“快闪”、村幸福院揭牌等系列子活动也于同期举行。以此次现场会为平台，云霄授旗成立16支“促进乡村振兴志愿服务队”，全县乡村振兴工作再书新篇章。

【威惠美食文化周开幕】 2021年4月29日，主题为“点亮夜经济 乐购云霄味”威惠美食文化周启幕，通过“美食+文化”“美食+创意”“美食+互联网”等形式，形成多元化夜间消费市场，成为“五一国际劳动节”期间全县旅游新热点。在为期一周的活动中，共有52家店面和36家临时摊位为市民和游客提供超过上百种美食选择，人流量日均超过2万人次，营业收入突破百万元，推动云霄夜间经济繁荣发展。

（吴若阳）

云霄夜经济繁荣发展　　（吴建云 摄于2021年12月10日）

·诏安县·

【概况】 诏安县位于漳州市最南端。2021年，辖10个镇5个乡1个省级工业园区。土地面积1293.6平方千米。年末户籍人口68.63万人，常住人口56.1万人，人口自然增长率2.89‰。

【国民经济发展】 2021年，诏安县生产总值328.27亿元，比上年增长8.5%。其中，第一产业增加值62.14亿元，比上年增长4.1%；第二产业增加值164.91亿元，比上年增长9.6%；第三产业增加值101.22亿元，比上年增加9.5%。农林牧渔业总产值114.16亿元，比上年增长4.6%。规模以上工业总产值434.53亿元，比上年增长12.6%。固定资产投资67.14亿元，比上年减少5.5%。社会消费品零售总额108.5亿元，比上年增长9%。外贸出口额71790万美元，比上年增长32.88%；实际利用外资4040万美元，与上年持平。一般公共预算总收入11.44亿元，比上年增长4.6%；其中地方一般公共预算收入7.76亿元，比上年增长12.2%。城镇居民人均可支配收入36143元，比上年增长9.6%；农村居民人均纯收入21216元，比上年增长12.9%。

【重点项目】 2021年，诏安县197个重点项目超额完成投资14.2个百分点。新增规模以上工业企业12家、省级以上高新技术企业6家，新开工工业项目62个、竣工投产46个、工业投资增长94.8%。举办首届诏商大会暨民营企业投资创业大会，全年签约项目39个。

【城乡建设】 2021年，诏安古城文化旅游中山东路示范段项目、梅园中路等4条城市道路改造提升工程基本竣工，北门塘、南门塘污黑臭水体提升改造、雨污管网清淤二期工程等项目相继完成，光良社区、澹园社区等7

个老旧小区改造完成。全面推进乡村振兴，创新采取星级创建模式，首批70个创星竞赛村实施项目233个，初步打造6条乡村振兴示范线；乡镇全域生活垃圾第三方保洁机制实现全覆盖；启动实施城乡供水一体化和农村生活污水治理一体化项目，新建乡镇污水管网10.84千米、农村公路8.805千米，整治裸房2672栋，创建“美丽庭院”218个。

【社会事业】 2021年，诏安县推进教育“双减”和教育评价改革，新招聘教师206名。聚焦打造漳州南部区域医疗中心目标，县总医院扩建工程开工建设。立足文化惠民，围绕“人文生态建设”目标，高标准、高质量谋划实施50个具体措施和支撑项目，重点实施公民道德建设、文艺繁荣发展、舆论引导能力、文旅融合发展等4个工程并顺利完成年度计划任务。加快完善文化、旅游融合发展机制，加快打造“文旅名县”品牌。

【社会保障】 2021年，诏安县实施“三大群体”（城镇居民、农村居民、困难居民）增收计划，城镇和农村居民人均可支配收入分别比上年增长9.6%和12.9%。实现城镇新增就业、失业人员再就业、就业困难对象再就业2162人。发放各类抚恤补助资金3615万元，发放低保、特困人员、孤儿和残疾人救助金10315万元。加快推进养老基础设施建设，新改建农村幸福院12所。

【生态文明建设】 2021年，诏安县推进碳达峰碳中和工作，实行“三线一单”生态环境分区管控，落实节能降耗、能耗“双控”措施。打响海上养殖综合整治和养殖设施升级改造攻坚战，集中清理滩涂养殖173.33公顷，鱼排养殖17663口，筏式吊养1131.2公顷，完成筏式养殖升级改造1100公顷，完成网箱养殖升级改造1052口，建立海上环卫队伍，打捞海漂垃圾1480.2吨。

2021年10月23日，首届诏商大会暨民营企业投资创业大会在诏安县举行 （诏安县 供图）

【“转作风、优效能”专项整治】 2021年10月13日，诏安县召开“转作风、优效能”工作大会，制定出台诏安县党政机关转作风优效能手册，明确党员领导干部若干行为规范，整治“不作为、慢作为、乱作为”。截至年底，通报典型案例3起，给予党纪立案审查4人。

【首届诏商大会暨民营企业投资创业大会举办】 2021年，诏安县启动“诏商回归”，举办首届诏商大会暨民营企业投资创业大会，邀请211名在外乡贤和民营企业家参会，现场开展招商推介、项目签约、主题论坛、企业家座谈会、聘任招商大使等活动，签约产业项目20个、总投资198.5亿元。

（吴超楠）

·东山县·

【概况】 东山县位于漳州市南部沿海。2021年辖7个镇。土地面积248.87平方千米。年末户籍人口22.31万人，常住人口22.08万人。人口自然增长率1.97‰。

【国民经济发展】 2021年，东山县地区生产总值204.4亿元，比上年增长3.5%。其中，第一产业增加值41.62亿元，比上年增长1.9%；第二产业增加值71.94亿元，比上年减少2.0%；第三产业增加值90.84亿元，比上年增长8.8%。农林牧渔业总产值89.72亿元，比上年增长2.6%。规模以上工业总产值210亿元，比上年减少4.7%。固定资产投资79.3亿元，比上年增长26.9%。社会消费品零售总额86.63亿元，比上年增长4.7%。外贸出口额107.09亿元，比上年增长68.5%；实际利用外资4000万元，比上年减少29.4%。一般公共预算总收入18.08亿元，比上年增长17.8%，其中地方一般公共预算收入11.36亿元，比上年增长8.6%。规模以上工业增加值61.52亿元，比上年减少5.0%。城镇居民人均可支配收入43129元，比上年增长8.3%；农村居民人均纯收入27281元，比上年增长13.0%。

【重点项目】 2021年，东山县129个重点项目完成投资58亿元，谷文昌干部学院二期、众创孵化园等82个县级以上重点项目开工，宏威水产、世茂云境等39个项目建成或部分建成。新签约项目82个，总投资183.49亿元，其中10亿元以上大项目4个，总投资17.7亿元的太阳海缆项目代表漳州市参加全省第二季度集中开工仪式，投资10亿元的旗滨玻璃2条生产线完成光伏基板材料转制改造并投产。

【城乡建设】 2021年，东山县着眼“一岛一城市”，致力打造美丽东山、宜居家园。新建改造道路9.54千米，完善环岛路（城南路至谷干院）、战备路至红婴路等道路配套建设，苏峰三路等道路建成通车，完成健康步道10千米，新建西埔北市、海湾公园三期停车位265个。优化市政配套。推进约6.6万平方米的15个老旧小区改造，实施虎山、庙山公园提升改造，建设西埔街心“口袋公园”、宅山朱璇孝廉文化公园等一批市政公园。推进新一中道路等路灯配套建设，疏通堵塞排水管道18千米，更换雨污窨井盖260余个。推进农村建设，东沈等6个新农房示范小区开工，15个老旧小区改造完成；有效处置6124栋重大安全隐患房屋，处置量居全省首位、处置进度为全市第一，全县1个镇6个村入选全省“乡村治理示范镇村”，东山经验做法在全省推广。

【社会事业】 2021年，东山县20个为民办实事项目完成投资7.03亿元，铺设燃气管网13.6千米，岛外第二水源引水工程实现保障性供水。第一吊唁堂等一批项目投用，东山一中新校区及附属小学实现秋季办学，新增学位6770个。开展“四门四访”活动，受理来信来访538件次，信访事项及时受理率100%，按期办结率均达到99.8%，有效化解率91.2%。完成应急指挥平台建设，持续深入开展安全生产专项整治“三年行动”集中攻坚，安全生产形势总体平稳。常态化开展扫黑除恶专项斗争，深入推进政法队伍教育整顿，推出便民利民措施68项，为群众办实事330多件。

【社会保障】 2021年，东山县城乡居民基本养老保险参保率99.79%，发放无力参保老年人保障金1940万元。截至年底，全县参加职工基本养老保险人数40912人，比上年增加3313人。纳入城镇居民最低生活保障人数988人、农村居民最低生活保障人数2559人，各种社会福利收养性单位床位数306张。社会保障和就业支出2.32亿元，惠及群众近4万人。

【生态文明建设】 2021年，东山县注重治理湾区，八尺门海堤“全线通水”，实现诏安湾、东山湾“海域相通、海水相融”，该项工作被央视新闻专题报道。实施总投资3.79亿元的东山湾、诏安湾湿地生态保护修复项目，完成5.6千米护岸工程建设，新植生态修复树木红树林5万余株。东南部沙滩修复和海岸保护二期项目完工验收，组建海上环卫队伍，对全岛海岸线的海滩、海漂垃圾实行常态管控、实时清理。实施“一廊道三林区”全岛木麻黄种植，在村边、海边、路边、田边补植种植木麻黄，全年封山育林238.67公顷，完成造林绿化及森林经营面积369.4公顷，创建3个省级森林村庄，在全岛沿岸筑起“绿色长城”。建立岛长、湾长、河长、田长、林长“五长制”，制定《生态环境损害赔偿办法》，推动生态环境整体性保护和系统性修复；严控海水污染源头，城垵污水处理厂正式投用，长山尾污水处理厂实现试运营，全面完成全县352个污染源头治理，推动近岸海域一、二类海水水质达标率92.6%。

【“美丽东山”全岛环境提升行动】 2021年，东山县开展“美丽东山”全岛环境提升行动，整治、保洁面积34万多平方米。实施“拆清楚”行动拆除3082处、面积12.01万平方米，“摆整齐”行动推动20个示范村整治提升，“扫干净”行动清理生活、建筑垃圾等4844处26616余吨，“治污臭”行动整治滴洒漏车辆120多次、152家生猪养殖场全部完成改造，“整漂亮”行动完成24个村庄规划修编及155栋裸房整治，寻找“美丽庭院”县级306户、市级124户、省级40户，“保有序”行动组织海滩垃圾清理青年志愿活动等7个主题活动。

【全域旅游拓展】 2021年，东山县以创建国家级全域旅游示范区为契机，推动全域旅游提档升级。年内，推动历史文化名镇铜陵镇保护规划获省政府批准，实施铜陵古城保护开发，完成纶章垂耀坊等文物修复，举办“关圣文化史迹”申遗联席会。推动彩蝶湾景区、冰雪世界等旅游项目开业运行，成为旅游网红新亮点。全年累计接待游客508.5万人次，旅游收入55.9亿元，分别比上年增长9.7%和13.9%。

【八尺门海域贯通通水】

2021年11月16日，东山八尺门海堤正式破堤通水15米，实现海堤贯通，标志着海堤贯通后全面进行生态修复的启动。八尺门海域综合治理生态修复工程，项目计划总投资1.25亿元，主要实施一期退堤还海工程，二、三期护岸，景观及清淤项目。全面实现八尺门海域综合治理生态修复，可促进诏安湾海域生态环境质量提升。

【全国首个双碳生态巡回法庭在东山授牌成立】 2021年11月24日，全国首个双碳生态巡回法庭在东山授牌成立。双碳指的是“绿碳”和“蓝碳”，分别对应陆地上的林木和海洋。双碳生态巡回法庭旨在依法严厉打击破坏双碳生态系统刑事犯罪，妥善审理涉双碳民事、行政和行政非诉执行案件，加强与当地生态、海

2021年11月16日，东山八尺门海堤正式破堤通水。图为拆除现场

（东山县 供图）

洋与渔业、自然资源、林业等部门协调联动，深化协同保护职能，统筹推进山水林田湖草沙一体化、系统化、规范化治理，打造“绿碳+蓝碳”双碳汇保护生态圈，深化生态环境保护联防联控联治体系建设，助力碳达峰、碳中和目标实现。

【东山县妇联荣获全国表彰】 2021年12月，东山县妇联荣获“全国维护妇女儿童权益先进集体”荣誉称号。东山县妇联联动各部门构建“三网络”（巾帼志愿网络、服务阵地网络、信息反馈网络）、落实“三机制”（矛盾纠纷排查机制、“春蕾安全员”机制、联防联动机制）、开展“三行动”（“贴心建档”行动、“爱心帮扶”行动、“暖心回归”行动），形成风险联查、问题联治、工作联动的合力，维护妇女儿童合法权益，促进社会和谐，得到群众广泛赞誉，产生良好的社会效果。

（黄克桐　陈锦生）

·平和县·

【概况】 平和县位于漳州市西南部。2021年辖10个镇、5个乡。土地面积2334平方千米。年末户籍人口61.88万人，常住人口45.50万人。人口自然增长率7.2‰。

【国民经济发展】 2021年，平和县实现地区生产总值271.49亿元，比上年增长6.1%。其中，第一产业增加值52.75亿元，比上年增长6.7%；第二产业增加值76.65亿元，比上年增加6.5%；第三产业增加值142.09亿元，比上年增长5.8%。农林牧渔业总产值101.06亿元，比上年增长7.1%。规模以上工业总产值247.02亿元，比上年增长9.8%。固定资产投资95.70亿元，比上年增长13.4%。社会消费品零售总额104.60亿元，比上年增长5.0%。实际利用外资3300万美元。一般公共预算总收入8.94亿元，比上年增长0.2%，其中地方一般公共预算收入6.38亿元，比上年增长0.6%。城镇居民人均可支配收入36938元，比上年增长5.7%；农村居民人均纯收入23005元，比上年增长10.8%。

【重点项目】 2021年，平和县101个在建重点项目，累计完成投资76.01亿元。天煜木业、贵益宝包装等项目建成投产，福熠食品等项目开工建设。组织参加“大开放、大工业、大漳州”创业招商大会云签约等，引进西蝉木业二期刨花板生产等项目27个，总投资额69.9亿元。

【城乡建设】 2021年，平和县实施城乡建设品质提升项目60个、年度投资25.23亿元，完成自来水管网改扩建一期工程，新南大桥等建成投用。推进乡村振兴，完成村庄规划75个、裸房整治1710栋，授牌市级“美丽庭院”示范户213户；建设4个村庄生活污水处理设施。新增耕地面积37.33公顷，旧村复垦项目8个、面积18.08公顷；完成高标准农田建设2693.33公顷。完善基础设施，建设农村公路82.4千米，修复养护路面3.7万平方米。开通小溪至九峰公交路线。实施农村饮水安全巩固提升项目9个。

【社会保障】 2021年，平和县城镇新增就业1089人，城镇登记失业率3.24%。完成21个为民办实事项目，建成一批居家养老服务示范点。

【社会事业】 2021年，平和县疾控中心、妇幼保健院搬迁新址，县医院胸痛中心通过国家级认证。创建省级义务教育管理标准化中学3所、小学6所，新星幼儿园宝善分园开园招生；落实“双减”工作，课后延时服务实现全覆盖。提升食品药品安全管理水平，通过省级食品安全社会共治示范县考评验收；探索实施“人机犬”空地一体立体防控模式、“两中心一站式”金融纠纷预防调处机制，高寨村获评“全国民主法治示范村（社区）”。

【生态文明建设】 2021年，平和县推进环保督察反馈问题整改，特别是花山溪流域治理，建立化肥购销溯源体系，全县化肥、农药使用量分别比上年减少5%、3%，做法在全国宣传推广。完成8家建陶企业“煤改气”设施改造。2个国控断面、县城饮用水源地Ⅲ类水达标率均达100%。县城环境空气质量优良天数为351天，比例为99.2%，环境空气质量综合指数为2.75，空气质量保持良好水平。退果还林1.03万亩，植树造林2.67万亩，森林覆盖率提高到73.32%，位居全市首位。高峰谷入选“全国优选旅游项目”，“灵通山国家地质公园”正式命名。

【全省首个“审批监管互动监管平台”上线】 2021年，平和县稳步开展相对集中行政许可权试点改革，设立投资项目、社会事务等“一站式”服务综合窗口，开启“一枚印章管审批”，建设全省首个“审批监管管互动”系统并上线运行。该系统设置业务告知、专题会商、联合踏勘、审批推送等四大功能，实现了政策互通、业务互助、职责互补、审管互动。

【县扶贫办荣膺全国脱贫攻坚先进集体】 平和县脱贫摘帽之后，坚持摘帽不摘政策、不摘责任、不摘帮扶、不摘监管，着力抓好巩固脱贫成果，创新实施“有其屋工程”、“养鸡生蛋”“一个不能少”、医疗叠加和蜜柚价格指数保险等举措，保障稳定脱贫有效提质。平和县扶贫开发领导小组办公室于2021年2月，荣膺“全国脱贫攻坚先进集体”称号。

【蜜柚产业新发展】 2021年，平和县建设蜜柚海外仓，出口蜜柚9.5万吨。蜜柚原产地官方监管仓、三级物流快递中心正式运营。“琯溪蜜柚”荣获农产品地理标志登记认证。

【获评“全国农村创业创新典型县”】 2021年3月，农业农村部公布第三批“全国农村创业创新典型县”名单，平和县入选该名单，成为漳州市唯一上榜的县（区）。近年来，平和县成立了县人才工作领导小组，具体负责创新创业工作，围绕特色产业和旅游资源，通过政府搭台民间推动，充分利用现代信息技术和创新理念，在生产加工流通领域进行创新，建设电子商务示范县、农产品质量安全示范县，财政安排资金1000万元，通过比赛激发大众创新创业热情，至2021年连续举办三届中国柚都“平和创客”创新创业大赛，共收到创业项目325个，有效促进创新创业工作。

（刘小珠）

·南靖县·

【概况】 南靖县位于漳州市西北部。2021年辖11个镇、1个国家级高新园区、1个土楼管委会，共有185个村（居）（不含划归漳州高新区的18个村）。土地面积1962平方千米。年末户籍

2021年3月日，平和县入选第三批“全国农村创业创新典型县”。图为平和蜜柚互联网产业园 （平和县 供图）

人口30.8万人，常住人口26.2万人。人口自然增长率1.03‰。

【国民经济发展】 2021年，南靖县地区生产总值343.8亿元，比上年增长4.5%。其中，第一产业增加值68.5亿元，比上年增长5.8%；第二产业增加值156.3亿元；第三产业增加值119亿元，比上年增长11%。规模以上工业总产值458.5亿元，比上年增长0.4%。农林牧渔业总产值129.1亿元，比上年增长6.3%。规模以上工业总产值458.5亿元，比上年增长0.4%。固定资产投资91.5亿元，比上年增长19.1%。社会消费品零售总额109.6亿元，比上年增长5.6%。外贸出口额17.5亿元。实际利用外资6184万元。一般公共预算总收入15.3亿元，比上年增长22.1%，其中地方一般公共预算收入9.8亿元，比上年增长19.6%。城镇居民人均可支配收入39296元，比上年增长9.7%。农村居民人均可支配收入22862元，比上年增长14.3%。

【重点项目】 2021年，南靖县80个县级以上在建重点项目完成投资109.4亿元。全年引进项目100个，总投资160亿元，其中亿元以上项目50个、10亿元以上项目5个。实现土地运作收入5亿元，向上争取各类财政、债券资金17.2亿元，县属国有投融资平台完成融资7.2亿元。出台《“突出工业、突破工业”九条措施》，累计为企业减免税费7519万元，拨付各类惠企政策资金9500万元。全年完成规模以上工业增加值115.7亿元、工业投资18.9亿元。新增新上规模以上工业企业16家，新认定省科技小巨人领军企业9家，新入库省科技型中小企业36家，万宝能源入选国家级专精特新“小巨人”名单。

【城乡建设】 2021年，南靖县实施城市建设品质提升工程，城中村雨污分流、三下排洪渠、荆江智慧体育公园等项目建成投用，新改建市政管网16千米，新增城市公厕5座、公共停车位217个。推进农村人居环境整治，清理违法用地图斑3880宗，拆除“两违”面积64万平方米，整治裸房1751栋、重大安全隐患房屋519栋，新改建农村公厕25座，村庄规划编制工作在全省作典型发言。新改建农网96.8千米，实施农路及安保工程39.4千米，入选第五批“‘四好农村路’省级示范县”。

【社会事业】 2021年，南靖县实施第三实验幼儿园新教学园区、龙山中心卫生院门诊综合楼等教育、卫生重点项目14个，新增学位1080个，床位20张。推进“相对集中行政许可权改革试点”，启用全省首枚县级行政审批专用章，“e政务”自助终端实现镇域全覆盖。完成林长制改革，在全市率先实施“林长+法院院长”工作机制，被列为全市“深化集体林权制度改革整县推进试点县”。开展矛盾纠纷排查调处和信访积案化解，推进“七五”普法，在全市率先成立“行政争议诉源治理中心”。

【社会保障】 2021年，南靖县低保覆盖率提升至1.71%，县政府残工委获评全国先进单位。新增城镇就业人员1671人，城镇登记失业率控制在5%以下。全年财政用于民生支出达17.45亿元，占财政总支出的74.87%以上。全面推行养老服务机构“公办民营”，开展全省乡镇敬老院社会化运营试点示范县活动，实现敬老院入住率53.25%，养老服务工作典型做法被《中国社会报》刊发。

【生态文明建设】 2021年，南靖县深入开展生态环境领域大干100天专项行动，全年靖城桥国考断面水质均值达到Ⅲ类，省控8个断面和5条小流域水质均值全部达标，县城空气质量优良率达99.7%，荣获第五批“国家生态文明建设示范区”称号。开展县域水资源配置规划、湿地名录编制及河湖“清四乱”专项行动，河长制工作

2021年11月，南靖土楼景区入选全省首批“气候康养福地”。图为田螺坑土楼群 （陈曙光 摄）

成效被《中国水利报》刊发。完成造林绿化1000公顷，实施小流域水土流失综合治理项目2个，新增省级森林村庄10个、绿盈乡村17个。

【乡村振兴】 2021年，南靖县推进“脱贫攻坚稳定提质三年行动”，统筹整合各类扶贫资金2698万元。实施乡村振兴战略，创建乡村振兴“串点连线成片”线路3条，实施试点示范建设项目51个。新增全国名特优新农产品4个、国家无公害农产品认证19个、农业产业化省级重点龙头企业17家，入选第三批“国家农村产业融合发展示范园”创建名单，“南靖蕉柑”“南靖土楼茶”注册国家地理标志商标，“南靖兰花”搭乘“神舟十二号”飞船开展太空育种。创新“党建+社会治理”模式，南坑镇南高村入选第二批“全国乡村治理示范村镇”。完成村级组织换届选举工作。

【第三产业发展】 2021年，南靖县举办土楼保护与活化利用国际建筑设计大赛，土楼景区入选全省首批“气候康养福地”，书洋镇和璞山村分别上榜全省“全域生态旅游小镇”“金牌旅游村”，书洋镇石桥村获评“中国美丽休闲乡村”，田螺坑土楼群荣登特种邮票、福利彩票两张国家“名片”。发展电子商务，全县农村服务站点覆盖率60%，实现电子商务交易额22亿元，比上年增长36%，入选“国家级电子商务进农村综合示范县”。

【与圣马力诺共和国签署世遗景区友好交流合作协议】 2021年7月30日，南靖县与圣马力诺共和国圣马力诺市召开线上会议，签署世遗景区友好交流合作协议。两地以法圆山（田螺坑土楼群）、圣马力诺市提塔诺山（圣马力诺历史中心）等世遗景区友好交流为切入点，在保护自然生态、文化遗产、提高文化开放水平等方面加强互动，推动在经贸、人文、旅游等多领域友好交流，促进全面合作。

【荣获第五批“国家生态文明建设示范区”称号】 2021年10月14日，2020年联合国生物多样性大会生态文明论坛在云南昆明开幕，大会为第五批国家生态文明建设示范区表彰授牌，南靖县成为漳州市唯一获此殊荣的县（区）。

（王俊强）

·华安县·

【概况】 华安县位于漳州市北部。2021年辖6个镇3个乡。土地面积1277.60平方千米。年末户籍人口16.33万人，常住人口13.42万人。人口自然增长率−0.10‰。

【国民经济发展】 2021年，华安县地区生产总值190.74亿元，比上年增长8.1%。其中：第一产业增加值35.18亿元，比上年增长6.8%；第二产业增加值104.22亿元，比上年增长6.2%；第三产业增加值51.33亿元，比上年增长13.1%。农林牧渔业总产值59.45亿元，比上年增长7.3%。规模以上工业总产值311.72亿元，比上年增长9.9%。固定资产投资78.19亿元，比上年减少1.3 %。社会消费品零售总额45.86亿元，比上年增长11.4%。外贸出口额 1.72亿美元，比上年增长24.64 %；实际利用外资5912万元。一般公共预算总收入9.06亿，比上年增长14.2 %；其中地方一般公共预算收入5.95亿元,比上年增长10.1 %。城镇居民人均可支配收入40123元，比上年增长7.6%。农村居民人均可支配收入22746元，比上年增长10.3%。

【重点项目】 2021年，华安县总投资100亿元的华安抽水蓄能项目被纳入国家“十四五”规划，总投资35亿元的罗溪水库项目纳入全省闽西南水资源配置工程项目第一批次，21个市级在建重点项目完成投资36.63亿元。际诺思分布式光伏发电等61个项目开工建设，国安达消防科技生产等45个项目竣工投产，鹰厦铁路华安城区段外移工程完成投资2.5亿元。

【城乡建设】 2021年，华安县实施城乡建设品质提升项目50个、总投资15.85亿元，新铺设、改造市政道路和雨污、供水管网25千米，新增停车位100个，完成大同路等5条道路底层沥青铺设。瀚海五凤城、荣成四季城等房地产项目加快推进。漳州北部垃圾焚烧发电厂并网发电试运营，城乡供水一体化项目完成投资3630万元。完成20个行政村村庄规划编制，创建绿盈乡村10个，整治裸（农）房1694栋，新改建镇村公厕7座，高车乡完成全域生活垃圾分类治理试点工作，新建乡镇污水配套管网35.84千米。完成农村公路建设20.15千米，县道湖仙线西陂至湖林段建成通车。实施芹官线景观提升等工程，完成投资1500万元；启动绕城二期交通安全设施提升工程。出台《关于进一步规范农村宅基地审批和监管工作的管理办法（试行）》，建立拆违“铁三角”【巡查员—拆违员—监督员，其中乡（镇）人大主席担任监督员；乡（镇）党委副书记担任拆违员；驻村（社区）领导、驻村（社区）工作队、自然资源所挂村干部、村（社区）书记主任、村（社区）包片两委担任巡查员。】机制，拆除“两违”57.14万平方米。持续实施“蓝天、碧水、净土”保卫战，县城空气环境质量优良率保持全市第一，7个主要流域国省控断面、县城集中式饮用水源水质达标率均100%。第二轮中央环境保护督察反馈的问题全部完成整改，市级层面环保督查反馈华安县问题48项完成整改43项，整改率89.5%，其余5项正加快整改。开展小流域综合整治，竹溪、福泉等小流域断面水质均达Ⅲ类水，年度节能减排任务全面完成。完成造林绿化、森林抚育、封山育林3800公顷。县第二污水处理厂完成提标改造，九龙江防洪工程漳州（四期）完成投资1310万元。

【社会事业】 2021年，华安县加快实施《华安县重振教育三年行动计划（2020—2022）》，新续建校舍工程6个，全县完小以上学校实施课后延时服务、基层中学封闭制管理实现全覆盖，25所学校通过“省级义务教育管理标准化学校”评估验收，华安一中通过“省一级达标高中校”复评。县医院医技楼建成投用。承办全省青少年田径锦标赛，“五馆一中心”竣工验收，江滨智慧体育公园建成投用，昇平楼等6处文物保护单位获批第四批市级文物保护单位。“平安华安”建设持续深化，破获各类刑事案件228起，电信网络诈骗案件发案率下降16.3%。创新“四对比、五算账”信访评理机制，推广新圩“一圩一日”“四级联调”矛盾纠纷多元化解机制等调解品牌，矛盾纠纷化解率100%。深入开展安全生产60日“大会战”行动，生产安全事故起数比上年下降25%，没有发生重大安全生产事故。

【社会保障】 2021年，华安县新增就业1161人，城镇登记失业率2.31%。全年民生事业支出12.3亿元，占财政支出74.3%。30个为民办实事项目完成投资2.58亿元。落实失地农民保障机制，开展拖欠农民工工资专项治理，农民工欠薪问题专项治理办结率达100%。发放社会救助资金、残疾人“两项”补贴、高龄老人补贴2559万元。完成长宝山陵园（二期）和9个乡镇社会工作服务站建设。

【生态文明建设】 2021年，华安县推进“绿盈乡村”创建工作，截至年底，创建82个初级版、8个中级版、8个高级版“绿盈乡村”（其中6个市级已确认，待省厅复核）。走访调查91个行政村，完成一村一档案等材料收集，并全部上传生态云平台绿盈服务系统。组织编制《华安县生态文明示范县规划》，并通过专家评审，2021年5月11日颁布实施。开展生态环境损害赔偿工作，依法对7家企业违法行为启动生态环境损害赔偿工作。企业环境污染责任保险投保工作取得新进展，纳入环境污染责任保险企业名单共有13家企业，截至年底8家完成投保工作，5家为新增投保企业。

2021年7月24日，“奔跑吧，少年”2021年福建省青少年田径锦标赛在华安县正兴学校开赛。图为运动员长跑开跑 （李小星 摄）

【2021中国·华安生态文化旅游节暨福建土楼特种邮票首发仪式举行】 2021年5月19日，2021中国·华安生态文化旅游节暨福建土楼特种邮票首发仪式在华安县仙都镇大地村举行。此次发行的《福建土楼》特种邮票一套4枚，全套邮票面值为4.8元。邮票以土楼的四季为主题，展示了振成楼、二宜楼、田螺坑土楼群、承启楼。

【2021年福建省青少年田径锦标赛在华安开赛】 2021年7月24日，“奔跑吧，少年”2021年福建省青少年田径锦标赛在华安县正兴学校开赛。比赛历时4天，来自10个地市的1400多名田径健儿参赛。

【华安经济开发区设立便企服务中心】 2021年10月11日，华安经济开发区率先在全市县管开发区设立便企服务中心，实现“区内事区内办”，打造良好的营商环境。

（郑雪慧）

责任编辑： 林 绿

附 录

开启新征程 担当新使命 为把漳州建设成现代化滨海城市而努力奋斗
——在中国共产党漳州市第十二次代表大会上的报告

（2021 年 10 月 6 日）

中共漳州市委书记 张国旺

现在，我受中国共产党漳州市第十一届委员会的委托，向大会作报告，请予审议。

过去五年的工作回顾

市第十一次党代会以来，面对错综复杂的外部环境和艰巨繁重的改革发展稳定任务，特别是新冠肺炎疫情的严峻考验，市委始终坚持以习近平新时代中国特色社会主义思想为指导，深入学习贯彻党的十九大和十九届二中、三中、四中、五中全会精神，在省委的坚强领导下，团结带领全市各级党组织和广大党员干部群众，不忘初心、牢记使命，攻坚克难、拼搏奋进，加快建设富美新漳州，全方位推进高质量发展超越，圆满完成市第十一次党代会确定的目标任务，交出了全面建成小康社会的漳州答卷。

五年来，我们着力稳增长、调结构，综合实力稳步增强。经济总量连续跃升，全市地区生产总值接连突破三千亿元、四千亿元大关，2020 年达 4545.6 亿元，位列全国城市 GDP 第 50 位。工业经济稳步增长，培育形成三大千亿产业集群，高技术产业占制造业比重逐年提升，古雷石化基地荣获“十三五”化工园区发展进步奖、连续两年入选中国化工园区 30 强。第三产业加快发展，年均增长 9.2%，占 GDP 比重提高 7.9 个百分点。农业优势巩固提升，整市域列入首批国家现代农业示范区、国家农业可持续发展试验示范区暨农业绿色发展先行区。发展后劲持续增强，古雷炼化一体化（一期）建成投产，漳州核电、中沙乙烯等重大产业项目顺利推进，福厦（漳）高铁、厦门地铁 6 号线漳州延伸段等重大基础设施项目开工建设。

五年来，我们着力破难题、激活力，改革开放深入推进。“放管服”、开发区、国资国企等重点领域改革实现新突破，“生态 +”等 6 个改革经验做法入选改革开放 40 周年“福建影响力”案例。人才发展体制机制改革持续深化，全社会研发投入快速增长，人才队伍和创新平台不断优化。在全省率先成立台胞台商服务中心，台资实际到资额位居全省第一，漳浦台湾农民创业园综合实力考评位居全国第一，对台交流热度持续位居全省前列。构建开放型经济新体制综合试点试验工作通过终期评估，获批国家跨境电子商务综合试验区，漳州台商投资区保税物流中心（B 型）封关运营。

五年来，我们着力拓空间、优环境，城乡面貌显著提升。龙海、长泰撤县（市）设区，中心城区形成“一城四区”、沿江滨海的发展格局。统筹推进老城区现代化提升和新城区现代化建设，蝉联“全国文明城市”，上榜中国美好生活城市十大“心仪之城”。新型城镇化加快建设，常住人口城镇化率从 2015 年的 54.5% 提高到 2020 年的 61.4%。乡村振兴稳步推进，城乡居民收入差距缩小至 1.9 ∶ 1，城乡生活垃圾转运系统实现全覆盖，培育一批中国传统村落、乡村振兴示范典型。环境治理力度加大，水质、气质、土质明显提升，入选全国首批黑臭水体治理示范城市、国家节水型城市。国土绿化持续推进，森林覆盖率提升至 64.8%。

五年来，我们着力补短板、惠民生，人民福祉持续改善。脱贫攻坚高质量完成，提前一年半实现现行扶贫标准下 66157 名建档立卡贫困人口全部脱贫、183 个贫困村全部退出、3 个省级扶贫开发重点县全部摘帽。民生支出占一般公共预算支出比重达 79.4%，教育、医疗、文化、养老、育幼、住房和社会保障等事业进一步发展，新增城镇就业 23.7 万人。新冠肺炎疫情防控有力有效，应对公共卫生事件的机制更加完善、能力明显提升。平安建设不断深化，入选首期创建全国市域社会治理现代化试点合格城市，扫黑除恶、信访维稳、安全生产、金融风险防范化解等工作扎实有效，“七五”普法圆满完成，群众安全感满意率保持在 98% 以上，“漳州 110”被授予“时代楷模”荣誉称号。

五年来，我们着力正风气、聚合力，党的领导不断加强。深入开展“两学一做”学习教育、“不忘初心、牢记使命”主题教育、党史学习教育、政法队伍教育整顿和“再学习、再调研、再落实”活动，教育引导党员干部增强“四个意识”、坚定“四个自信”、做到“两个维护”。推动市委党校、谷文昌干部学院“合署办公、合址办学”、城区党校“一体办学”，干部教育培训格局逐步优化。圆满完成县乡党委换届，出台激励广大干部新时代新担当新作为《实施办法》，领导班子和干部队伍建设不断加强。开展农村基层党建“整乡推进、整县提升”行动，有效消除村级集体经济空壳村和薄弱村。一体推进不敢腐不能腐不想腐，纪检监察体制改革取得重大进展，完成十一届市委任期内巡察全覆盖。坚持党总揽全局、协调各方，人大、政协工作不断加强，爱国统一战线发展壮大，工会、共青团、妇联等群团组织作用积极发挥，实现全国双拥模范城“七连冠”，生动活泼、安定团结的政治局面更加巩固。

五年的历程极不平凡，五年的成就鼓舞人心。这些成绩的取得，是以习近平同志为核心的党中央和省委坚强领导的结果，是在历届市委接续奋斗打下的良好基础上，全市各级党组织、广大党员干部群众团结拼搏的结果，是各级老领导、老同志关心支持的结果，是驻漳中央和省属单位、驻军部队、武警官兵，各民主党派、工商联、无党派人士、人民团体、新的社会阶层人士，以及港澳台同胞、海外侨胞、国际友人支持参与的结果。在此，我谨代表中共漳州市第十一届委员会，向所有为漳州发展作出积极贡献的同志们、朋友们，表示衷心的感谢和崇高的敬意！

五年的奋斗历程，深刻启示我们：必须坚持思想领航、理念引领，以习近平新时代中国特色社会主义思想为指导，完整、准确、全面贯彻新发展理念，实现更高质量、更有效率、更加公平、更可持续、更为安全的发展；必须坚持工业为主、实体为基，把做实做强做优实体经济作为主攻方向，突出工业、突破工业，以工业发展为引领，促进三次产业协调发展、优化升级；必须坚持崇尚实干、狠抓落实，大力弘扬“马上就办、真抓实干”优良作风，强化项目化、清单化、责任化管理，推动各项任务落深落细落实落到位；必须坚持系统观念、底线思维，紧紧抓住主要矛盾和矛盾主要方面，善于“十个指头弹钢琴”，统筹好发展和安全，确保经济行稳致远、社会安定和谐；必须坚持党要管党、从严治党，坚持和加强党的全面领导，以政治建设为统领，全面推进党的各方面建设，把各级党组织建设得更加坚强有力，巩固发展良好政治生态。

在肯定成绩的同时，我们也要清醒看到，我市发展仍然存在不少问题和差距，主要是：经济总量不大，主导产业不强，龙头带动不够，创新能力不足，特色优势没有充分发挥，加快发展和转型升级任务艰巨；城镇化建设滞后，中心城区辐射带动能力不强，县域经济活力不足；制约发展的一些体制机制障碍依然存在，营商环境需进一步优化；教育、医疗、养老、文化等民生事业还有不少短板，污染防治和生态修复任重道远，社会治理体系和治理能力现代化水平有待提升；一些党组织管党治党主体责任落实不到位，部分干部担当意识不强、干事创业精气神不足，“四风”问题和腐败现象还没有得到根治。对此，我们必须高度重视，采取有力措施，切实加以解决，努力把各项工作做得更好。

今后五年发展的总体要求和主要任务

今后五年，是我们乘势而上开启全面建设社会主义现代化新征程、意气风发向第二个百年奋斗目标进军的五年。省委省政府对漳州发展寄予厚望，明确指出漳州是福建省未来经济发展的重要引擎。经过历届市委的不懈努力和艰苦奋斗，漳州正进入工业化提升期、数字化融合期、城市化转型期、市场化深化期、基本公共服务均等化提质期，城市发展空间正从滨江向滨海拓展，发展基础更加扎实，发展动力更加强劲，发展前景更加广阔。我们完全有基础、有条件、有信心、有能力，在新的赶考路上交出更加优异的答卷。

今后五年工作的指导思想是：高举习近平新时代中国特色社会主义思想伟大旗帜，深入贯彻党的十九大和十九届二中、三中、四中、五中全会精神，认真学习贯彻习近平总书记重要讲话重要指示批示精神，全面贯彻党的基本理论、基本路线、基本方略，紧紧围绕统筹推进“五位一体”总体布局和协调推进“四个全面”战略布局，始终坚持以人民为中心的发展思想，完整、准确、全面贯彻新发展理念，坚持稳中求进工作总基调，统筹发展和安全，全方位推进高质量发展超越，在加快建设现代化经济体系上取得更大进步，在服务和融入新发展格局上展现更大作为，在探索海峡两岸融合发展新路上迈出更大步伐，在创造高品质生活上实现更大突破，在更高起点上建设现代化滨海城市，奋力谱写富美新漳州建设新篇章。

今后五年的**奋斗目标**是：

——**发展高质量。**主要经济指标增速高于全省平均水平，地区生产总值达 6500 亿元以上，人均地区生产总值达 12.5 万元以上，工业经济扩量提质，现代服务业提速升级，现代农业高质高效，海洋经济、数字经济、绿色经济加快发展，产业基础高级化、产业链现代化水平显著提升，科技进步贡献率不低于 60%，三次产业结构持续调整优化，经济综合实力走在全省前列。

——**城市高能级。**加快城市中心东移、南北延伸、面海拓展，综合立体交通网络进一步形成，城市规模体量、功能品质和景观风貌实现大跃升，建成区面积扩大到 253 平方千米、城区人口规模提高到

230 万人左右，现代产业新城、生态滨海都市加速崛起。乡村振兴全面推进，新型城镇化提速提效，城乡融合发展加快，常住人口城镇化率达 65% 以上。

——**生态高颜值。**生态文明先行示范区建设取得新成效，绿色发展导向全面树立，绿色生活方式深入人心，能源资源利用效率大幅提高，山水林田湖草系统治理水平不断提升，污染物排放总量持续减少，生态环境质量有效改善，空气质量优良天数比例达 90% 以上，地表水三类及以上水体比例达 100%，让绿水青山成为漳州最亮底色。

——**开放高水平。**构建开放型经济新体制综合试点试验成果持续拓展，重点领域和关键环节改革取得新突破，市场化、法治化、便利化、国际化营商环境持续优化，市场主体更加充满活力。对外开放向更大范围、更宽领域、更深层次拓展，国内市场持续扩展，国外市场顺畅对接，招商引资实现新跨越。对台特色优势进一步发挥，台胞台企登陆“第一家园”建设迈出新步伐。

——**生活高品质。**实现更加充分、更高质量就业，居民收入与经济增长基本同步，收入分配结构不断优化，人均可支配收入比 2015 年翻一番，民生短板加快补齐，基本公共服务均等化水平稳步提高，全民受教育程度明显提升，健康服务体系更加完善，社会保障全面覆盖，脱贫成果巩固拓展，共同富裕迈出坚实步伐，人民生活更加幸福。

——**治理高效能。**社会主义民主法治更加健全，社会公平正义充分彰显，政府职能加快转变，行政效率和公信力显著提升，以基层治理为重点的社会治理水平明显提高，重大风险防范化解能力和防灾减灾救灾能力显著增强，安全保障更加有力，全国市域社会治理现代化试点合格城市成功创建，共建共治共享的良好局面加快形成。

同志们，蓝图已经绘就，逐梦惟有笃行。我们要上下同心、目标同向，脚踏实地、埋头苦干，奋力推动各项事业开创新局面、取得新突破。

（一）突出工业主导，加快构建现代产业体系。坚持把发展经济的着力点放在实体经济上，着眼“一产稳、二产进、三产优”，突出工业、突破工业，带动三次产业融合发展。

坚持不懈大抓工业。实施产业链提升、产业基础再造、技术改造升级工程，聚焦食品加工、石油化工等优势产业和装备制造、特殊钢铁、电子信息、生物医药、新材料、新能源等重点产业，着力抓龙头、铸链条、建集群，打造一批千亿产业集群，加快建设工业强市。积极发展数字经济，推动互联网、人工智能、大数据等与各产业深度融合，促进数字产业化、产业数字化。实施龙头企业“培优扶强”、中小企业专业化能力提升工程，强化“个转企、小升规、规转股、股上市”递进培育，打造一批百亿龙头企业和制造业单项冠军企业。实施工业园区标准化提升行动，全力推动园区专业化、规模化，力争每个县（区）都有一个省级以上开发区。特别是要继续举全市之力发展古雷石化产业，统筹推进上游大项目落地建设和中下游项目招商选资，构建大炼油、大乙烯、大芳烃、大仓储的上游产业格局和高端精细化工产业集群，打造世界一流绿色生态石化基地和全省重要增长极。

加快发展现代服务业。实施现代服务业提升工程，大力发展生产性服务业，加快发展平台经济，推进现代物流、商务服务、电子商务、科技服务、金融服务、工业设计等业态向专业化和价值链高端延伸。积极发展生活性服务业，培育新业态、新模式，推动文旅、体育、康养、育幼、家政、物业等产业向精细化和高品质转变。加快发展旅游业，整合旅游资源，完善旅游要素，优化旅游服务，打响“花样漳州”旅游品牌，让游客乐意来、住下来、想再来。构建现代商贸流通体系，推进“一县一商圈”建设，创建一批示范重点商圈。

大力发展海洋经济。坚持陆海统筹、港湾联动，主动对接粤港澳大湾区，支持沿海县区深耕港口经济和深远海战略性新兴产业，加快建设海洋经济强市。推进招银、后石、石码、古雷、东山、诏安等港区建设和口岸开放，优化集疏运体系，促进港、产、城联动发展。推动海工装备和船舶产业优化升级，建设国家级海洋装备制造基地。大力发展海上风电、制氢、核电、抽水蓄能、光伏发电、LNG 冷能利用等新能源产业，加快原油商业储备库、地下水封洞库建设，打造全国重要的清洁能源基地。建设海上牧场，推动海洋捕捞、水产养殖特别是深远海养殖健康发展，提升水产品精深加工和冷链物流发展水平。加快发展滨海旅游，以沿海大通道为主轴，串点连线拓面，构建“诗画海岸”旅游廊道。

强化创新驱动发展。积极争创国家级创新型城市，力争 R & D 投入年均增长 18% 以上。实施人才优先发展战略，推进“万才聚漳”行动计划，培养和引进高层次科技人才、高素质管理人才、高技能实用人才、高水平创新创业团队。强化企业创新主体地位，支持领军企业联合行业上下游、产学研力量组建创新联合体，推动规模以上工业企业研发活动全覆盖。扶持科技创新平台建设，高标准建设产业技术研究院和企业技术中心，培育一批国家和省级孵化器、众创空间、双创基地。坚持创新不问“出身”，激发全社会创新创业创造活力。

（二）突出滨海格局，做大做强做美中心城市。以中心城区行政区划调整为契机，推动中心集聚、拥江达海、环湾联动，着力规划好、建设好、管理好、运营好城市。

坚持科学规划布局。主动融入闽西南协同发展区和厦漳泉大都市圈，以国土空间规划为引领，统筹生产、生活和生态，强化“三区三线”管理，构筑“一核两翼”空间发展格局。“一核”，包括芗城区、龙文区、龙海城区、台商投资区、高新区，重点强化城市综合服务功能，打造全市政治中心、经济中心、文化中心。“两翼”，由长泰片区和港城片区组成，涵盖长泰城区及周边乡镇、漳州开发区及龙海东部部分乡镇，分别打造生态绿色产业聚集区和港产城融合发展示范区。编制实施综合交通、市政设施、公共服务设施、海岸带保护与利用等专项规划，精心做好沿江滨海等重点地区详细规划，做到城市建设用地控规全覆盖。理顺市区两级的规划、土地、财政、城市管理等权限，促进市区一体、共同发展。

加强特色风貌塑造。发挥拥江达海、枕山面湾的滨海优势，深化风貌规划和城市设计，强化山水格局、城市意象、风貌分区、景观廊道、建筑立面等整体管控，形成层次分明、疏密有致的天际线、山际线、水际线。实施沿江滨海景观提质工程，着力畅通水系循环、清洁水体环境、建设生态水系，加快打造九龙江“一江两岸”、西溪北溪交汇处、出海口等核心门户形象，彰显滨海城市新貌。实施公园城市建设行动，一体推进绿化、彩化、美化，建设一批串珠公园、口袋公园和立体绿化，争创国家生态园林城市。传承弘扬闽南文化、漳台文化、海丝文化，推动古城活化、古街复原、古村提升、古厝保护，建设更具闽南魅力和时代气息的历史文化名城。

提升城市功能品质。坚持先谋后动、动则必快、动则必成，统筹推进老城区做“减法”、新城区做“加法”，打造高品质宜居城市。实施交通互联互通工程，科学谋划交通动脉、重要节点和组织方式，加快完善城区之间快循环、城区内部微循环、与周边城市大循环，拉开城市大框架和主骨架。实施城市更新行动，推进老旧小区、背街小巷、断头路、建筑外立面等改造和整治，提升夜景亮化、公共停车、供水供气、排水排污、信息网络等设施建设水平，优化教育、医疗、养老、体育、休闲等公共服务配套，建设智能城市、海绵城市、韧性城市，让群众生活更舒心更安心更顺心。

壮大城市规模总量。积极推进土地运作，强化成本意识、效率意识、风险意识，实施“组团式”片区开发建设，确保干一片成一片。大力发展都市工业，明晰各开发区管辖边界、产业定位，促进产业分工合作，推进园区“腾笼换鸟”，引导企业“退城入园”，因势利导推动“工业上楼”，加速形成集聚集约、错位竞争、特色发展的产业格局。鼓励建筑企业入驻和回迁，促进建筑业发展壮大。繁荣城市经济，积极引入中央商务区、邻里中心等商业地标，培育总部经济、楼宇经济等高端业态，发展商务金融、商贸文旅、软件信息等产业，拓展婴童看护、社区照料、健康服务等新兴业态，实现以产兴城、以城聚人、产城人融合，建设人口扩张型城市。

（三）突出特色优势，扎实推进乡村全面振兴。坚持把解决好“三农”问题作为重中之重，因地制宜推动农业强、农村美、农民富，走出一条具有漳州特色的乡村振兴道路。

巩固拓展脱贫成果。严格落实五年过渡期内“四个不摘”要求，确保脱贫攻坚同乡村振兴有效衔接。健全防止返贫监测帮扶机制，持续发展壮大扶贫产业，多渠道增加村集体收入和脱贫农户家庭收入，坚决守住防止规模性返贫底线。聚焦农村低收入人口，分层分类做好常态化帮扶，对有劳动能力的帮助提升劳动技能、拓宽就业渠道、增加工资性收入，对无劳动能力的采取综合措施兜底保障，确保不产生新的贫困对象。用好用足各级扶持老区苏区政策，突出“绿色、红色、特色”导向，加快老区苏区发展，确保老区苏区在现代化建设进程中一个都不掉队。

发展特色现代农业。坚持以工业化理念谋划农业，加快由农业大市向农业强市迈进。实施特色现代农业“1122”工程，推进质量兴农、绿色兴农、品牌强农，做精做优做强水果、蔬菜、水产、畜禽、花卉苗木、食用菌、林竹、茶叶、中药材等特色产业，促进农业提质增效。推动产业化经营，培育更多具有法人主体的家庭农场、农业合作社、产业化龙头企业，发展农产品精深加工和数字农业、休闲农业、乡村旅游等业态，促进农业“接二连三”融合发展。坚决遏制耕地“非农化”，防止耕地“非粮化”，强化种业创新和农业科技装备支撑，牢牢守住耕地保护、粮食安全红线。

推进美丽乡村建设。坚持规划引领，推动“多规合一”实用性村庄规划编制全覆盖，做到先规划后建设、无规划不建设，注重留白留绿留旧留文留魂，高质量抓好乡村振兴重点县、特色镇、试点村建设，让人们望得见山、看得见水、记得住乡愁。加强农房建设管理，推行“两统筹、两统管”制度，严把审批关、设计关、监管关，全面排查整治房屋安全隐患，治理裸房、空心房和农村“两违”，保护好传统村落、历史建筑和传统风貌建筑。开展农村人居环境整治提升五年行动，抓好“一革命四行动”，推动乡村基础设施和公共服务提档升级，梯次建设“绿盈乡村”。积极培育文明乡风、良好家风、淳朴民风，展现乡村文明新气象。

提升县域经济实力。实施县域“大城关”战略，推进以人为核心的新型城镇化，打造一批全省县域经济“十强”县、“十佳”县。坚持因地制宜、因势利导，宜工则工、宜农则农、宜商则商、宜旅则旅，打造“一县一业”特色，力争每个县培育形成一个以上的百亿产业集群。重视南部县域资源整合、产业协作，着力贯通泛东山湾，联手打造石化、清洁能源等优势产业集群。加强北部和西部板块生态保护，提升现代农业、生态旅游业，发展绿色经济。实施县城建设提质升级行动，建设产城融合、职住平衡、生态宜居、交通便利的现代化城区。推进一批重点镇、中心镇和特色小镇建设，加快城乡一体化步伐。

（四）突出内外联动，服务和融入新发展格局。着力扩大对内对外开放，依靠内需拓展积极融入国内大循环，依靠改革开放全面参与国内国际双循环。

积极有效扩大内需。牢固树立“抓发展是硬道理、抓项目是真功夫”理念，持续开展“产业发展项目建设年”活动和“六比一看”竞赛，强化各类要素保障，加快“两新一重”项目建设，实施一批补短板工程包，千方百计扩大有效投资。依托强大国内市场，扩大优质商品与服务供给，完善生产、运输、仓储、流通、配送全链条服务，拓展“漳州产”“漳州味”市场。坚持把扩大内需和改善人民生活品质结合起来，推动汽车、家电、家装等重点商品消费，激活餐饮、零售、旅游、文化娱乐等服务消费，点亮夜购、夜游、夜娱等夜间消费，发展直播带货、线上团购等新型消费模式，让消费热起来、经济活起来。

持续扩大对外开放。主动融入海丝核心区建设，加快打通“关、税、汇、商、物、融”链条，推动内需与外需、出口与进口、吸引投资与对外投资协调发展。加快建设国家跨境电商综合试验区，推动传统外贸企业向跨境电商转型、向内外贸融合方向发展，巩固欧美、日韩、东南亚等传统市场，拓展“一带一路”市场和新兴市场，促进“买全球、卖全球”。积极开展大招商、招大商，用好侨资侨智侨力和商会协会平台，强化“一把手”招商、点对点招商、产业链招商、以商引商，用更多大项目好项目夯实高质量发展支撑。

优化提升营商环境。深化“放管服”改革，实施市场准入负面清单制度，推行“互联网＋政务服务”，在更大范围推进跨省通办、省内联办、掌上可办、一网好办，打造能办事、快办事、办成事的便利漳州。提升市县乡三级行政（便民）服务中心建设水平，建立审批事项否决逐级快速上报机制和“一表申请、一口受理、一章审批、超时默认、默认追责”制度，促进政务服务标准化、规范化、便利化。推进国有企业、土地管理、预算管理、商事登记、金融服务、县管开发区、相对集中行政许可权等重点改革任务，支持和促进民营经济健康发展，激发发展内生动力。深化“千名干部挂千企”帮扶活动，为企业提供“妈妈式”服务，做到不叫不到、随叫随到、服务周到、说到做到，构建“亲”“清”政商关系。

（五）突出先行先试，探索漳台融合发展新路。发挥对台的独特优势，着力做好“通”“惠”“情”文章，深化漳台各领域融合发展，打造台胞台企登陆“第一家园”。

深化经济领域融合。实施新一轮漳台产业合作计划，推进石油化工、食品加工、机械装备、精致农业等优势产业深度融合，加强新一代信息技术、文化创意、冷链物流、海洋经济、跨境电商等领域合作，做大做强古雷台湾石化产业园、漳州台商投资区、南靖闽台精密机械产业园、漳浦台湾农民创业园、闽台农业融合发展（漳浦农机、南靖兰花）产业园等平台。谋划一批便利两岸往来的港口、码头、航道项目，推进东山对台客货直航码头建设，开通与澎湖、高雄的货运航线，持续扩大对台贸易。加强对台金融要素和资本市场合作，支持符合条件的台资企业上市融资，鼓励台资高新技术企业参与科技创新，争创两岸产业融合发展先行示范区。

保障台胞台企权益。完善保障台胞福祉、享受同等待遇的制度和政策，推动住房、医疗、教育、养老、社保等基本公共服务均等化、普惠化、便捷化，打造“家乡化”服务引领区。支持台胞参与乡建乡创、社区治理，打造百个“漳台特色乡镇村里对接”示范点，推动乡村治理经验互学互鉴。提升台胞台商服务中心功能，积极拓展涉台法律服务领域，健全跨部门联动的涉台投诉维权快速反应机制，切实维护合法权益，让台胞台商在漳工作生活更有归属感获得感安全感。

增进情感文化认同。以宗亲、乡亲、姻亲、民间信仰为纽带，密切人文交流，促进心灵契合，建设两岸基层融合发展先行区。拓展交流交往深度，持续办好海峡论坛漳州活动、农博会·花博会、茶博会等品牌活动，积极开展祖地寻根、祖庙交流、族谱对接，促进两岸同乡会、宗亲会常态化联谊，推动文化艺术、民间技艺、非遗项目等入岛交流，打造对台“特色文化账号”，增进台胞对祖地“根脉”的认同。积极推动漳台青年交流，促进更多台青和“首来族”漳州行，吸引更多台湾人才、创业项目落户漳州。

（六）突出生态优先，切实守护漳州绿水青山。牢固树立绿水青山就是金山银山理念，持续加强生态市建设，推动生态环境“高颜值”和经济发展“高质量”。

推动绿色低碳发展。把碳达峰、碳中和纳入生态市建设布局，科学编制实施二氧化碳排放达峰行动方案。加强能耗“双控”，推进绿色制造。加快建立健全生态产品价值实现机制，完善排污权、用能权、用水权、碳排放权等有偿使用和交易制度，支持有条件的县（区）率先开展碳汇交易试点，健全生态环境损害赔偿、多元化生态补偿制度体系。倡导绿色低碳生活方式，推广应用减污降碳技术，推进生活垃圾分类，增强全社会生态环保意识。

强化污染防治攻坚。坚持精准治污、科学治污、依法治污，深入打好污染防治攻坚战，解决好群众身边突出生态环境问题。实施蓝天工程，加强区域联防联控和污染天气应对，实现细颗粒物与臭氧“双控双减”。实施碧水工程，落实河湖长制，统筹水资源利用、水生态保护、水环境治理，巩固黑臭水体治理成果，推进一批重点水利工程建设，打造优美水生态。实施净土工程，加强土壤分类管控和农业面源污染治理，保障农产品质量和人居环境安全。实施碧海工程，建立海上环卫长效机制，深化海湾修复、海域综合治理、海岛环境治理、海漂垃圾整治，建设美丽海湾。加强生态环境保护执法联动、司法衔接，加大打击力度，让破坏生态环境付出代价。

加强生态修复建设。严格生态空间管控，落实“三线一单”，守住自然生态安全边界。坚持山水林田湖草系统治理，推进九龙江等重要流域生态系统保护和修复，加强东山八尺门海域、长泰吴田山和漳浦蔡坑矿山、九龙江口和漳江口红树林湿地等生态修复，提升生态系统质量和稳定性。全面推行林长制，开展国土绿化美化、森林质量提升等行动，加大侵占林地整治力度，鼓励支持高海拔山区退果还林，加强水土流失治理，巩固提升漳州绿色生态优势。

（七）突出以民为本，不断提高人民生活品质。坚持尽力而为、量力而行，解决好群众“衣食住行学、生老病死养”等实际问题，让人民群众的获得感更强、幸福感更可持续、安全感更有保障。

办好公平优质教育。落实立德树人根本任务，强化学校育人主阵地作用，深入推进“双减”等工作，促进学生德智体美劳全面发展。扩大优质教育资源供给，探索集团化办学，全面构建学前教育普及普惠、义务教育优质均衡、高中教育特色多样的高质量基础教育公共服务体系。加快发展现代职业教育，深化职普融通、产教融合、校企合作，加快推进“双高”职业院校建设，推动漳州职业技术学院、漳州卫生职业学院等提升为本科院校，培养更多高素质技术技能人才、能工巧匠。发展特殊教育、终身教育，建设学习型社会。

完善健康服务体系。常态化抓好疫情防控，完善疾病预防控制体系、公共卫生服务体系和应急管理体系，筑牢公共卫生安全屏障。深化“三医联动”改革，推进优质医疗资源提质扩容、均衡布局，加快补齐医疗人才、技术等短板，完善分级诊疗体系、医共体运行机制，提升医疗服务能力。实施中医名医名药名科名院发展战略，加快建设市中医院新院区。加快构建居家社区机构相协调、医养康养相结合的养老服务体系，推动养老事业和康养产业协同发展，实现低端有保障、中端有市场、高端有选择。实施“三孩”生育政策及配套支持措施，加强普惠性托育机构建设，促进人口长期均衡发展。积极发展“体育+”产业，激发全民健身热潮。

提升社会保障水平。全力做好重点群体就业，实施城乡居民增收计划，推进经济发展、就业充分与收入增长联动，促进共同富裕。深入实施全民参保计划，推动各类社保提标扩面工作。坚持“房住不炒”，加快发展保障性租赁住房，促进房地产市场平稳健康发展。保障妇女儿童合法权益，关心关爱农村“三留守”人员，促进社会救助、社会福利、公益慈善、关心下一代等事业健康发展。完善退役军人服务和保障体系，推动军民融合深度发展，力争全国双拥模范城“八连冠”。

推动文化繁荣发展。加大各类文明创建力度，健全新时代文明实践中心（所、站）三级体系和志愿服务体系，争创全国文明典范城市。推进闽南文化生态保护区建设，做好革命文物、涉台文物、海丝文物等保护利用，促进非物质文化遗产活态传承、融入生活。坚持文化惠民，推进媒体融合纵深发展，推动市区“五馆”、县级“三馆”、基层综合性文化服务中心等文化场馆提质升级，推出一批富有漳州特色的文艺精品。大力发展文化服务业、文化贸易业，培育发展创意设计等新型文化业态，壮大文化产业实力。

深化平安漳州建设。落实总体国家安全观，加强风险分析研判和综合治理，严密防范各种风险挑战。保障人民生命安全，强化道路交通、建筑施工、工贸、危险化学品、景区和非景区景点、校园及周边等重点领域安全整治，加强食品药品安全监管，完善应急管理体制，提升防灾减灾救灾能力，坚决防范遏制较大及以上安全事故。全力维护社会和谐稳定，大力弘扬新时代“漳州 110”精神，完善社会矛盾综合治理机制，深化警务改革，常态化开展扫黑除恶专项斗争，严厉打击治理新型网络诈骗、黄赌毒等违法犯罪活动。全面推进依法治市，实施“八五”普法，加快重点领域立法，加强诚信体系建设。深入推进全国市域社会治理现代化试点工作，提高社会治理系统化、社会化、精细化、法治化、智能化水平。

为加快建设现代化滨海城市提供坚强保证

实现未来五年的目标任务，关键在党，关键在人。必须深入贯彻落实新时代党的建设总要求和新时代党的组织路线，大力弘扬伟大建党精神，以党的政治建设为统领，全面推进党的各方面建设，不断提高党的建设质量。

（一）强化政治引领，在永葆初心中砥砺前行。坚持把政治建设摆在首位，着力提高政治判断力、政治领悟力、政治执行力，始终在思想上政治上行动上同以习近平同志为核心的党中央保持高度一致，以实际行动增强“四个意识”、坚定“四个自信”、做到“两个维护”。深入开展党史学习教育，发扬光荣传统，赓续红色血脉，推动学习贯彻习近平新时代中国特色社会主义思想走深走实。严格落实意识形态工作责任制，加强阵地建设和管理，提高突发事件敏感舆情的风险化解和应对处置能力，持续巩固壮大主流思想舆论。

（二）强化队伍建设，在干事创业中提升能力。坚持党管干部原则，打好“育选管用”组合拳，建设政治过硬、领导现代化建设能力强的高素质专业化干部队伍。树立“凭能力用干部、以实绩论英雄”的选人用人导向，用足用好记功嘉奖、公务员职务与职级并行等制度，优先提拔重用群众反映好、敢于负责、勇于担当、善于作为、实绩突出的干部，真正让优秀的优先、能干的能上、有为的有位。实施年轻干部全链条梯次培养工程，按要求配备女干部、少数民族干部和党外干部，加大干部交流力度，重视和关心老干部工作。坚决摒弃“大概、差不多、过得去”的模糊思维，弘扬“爱拼才会赢”的闽南文化，践行漳州“五种精神”，进一步提振干部干事创业精气神。发挥谷文昌干部学院干部教育培训主渠道、主阵地作用，加强干部思想淬炼、政治历练、实践锻炼、专业训练，增强“八种本领”、提升“七种能力”。

（三）强化基层导向，在固本强基中筑牢堡垒。坚持分类别具体指导、分领域统筹推进，完善上下贯通、执行有力的组织体系，把基层党组织建设成为坚强战斗堡垒。突出“全域党建、全面提升”，高质量推进“两个覆盖”，巩固完善传统领域党建，积极拓展新兴领域党建，深化党支部“达标创星”活动，持续整顿软弱涣散基层党组织，加强带头人队伍建设，推动基层党建全市域推进、全领域加强。坚持重心下移、资源下沉、保障下倾，健全完善党员干部直接联系服务群众制度机制，打通联系服务群众的“最后一公里”。强化党员教育管理，用好党内激励、关怀、帮扶举措，推动党员教育管理有力度、有温度。

（四）强化正风肃纪，在管党治党中担当尽责。把严的主基调长期坚持下去，推进全面从严治党向纵深发展、向基层延伸，努力营造“想干事、会干事、干成事、不出事、好共事”的良好政治生态。严格落实中央八项规定及其实施细则精神，靶向纠治形式主义、官僚主义，持续整治群众身边的腐败问题和不正之风。精准落实政治巡察要求，深化纪检监察体制改革，加强对“一把手”和领导班子监督，推进各类监督贯通融合。深化党风廉政建设和反腐败斗争，综合运用“四种形态”，重点查处政治问题和经济问题交织的腐败案件，持续织密制度笼子，深入开展警示教育，不断提高不敢腐、不能腐、不想腐的综合功效。严格落实“三个区分开来”，健全正向激励和容错纠错机制，旗帜鲜明为改革者鼓劲、为实干者撑腰、为担当者担当、为负责者负责。

（五）强化党的领导，在总揽全局中凝聚合力。坚持和加强党的全面领导，充分调动一切积极因素，广泛团结一切可以团结的力量。认真贯彻《中国共产党地方委员会工作条例》，严格执行民主集中制，健全党委议事规则和决策程序，严肃党内政治生活，不断提高把方向、谋大局、定政策、促改革的能力和定力。积极支持人大、政府、政协、监委、法院、检察院依法依章履行职能、开展工作、发挥作用，把党委总揽全局、协调各方落到实处。加强同各民主党派、工商联和无党派人士的团结合作，认真做好民族宗教、台港澳和外事侨务工作，加强和改进群团组织工作，扎实推进党管武装、国防动员和双拥工作，广泛凝聚人心、汇聚力量。

同志们，大道至简，实干为要；征途漫漫，惟有奋斗。让我们更加紧密地团结在以习近平同志为核心的党中央周围，在省委的坚强领导下，凝心聚力、加压奋进，一张蓝图绘到底、一任接着一任干，为全方位推进高质量发展超越、加快建设现代化滨海城市、奋力谱写富美新漳州建设新篇章而不懈奋斗！

政府工作报告

2022 年 1 月 5 日在漳州市第十七届人民代表大会第一次会议上

漳州市人民政府市长　王进足

各位代表：

现在，我代表漳州市人民政府，向大会报告政府工作，请予审议，并请市政协委员提出意见。

一、2021年和过去五年工作回顾

2021 年是中国共产党成立 100 周年，是“十四五”开局之年。在以习近平同志为核心的党中央坚强领导下，在省委和省政府以及市委的正确领导下，我们坚持以习近平新时代中国特色社会主义思想为指导，全面贯彻党的十九大和十九届历次全会精神，深入学习贯彻习近平总书记“七一”重要讲话和来闽考察重要讲话精神，抓紧抓实“五促一保一防一控”重点工作，全方位推进高质量发展超越，实现了“十四五”良好开局。全市地区生产总值突破 5000 亿元，达 5025.4 亿元，增长 7.7%；一般公共预算总收入 384.5 亿元，增长 9.7%；地方一般公共预算收入 246.18 亿元，增长 12.6%；固定资产投资增长 8.2%；进出口总额 1054.2 亿元，增长 30.1%；实际利用外资 22.85 亿元；社会消费品零售总额 1804.57 亿元，增长 6.3%；居民消费价格指数（市辖区）上涨 0.3%；城镇登记失业率控制在 4.5% 以内；城镇居民人均可支配收入 43309 元，增长 8.2%；农村居民人均可支配收入 23582 元，增长 11.7%；完成年度节能减排任务。主要工作和成效是：

（一）竞赛比实绩，经济运行加速回升。深入开展“产业发展项目建设年”活动，实施“六比一看”竞赛，实行“每月一调度一通报、每季一推进一点评、年终一总评一约谈”工作机制，全力推动经济运行回归合理区间，GDP、规模工业增加值、固定资产投资、财政收入等重要指标增幅均回升至全省中上游。坚持项目为王、项目为大、项目为重，搭建项目招商和开竣工赛场，实施项目建设攻坚行动，组建“项目前期办”，加强“一把手”招商，新签约项目超 1326 个、总投资超 4456 亿元，其中 10 亿元以上项目 104 个，新开工市级以上重点项目 281 个，建成或部分建成 249 个；漳州核电 1 号机组进入设备安装阶段，厦门地铁 6 号线漳州（角美）延伸段全线开工，站点建设取得重大进展，福欣特殊钢二期等重大项目竣工投产，闽粤联网等重大工程顺利开工。着力“比新增规上（限上）企业”，出台四条培育扶持政策，全年新增规上（限上）企业 824 家。扎实推进“比征地拆迁与耕地保护”，完成征地 2.95 万亩、房屋征收 351 万平方米，处置耕地“非农化”3200 亩、批而未供土地 15009 亩、闲置土地 4640 亩。开展“比园区标准化建设”和“比农村人居环境整治与农村建设品质提升”，新建厂房 1140 万平方米，完成村庄规划编制 552 个。重点推进 15 个片区开发，着力推动高新区“三大片区”开发建设。

（二）帮扶挂实钩，产业发展转型升级。开展“千名干部挂千企”帮扶活动，定期召开企业家座谈会，为企业提供“妈妈式”服务，帮助企业解决实际问题 1475 个，兑现各类惠企政策资金 3.9 亿元，新增减税降费 14.3 亿元，推动金融机构加大企业信贷支持力度，全市本外币贷款余额增幅位居全省前列。持续

强化工业支撑，出台鼓励“小升规”、扶持企业上市、技改奖励等系列政策，培育省级工业龙头企业70家，新增高新技术企业215家、科技小巨人企业133家，万辰生物在深交所成功上市。力促产业数字化转型，7家企业入选省数字经济“瞪羚”和未来“独角兽”创新企业。高质量推进古雷石化产业发展，古雷炼化一体化一期等3个项目投产，中沙古雷乙烯项目合作合同签约，初步形成“芳烃—聚酯”和“烯烃—塑料”两条产业链。主动融入“海上福建”建设，成功举办清洁能源海峡高峰论坛，67个项目列入全省海洋经济高质量发展三年行动方案，总投资量居全省首位。加快现代服务业发展，实施电商产业培育行动，电商网络零售额超230亿元。推动旅游业恢复发展，接待总人数突破5000万人次、总收入突破550亿元。

特色现代农业提质增效，创建56个优质农产品标准化示范基地，新增国家级农业重点龙头企业2家、省级农业和林业龙头企业75家，地理标志商标总数保持全国地级市第一。实施促进建筑业持续健康发展六条措施，建筑业总产值增幅位居全省前列。

（三）改革促实效，营商环境持续优化。深化“放管服”改革，推进相对集中行政许可权改革试点，平和县、南靖县、古雷开发区、台商投资区、漳州高新区完成改革任务，实现“一枚公章管审批”。开展“比改革亮点促营商环境全面提升行动”，扎实推进340项具有漳州特色的重点任务，城市综合信用排名提升至全国第28名。全面推行“一表申请、一口受理、一章审批、超时默认、默认追责”审批服务制度，创新推广“窗口无否决权”和“否决逐级快速上报”制度，推行“房地分离”“安商一体化”“拿地即开工”等举措，实现了“交房即交证”，市新行政服务中心即将投用。持续深化人才评价机制改革，大力实施“万才聚漳”行动计划，分别认定省级、市级高层次人才121人、376人。积极融入闽西南协同发展区和厦漳泉大都市圈建设，30个重大协作项目、20个协同发展项目进展顺利。加快漳台融合发展步伐，新批台资项目92个，实际利用台资12.4亿元。深入开展“漳州味·世界行”等活动，与东盟贸易额增长49.7%。加快推进国家跨境电商综合试验区建设，实现业务首单突破等“三个率先”。

（四）防控出实招，社会大局保持稳定。始终把人民群众生命安全和身体健康放在第一位，聚合全市之力打好疫情防控阻击战，着力打赢台商投资区疫情防控战役，科学精准采取重点人群核酸筛查和封控管控、分区分级管理等举措，创新“家家访”、网格化联防联保等模式，迅速阻断病毒传播，得到孙春兰副总理、省委和省政府、国务院联防联控机制综合组福建工作组的高度肯定。进一步健全完善平战结合、高效转换的指挥体系，常态化落实“外防输入、内防反弹、人物同防”，全面推行“五最＋科技”精准管控，以最小的社会成本获取最大的防控成效。持续提升公共卫生应急处置能力，设立隔离场所10200间，全市日核酸检测能力达到17.7万份。扎实做好疫苗接种工作，全市各类人群疫苗接种率均达到国家、省要求，接种率位居全省前列。扎实推进“平安漳州”建设，严厉打击非法出入境和跨境违法犯罪活动，“漳州110”被中宣部授予“时代楷模”称号。深入开展安全生产专项整治三年行动、安全隐患大排查大整治行动、景区和非景区景点安全管理专项整治行动，在全省率先实现重大安全隐患房屋见底清零。持续治理餐桌污染，食品药品安全满意率进一步提升。加强信贷风险防控，不良贷款率保持在1%以下。

（五）为民办实事，生活品质稳步提升。深入开展“我为群众办实事”实践活动，20项为民办实事项目全部完成。实施城乡建设品质提升行动，开工建设11个棚改项目，推进79个老旧小区改造，新改扩建城市道路121千米、绿地1550亩、绿道131千米，新增城市公共停车泊位3717个。切实巩固拓展脱贫攻坚成果，成立市、县两级乡村振兴局，实施乡村振兴战略“十大行动”，全面推广农村村民建房“两统筹、两统管”制度，优化升级 28 条“串点连线成片”线路，打造出 110 个特色样板村。持续打好污染防治攻坚战，加快推进中央环保督察反馈问题整改，坚决落实能耗“双控”政策，东山八尺门生态修复工程实现开堤通水，南靖县入选国家生态文明建设示范区。实施援企稳岗行动，发放各类稳就业补贴近 8000 万元，城镇新增就业 5.15 万人。教育“双减”等改革深入推进，全面推行义务教育学校课后服务，实施集团化办学，优质教育资源供给持续扩大，新增幼儿园学位 6800 个、中小学学位 12000 个。加快 38 个医疗卫生项目建设，公立医院综合改革效果评价考核居全省第二位，医疗保障扩面提标，参保群众医疗保障水平居全省前列。启动 24 个社区养老服务机构建设，居家养老服务全方位拓展，机构养老进一步延伸。打造文化艺术高地，芗剧《李林》荣获省舞台艺术精品工程重点剧目。成功举办第十四届市运会、第十一届市老健会，全运会金牌数、奖牌数、获奖率均创历史新高，奥运会金牌、奖牌实现零的突破。

（六）学史做实功，自身建设有效加强。坚决扛起全面从严治党主体责任，深入开展党史学习教育和“再学习、再调研、再落实”活动，切实把党中央、国务院决策部署和省委、省政府以及市委工作要求不折不扣落到实处。倡导“起步就奔跑、开局就争先”的理念，推行“两单一表”、精准施策、闭环控制、异常管理等工作机制，力戒形式主义、官僚主义，风清气正、干事创业、担当作为的氛围更加浓厚。严格执行中央八项规定及其实施细则精神和省市实施办法，市本级“三公”经费支出与 2020 年持平。加强法治政府建设，提请审议地方性法规 3 部，出台政府规章 1 部。认真执行人大决议决定，自觉接受人大法律监督和政协民主监督，办理人大代表建议 142 件、政协委员提案 478 件，满意率均为 100%。妇女、儿童、工会、共青团、红十字会等事业持续推进，社会福利、残疾人、慈善、民族宗教、退役军人事务、国防动员、援藏援疆援宁、外事等工作成效明显。

2021 年工作任务的完成，标志着本届政府工作顺利收官。过去的五年，市政府坚持党的领导，把新发展理念贯穿政府工作全过程，持续完善政府治理体系，着力提升政府治理能力，市政府职责边界进一步明确，依法行政水平进一步提高。

五年来，我们坚持科技引领、推动创新发展，综合实力跃升五十强。坚持把创新作为引领发展第一动力，实施龙头企业研发机构全覆盖行动，组建主导产业研究院，持续举办创新创业大赛，全市高新技术企业突破 500 家，研发投入强度比 2016 年提高 0.26 个百分点。全市形成食品加工、装备制造、建材家居三大千亿产业集群，全域列入首批国家现代农业示范区、国家农业可持续发展试验示范区暨农业绿色发展先行区，GDP 接连突破三千亿元、四千亿元、五千亿元大关，跃入全国城市 50 强。古雷石化基地荣获“十三五”化工园区发展进步奖，连续两年入选中国化工园区 30 强。

五年来，我们坚持区域统筹、推动协调发展，城乡面貌实现大提升。主动融入闽西南协同发展区和厦漳泉大都市圈建设，成功推动龙海、长泰撤县（市）设区，市辖区面积从389平方千米扩大到2417平方千米，形成“一城四区”、拥江达海的新格局。加快补齐基础设施短板，符合条件建制村100%通客车，高速公路密度达到发达国家水平，加快迈向高铁、地铁时代。稳步推进新型城镇化，常住人口城镇化率提高7个百分点左右。深入实施乡村振兴战略，扎实推进“一革命四行动”，创建413个美丽乡村，城乡居民收入差距缩小至1.84∶1。

五年来，我们坚持生态优先、推动绿色发展，绿水青山成为新名片。牢固树立“绿水青山就是金山银山”的发展理念，扎实推进污染防治攻坚战，深入实施蓝天、碧水、净土、碧海“四大工程”，气质、水质、土质得到明显提升，全年空气质量优良天数从 340 天增加到 360 天，入选全国首批黑臭水体治理示范城市。探索推进“生态 +”模式，全市森林覆盖率由 2016 年的 63.73% 提升至 64.78%。绿色转型发展步伐加快，可再生能源发电装机增长 39.2%，万元 GDP 用水量预计由 72 立方米下降到 44 立方米，成功创建国家节水型城市。

五年来，我们坚持改革开放、推动开放发展，体制机制迸发新动能。持续用好改革开放“关键一招”，深化“放管服”、开发区、国资国企等改革，电商精准扶贫等 6 项经验入选改革开放 40 周年“福建影响力”案例，营商环境得到优化提升。开展“漳州味·世界行”活动，获批国家跨境电商综合试验区，开放型经济新体制综合试点试验成果顺利通过国家验收，对外开放水平显著提升。扎实做好“通”“惠”“情”三篇文章，新增台资企业 380 家，实际利用台资 114 亿元，居全国设区市前列。

五年来，我们坚持人民至上、推动共享发展，人民生活更有幸福感。高标准打赢脱贫攻坚战，提前一年半实现 66157 名建档立卡贫困人口全部脱贫、183 个贫困村全部退出、3 个省级扶贫开发重点县全部摘帽。大力推进民生补短板，持续抓好疫情防控，房地产项目不动产权证办理等一批历史遗留问题得到有效破解，各项社会事业取得长足进步。深化扫黑除恶专项斗争，扎实创建全国市域社会治理现代化试点合格城市，蝉联第六届全国文明城市，实现全国双拥模范城创建“七连冠”。

各位代表，五年来的发展成效，是以习近平同志为核心的党中央坚强领导的结果，是省委省政府和市委的正确领导以及市人大及其常委会和市政协监督支持的结果，是全市人民上下同心、爱拼敢赢的结果。在此，我谨代表市人民政府，向全市人民，向市人大代表、政协委员、各民主党派、各人民团体、社会各界人士及离退休老同志，向驻漳中央和省属单位、驻军部队、武警官兵、消防救援队伍，以及关心支持漳州发展的港澳台同胞、海外乡亲、国际友人，表示衷心的感谢！

在总结成绩的同时，我们也看到，漳州经济发展同全国一样面临需求收缩、供给冲击、预期转弱三重压力；创新动力和创新人才不足，产业基础和产业链水平有待提升；城市能级不高，交通便捷度不够，县域经济活力不足，城乡发展尚不平衡、不协调；生态环境保护和能耗“双控”压力进一步加大；教育、卫生、养老、文化等民生事业还有不少短板；政府服务质量、行政效能、治理能力现代化水平有待提高，营商环境还需进一步优化。这些问题我们将高度重视，采取有力措施加以解决。

二、谋划好今后五年工作，开启现代化滨海城市建设新征程

按照省第十一次党代会和市第十二次党代会的部署，今后五年市政府工作的总体要求是：高举习近平新时代中国特色社会主义思想伟大旗帜，深入贯彻党的十九大和十九届历次全会精神，认真学习贯彻习近平总书记重要讲话重要指示精神，全面贯彻党的基本理论、基本路线、基本方略，紧紧围绕统筹推进“五位一体”总体布局和协调推进“四个全面”战略布局，始终坚持以人民为中心的发展思想，完整、准确、全面贯彻新发展理念，坚持稳中求进工作总基调，统筹发展和安全，全方位推进高质量发展超越，在加快建设现代化经济体系上取得更大进步，在服务和融入新发展格局上展现更大作为，在探索海峡两岸融合发展新路上迈出更大步伐，在创造高品质生活上实现更大突破，充分认清发展大势、主势、优势、劣势，转换动能、挖掘潜能、放大势能，扬长避短、顺势而为，在更高起点上建设现代化滨海城市，奋

力谱写富美新漳州建设新篇章。

在今后五年的赶考路上，我们将全力冲刺超越，力争地区生产总值突破7000亿元、人均地区生产总值突破14万元、居民人均可支配收入突破5万元；我们将换挡创新驱动，力争R&D投入年均增长18%以上、科技进步贡献率不低于60%；我们将提升城市能级，力争中心城区建成区面积扩大到274平方千米、城区人口规模提高到236万人；我们将守护绿水青山，力争空气质量优良天数比例不低于97.5%、地表水Ⅰ~Ⅲ类水体比例不低于93.9%、近岸海域水质优良面积比例不低于92.8%。

（一）坚持发展高质量，打造科创引领的产业强市。坚持以创新驱动高质量发展，推进“万才聚漳”行动计划，积极争创国家创新型城市，加快建设现代产业体系，实施“千百亿产业培育行动计划”，推动工业经济扩量提质、现代服务业提速升级、现代农业高质高效，进一步做大做强海洋经济、数字经济、绿色经济、文旅经济，培育形成9个千亿级产业集群、5个五百亿以上产业集群，力争经济综合实力走在全省前列。

（二）坚持城市高能级，打造城乡一体的滨海都市。坚持陆海统筹、港湾联动，以厦门湾、东山湾为核心，优化港区集疏运体系，做强临港工业、海洋渔业、海洋新兴产业和现代海洋服务业，打造“海上漳州”。加快城市中心东移、南北延伸、面海拓展，支持龙海、长泰新区建设，构筑“一核两翼”空间发展格局。全面实施乡村振兴战略，深入实施乡村建设行动，加快补齐基础设施短板，力促城乡品质提升、融合发展。

（三）坚持生态高颜值，打造山青水绿的生态名市。深化生态文明先行示范区建设，落实碳达峰碳中和国家战略，实施二氧化碳排放达峰行动，推进经济社会发展全面绿色转型。深入打好污染防治攻坚战，系统推进山水林田湖草沙一体化保护和修复，推动污染物排放总量持续减少、生态环境质量持续提高，全面打响绿水青山、碧海银滩、花果芬芳的生态品牌，拓宽绿水青山向金山银山的转换通道。

（四）坚持开放高水平，打造两岸融合的先锋城市。主动融入国内国际双循环，高质量参与“海丝”核心区建设，探索建设中国（福建·漳州）—菲律宾“两国双园”经贸创新发展示范园区，推动形成更高水平的开放型经济新体制。深化重点领域和关键环节改革，推进制度型开放，破除制约高质量发展的体制机制障碍，打造良好的营商环境。积极争创两岸产业融合发展示范区，在建设台胞台企登陆第一家园上迈出更大步伐。

（五）坚持生活高品质，打造康乐温馨的宜居城市。强化就业优先政策，实施居民增收行动，实现更加充分、更高质量就业，共同富裕迈出坚实步伐。加快补齐民生短板，努力办好人民满意的教育，完善卫生健康、社会保障、养老服务等体系，大力推动生育养育教育高质量、低成本，进一步丰富人民精神文化生活，促进公共服务更有温度、更加优质，创造终身学习、全龄康乐、多元保障、全民共享的品质生活。

（六）坚持治理高效能，打造平安和谐的安全城市。深化“平安漳州”建设，严密防范各类风险，完善应急管理体制，持续提升突发公共事件应急能力和自然灾害防御水平，坚决遏制重特大事故发生。加快转变政府职能，进一步构建职责明确、依法行政的政府治理体系。推进法治漳州建设，大力弘扬新时代“漳州 110”服务精神，深化全国市域社会治理现代化试点工作，争创全国文明典范城市，提高治理系统化、社会化、精细化、法治化、智能化水平。

三、扎实做好2022年工作

新的一年，我们将统筹疫情防控和经济社会发展，坚持稳字当头、稳中求进，继续做好“六稳”“六保”工作，深入开展“产业发展项目建设攻坚年”活动，实施“七比一看”竞赛，紧盯目标快发展，大抓招商增后劲，攻坚项目促超越，全力推动现代化滨海城市建设开好局、起好步，以优异成绩迎接党的二十大胜利召开。

主要预期目标是：地区生产总值增长 7.5%；一般公共预算总收入增长 6%；地方一般公共预算收入增长 6%；固定资产投资增长 7.5%；出口总额增长 8%；实际利用外资完成 35 亿元；社会消费品零售总额增长 9%；居民消费价格指数（市辖区）涨幅 3.5% 左右；城镇登记失业率控制在 5% 以内；城镇居民人均可支配收入增长 7.5%；农村居民人均可支配收入增长 8%；完成节能减排任务。重点抓好以下七个方面工作：

（一）聚力创新驱动，建设现代化经济体系

提升创新能力。漳州高质量发展的出路在创新，必须深入实施创新驱动发展战略，启动国家创新型城市创建工作，全力推进南湖“双创”产业园建设。实施关键核心技术攻关工程，落实“揭榜挂帅”等机制。提升产业技术研究院综合实力，创建国家级科技企业孵化器，支持片仔癀、龙轴、旗滨玻璃争创国家工程研究中心，力争新增加 2 家以上省级科技创新平台。强化企业创新主体地位，支持领军企业、龙头企业组建创新联合体，促进科技、产业、金融良性循环。推动国企带头创新，力争国有工业企业研发经费投入占营收比重 4% 以上。大力培育“双高”企业，新增高新技术企业 100 家、科技小巨人企业 50 家。漳州高质量发展的关键在人才，必须全力推进“万才聚漳”行动计划，大力培养和引进高层次科技人才、高水平创新团队，进一步打响“人才漳州月”、选优生等人才工作品牌，努力建设青年友好城市。

做大做强工业。坚持突出工业、突破工业，启动“千百亿产业培育行动计划”，设立产业发展基金，加快打造千亿级和五百亿以上产业集群。实施龙头企业培优扶强、中小企业专业化提升两项工程，加强“个转企、小升规、规改股、股上市”递进培育，扶持一批百亿龙头企业、专精特新“小巨人”和单项冠军，新增新上规模工业企业 220 家以上。实施园区标准化、专业化提升行动，开展企业“亩产效益”评价，实行差别化要素保障机制，加快低效用地和僵尸企业处置，鼓励建设多层厂房，提高亩产效益、土地利用率和工业容积率。继续办好食品博览会、钟表设计大赛、工业设计大赛等活动。坚持举全市之力发展古雷石化产业，力促中沙古雷乙烯等 10 个项目早日开工、奇美 PS 二期等 6 个项目尽快投产，力争古雷炼化一体化二期项目列入国家石化产业规划，加快发展石化贸易，打造化工新材料、高端精细化工产业集群，推动石化全产业链发展。

加快发展现代服务业。实施现代服务业提升工程，力争第三产业增加值增长 9%。着力做大文旅经济，深入开展“1420”行动，突出“一山一水一粒药”，策划实施一批生态 + 中医养生的康养旅居项目，激发内在动能，推动旅游、康养、会展、赛事等产业发展。大力推动中心城区发展总部经济、楼宇经济，重点打造高新区站前总部经济产业园。扎实推进“一县一商圈”建设，完善便捷停车、便利消费等软硬件配套，力争每个县（区）培育一个重点商圈或特色街区。支持服务业新模式新业态发展，推动养老、育幼、家政、物业等服务业提质扩容。

积极发展海洋经济。开展海洋经济高质量发展三年行动，推进 139 个重点项目建设，力争海洋经济产值达到 2950 亿元。优化招银、后石、石码、古雷、东山、诏安等港区集疏运体系，加快将军澳作业区、港尾铁路、古雷疏港高速公路一期等项目建设，促进港、产、城联动发展。抢抓海上风电发展机遇，以资源开发带动产业发展，打造海上风电产业园。抓紧推进漳州核电、云霄抽水蓄能等项目，加强光伏发电、LNG 冷能利用，打造清洁能源基地。推动海工装备和船舶产业优化升级，支持龙海区建设船舶修造和拆解基地。建设海上牧场，推进 34 个渔港项目建设，加快海上养殖转型升级，打造全国最大的贝类繁育中心。支持东山县、诏安县创建省级海洋产业发展示范县。

重视培育数字经济。推动数字产业化，实施数字经济领跑行动，提升招商局 · 芯云谷、漳州物联网产业园等园区集聚水平，加快建设华晴卫星、中科智谷等重点项目，做好高新区数字经济产业园前期工作。提升产业数字化，引导企业全链条数字化改造，推动工业设备和核心业务“上云上平台”，鼓励制造业骨干企业搭建互联网“双创”平台。加速 5G 布局应用，新建 5G 基站 3000 个以上，实现核心商圈、重点产业园区、重要交通枢纽等区域基本覆盖，力争数字经济规模超 2500 亿元。

扶持建筑业发展壮大。进一步完善扶持建筑业发展配套政策，大力推动优质企业晋级创优，完成建筑业产值 880 亿元以上。加快打造建筑业总部产业园，举办建筑业招商大会，力促一批产值高、资质全的建筑业优质企业总部入驻，推动产业集聚发展。鼓励发展装配式建筑产业，支持社会资本投建装配式产业基地，力争年度装配式建筑占比 28% 以上。

（二）借力两个市场，融入国内国际双循环

大力挖掘消费潜力。坚定实施扩大内需战略，开展城乡消费提升行动，深化“乐购漳州”“县乡走透透”等促销活动，加快电商进村、农产品入城，扩大汽车、家电、家具等重点商品消费。研究制定住宿、餐饮复苏激励政策，全面激活“吃住行游购娱”消费，做活夜间经济。大力发展社区商业，支持便利店品牌化、连锁化经营，推动生鲜电商、门店到家加快发展，打造“一刻钟便民生活服务圈”。鼓励发展直播带货，促进特色农产品、老字号、文旅产品网络销售，拓展“漳州味”市场。坚持房子是用来住的、不是用来炒的定位，引导高品质和刚性住房消费健康发展，完成商品房销售面积 600 万平方米以上。

积极扩大有效投资。开展“比项目攻坚”竞赛，扎实推动 762 个市级以上重点项目建设，全力推进联盛林浆纸一体化等 12 个百亿级项目，确保重点项目投资增长 14% 以上。深化“大招商、招大商”活动，强化产业链、资本链、价值链招商，借助侨台资源和商会协会平台，探索建立“行业主管部门 + 园区 + 群团协会”招商模式，编制招商图谱，建立目标企业库，全面发动“漳商回归”，积极承接粤港澳大湾区优质产业转移。发挥“项目前期办”作用，进一步谋划储备一批重大基础设施、先进制造业、城乡建设品质提升等领域的大项目好项目。适度超前开展基础设施投资，持续深化漳汕高铁和厦漳城际轨道 R1、R3 线前期工作。强化政府投资的引导撬动作用，支持社会资本参与“新基建”，充分激发民间投资活力。加快盘活利用批而未供存量土地和闲置土地，实施九龙江调水工程，优化重大项目用地、用林、用海、用水、融资、能耗等要素保障。

拓展国际合作新空间。主动融入“海丝”核心区建设，积极争取设立中国（福建 · 漳州）—菲律宾“两国双园”经贸创新发展示范园区，探索具有漳州特色的三地共建“一带一路”新模式。推动企业“抱团出海”，组织企业参加线上线下境外重点展会，加快拓展区域全面经济伙伴关系协定（RCEP）成员国等新兴市场。加快建设国家跨境电商综合试验区，推动国际快件监管中心、跨境电商孵化园等建成投用，创新“保税 + 新零售”模式，推进跨境电商业务模式全覆盖。培育外贸新业态新模式，加大对保税物流、国际快件、国际邮件等新业态的扶持力度，引进和培育优质外贸供应链公司，鼓励市场采购贸易与跨境电商、海外仓融合发展。继续扩大先进技术、重要设备、关键零部件、优质消费品等进口。

打造一流营商环境。深入开展“千名干部挂千企”帮扶活动，全面落实新的减税降费政策，引导金融机构加大对实体经济特别是小微企业的支持力度，以“妈妈式”服务帮助市场主体减负纾困、加快发展。深化“放管服”改革，实施统一市场准入负面清单制度，扎实推进证照办理等改革。开展优化营商环境行动，完善提升行政审批制度和政务服务“好差评”制度，持续深化“一网通办、全程网办、掌上可办”，落实137项“跨省通办”事项。加强基层服务窗口建设，推动乡村群众办事“一窗受理、无差别审批”改革。深化国资国企改革，健全国有资本管理运营机制。进一步优化征迁和安置政策。

（三）发力片区开发，带动滨海城市建设起好步

精心做好城市规划设计。着力提升规划编制水平，按照“一核两翼”空间发展格局和功能定位，抓好城乡统筹规划，完善全域全要素、陆海统筹的规划“一张图”，完成漳州市国土空间规划编制报批。着力提升城市设计水平，突出整体设计品质，统筹城市总体空间、整体景观和公共空间，形成山水相融、城景相依的城市景观特色。鼓励采用公开征集等形式开展城市设计编制，注重结合城市中心、沿江依山滨海等节点打造多组团、聚焦性建筑集群和地标性建筑，形成节奏鲜明、高低起伏、富有韵律的城市美丽天际线。着力提升文脉保护水平，突出闽南文化特征，注重闽南建筑风格的传承与演化，把文化基因融入到城市规划和建筑设计中，提升漳州特色建筑辨识度和影响力。

精致提升城市功能品质。抓好市政设施新一轮改造提升，推进818个城市建设品质提升项目，新建改造供水、雨水、污水、燃气四类管网420千米以上，新增公共停车泊位3000个。加强中心城区交通体系建设，实施城区互联互通工程，推进交通快速化改造，形成网状便捷、运转高效的交通格局。加快园林绿化提升，坚持适地种树，加大市花市树种植量，种植更多市民喜爱的乡土品种，突显花化彩化、成林成片。实施城市公园建设行动和沿江滨海景观提质工程，启动云洞岩溪山云道建设，新增城市绿地1500亩、绿道100千米以上。持续推进城市更新，加快中心城区道路“白改黑”和人行道改造升级，开展新一轮背街小巷和农贸市场整治，改造提升老旧小区200个。加强城市历史文化及大树、古树保护，对独具城市记忆的旧厂区、旧商业区、旧居住区进行织补式更新，进一步促进底蕴激发、活化。

精细优化城市管理。制定城市管理标准，统一中心城区管理标准体系，提高精细化管理水平。整合资源打造“城市大脑”，加快智慧城管二期建设，充分运用现代化技术，搭建市政、园林、环卫等应用场景，治理交通拥堵等“城市病”，提升智能化管理水平。全面启动县城生活垃圾分类工作，推进省、市生活垃圾分类示范片区建设。整合社区管理资源，促进社区、物业、志愿服务三位一体，切实提高社区治理水平。推动主城区水系联排联调和智慧水务系统建设，积极开展全国城市黑臭水体治理示范城市创建活动，全面消灭市区黑臭水体。

大抓城市片区开发。主动融入闽西南协同发展区和厦漳泉大都市圈建设，全面推进中心城区15个重点片区开发，芗城区重点推进西湖片区，龙文区重点推进建元片区，龙海区重点推进榜山片区，长泰区重点推进溪东片区，高新区重点推进“三大片区”，台商投资区重点推进滨江片区，漳州开发区重点推进双鱼岛开发，力促中心城区七区联动、沿江向海、能级提升。片区开发要按照人口扩张型城市要求，优先导入城市产业、繁荣城市经济，进一步集聚人口、提升人气，推动以产兴城、以城聚人、产城人融合。以适度超前理念规划布局宜居社区和公共服务配套，探索建设“未来社区”，优化园林绿化，提升生态水系，充分利用地下空间，打造宜业宜居而又有韧性的城市样板。

激活县域发展活力。扎实推进新型城镇化建设，统筹县、乡、村发展，实施县域“大城关”战略，推动以城带乡、促村，引导农村人口向县城、向中心城镇集聚。依托石化、造纸、新能源等重点产业，协同优化产业链布局，打造产业集群。推进“一县一业”“一县（区）一省级以上开发区”培育行动，扶持壮大特色产业，推动产业向园区、向城镇集聚，打造全省县域经济“十强”“十佳”“十优”县（区），重点培育龙海、漳浦入围全国百强县。

（四）奋力探索新路，争创漳台融合示范区

深化漳台产业融合发展。实施经济领域融合“五大提升计划”，设立闽台产业发展基金，持续完善涉台园区生产生活配套，争创两岸产业融合发展示范区。推动古雷开发区升格为国家级开发区。加大“以台引台”力度，筹划举办“大陆台协会会长漳州行”活动，着力引进智能制造、电子信息、新能源、新材料等“专精特新”产业，力争新办台资企业项目 60 个以上。谋划一批便利两岸往来的港口、码头、航道项目。

强化祖地根脉情感认同。以漳台宗亲、乡亲、姻亲、民间信仰为纽带，实施“四个交流工程”，建设两岸基层融合发展先行区。密切基层交流，打造“漳台特色乡镇村里对接”示范点，推动同名同宗村、祖庙一分灵庙交流，增进祖地认同。加强基地交流，推动对台交流基地提档升级，提升基地承载力和活动影响力。深化文化交流，办好对台品牌节庆活动，举办海峡两岸（漳州）首届美食文化节，把漳州古城打造成两岸文化交流示范基地，增强文化认同。促进青年交流，着力打造“五个一批”，吸引更多台湾青年融入漳州、扎根漳州。

优化台胞台企权益保障。深化社会领域融合“五项服务行动”，拓展漳州市台胞台商服务中心功能，推动各县（区）设立台胞台商服务中心或涉台服务专窗，构建“一号受理、一码通办、一站服务”机制，打造“家乡化”服务引领区。坚持“非禁即享”，落实落细惠台利民政策举措，推进住房、医疗、教育、养老、社保等基本公共服务均等化、普惠化、便捷化。优化涉台纠纷诉调对接工作，探索创新涉台法律服务一体化管理机制，为在漳台胞及在台乡亲提供“一站式”云端司法服务。

（五）致力乡村振兴，加快农业农村现代化

巩固拓展脱贫成果。继续坚持“四个不摘”，发挥“一键报贫”平台作用，落实防止返贫监测和帮扶机制，确保脱贫攻坚成果同乡村振兴有效衔接。坚持开发式帮扶与保障性措施相结合，加强产业和就业扶持，强化低保、医疗、养老保险等综合保障。全面落实国家支持老区苏区振兴发展的系列政策，进一步补齐农村公共服务短板，加快老区苏区和少数民族乡村发展。

推动特色现代农业发展。坚持质量兴农、绿色兴农、品牌强农，做优做强特色产业，做好“种养加”三篇文章，大力建设现代农业产业园、优势特色产业集群，高标准打造一批现代农业建设样板区和乡村产业兴旺引领区，新创建省级示范村 12 个、市级“一村一品”专业村 36 个。推进新型经营主体法人化“1133”培育工程，打造若干产值超 100 亿元的龙头企业。增加农村金融供给，创建金融支持乡村振兴示范区。提升粮食生产能力，建设高标准农田 9 万亩，提高农机装备水平，确保粮食总产量 41.3 万吨以上。加强粮食安全责任制考核，落实涉粮巡视巡察反馈问题整改，健全粮食应急保障体系，加快建设漳州粮食产业园，坚决遏制耕地“非农化”、防止耕地“非粮化”。

推进美丽乡村建设。深入实施乡村振兴战略，全面推进实用性村庄规划编制，确保完成 257 个村庄规划编制任务。坚持“整县推进、整镇推进”，持续抓好省级乡村振兴7个重点县、12个特色乡镇、120个试点村建设，打造36条乡村振兴“串点连线成片”线路，建设“望山见水有乡愁”的美丽乡村。开展农村人居环境整治提升五年行动，加快基础设施提档升级、公共服务扩面提标，推进农村公路、供水、污水管网等设施建设，新建改造农村公路214千米，完成三分之一以上存量裸房整治，创建一批“无裸房示范镇（村）”。优化农村住房规划建设管理，扎实推行“两统筹、两统管”和治违“铁三角”制度，打造一批农村新型住宅小区示范样板。加强乡村治理能力建设，积极开展文明乡村创建，引导各乡村组建乡贤促进会，以乡贤带动乡亲，充分发挥村民主体作用。

（六）着力绿色发展，推动生态环境高颜值

科学做好碳达峰碳中和工作。正确认识和把握碳达峰碳中和，加快编制实施《漳州市碳达峰行动方案》，推动能耗“双控”向碳排放总量和强度“双控”转变。推动石化、钢铁、造纸等重点产业深入实施清洁生产改造，鼓励企业进行低碳工艺革新和数字化转型，支持三宝钢铁、福欣特殊钢创建钢铁产业循环经济示范区和碳排放考核示范基地。持续深化工业、建筑、交通运输、公共机构等重点领域节能，逐步推进城镇既有建筑和市政基础设施节能改造。构建市级生态产品交易市场，加快东山县等省第二批生态产品市场化改革试点县创建。

深入打好污染防治攻坚战。加快中央、省级环保督察反馈问题整改，确保按时交账销号。持续实施蓝天、碧水、净土、碧海“四大工程”，推行区域联防联控，强化城市扬尘、油烟污染和车船尾气治理，确保全市空气质量达标晋位；深入落实河（湖）长制，全面推行排污许可“一证式”管理，严格管控入河污染物排放，加强水体内源污染治理和生态修复，改善水环境质量；推进化肥农药减量化和土壤污染治理，确保危险废物综合处置利用率达96%以上、重点建设用地安全利用率达到省下达目标；全面推行湾（滩）长制，加快组建海上环卫队伍，落实常态化巡海巡滩制度，“一湾一策”推进诏安湾、东山湾等重点海域污染防治和生态修复，建设美丽海湾、“诗画海岸”。

推进生态系统一体化保护。严格生态空间管控，落实“三线一单”，减少各类生产生活对自然空间的占用。推进国土绿化行动和全民义务植树活动，完成造林绿化9万亩。全面推行林长制，实施退果还林和松林改造提升工程，促进森林数量和质量双提升。加快推进九龙江流域山水林田湖草沙一体化保护和修复工程，加强九龙江西溪北溪整治，启动江河湖库连通工程，有效保障九龙江干流及主要支流生态流量。编制发布湿地名录，加快湿地生态修复，提升湿地生态系统固碳能力。实施20项国家生态文明试验区改革任务，继续推出一批改革创新特色案例。推进绿色生活创建行动，倡导全社会节约用水用电，开展塑料污染全链条治理，推进快递包装绿色转型，构建废旧物资循环利用体系。

（七）倾力改善民生，顺应美好生活新期盼

扎实扩就业、增收入。深入实施就业优先战略，开展“就业服务质量提升年”活动，实施“十个一批”扩岗行动，提升高校毕业生、城镇青年、农民工、退役军人就业创业质量，城镇新增就业3.8万人以上。实施居民增收行动，突出调高、扩中、提低“三轮驱动”，完善工资合理增长、支付保障机制，增加城乡居民各类财产性收入。健全多层次社会保障体系，深入实施全民参保计划，提高城乡居民养老金和最低生活保障水平。支持有意愿有能力的企业和社会群体积极参与公益慈善事业。

办好办实民生事业。实施30项为民办实事项目。推进教育优质均衡发展，深化“双减”等教育改革，加快漳州三中龙文校区、漳州一中古雷港分校、高新区一中新校区等26个重点项目建设，推动14个中学教育集团内涵提升，新建 11 所公办幼儿园，力争公办园在园幼儿占比超 60%。加快职业教育发展，支持漳州职业技术学院、漳州卫生职业学院等院校“创本”。完善住房供应和保障体系，推进棚户区改造项目建设，加快发展长租房市场。促进文化繁荣发展，持续办好“文化圩日”系列活动，推进月港历史风貌区古镇遗址系列保护提升工程建设，推动海上丝绸之路联合申遗。实施全民健身设施建设补短板五年行动计划，办好 100 场（次）以上全民健身活动。扎实抓好各类文明创建工作，建立健全常态长效机制，提升全国文明城市创建水平，争创全国文明典范城市。

完善健康服务体系。健全平战结合的疫情防控指挥体系，实施“五最 + 科技”精准管控，推动“三公（工）一大”融合，提升核酸检测能力，力争常规 3 天、紧急 1 天完成全员核酸检测。推动医疗资源提质扩容，加快推动市中医院新院区、云霄县总院、平和县总院等项目建设，确保市医院新院区尽快投用。深化医药卫生体制改革，组建市、县两级疾病预防控制局，探索成立市医疗服务集团，建立“三医联动一张网”。实施中医名医名药名院发展战略，大力开展“名医入漳计划”，建设片仔癀中医院名医馆及康养综合体。系统加强养老、育幼工作谋划，落实“三孩”生育政策及配套支持措施，深入实施应对人口老龄化工程和普惠托育服务专项行动计划，抓好 21 家养老服务机构医养结合试点工作，新增一批 0—3 岁婴幼儿托位。建立健全医保基金监管长效机制，实行总额预算管理，严厉打击欺诈骗保行为。强化食品药品安全监管，持续创建国家食品安全示范城市。

维护社会和谐稳定。弘扬新时代“漳州 110”服务精神，深入创建市域社会治理现代化试点合格城市、全国社会治安防控体系建设示范城市。深化全息作战体系建设，强化公共安全监管，防范打击各类违法犯罪，常态化开展扫黑除恶。加强不良贷款处置，有效防范化解金融风险。打好安全生产专项整治三年行动收官战，防范遏制较大及以上生产安全事故发生。提升防灾减灾救灾能力，切实做好防汛抗旱防台风、森林防灭火等工作。扎实推进信访“治重化积”专项工作，持续开展“四门四访”，完善社会矛盾纠纷多元预防调处化解综合机制。

同时，全力支持国防和军队建设，加强国防动员、国防教育、人民防空、军民融合、双拥优抚、征兵等工作，完善退役军人服务保障体系。支持工青妇和红十字会等群团组织更好发挥作用，切实保障妇女、儿童、老年人、残疾人合法权益，扎实做好民族、宗教、外事、侨务、气象、地震、档案等工作，促进各项社会事业全面进步。

四、持续建设人民满意的服务型政府

开启新征程、担当新使命，我们必须坚持“打铁自身硬”，持续推进“廉洁、勤政、务实、高效”的服务型政府建设。

淬炼绝对忠诚的硬脊梁。始终牢记“两个确立”，坚持以习近平新时代中国特色社会主义思想为指导，弘扬伟大建党精神，坚持十条宝贵经验，进一步增强“四个意识”、坚定“四个自信”、做到“两个维护”，不断提升政治判断力、政治领悟力、政治执行力，坚决有力地把习近平总书记重要讲话重要指示精神和党中央、国务院的决策部署以及省委和省政府、市委的工作要求不折不扣落实到位。

锤炼实干担当的铁肩膀。大力传承弘扬漳州“五种精神”，增强“爱拼敢赢”的事业心，提振“勇向高处攀、敢与强者比”的精气神，大力推动政府工作全面创新。深化竞赛比拼，在“七比一看”中开辟战场、磨炼战将、夺取战果，努力打造敢啃硬骨头、能打攻坚战的政府系统干部队伍，推动各项工作走前头、争上游、创一流。发扬“马上就办、真抓实干”作风，倡导早干快干实干大干，以工作项目化、项目清单化、清单责任化和完成时间表推动政府高效运转，绝不辜负人民的信任和期望。

锻炼依法行政的真本事。深入贯彻落实习近平法治思想，坚持以法治思维推动政府工作，持续构建职责明确、依法行政的政府治理体系。加强法治政府建设，做好漳州市政务服务条例、海域养殖生态保护管理办法、涉台文物古迹保护管理办法、节约用水办法等法规和规章调研、起草工作，深化行政执法体制改革，严格规范公正文明执法。认真贯彻落实中央和省委人大工作会议精神，全面执行人大决议决定，依法接受人大监督，自觉接受政协民主监督。深化依法统计工作，更加有效发挥统计监督职能作用。实施“八五”普法规划，营造浓厚的法治氛围。

修炼清正廉洁的“金钟罩”。坚定不移推进全面从严治党，精准施治形式主义、官僚主义，不断提高不敢腐、不能腐、不想腐的综合功效。坚持过紧日子，严格落实中央八项规定及其实施细则精神和省市实施办法，压减一般性支出、“三公”经费，把更多财政资金用于科技创新、企业帮扶、民生改善，让人民群众真正感受到清正干部、清廉政府、清朗政治就在身边。

各位代表，蓝图已绘就，奋斗正当时。让我们更加紧密地团结在以习近平同志为核心的党中央周围，在省委和省政府以及市委的坚强领导下，担当使命、埋头苦干、勇毅前行，为把漳州建设成现代化滨海城市而不懈奋斗！

漳州市2021年国民经济和社会发展统计公报

漳州市统计局　国家统计局漳州调查队

2022年3月18日

2021年是中国共产党成立100周年，是“十四五”开局之年，是党和国家历史上具有里程碑意义的一年。在以习近平同志为核心的党中央坚强领导下，在省委省政府以及市委市政府的正确领导下，全市各级各部门坚持以习近平新时代中国特色社会主义思想为指导，全面贯彻党的十九大和十九届历次全会精神，深入学习习近平总书记“七一”重要讲话和来闽考察重要讲话精神，弘扬伟大建党精神，坚持稳中求进工作总基调，完整、准确、全面贯彻新发展理念，统筹疫情防控和经济社会发展，扎实开展“产业发展项目建设年”活动、“六比一看”竞赛，高质量发展取得新成效，实现了“十四五”良好开局。全市经济总量实现新的突破，经济增长回归合理区间，科技创新力量加快壮大，产业发展韧性得到提升，改革开放向纵深推进，民生社会保障有力有效，生态文明建设持续推进。这些成绩的取得，是以习近平同志为核心的党中央坚强领导的结果，是全市人民勠力同心、奋斗拼搏的结果。

一、综合

初步核算，全年实现地区生产总值5025.40亿元，增长7.7%。其中，第一产业增加值530.28亿元，增长5.4%；第二产业增加值2461.44亿元，增长7.0%；第三产业增加值2033.68亿元，增长9.0%。三次产业比例由上年的10.9:48.2:40.9调整为10.5:49.0:40.5。全年人均地区生产总值99218元，增长7.5%。

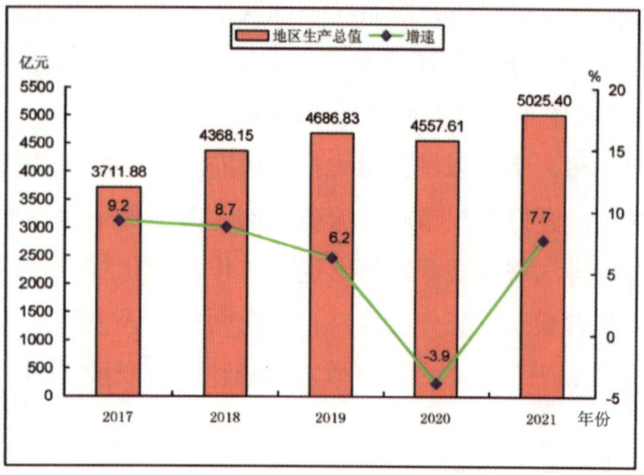

图 1 2017—2021 年地区生产总值及其增长速度

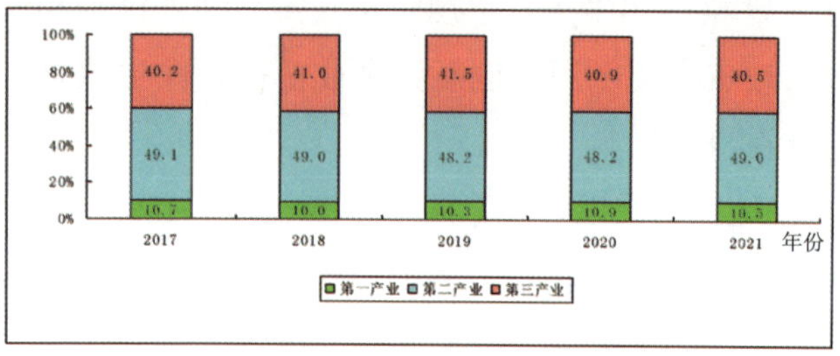

图 2 2017—2021 年三次产业增加值占地区生产总值的比重

年末常住人口 507 万人，比上年末增加 1.0 万人，其中，城镇常住人口 318.9 万人，城镇化率 62.9%，比上年末提高 1.5 个百分点。全年出生人口 4.41 万人，出生率为 8.69‰；死亡人口 3.35 万人，死亡率为 6.61‰；自然增长率为 2.08‰。年末户籍人口数为 526.2 万人，比上年末增加 2.25 万人。

2021 年年末人口数及其构成

表 1

指标	年末数（万人）	比重（%）
全市人口	507.00	100.00
其中：城镇	318.90	62.90
乡村	188.10	37.10
其中：男性	261	51.48
女性	246	48.52
其中：0—15 岁（含不满 16 周岁）	104	20.51

续表 1

指标	年末数（万人）	比重（%）
16—59 岁（含不满 60 周岁）	312	61.54
60 周岁及以上	91	17.95
其中：65 周岁及以上	64	12.62

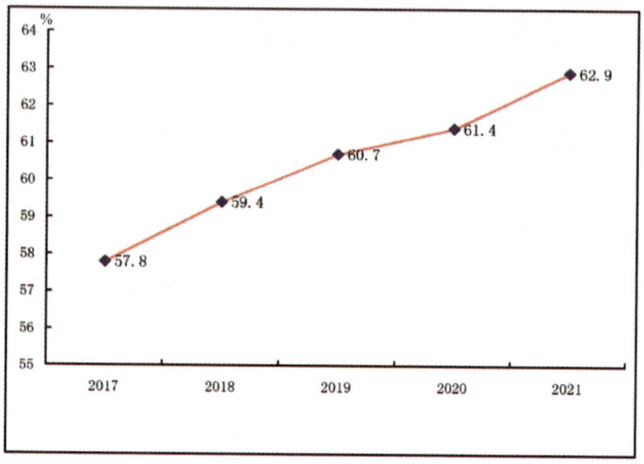

图 3 2017—2021 年年末常住人口城镇化率

全年新增城镇就业人数 5.23 万人，其中，城镇失业人员再就业 2.06 万人，城镇困难群体再就业 0.23 万人。城镇登记失业率为 3.92%，低于全年调控目标。全年组织职业技能评价 24832 人，获得职业资格证书、职业技能等级证书、专项职业能力证书 20652 人，取证率 83.16%。

全年市辖区居民消费价格比上年上涨 0.3 %。分行业看，食品烟酒类价格下降 1.3 %，衣着类价格上涨 3.4 %，居住类价格上涨 0.3 %，生活用品及服务类价格下降 0.6 %，交通和通信类价格上涨 3.3 %，教育文化和娱乐类价格上涨 0.8 %，医疗保健类价格上涨 1.0%，其他用品和服务类价格下降 4.7%。

2021 年市辖区居民消费价格比上年涨跌幅度

表 2 单位：%

指　标	市辖区（%）
居民消费价格	0.3
其中：食品烟酒类	-1.3

续表 2

指 标	市辖区（%）
衣着类	3.4
居住类	0.3
生活用品及服务类	-0.6
交通和通信类	3.3
教育文化和娱乐类	0.8
医疗保健类	1.0
其他用品和服务类	-4.7

全年新登记市场主体 12.46 万户，年末市场主体总数达 64.65 万户。

二、农业

全年农林牧渔业完成总产值 992.57 亿元，增长 5.7%。粮食种植面积 61541.6 公顷，增长 0.2%，粮食总产量 41.76 万吨，增长 1.2%；油料产量 3.30 万吨，增长 1.0%；糖料产量 3.68 万吨，增长 36.9%；茶叶产量 6.25 万吨，增长 7.3%；园林水果产量 383.72 万吨，增长 7.2%；蔬菜产量 247.95 万吨，增长 2.6%；食用菌产量 44.16 万吨，增长 11.6%。

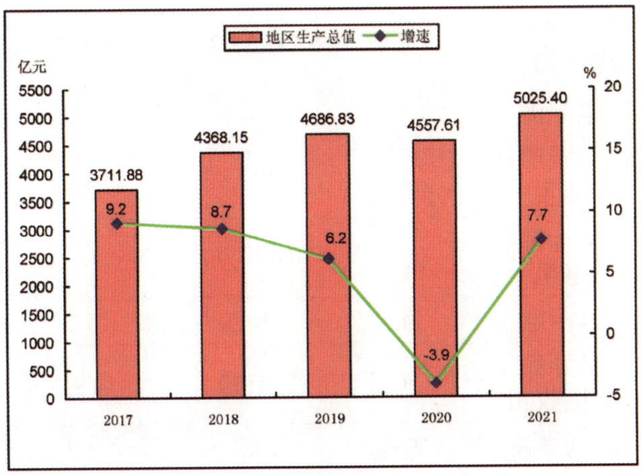

图 4 2017—2021 年农林牧渔业总产值及其增长速度

2021 年主要农产品产量

表 3

产品名称	产量（万吨）	比上年增长 (%)
粮食	41.76	1.2
油料	3.30	1.0
糖料	3.68	36.9
茶叶	6.25	7.3
园林水果	383.72	7.2
蔬菜	247.95	2.6
食用菌	44.16	11.6

木材产量 236.53 万立方米，增长 13.8%。年末林地面积 85.6 万公顷，活立木（森林）总蓄积量 5261.6 万立方米。

肉类总产量 57.77 万吨，增长 13.8%。禽蛋产量 8.60 万吨，增长 13.3%。牛奶产量 2.12 万吨，增长 12.6%。年末生猪存栏 144.08 万头，增长 23.8%；生猪出栏 225.51 万头，增长 36.3%。

水产品总产量 208.38 万吨，增长 1.9%，其中，淡水产品产量 31.03 万吨，增长 4.4%；近海捕捞 31.78 万吨，下降 0.02%；海水养殖 144.63 万吨，增长 3.8%；远洋捕捞 0.94 万吨，下降 74.0%。

新增和改善耕地灌溉面积 12.73 万亩，新增高效节水灌溉面积 1.53 万亩。

三、工业和建筑业

全年全部工业增加值 1953.30 亿元，增长 7.6%。规模以上工业增加值增长 10.9%。其中，轻工业增长 8.6%，重工业增长 13.0%。分门类看，采矿业增长 44.9%，制造业增长 11.0%，电力、热力、燃气及水生产和供应业增长 6.4%。全年规模以上工业企业产品销售率 97.2%。

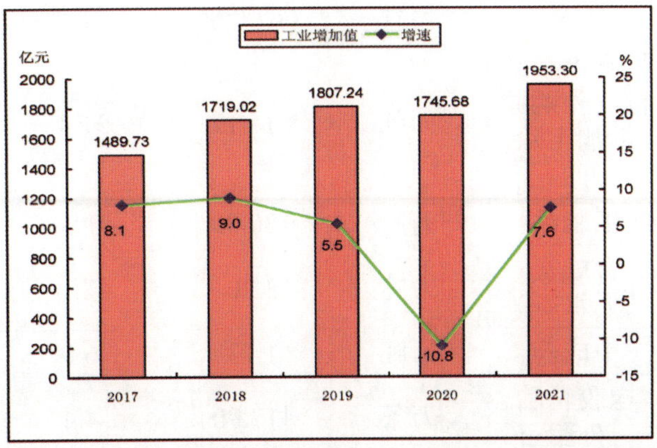

图 5 2017—2021 年全部工业增加值及其增长速度

规模以上工业的34个行业大类中有18个行业增加值增速在两位数以上。其中，石油加工、炼焦和核燃料加工业增长192.3%，汽车制造业增长72.7%，燃气生产和供应业增长65.7%，木材加工和木、竹、藤、棕、草制品业增长45.1%，非金属矿采选业增长44.9%。

2021年规模以上工业企业主要工业产品产量

表4

产品名称	计量单位	产量	比上年增长(%)
饲料	万吨	602.25	23.1
精制食用植物油	万吨	8.93	-17.6
成品糖	万吨	30.56	103.7
冷冻水产品	万吨	54.02	4.9
速冻食品	万吨	10.36	100.6
罐头	万吨	163.99	13.4
酱油	万吨	2.36	38.4
饮料酒	万升	25.43	-19.4
饮料	万吨	224.53	9.6
精制茶	万吨	1.61	20.9
纱	万吨	2.80	3.8
服装	万件	2488	16.5
轻革	万平方米	2016.90	52.1
鞋	万双	1655	222.8
人造板	万立方米	1402.21	27.2
家具	万件	6677.98	21.0
机制纸及纸板（外购原纸加工除外）	万吨	618.12	31.4
纸制品	万吨	130.09	0.8
合成氨（无水氨）	万吨	3.20	42.1
中成药	万吨	1.73	-6.0
橡胶轮胎外胎	万条	117.90	-4.4
水泥	万吨	493.06	-18.1

续表4

产品名称	计量单位	产量	比上年增长(%)
砖	万块	211153	0.3
瓷质砖	万平方米	16509.77	40.5
陶质砖	万平方米	2362.28	20.2
平板玻璃	万重量箱	3930.89	21.4
钢化玻璃	平方米	667.85	13.7
卫生陶瓷制品	万件	1670.84	35.0
生铁	万吨	271.24	17.2
钢材	万吨	687.14	45.1
金属集装箱	万立方米	851.64	149.8
滚动轴承	万套	5875	40.0
改装汽车	万辆	0.27	-0.5
锂离子电池	万只	13430.47	-12.1
铅酸蓄电池	千伏安时	2883137	242.2
家用电风扇	万台	0.45	109.4
电饭锅	万个	0.90	-98.3
家用电热烘烤器具	万个	1867.33	44.5
电光源	万只	827	-72.6
灯具及照明装置	万套（台、个）	202.93	140.3
电子计算机整机	万台	434.99	-16.0
显示器	万台	9.29	9.5
卫星导航定位接收机	万部	1.59	-13.1
电话单机	万部	48.32	3.3
移动通信手持机(手机)	万台	1333.30	-16.6
光电子器件	万只（片、套）	374832	-39.4
钟	万只	3714.60	6.2
表	万只	399.73	-17.1
眼镜成镜	万副	1117.33	-33.8

全年规模以上工业企业营业收入 6686.59 亿元，增长 26.9%；实现利润总额 630.30 亿元，增长 42.1%；实现利税总额 747.42 亿元，增长 35.9%。全员劳动生产率为 47.89 万元 / 人，比上年增加 9.87 万元 / 人。

全年全社会建筑业实现增加值 511.45 亿元，增长 4.6%。具有资质等级的总承包和专业承包建筑业企业完成总产值 781.52 亿元，增长 13.3%，其中，国有控股企业产值 84.53 亿元，增长 4.6%；非国有控股建筑企业产值 696.99 亿元，增长 14.4%。

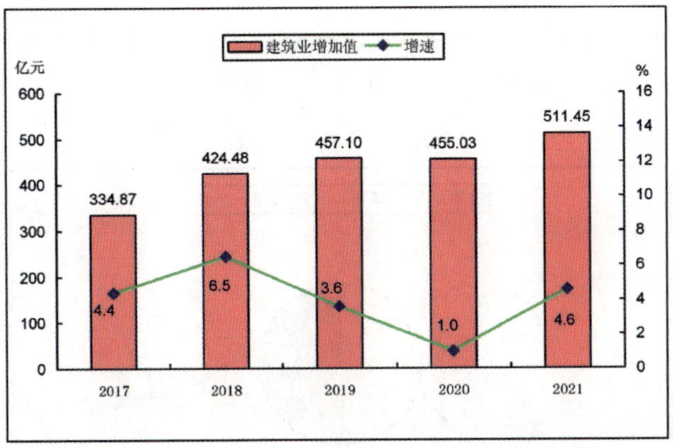

图6 2017—2021年建筑业增加值及其增长速度

四、服务业

全年批发和零售业增加值 411.60 亿元，增长 17.7%；交通运输、仓储和邮政业增加值 196.27 亿元，增长 12.6%；住宿和餐饮业增加值 77.78 亿元，增长 25.3%；金融业增加值 222.26 亿元，增长 7.6%；房地产业增加值 294.98 亿元，与上年持平。规模以上服务业企业营业收入增长 23.8%。

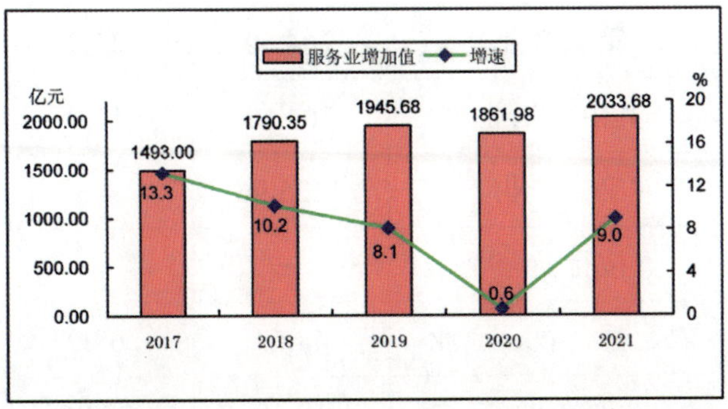

图 7 2017—2021 年服务业增加值及其增长速度

年末公路通车里程 1.28 万千米，下降 0.9%，其中，高速公路通车里程 673.35 千米，增长 1.2%。

全年货物运输总量 8936.04 万吨，增长 13.0%。铁路、公路、水路共完成客运量 1177.15 万人次，下降 6.9%。

2021 年各种运输方式完成货物运输量情况

表 5

指　　标	计量单位	绝对数	比上年增长 (%)
货运量	万 吨	8936.04	13.0
铁路	万 吨	14.37	—13.6
公路	万 吨	8800.74	12.5
水运	万 吨	120.94	85.5
货物周转量	亿吨千米		
铁路	亿吨千米		
公路	亿吨千米	97.29	7.6
水运	亿吨千米	9.89	378.6

2021 年各种运输方式完成旅客运输量情况

表 6

指　　标	单　　位	绝对数	比上年增长 (%)
旅客发送量	万　　人	1177.15	-6.9
铁路	万　　人	629.76	8.8
公路	万　　人	468.31	-23.0
水运	万　　人	79.08	1.6
旅客周转量	亿人千米		
铁路	亿人千米		
公路	亿人千米	4.05	7.5
水运	亿人千米	0.06	-8.8

全年沿海港口货物吞吐量 5202.72 万吨，增长 38.8%。其中，外贸货物吞吐量 1268.14 万吨，增长 38.4%。集装箱吞吐量 26.93 万标箱，下

降 16.1%。

年末全市汽车保有量（含三轮汽车和低速货车）72.2 万辆，增长 8.4%，其中，私人汽车保有量 63.7 万辆，增长 8.2%；全市轿车保有量 40.19 万辆，增长 8.8%，其中，私人轿车保有量 1.45 万辆，增长 15.2%。

全年完成邮政业务总量 35.10 亿元，增长 25.7%；邮政业全年完成邮政函件业务 75 万件，包裹业务 4.62 万件，快递业务量 37001.03 万件。全年完成电信业务总量 49.21 亿元，增长 23.4%；年末移动电话基站数 3.5 万个，其中，4G 基站 2.1 万个，5G 基站 0.3 万个；全市移动电话用户 541.4 万户，移动电话普及率为 107.1 部 / 百人；固定互联网宽带接入用户 207.6 万户。全年信息传输、软件和信息技术服务业营业收入 55.41 亿元，增长 6.8%。

五、国内贸易

全年社会消费品零售总额 1804.57 亿元，增长 6.3%。分规模看，限额以上消费品零售额 430.55 亿元，增长 2.6%；限额以下消费品零售额 1374.02 亿元，增长 7.6%。

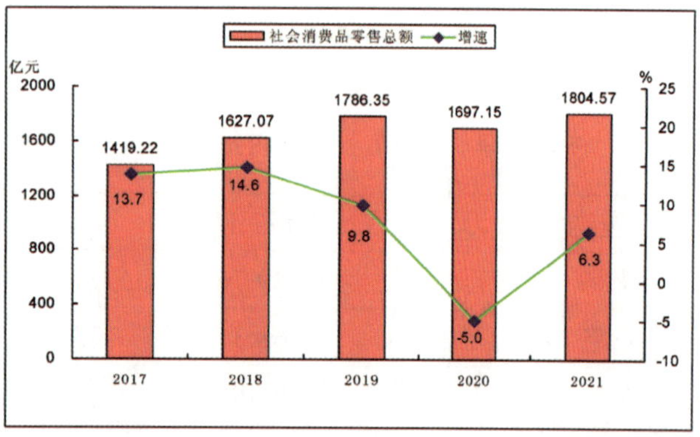

图 8　2017—2021 年社会消费品零售总额及增长速度

在限额以上企业商品零售额中，家具类零售额 10.77 亿元，下降 30.6%；服装鞋帽针纺织品类零售额 14.61 亿元，增长 72.5%；粮油食品饮料烟酒类零售额 98.67 亿元，下降 2.2%；通讯器材类零售额 4.66 亿元，增长 18.2%；汽车类零售额 109.53 亿元，下降 0.1%；金银珠宝类零售额 0.41 亿元，下降 56.8%；家用电器和音像器材类零售额 21.81 亿元，下降 14.4%；化妆品类零售额 2.84 亿元，下降 23.3%；日用品类零售额 15.60 亿元，下降 2.5%；石油及制品类零售额 55.67 亿元，增长 15.1%；体育、娱乐用品类零售额 1.40 亿元，增长 39.5%。

全年限额以上商品网上零售额 51.64 亿元，增长 55.5%。

六、固定资产投资

全年固定资产投资 2036.51 亿元，增长 8.2%。分产业看，第一产业投资 45.93 亿元，增长 68.7%；第二产业投资 764.62 亿元，增长 11.9%，其中，工业投资 764.62 亿元，增长 11.9%；第三产业投资 1225.96 亿元，增长 4.6%。

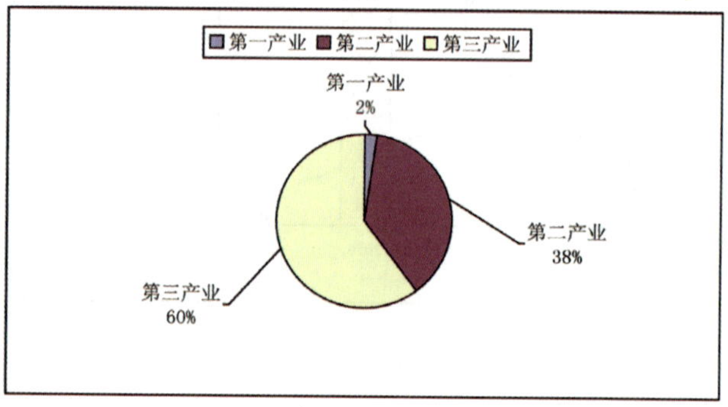

图 9　2021 年三次产业投资占固定资产投资的比重

2021 年固定资产投资情况

表 7

指　　标	投资额（亿元）	比上年增长（%）
固定资产投资	2036.51	8.2
第一产业	45.93	68.7
第二产业	764.62	11.9
其中：工业	764.62	11.9
第三产业	1225.96	4.6
按行业分	—	—
农、林、牧、渔业	48.64	68.9
采矿业	19.19	758.6
制造业	582.07	4.9

续表 7

指　　标	投资额（亿元）	比上年增长 (%)
电力、燃气及水的生产和供应业	163.36	29.9
建筑业	—	—
批发和零售业	11.08	6.3
交通运输、仓储和邮政业	143.93	0.5
住宿和餐饮业	17.49	-17.5
信息传输、软件和信息技术服务业	13.20	394.2
金融业	0.53	-28.4
房地产业	601.21	-12.2
租赁和商务服务业	586.32	-13.6
科学研究和技术服务业	46.95	132.1
水利、环境和公共设施管理业	5.30	-8.8
居民服务、修理和其他服务业	227.40	21.2
教育	2.02	-56.4
卫生和社会工作	50.95	42.8
文化、体育和娱乐业	25.85	47.6
公共管理、社会保障和社会组织	61.31	109.5

全年房地产投资586.32亿元，下降13.6%，其中，住宅投资431.12亿元，下降12.8%；房屋施工面积4629.37万平方米，下降0.6%，其中，住宅施工面积3336.43万平方米，下降0.9%；房屋新开工面积721.72万平方米，下降27.8%，其中，住宅新开工面积494.94万平方米，下降27.1%；房屋竣工面积593.66万平方米，增长47.2%，其中，住宅竣工面积425.38万平方米，增长50.9%。

2021年房地产开发和销售主要指标情况

表 8

指　标	单位	绝对数	比上年增长 (%)
投资完成额	亿元	586.32	-13.6
其中：住宅	亿元	431.12	-12.8

续表 8

指　标	单位	绝对数	比上年增长 (%)
房屋施工面积	万平方米	4629.37	-0.6
其中：住宅	万平方米	3336.43	-0.9
房屋新开工面积	万平方米	721.72	-27.8
其中：住宅	万平方米	494.94	-27.1
房屋竣工面积	万平方米	593.66	47.2
其中：住宅	万平方米	425.38	50.9
商品房销售面积	万平方米	696.19	-9.2
其中：住宅	万平方米	547.92	3.6

七、对外经济

全年进出口总额1054.2亿元，增长30.1%。其中，出口690.8亿元，增长28.4%；进口363.3亿元，增长33.4%。进出口顺差327.5亿元，比上年增加58.5亿元。主要出口商品中，机电产品出口229.4亿元，增长20.2%；农产品出口234.8亿元，增长36.2%；高新技术产品出口38.58亿元，增长10.8%。主要出口目的地中，出口美国148.37亿元，增长11.3%；出口欧盟81.3亿元，增长22.0%；出口东盟161.16亿元，增长61.7%。

2021年进出口主要分类情况

表 9

指　标	绝对数（亿元）	比上年增长 (%)
进出口总额	1054.2	30.1
出口额	690.8	28.4
其中：一般贸易	573.73	25.2
加工贸易	90.45	37.9
其中：机电产品	229.4	20.2
其中：高新技术产品	38.58	10.8
进口额		
其中：一般贸易	316.85	40.8
加工贸易	38.62	35.9
其中：机电产品	35.8	-6.4
其中：高新技术产品	8.71	-38.8

2021 年对主要国家和地区进出口情况

表 10

国家和地区	出口（亿元）	比上年增长 (%)	进口（亿元）	比上年增长 (%)
美国	148.37	11.3	10.01	2.9
欧盟	81.3	22.0	16.29	-19.1
东盟	161.16	61.7	46.9	19.3
日本	48.39	17.4	9.79	-29.0
香港地区	31.53	54.9	0.07	-75.9
台湾地区	74.61	31.6	37.41	18.1
韩国	15.75	12.9	6.63	-42.2
俄罗斯联邦	8.04	40.3	14.2	-12.1

批准设立外商直接投资项目 135 个，注册合同外资 97.3 亿元，增长 84.0%。实际利用外商投资（验资口径）22.85 亿元，其中，制造业实际使用外资 16.82 亿元；服务业实际使用外资 6.0 亿元。总投资过亿元项目 13 个，合同外资 79.06 亿元，分别增长 23.5% 和 90.5%。其中，“一带一路”沿线国家对华直接投资新设立企业 3 家，对华直接投资金额 1.54 亿元，增长 85.3%，折 0.23 亿美元，增长 98.5%。全年高技术产业实际使用外资 1.22 亿元，增长 139.3%，折 0.18 亿美元，增长 158.5%。

2021 年分行业外商直接投资情况

表 11

行业	合同项目（个）	合同外资金额（亿元）
总计	135	97.33
农、林、牧、渔业	19	2.15
采矿业	0	0
制造业	31	14.08
电力、燃气及水的生产和供应业	1	0.12
建筑业	1	0
批发和零售业	21	1.48
交通运输、仓储和邮政业	0	1.0

续表 11

行业	合同项目（个）	合同外资金额（亿元）
住宿和餐饮业	0	0.37
租赁和商务服务业	12	1.56
居民服务、修理和其他服务业	0	0
文化、体育和娱乐业	8	0.22
科学研究和技术服务业	31	67.06
水利、环境和公共设施管理业	1	0.01
教育	1	0.005
房地产业	4	8.62
信息传输、软件和信息技术服务业	5	0.66

八、财政金融

全年一般公共预算总收入 384.50 亿元，增长 9.7%。其中，地方一般公共预算收入 246.18 亿元，增长 12.6%；上划中央收入 138.31 亿元，增长 4.7%。一般公共预算支出 421.5 亿元，增长 10.6%。全年财政用于民生支出 330.27 亿元，增长 12.8%，占公共财政支出比重为 78.4%。

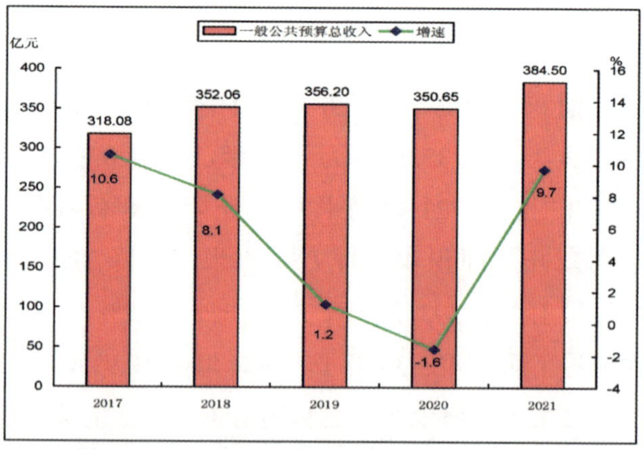

图 10 2017—2021 年一般公共预算总收入及其增长速度

年末全市金融机构本外币各项存款余额 3858.82 亿元，增长 10.5%；金融机构本外币各项贷款余额 4049.87 亿元，增长 17.5%。其中，涉农贷款余额1771.78亿元；县域贷款余额1350.80亿元；小微企业贷款余额547.89亿元。

2021年全部金融机构本外币存贷款情况

表12

指　　标	年末数（亿元）	比上年末增长(%)
各项存款（本外币）	3858.82	10.5
1. 住户存款	2218.28	10.0
2. 非金融企业存款	956.91	6.9
3. 机关团体存款	524.93	6.5
4. 财政性存款	25.58	25.1
5. 非银行业金融机构存款	104.74	200.7
各项存款（人民币）	3822.22	10.5
各项贷款（本外币）	4049.87	17.5
1. 住户贷款	2366.93	14.3
（1）短期贷款	501.05	9.4
（2）中长期贷款	1865.88	15.7
2. 企（事）业单位贷款	1681.31	22.2
（1）短期贷款	642.14	17.6
（2）中长期贷款	913.81	26.4
（3）票据融资	125.23	17.7
3. 非银行业金融机构贷款	0.04	—
各项贷款（人民币）	4031.62	17.2

全年内外资保险公司保费收入92.24亿元，增长6.7%，其中，寿险保费收入44.32亿元；健康险和意外伤害险保费收入23.04亿元；财产险保费收入24.89亿元。支付各类赔款及给付32.14亿元，其中，寿险业务给付6.53亿元；健康险和意外伤害险赔款及给付9.20亿元；财产险赔款16.41亿元。

九、居民收入消费和社会保障

全年居民人均可支配收入33818元，增长9.3%。按常住地分，城镇居民人均可支配收入43309元，增长8.2%；农村居民人均可支配收入23582元，增长11.7%。城乡居民人均可支配收入比值为1.84，比上年缩小0.06。

居民人均消费支出22894元，增长13.5%。按常住地分，城镇居民人均消费支出28907元，增长11.0%；农村居民人均消费支出16409元，增长18.9%。居民恩格尔系数为35.2%，其中，城镇为33.6%，农村为38.0%。

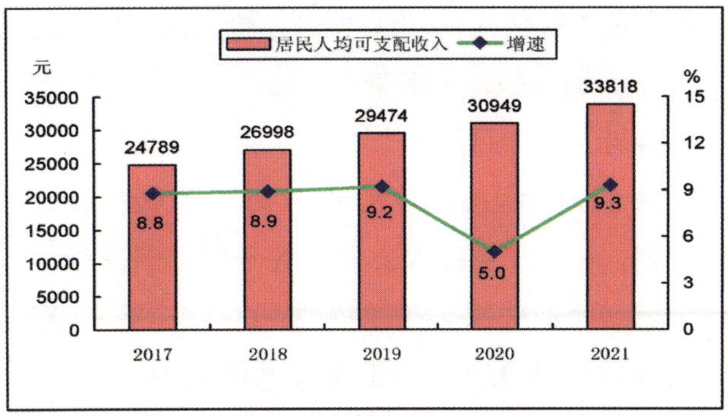

图11 2017—2021年居民人均可支配收入及其增长速度

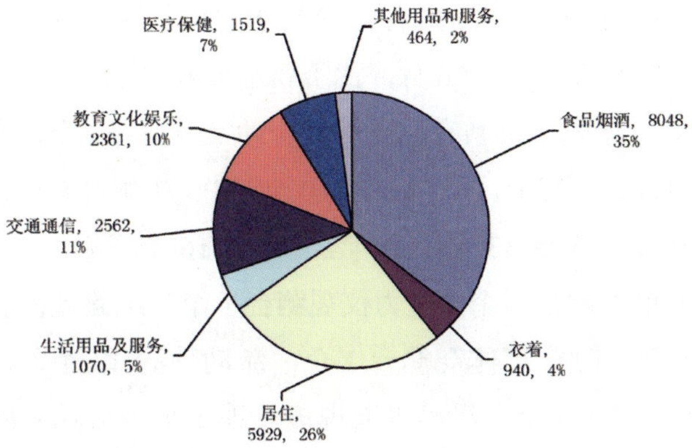

图12 2021年全体居民人均消费支出及其构成（单位：元）

年末全市参加职工基本养老保险人数111.45万人，比上年末增加14.94万人。参加失业保险人数53.53万人，增加6.09万人。参加工伤保险人数85.85万人，增加2.32万人。参加职工基本医疗保险人数79.58万人，增加5.17万人。参加职工生育保险人数53.79万人，增加4.05万人。全市17.29万名企业退休人员养老金月人均提高到2529元，比上年增加61元。纳入城市最低生活保障的居民9.62万人，其中，城镇最低生活保障人数1.34万人，年人均补贴标准5556元，比上年降低675.29元；农村最低生活保障人数8.28万人，年人均补贴标准4423元，比上年提高108.72元，1.08万人享受农村特困人员救助供养；全年临时救助3.29万人次。

年末各类养老服务机构和设施2354个，比上年增加 529 个，其中，社会福利院 10 家，社区服务设施 2290 个。养老机构床位数增至 3.72 万张，每千名老人拥有养老床位 39.3 张。全年销售社会福利彩票3.12亿元，全年彩票公益金支出0.53亿元。

十、科学技术和教育

年末全市拥有 15 个省级企业重点实验室，43 个省级企业工程技术研究中心，5 个省级科技企业孵化器，6 个产业技术公共服务平台。国家级创新型（试点）企业 2 家、省级创新型（试点）企业 53 家；高新技术企业 359 家；工程技术研究中心 43 个。全市专利授权 13235 件，增长 8.5%。其中，发明专利授权 10569 件，增长 10.9%。年末全市共拥有有效发明专利 2656 件，增长 20.7%；每万人口发明专利拥有量 5.26 件，比上年增加 0.99 件。

年末全市共有地震前兆台站（点）168 个，其中，测震台站 4 个，强震台 10 个，GPS 观测台 8 个，烈度速报台 13 个，台阵 1 个（含 16 个子台），伸缩仪观测台 1 个，重力仪观测台 1 个，地磁观测台 2 个，地下流体观测台 1 个，流动地磁 13 个，流动重力 33 个，流动水准观测场地 5 个，流动 GPS 观测点 20 个，宏观观测点 41 个。

全年全市新建、改扩建学校 186 所，新聘教师 0.17 万人。新建、改扩建校舍面积 105 万平方米，新建、改扩建幼儿园 21 所。新招研究生 0.08 万人，普通本专科生 2.80 万人。年末有普通高等学校 7 所，中等职业教育学校 14 所，普通高中 75 所，普通初中 134 所，普通小学 825 所，成人高等学校 1 所。普通高等学校专任教师 4371 人，中等职业教育学校专任教师 1726 人，普通高中专任教师 7378 人，普通初中专任教师 14779 人，普通小学专任教师 23167 人。全年全日制研究生教育招生 778 人，在学全日制研究生 1654 人，毕业生 288 人；普通高等教育招生 27951 人，在校生 95758 人，毕业生 22673 人；中等职业教育招生 14381 人，在校生 35868 人，毕业生 8210 人；普通高中招生 30509 人，在校生 87784 人，毕业生 24932 人；普通初中招生 61222 人，在校生 185029 人，毕业生 58712 人；普通小学招生 82020 人，在校生 420391 人，毕业生 60113 人；成人高等教育招生 6111 人，在校生 12748 人，毕业生 1541 人。特殊教育在校生 1450 人。幼儿园在园幼儿 215619 人。

十一、文化旅游、卫生健康和体育

年末全市共有艺术表演团体 9 个，公共图书馆 11 个，文化馆 13 个，博物馆（纪念馆）14 个。公共图书馆图书总藏量 206 万册。文化系统各类艺术表演团体演出 614 场。年末共有剧场、影剧院 2 个，年度电影票房 1.08 亿元。广播电台 1 座，电视台 1 座，广播电视台 9 座。年末广播节目综合覆盖率为 99.73%；电视节目综合覆盖率为 99.75%。全年出版报纸（不含校报、副牌）1 种，总印数 2370.36 万份；期刊 1 种，总印数 2.64 万册。

全年接待国内旅游人数 5153 万人次，增长 8.6%；接待入境游客 4.03 万人次，下降 81.2%。其中，接待外国人 0.56 万人次，下降 87.5%；台湾同胞 1.01 万人次，下降 90.0%；港澳同胞 2.46 万人次，下降 61.6%。全年旅游总收入 555.52 亿元，与上年持平。其中，国内旅游收入 554.36 亿元，增长 1.5%；国际旅游收入 0.18 亿元，下降 86.8%。年末 A 级旅游景区 24 家，比上年增加 2 家。

年末全市共有各级各类医疗卫生机构 3970 个，医疗机构床 30485 张，其中，医院 94 个，卫生院 107 个，医院、卫生院床位数 28537 张。年末共有卫生技术人员 34474 人，其中，医生 12437 人，注册护士 15447 人。

全市举办赛事活动 247 项次，比上年减少 216 项次；参与总人数达到 3.7 万次，比上年减少 65.4 %。获得国内最高水平比赛奖牌 14 枚，其中，金牌 5 枚（奥运会金牌 1 枚，世锦赛金牌 1 枚）。体育产业发展引导基金规模达到 580 万元。

十二、资源、环境和应急管理

全年平均气温 22.8 ℃，年平均相对湿度 74.6%，全年日照时数 2276.8 小时，降水量 1072.5

毫米。

九龙江流域（漳州段）省考断面Ⅰ-Ⅲ类水质比例91.8%。市、县集中式饮用水源地水质达标率均为100%。全年空气质量达到及好于二级标准360天，二级达标天数比例98.6%，其中一级优的天数146天、二级良好的天数214天。

初步测算，全市森林覆盖率约64.65%。全年植树造林总面积15.25万亩，其中，沿海防护林建设220亩。商品材产量153.31万立方米，增长39.3%。共建立各级自然保护区31个，其中，国家级2个、省级2个，省级以上自然保护区总面积9461.2公顷（自然保护地整合优化前）。全年共发生森林火灾8起，死亡0人，受伤0人，直接经济损失120万元。

全年共发生各类生产安全事故117起，比上年减少9起，下降7.1%，死亡75人，比上年减少1人，下降1.3%。亿元地区生产总值生产安全事故死亡人数0.02人，下降10.7%。共发生道路交通事故656起，死亡170人，受伤744人，直接经济损失71.89万元。

注释：

1. 本公报中数据均为初步统计数，“规模以上工业”指年主营业务收入2000万元及以上的工业企业；“限额以上批发零售与住宿餐饮业”指年主营业务收入2000万元及以上的批发企业(含外贸企业)、年主营业务收入500万元及以上的零售企业和年主营业务收入200万元及以上的住宿餐饮企业。

2. 地区生产总值、各产业增加值绝对数按现价计算，增长速度按不变价格计算。

资料来源：

公报中城镇新增就业、城镇登记失业率、养老保险、失业保险、工伤保险数据来自市人力资源和社会保障局；医疗、生育保险数据来自市医疗保障局；财政数据来自市财政局；林业数据来自市林业局；公路通车路程、交通运输数据来自市交通运输局、漳州开发区运输管理处、中国铁路南昌局集团有限公司漳州车务段；港口货物吞吐量数据来自厦门港口管理局漳州协调中心；邮政业务数据来自市邮政管理局；电信业务数据（2020年不变价）来自市通管办；货物进出口、外商直接投资等数据来自市商务局；汽车保有量、道路交通事故数据来自市交警支队；户籍人口数据来自市公安局；货币金融数据来自市人民银行；保险业数据来自市银保监分局；教育数据来自市教育局；重点实验室、孵化器、创新型企业等数据来自市科技局；市场主体、专利数据来自市市场监督管理局；气象观测站数据来自市气象局；地震台站数据来自市地震局；艺术表演团体、博物馆、公共图书馆、文化馆、广播电视、电影、报纸、期刊、图书、旅游数据来自市文旅局；体育竞技、体育彩票数据来自市体育局；卫生数据来自市卫健委；社会服务、低保和五保供养、福利彩票数据来自市民政局；环境监测等数据来自市生态环境局；安全生产数据来自市应急管理局；居民收支数据来自漳州调查队；其他数据均来自市统计局。

漳州市机关部门和企事业单位正副职领导名录

漳州市委

书　记： 张国旺

副书记： 王进足　黄水木

常　委： 张慧德　蔡亚东　吴卫红*　侯为东　陈文聪　廖卓文　胡栋良　李宣良

秘书长： 廖卓文

副秘书长： 庄跃庆　翁耀琪　戴晓清

漳州市委纪检监察机关

市纪委

书　记： 陈文聪

副书记： 蔡总平　李文兴　林毅峰

常　委： 张建兴　赖晓勤*　罗云生　林志辉　林炳阳

市监委

代理主任： 陈文聪

副主任： 蔡总平　李铁军　林文井

委　员： 李文兴　林毅峰　庄银辉

漳州市委工作机关及直属单位

市委办

主　任： 庄跃庆

副主任： 黄镇平　陈喜平　丁晓亮　方志活

纪检监察组常务副组长： 郑煜辉

组织部

部　长： 蔡亚东

副部长： 刘跃光　黄志坚　陈四象　卢　锋　郭丹川

纪检监察组组长： 王永光

纪检监察组常务副组长： 蔡惠安

宣传部

部　长： 吴卫红*

副部长： 周伟辉　陈惠贞*　林立辉　黄仲芳*　沈龙石　池　毅

纪检监察组组长： 江少东

统战部

部　长： 吴卫红*

副部长： 沈诏坤　王金狮　陈东海　黄文龙

纪检监察组组长： 吴国州

政法委

书　记： 张慧德

副书记： 李铁军　许育元　袁晓东

纪检监察组组长： 江永辉

改革办

主　任： 廖卓文

常务副主任、政研室主任： 翁耀琪

副主任、政研室副主任： 罗宏坤　卢连发

网信办

主　任： 池　毅

副主任： 林苏洪*　郑雯雯*

编　办

主　任： 黄志坚

副主任： 林炳清　叶雪娟*

军民融合办

主　任： 侯为东

常务副主任： 方建平

副主任： 张国海　许杰武　陈洪扣

台港澳办

主　任： 陈群霞*

副主任： 方龙辉　黄林晖

市直机关工委

书　记：蔡亚东

常务副书记：戴学平

副书记：李恒超

纪工委书记：戴金全

纪工委常务副书记：周艺敏

巡察办

主　任：张建兴

副主任：韩庚申　李坤毅

老干部局

局　长：陈四象

副局长：林美香*

文明办

主　任：林立辉

副主任：曾小玲*　汪振瑞

党校（行政学院、社会主义学院）

校　长：蔡亚东

常务副校长：沈志雄

副校长：黄邦辉　魏育生　庄建平

党史和地方志研究室

主　任：朱建池

副主任：蔡春枝

档案馆

馆　长：蔡文忠

副馆长：郑文福

市委、市政府接待处

处　长：黄镇平

副处长：钟昭容*

讲师团

团　长：黄瑞土

漳州市人大常委会

主　任：陈汉夫

党组书记：李东河

党组副书记、副主任：吴达金

副主任：李珊珊*　方木荣　余　溪

秘书长：沈茂欣

副秘书长：胡进辉　林勇一　王建洋

漳州市人大常委会办事机构、工作机构和市人大专门委员会

人大办

主　任：胡进辉

副主任：邹家杰

研究室

主　任：郑智平

副主任：田乾顺

人事代表委

主　任：黄榕城

副主任：张燕秋*

监察司法工委

主　任：戴平忠

财经委

主　任：丁建木

农经委

主　任：黄艺敏*

副主任：欧阳振山

教科文卫委

主　任：林金波

侨台委

主　任：杨文辉

副主任：苏勇军

城环委

主　任：朱志宏

副主任：李水春

法工委

主　任：洪耀中

人大法制委员会

主任委员：余　溪

副主任委员：简清溪

人大财政经济委员会

副主任委员：吴灿辉　黄建国

人大社会建设委员会

副主任委员：林秋生　王雅秋*

人大监察和司法委员会

主任委员：方木荣

副主任委员：沈钦坤　许才发

纪检监察组

组　长：李华英*

漳州市人民政府

党组书记、市　长：王进足
党组副书记、副市长：侯为东
副市长：胡栋良　张翼腾　兰万安　林晓东　崔为磊　郑立敏　余向红*　林少金
秘书长：李亚树
副秘书长：黄佳生　卢炳全　张斗胜　戴明利　朱学森

漳州市政府工作部门及直属单位

政府办

党组书记：李亚树
党组副书记、主任：黄佳生
副主任：林瑞安　高国亮　吴维桑　黄俊杰　陈良跃
纪检监察组常务副组长：杨武勤

发改委

党组书记、主任：蔡兴州
党组副书记、副主任：王劲东
副主任：陈　林*　唐云珍　陈顺国
纪检监察组组长：陈快荣

教育局

市委教育工委书记、党组书记、局长：黄江辉
副局长：侯漳明　杜人江　黄勇长
纪检监察组组长：林　蓉*
纪检监察组常务副组长：蒋林宾*

科技局

党组书记、局长：林　鹭
副局长：陈　志　赖耿生

工信局

党组书记、局长：吴凌真
副局长：郭炎河　杨毅斌　许开明

民宗局

党组书记：蒲少城
局　长：蓝碰金*
副局长：吴火进

公安局

党委书记、局长：林晓东
党委副书记、常务副局长：许　佳
副局长：陈朝松
政治部主任：陈伟强
纪检监察组组长：蔡建成
纪检监察组副组长：吴妙辉

民政局

党组书记、局长、市老区办主任：曾建新
副局长：蔡溪根　陈金生　罗永生

财政局

党组书记、局长：许毅忠
副局长：沈永智　张海鹏　施晓莹*
纪检监察组组长：陈东法
纪检监察组常务副组长：简三景

司法局

党组书记、局长：施爱武
副局长：洪春煦　郭龙庆　杨景德

人社局

党组书记、局长：许建华
副局长：杨火旺　吴苏武　张昆平　林贵达

自然资源局

党组书记、局长：陈爱棋
副局长：许德生　林玉彬　卢　骞
纪检监察组组长：林建盛

生态环境局

党组书记、局长：郭永忠
副局长：谢卫东　陈秀宁*

住建局

党组书记、局长、市人防办主任：谢宏坤
副局长、市人防办副主任：吴龙勇　陈琼辉　杨敦旭
纪检监察组组长：黄启城
纪检监察组常务副组长：陈宙鸣

交通运输局

党组书记、局长：张永金
党组副书记、副局长：黄进安
副局长：林　云　胡特新　李　雯*　方亚辉
纪检监察组组长：王晓武

邮政管理局

党组书记、局长：李　雯*

水利局

党组书记、局长：黄泽奇
副局长：方怡海　杨智聪　刘成城

农业农村局

党组书记、局长、市委农办主任、市乡村振兴局局长：蔡志斌
副局长、市委农办副主任：叶明东　苏明河　曾浩川
纪检监察组组长：陈义良
纪检监察组常务副组长：林美珠*

商务局

党组书记、局长、市口岸办主任：林百荣
副局长：林伟强　林建成　沈元标

文旅局

党组书记、局长：何金才
副局长：简奕耕　曹明福　杨勇琦
纪检监察组常务副组长：陈志强

卫健委

党组书记、主任：许鹃君*
副主任：张子华　李浩添　陈　红*
纪检监察组组长：陈江丽*
纪检监察组常务副组长：林巧玲*

退役军人局

局长、双拥办主任：林俊雄
副局长：黄顺权　杨裕勇

应急局

党委书记、局长：何艳水
副局长：许文辉　江荣山　谢栋明　余文胜

审计局

党组书记、局长：曾妙玲*
副局长：欧阳辉　郭翠琴*　高振强

外办

党组书记、主任：何少华
副主任：何华成　沈河阳

国资委

党委书记、主任：赖绍雄
副主任：江志强
纪检监察组组长：曾莉萍*
纪检监察组常务副组长：时登德

林业局

副局长：周佩钦　苏友聪　曾国容

海洋渔业局

副局长：李伟民　周宽哲

市场监管局

党组书记、局长：朱东风
副局长：林绍稳　施文旭　许春桥　林丽卿*　张　红*　李新长　庄政江　李佳宁
纪检监察组组长：杨跃光
纪检监察组常务副组长：蔡晓军

体育局

党组书记：周志聪
局　长：杨素萍*
副局长：朱伟贤　王杰东

统计局

党组书记、局长：林同池
副局长：李耀华　薛海州

医保局

党组书记、局长：康元泰
党组副书记、副局长：高文叶*　林文利

金融监督局

党组书记：钟连海
局　长：林贤丽*
副局长：曾平西　林润森

信访局

党组书记、局长： 林瑞安

副局长： 刘宝明　王东兴　郑炳煌

城市管理局

党组书记、局长： 吴志民

副局长： 卢　坚　张国华　谢　武

行政服务中心

党组书记、主任： 卢炳全

副主任： 杨尚庞　许珠金　王云川

漳州市政府直属事业单位

发展研究中心

主　任： 江智诚

副主任： 黄志坚　朱红李*

粮食和物资储备局

局　长： 王劲东

新闻办公室

主　任： 陈惠贞*

供销社

党组书记、主任： 陈　志

副主任： 许伟明　林阳福

二轻联社

党组书记、主任： 林国瑞

副主任： 洪文吉　赵艺清*

地震局

党组书记、局长： 王文生

副局长： 黄文斌　邹国财

疾病预防控制中心

党委书记、主任： 蔡茂荣

医疗保障中心

主　任： 陈汉忠

市医院

党委书记： 郭永林

党委副书记、院长： 蔡铭智

市中医院

党委书记： 张维波

党委副书记、院长： 林石明

驻北京联络处

主　任： 陈作术

副主任： 陈亚俊

驻上海联络处

主　任： 罗道琪

驻深圳办事处

主　任： 蔡路生

驻福州办事处

主　任： 蔡志伟

政协漳州市委员会

主　席： 张祯锦

党组书记： 吴文团

副主席： 杨胜华*　黄井南　周小华　吴芳华*　陈跃鸿　何伟燕*　戴鹏飞　卢　力

秘书长： 叶跃西

副秘书长： 李涌华　曾贵森　林必强

漳州市政协工作部门

政协办

主　任： 李涌华

副主任： 蒋一芬*　卢钟山

提案委员会

主　任： 黄文疆

经济委员会

主　任： 林益生

副主任： 许艺彬*

农业和农村委员会

主　任： 陈庆华

教科卫体委员会

主　任： 陈勇谋

社会和法制委员会

主　任： 邱晓晖

台港澳侨联络委员会

主　任： 许惠勇

副主任： 洪佩瑄*

文化文史和学习委员会

主　任： 郭德志

人口资源环境委员会

主　任：李明清
副主任：卢阿娜*

民族和宗教委员会

主　任：陈惠红*
副主任：陈　炜

研究室

主　任：陈俊朋

委员工作室

主　任：陈敏聪

纪检监察组

组　长：王国辉

漳州市人民检察院

党组书记、代理检察长：
江　莉*
党组副书记、副检察长：
周跃武
副检察长：胡亚金　刘英俊
陈　超
纪检监察组组长：黄水城
政治部主任：陈中坚
检委会专职委员：
蔡松俊　吴锦棋

漳州市中级人民法院

党组书记、代院长：吴元祥
党组副书记、副院长：陈志福
副院长：郑通斌　翁志刚
严春森
纪检监察组组长：欧阳劲松
政治部主任：刘汉池
审判委员会专职委员：
周洪福　林　微*

漳州市人民团体 社会团体

总工会

党组书记、常务副主席：张哲青
党组副书记、副主席：吴晶晶*
副主席：杨立伟　曾景贤
林　农
党组成员：余永平　高育斌*

团市委

书　记：张宸珲
副书记：刘书佳*　陈婉儿*

妇　联

主　席：黄淑红*
副主席：叶　芳*　陈琼英*

科　协

党组书记、主　席：张明东
副主席：钟志刚　周云强

社科联

主　席：韩水海
副主席：庄姝璠*　张云峰

计生协会

党组书记、常务专职副会长：
林继锋
专职副会长：徐　萍*　曹建奇

文　联

党组书记、主席：张文力

侨　联

党组书记、主　席：林智勇
副主席：蔡春山　周允玉*

台　联

党组书记：肖永红
会　长：方丽云*
副会长：陈敬收　卢芸艺*

残　联

党组书记、理事长：周建明
副理事长：吴燕聪　曾艺彬*

贸促会

党组书记、会长：邱亚明
副会长：杨丽珲*　李跃祥

职教社

专职副主任：高振灵

红十字会

会　长：余向红*
常务副会长：方景伟

工商联

党组书记：王金狮
党组副书记：张镇山
副主席（副会长）：苏艺峰

关工委

主　任：李天森
执行主任：周亚冷*

漳州市民主党派

民革漳州市委会

主　委：戴鹏飞

副主委：黄艺敏* 林丽君*

林美凤* 王志固

民盟漳州市委会

主　委：吴芳华*

专职副主委、秘书长：林连锋

副主委：陆鋆眉* 蓝寿义

林汉钦 张小洪*

民建漳州市委会

主　委：陈仁朝

副主委、秘书长：许惠英*

副主委：陈惠红* 陈四雄

民进漳州市委会

主　委：黄井南

专职副主委、秘书长：杨怡静*

副主委：林必强 陈　琦

林阳山

农工党漳州市委会

主　委：何伟燕*

副主委、秘书长：陈文礼

副主委：林如凤* 黄金明

张少榕* 张文山

致公党漳州市委会

主　委：兰万安

副主委、秘书长：杨以茸*

副主委：蔡溪根 蓝碰金*

陈建国

九三学社漳州市委会

主　委：曹　阳*

副主委：林喜勇 黄晓农

严惠娇* 张　健

台盟漳州市委会

主　委：方丽云*

副主委：陈红斌 陈奕颖*

许　钢 饶　滢*

县（市、区）四套班子领导名录

中共芗城区委

书　记：石振棋

副书记：何才成 洪维椿

常　委：肖扬权 李昭君*

蔡加立 潘海鹰*

黄平源 戴木典

黄艺群 韩晓东

芗城区人大常委会

主　任：曾勇平

副主任：胡敦金 刘志明

刘南煌 雷黄文君*

芗城区人民政府

区　长：何才成

副区长：蔡加立 黄艺群

杨　波 方锦洲

杨志辉 方龙俊

陈燕惠* 蔡金山

黄灿煌

芗城区政协

主　席：刘建英*

副主席：杨美恋* 杨燕明

张雅玲* 郭达璐*

中共龙文区委

书　记：朱　真

副书记：林晓强 周绍斌

常　委：黄庆云 叶文辉

刘蓓晖* 沈义勇

江华泉 魏　磊

林燕真 沈晓辉

龙文区人大常委会

主　任：戴志嵩

副主任：卢蔚霖 刘　敏*

张少鹏 郑德良

龙文区人民政府

区　长：林晓强

副区长：沈义勇 方响宏

林培利 林旺盛

黄喆煜 杨勇军

刘杏珠* 陈　琦*

龙文区政协

主　席：李华胜

副主席：杨东黎 庄启龙

吴敏燕* 蔡丽池

中共龙海区委

书　记：黄劲武

副书记：陈艺章

常　委：张文彬 张碧兰*

林文生 郭建民

蓝振强 林茂成

陈玉生 林　凌

龙海区人大常委会

主　任： 蔡国荣

副主任： 郑亚能　黄全海　陈裕成　丁庆雄

龙海区人民政府

区　长： 陈艺章

副区长： 张碧兰* 林茂成　张志祥　周志伟　傅毅琳* 林长河　曾润伍　黄典华　魏毅坤　黄俊铭

龙海区政协

主　席： 洪海涛

副主席： 郭丽瑞　阮秀惠*　陈奕雄

中共长泰区委

书　记： 胡　滨

副书记： 龙宇川　孙　可

常　委： 张海涛　陈　昕*　杨荣武　曾进兴　郭少聪　陈贵芬*　蔡艺武　蔡文盛

长泰区人大常委会

主　任： 周俊雄

副主任： 沈龙兴　叶胜发　李　华　黄南山

长泰区人民政府

区　长： 尤宇川

副区长： 蔡艺武　严惠娇*　叶泳达　戴永福　沈生辉　梁　真　陈伟泽　许安娜*　王　洵

长泰区政协

主　席： 叶水山

副主席： 王高发　王　凌　林宝环*　陈建国

中共漳浦县委

书　记： 黄键鹏

副书记： 吴丁顺　李　琳*

常　委： 戴文利　杨艺明　许建毅　张建华　蓝主保　冯建辉　陈石金　方云柏　刘文杰

漳浦县人大常委会

主　任： 刘达文

副主任： 吴水跃　何北贡　王予军　王赐义

漳浦县人民政府

县　长： 黄庆华

副县长： 冯建辉　陈石金　卢秀云*　林　晖　苏诚斌　连少鹏　洪和庭　曾小明　许坤煌　黄松周　林福泉　王龙平

漳浦县政协

主　席： 林兆波

副主席： 涂平辉　郑世然　张少榕*　蓝小红*

中共云霄县委

书　记： 蓝良木

副书记： 沈顺来　方毅强

常　委： 徐玮琳　黄伟强　林进财　郭明星　张东洲　周志坚　肖华顺　吴志英*

云霄县人大常委会

党组书记、主任： 林达祥

党组副书记、副主任： 方伟仪

副主任： 张永久　董勇贵　张清顺

云霄县人民政府

县　长： 沈顺来

副县长： 方成江　张秀华*　林立鹏　吴荣辉　汤永坚　蔡权城　洪逸峰

云霄县政协

主　席： 林意纯*

副主席： 许师逊　吴淑芬*　汤志远　郭　玲*

中共诏安县委

书　记： 李亚容

副书记： 黄庆华　远　洋

常　委： 陈龙跃　陈志亮　陈家明　陈再顺　沈东生　许秀彬*　杨福星　王　锐

诏安县人大常委会

主　任： 陈一森

副主任：张波灏　钟雪英*
　　　　陈燕贞*　陈立生

诏安县人民政府

县　长：黄庆华
副县长：陈再顺　许春燕*
　　　　郭孟超　张海潮
　　　　林国栋　蓝志远
　　　　陈三武　黄选谦

诏安县政协

主　席：林惠溪
副主席：陈炎林　陈细勇
　　　　李毅军　林伍妹*

中共东山县委

书　记：洪泰伟
副书记：何　霭　刘　晖
常　委：方艺荣　郭颖峰
　　　　刘兆民　欧阳宇
　　　　王朝玲*　曹　威
　　　　林燕军　沈惠勇

东山县人大常委会

主　任：李　斌
副主任：陈汉武　刘炜丹
　　　　陈诗泉　周育民

东山县人民政府

县　长：何　霭
副县长：刘兆民　林裕辉
　　　　蒋惠典　李达生
　　　　朱义兴　张荣聪
　　　　陈丽蓉*

东山县政协

主　席：朱文挺
副主席：蔡力颛*　徐惠玲*
　　　　陈良海　何方芳*

中共平和县委

书　记：蔡绿璇*
副书记：黄永健　郑炎山
常　委：王毅伟　郭毅置
　　　　李　真*　林炳仁
　　　　林丽玲*　王振惠
　　　　林英强　王国东

平和县人大常委会

主　任：朱新丰
副主任：朱顺忠　林慧颖*
　　　　钟育辉

平和县人民政府

党组书记、县　长：黄永健
副县长：林英强　蒋启财
　　　　吴映红*　林贵良
　　　　吴朝东　林琦志
　　　　林方晔　郭艺泓

平和县政协

主　席：李瑞林
副主席：林启明　曾文汉
　　　　蔡立保　谢伟宏

中共南靖县委

书　记：李志勇
副书记：蔡铭泉　沈洪坤
常　委：周　广　沈惠平
　　　　陈阳升　姚晓明*
　　　　胡继城　赖国贤
　　　　曾庆丰　林清发

南靖县人大常委会

主　任：林文生
副主任：肖振龙　宋　斌*
　　　　张鸿钦　陈立平

南靖县人民政府

县　长：蔡铭泉
副县长：陈阳升　黄梅玲*
　　　　窦秉政　简伟翔
　　　　潘福宝　兰群峰
　　　　陈志明　谢志峰

南靖县政协

主　席：陈群伟
副主席：杨志成　黄武松
　　　　黄阿中　吴建忠

中共华安县委

书　记：叶　毓
副书记：陈敏杰*　何素平
常　委：戴建敏　郑清泉
　　　　罗云漳　唐　耿
　　　　蔡森成　郑燕娟*
　　　　韩建华　宋秋明

华安县人大常委会

主　任：赖武平
副主任：杨子川　邱龙生
　　　　陈锦白　吴海强

华安县人民政府

县　长：陈敏杰*
副县长：唐　耿　方志伟
　　　　李俊毅　许龙通

王　鸿* 黄英龙

华安县政协

主　席： 林炎山

副主席： 邹瑞国　郑木根　吴荆华*　林美发

高等院校

闽南师范大学

党委书记： 吴彬镪

党委副书记、校长： 李顺兴

党委副书记： 钟发亮　肖庆伟

副校长： 何绍福　蒋一婷*　林致远　张龙海

纪委书记： 戴福康

漳州职业技术学院

党委书记： 康溪顺

党委副书记、院长： 林培榕

党委副书记： 李秀玲*

副院长： 戴延寿　杨传民　何小海

纪委书记： 蔡向东

漳州城市职业学院

党委书记： 洪亚勇

党委副书记、院长： 刘惠河

党委副书记： 朱镇生

副院长： 林良海　郑文平

纪委书记： 李德胜

漳州卫生职业学院

党委书记： 林　忠

党委副书记、院长： 沈国星

党委副书记： 黄乃光

副院长： 沈小美*　陈义三　蔡韶滨

纪委书记： 宋志海

漳州开放大学

党委书记、校长： 李　然

党委副书记： 林之枫*

副校长： 陆志洪*　吕峰鹏

漳州科技职业学院

校　长： 李奠础

副董事长： 黄铁枝

党委副书记： 蓝顺宝

副校长： 林超融　林炎平

漳州市新闻媒体

闽南日报社

党委书记、社长： 陈惠贞*

党组副书记、总编辑： 叶明义

副总编辑： 刘长乐　吴鹏举　赖雄伟　沈毅玲

副社长： 杨少勇

漳州电视台

党总支部书记、台长： 胡红光

漳州广播电台

党总支部书记、台长： 刘丽贞*

重点开发区（投资区）

漳州招商局经济技术开发区

党委书记、主任： 黄强中

副主任： 蔡志勇　孔晓华　刘永祥　林朝晖　赵金涛

党委委员： 韩春生　肖洪光　苏伟东　李元茂　李海宁　金彦云

纪委书记： 孔晓华

常山华侨经济开发区

党委书记： 蓝武汉

党委副书记、主任： 阮授智

副主任： 杨俊乾　何少栋

纪委书记： 周育民

古雷港经济开发区

党工委书记： 胡栋良

党工委副书记、管委会主任： 李　翀

党工委副书记： 章　洲

常务副主任： 林培兴

副主任： 何胜火　朱光勇　张锦标　林明钦　陈冠宏　黄一川

纪工委书记、监察工委主任： 王一鸣

漳州台商投资区

党工委书记： 蔡丽芬*

党工委副书记、主任： 张延能

副主任： 刘　猛　屈　拓　陈溪南　游瑞辉　杨英明　郑建和　王上飞　陈满载

纪工委书记、监察工委主任： 蓝汉义

漳州高新技术产业开发区

党工委书记： 苏孝道

党工委副书记、管委会主任：
赵　丰
党工委副书记：杨怀生　陈建进
管委会副主任：
田允瑞　蓝　磊
黄伟斌　陈映煌
吴毅锋
纪工委书记、监察工委主任：
林仁振

漳州市属重点国有企业

漳州市九龙江集团有限公司

党委书记、董事长：潘　杰
党委副书记、总经理：林柳强
党委副书记：魏育健
副总经理：陈杰华　吴跃泉
陈　东　何惠川
陈志言　石金塔
纪委书记：杨秀灵*

福建漳龙集团有限公司

党委书记、董事长：吴子毅
党委副书记、监事会主席：
马太源
副总经理：欧阳黎明　林善荣
骆向阳　张毅宾
纪委书记：杨辉荣

福建漳州发展股份有限公司

党委书记、董事长：吴子毅
党委副书记、总经理：林阿头
党委副书记、监事会主席：
韩金鹏
副总经理：杨智元　李　勤
林惠娟*
纪委书记：曾高武

福建漳州城投集团有限公司

党委书记、董事长：曾凡沛
党委副书记、总经理：吴国伟
党委副书记、监事会主席：
陈明松
常务副总经理：陈毅建
副总经理：卢海军　田明生

漳州市交通发展集团有限公司

党委书记、董事长：蔡艺良
党委副书记、总经理：张小兵
党委副书记、监事会主席：
刘向荣
常务副总经理：方伟钊
副总经理：王国华　吴庚晨
纪委书记：黄亚晟

漳州片仔癀药业股份有限公司

党委书记、董事长：林纬奇
党委副书记、总经理：黄进明
党委副书记、监事会主席：
洪东明
副总经理：陈纪鹏　刘丛盛
纪委书记：郑建成

福建龙溪轴承（集团）股份有限公司

党委书记、董事长：陈晋辉
常务副总经理：陈志雄
党委副书记：刘明福
副总经理：郑长虹　张逸青
纪委书记：王志劼

福建漳州投资集团有限公司

党委书记、董事长：庄伟廉
党委副书记：陈德慧
常务副总经理：赖文宁
副总经理：周月萍*　颜有清
吴智明　朱建美*
纪委书记：洪安乐

漳州市旅游投资集团有限公司

党委书记、董事长：杨志滨
党委副书记、总经理：方木德
党委副书记、监事会主席：
康安伟
副总经理：陈连升　魏蕙雅*
吴杰彬
纪委书记：胡南海

漳州信息产业集团有限公司

党委书记、董事长：赖小强
党委副书记、总经理：吴学恒
党委副书记、监理会主席：
李伟国
副总经理：沈海石　罗进章
林通灵
纪委书记：林镇国

漳州农业发展集团有限公司

党委书记、董事长：吴子毅
党委副书记、总经理：陈海波
党委副书记、监事会主席：
林丽冰*
副总经理：黄木顺　庄仁龙
纪委书记：陈左耘

漳州人才发展集团有限公司

党委副书记、总经理：方泗平
党委副书记、监事会主席：
陈国华

副总经理：陈钦茂　郑　彦*

纪委书记：蔡进城

驻漳中央和省属机关企事业单位

中国人民银行漳州中心支行

党委书记、行长：林寿明

副行长：林进忠　李明金　吴晋勇

纪委书记：康佩芬*

中国银行保险监管会漳州监管分局

局　长：傅盛阳

副局长：林松火　林　彦

纪委书记：叶建文

市税务局

党委书记、局长：李　东

副局长：翁锦晖　黄辉煌　康国盛　姚　斌

纪检监察组组长：詹黎锋

漳州海关

关　长：孙锦先

副关长：林法戴　周宽彧*　林　鑫

纪检监察组组长：王其毅

漳州海事局

党委书记、局长：魏金华

政委、党委副书记、纪委书记：朱紫雨

副局长：周文庆　陈木材　黎　云

市气象局

党组书记、局长：林坤生

副局长：高诚良　刘锦绣*

纪检监察组组长：黄建忠

漳州烟草专卖局

党组书记、局长、经理：罗万达

副经理：林亚头

副局长：姜传碧

漳州盐业有限责任公司

总经理、盐务局局长：蔡启辉

邮政公司

党委书记、总经理：周文俊

副总经理：徐　旭　周少雯

副总经理、纪委书记：郭俊勇

古雷海关

副关长：邢　东（主持工作）　林海铭　何　岩

漳州海关缉私分局

局　长：朱正文

政　委：吴续峰

副局长：蔡文川

东山海关

党委书记、关长：张　权

副关长：王旭东　郑　川　郑长乐

漳州边检站

党委书记、站长：温　亮

副站长：王哲恺　郑　飞

厦门港口管理局漳州协调中心

主　任：林奕华

中国电信漳州分公司

党委书记、总经理：张奕培

副总经理：陈建忠　甘忠现　郑长李

纪委书记：曾志聪

中国移动漳州分公司

总经理：沈火平

副总经理：姜建军　李志勇　钟淑霞*

中国联通漳州分公司

党委书记、总经理：王宇坤

副总经理：李新宇　刘启明　王春峰　周炜玉*

福建广电网络集团股份有限公司漳州分公司

党委书记、总经理：林　涛

党委副书记、副总经理：朱卫东

常务副总经理：方玉梅*

副总经理：沈　崑　张金欣

纪委书记：陈木振

国网漳州供电公司

党委书记、副总经理：梁富光

党委副书记、总经理：洪卫东

副总经理：黄炜宏　张茂林　温一黄

纪委书记：徐舒亮

中国农业发展银行漳州分行

党委书记、行长： 郑旗锋

副行长： 沈永春　郑运辉

中国银行漳州分行

党委书记、行长： 张孟禧

副行长： 方国梅　詹　艺　陈如光

纪委书记： 林　毅

中国工商银行漳州分行

行　长： 许志钦

副行长： 陈祥华　杨　鹏　郭毅晖　纪小围*

纪委书记： 刘曾山

中国建设银行漳州分行

党委书记、行长： 吴　炜

纪检监察组组长： 张国振

副行长： 欧阳曙光　杨建斌　罗长武　黄灿灿

中国农业银行漳州分行

党委书记、行长： 方学文

党委副书记、副行长： 林丽芳*

副行长： 胡逸生　周毅斌*　郑朝辉

纪委书记： 李仙弟

福建兴业银行漳州分行

党委书记、行长： 谢　斌

纪委书记、副行长： 傅永灿

副行长： 洪跃峰　刘宗发

福建漳州农村商业银行

党委书记、董事长： 王惠山

中国人民财产保险股份有限公司漳州分公司

总经理： 许捷宏

副总经理： 陈跃峰　苏小琦　杨惠民　叶钧平

中国人寿保险公司漳州分公司

党委副书记（主持工作）、副总经理（主持工作）： 黄瑞金

副总经理： 吴玉华

纪委书记、副总经理： 方丽勤*

副总经理： 沈文奇

中国太平洋人寿保险股份有限公司漳州中心支公司

党委书记、总经理： 黄品锋

纪委书记、副总经理： 许建生

副总经理： 黄仁珠*　李丽苹*　沈阿芬*

注：1.标*为女同志；2.名单以2021年12月31日在职者为准，相同职务人员做适当归类，不作为排序依据。

2021 年度获五一劳动奖状、奖章的单位和个人

全国五一劳动奖状

中核国电漳州能源有限公司

全国五一劳动奖章

周志强　联盛纸业（龙海）有限公司生产经理

陈　强　国网福建省电力有限公司漳州供电公司芗城供电服务中心配电抢修班班长，工程师

福建省五一劳动奖状

福建省储备粮管理有限公司漳州直属库

福建万安实业集团有限公司

漳州市金盾保安服务集团有限公司龙海分公司

漳州伟伊化纤有限公司

漳州宏发电声有限公司

福建紫山集团股份有限公司

福建省五一劳动奖章

陈淑琴*　福建宏绿食品有限公司车间主任

苏鹏程　福建华安土楼旅游发展有限公司外联部经理

王继业　漳州招商局码头有限公司工程技术部副经理

汤海生　福建其亮食品科技有限公司项目经理

许志典　嘉文丽（福建）化

妆品有限公司生产总监

张　奕　福建省漳州市医院胸心外科科主任

阮丽娟* 福建省漳州第一中学化学教师、高二段长

陈美燕* 漳州卫生职业学院继续教育与培训中心主任

许建兴　漳州立达信光电子科技有限公司智慧政企事业部副总经理

陈万福　漳州市龙文经济开发区有限公司资产管理部副经理

陈恋凤* 台玻福建光伏玻璃有限公司人事部事务员

林女华* 中国移动通信集团福建有限公司东山分公司营销组组长

方向阳　福建福海创石油化工有限公司党委书记、董事长

沈　猛　诏安骏兴毛织有限公司织机车间主任

丁宏波　福建古雷石化有限公司生产运行部总经理

张明图　中国电信股份有限公司漳州分公司无线网络中心三级专家

林达三　中核国电漳州能源有限公司人力资源处科长（挂职诏安县官陂镇光坪村党支部第一书记）

杨宏淼　中共漳州市委组织部干部一科科长

黄燕德　南靖县公安局刑事侦查大队大队长

沈铭杰　漳州市烟草公司城区分公司卷烟营销办内务信息员

蔡艺友　福建省平和县气象局气象台台长

韩利平　漳州市环境监察支队职员

2021年获五四奖章集体和个人名单

第25届中国青年五四奖章集体

漳州市公安局巡特警支队直属大队（漳州110）

第十八届“福建青年五四奖章”集体

漳州片仔癀药业股份有限公司研发中心

东山县人民法院司法警察大队

古雷港经济开发区消防救援大队

漳州银保监分局统计信息与风险监测科

第十八届“福建青年五四奖章”个人

王　微*（漳州市公安局巡特警支队直属大队九中队中队长）

陈晓冬*（诏安县晓丰农业科技有限公司执行董事）

杨　丹*（漳州人民广播电台综合广播副总监、节目部主任）

杨伟智（福建龙海农村商业银行办公室主任）

张玉林（长泰县公安局枋洋派出所副所长）

林立雄（福建省漳州第一中学副校长、高级教师）

曾冠颖（福建长泰明欣农业开发有限公司副总经理）

2021年度获三八红旗集体、三八红旗手的集体和个人

全国三八红旗集体

漳州市检察院未检“水仙花”团队

福建省三八红旗集体

芗城区卫生健康局

龙海市妇女联合会

漳浦县人民法院立案庭（诉讼服务中心）

云霄县公安局治安大队户政

中队

东山县公安局妇委会

中国农业银行股份有限公司诏安县支行营业厅

平和县实验幼儿园

南靖县“土楼红妹子”宣讲队

长泰县审计局

漳州市审计局

漳州人民广播电台综合广播

漳州市医院新冠肺炎救治团队

福建省三八红旗手标兵

蔡惠珍* 漳州市中级人民法院审判监督庭庭长

福建省三八红旗手

魏 美* 芗城区疾病预防控制中心书记、主任

林妙玲* 漳州市公安局交通警察支队龙文大队副大队长

王碧祥* 龙海市人民法院刑事审判庭副庭长、一级法官

蓝阿花* 漳浦县赤岭乡赤岭村党总支书记

汤启慧* 云霄县人民检察院第一检察部副主任、一级检察官

王丽华* 云霄县陈岱镇前江村书记兼村主任

林惠儿* 东山县“小巷管家”巾帼志愿服务队负责人、铜陵镇顶街社区党支部书记

陈晓冬* 诏安县晓丰农业科技有限公司负责人

朱惠珍* 平和县人民法院刑庭副庭长、一级法官

庄绿绒* 漳州市幼儿教育委员会副会长

马阿芬* 中华家庭教育高级讲师

黄淑芬* 华安县华丰镇巾帼志愿服务队负责人

黄小环* 漳州市护理协会会员

郑丹红* 漳州高新区征迁安置服务中心主任

赵 烨* 漳州古雷港经济开发区行政服务中心副主任

洪佩瑄* 中共漳州市委漳州市人民政府接待处副处长

黄丽萍* 长泰县农村信用合作联社党委委员、副主任

朱美华* 漳州市委组织部机关党委专职副书记

许艺彬* 漳州市财政局人事科科长、妇委会主任

林惠芳* 龙文区步文街道“好厝边”巾帼志愿服务队负责人

杨小惠* 华安县实验小学“小红帽”巾帼志愿服务队负责人

许素琴* 漳州市芗城区通北街道金源社区党总支书记

责任编辑：蔡钰臻

索引

说明

一、本索引采用主题词分析法，按主题词首字汉语拼音字母顺序排列。

二、栏目、分目标题用黑体字。“特载”“大事记”“附录”内容不作索引。

三、索引主题词后的数字表示页码，数字后的a、b、c表示栏别左中右。

D

G

H

J

K

N

P

Q

T

W

X

Y

Z